Furetière · Bürgerroman

Frontispiz zur Originalausgabe (1666)

Der Bürgerroman

von

Antoine Furetière

Aus dem Französischen
übersetzt und herausgegeben
von Wolfgang Tschöke

Stroemfeld/Roter Stern

Die Deutsche Bibliothek – CIP-Einheitsaufnahme
Furetière, Antoine:
Der Bürger-Roman / Antoine Furetière. [Aus dem Franz. übers. und hrsg. von Wolfgang Tschöke]. – Basel ; Frankfurt am Main : Stroemfeld/Roter Stern, 1992
Einheitssacht.: Le roman bourgeois ⟨dt.⟩
ISBN 3-87877-243-2

CH-4007 Basel · Oetlingerstr. 19
D-6000 Frankfurt am Main · Holzhausenstr. 4

Satz und Druck: INTERDRUCK Leipzig GmbH
Printed in the Federal Republik of Germany
Bitte fordern Sie unsere kostenlose Programminformation an!

Bourgeois se dit quelquefois en mauvaise part, par opposition à un homme de la Cour, pour signifier un homme grossier, ou peu galant, et peu poli: qui vit et raisonne à la manière du petit peuple.

Antoine Furetière, »Dictionnaire Universel«, 1690

Alors luy et ses compagnons ouvirent la bouche quasi tous pour m'appeller Bourgeois, car c'est l'injure que ceste canaille donne à ceux qu'elle estime niais, ou qui ne suivent point la Cour...

Charles Sorel, »Francion«, ed. 1635

C'est un bon bourgeois assez ridicule, comme vous voyez, dans toutes ses manières...

Molières, »Bourgeois gentilhomme«, 1670

Inhalt

Erstes Buch

Vorrede des Buchhändlers an den Leser

Freundlicher Leser, obgleich Du dies Buch nur kaufst und liest zu Deinem Vergnügen, müßte es Dir doch leid tun um Zeit und Geld, fändest Du nicht auch anderes darin. Daher kann ich Dir versichern: Es wurde nicht nur zur Belustigung verfaßt, sondern seine vordergründige Absicht ist die Belehrung.°

So wie es Ärzte gibt, die ein Purgativ in einer wohlschmeckenden Arznei° verabreichen, so auch lustige Bücher, die sehr nützliche Ratschläge erteilen.

Die Fruchtlosigkeit jeder dogmatischen Moral ist ja hinlänglich bekannt. Man mag noch so gute Grundsätze predigen, befolgt werden sie mit noch größerer Mühe als angehört. Sehen wir aber das Laster ins Lächerliche gezogen, wenden wir uns von ihm ab, aus Sorge, zum öffentlichen Gespött zu werden. An dem Geschenk, das ich Dir hier mache, könntest Du nun beanstanden, darin sei nur von Belanglosigkeiten die Rede, und Aufschluß erhalte man nur über Unwichtiges. Erwäge aber auch, daß nur allzuviele Prediger herumlaufen, die zu den Kardinaltugenden ermahnen und gegen die Hauptlaster zetern. Wenige unter ihnen aber wenden sich gegen die alltäglichen Unzulänglichkeiten, die in dem Maße gefährlich werden, wie sie weiter verbreitet sind. Man fällt ihnen durch Gewohnheit zum Opfer, und kaum jemand ist vor ihnen auf der Hut.

Sieht man denn nicht täglich eine Unzahl grober Rauhbeine, taktloser Schwätzer, geiziger Pfennigfuchser, rabulistischer Nörgler, wichtigtuerischer Prahlhänse, eitler Gecken und gefallsüchtiger Zierpüppchen?

Und dennoch: Wagt irgendwer, sie auf ihre Fehler und Dummheiten hinzuweisen, außer Komödie und Satire? Diese beiden überlassen Justiz und Polizei die Ahndung von Verbrechen, sie selber kümmern sich nur darum, die Anstößigkeiten und Lächerlichkeiten zu geißeln. So sind sie nicht weniger vonnöten, ja oft nützlicher als alle ernsthaften Predigten und Vorträge. Und so, wie viele Menschen zwar gut und gerne auf einen Philosophielehrer verzichten können, aber nicht ohne Schullehrer ausgekommen sind, genauso brauchen wir Kritiker der kleinen Fehler, für die jedermann anfällig ist, nötiger als solche für die großen, denn diesen fallen ja doch nur die echten Schurken zum Opfer. Zusammen mit dem Vergnügen, das wir empfinden beim Auslachen der anderen, schlucken wir auch ganz leichthin die heilsame Arznei.

Zu diesem Behufe müssen die Anlage der Geschichten und die Charaktere der Personen unseren Sitten und Gewohnheiten so nachgebildet sein, daß man den Eindruck hat, darin Leute aus dem Alltag wiederzuerkennen. Wie ein vorzügliches Portrait uns Bewunderung abnötigt, die wir für die dargestellte Person vielleicht nicht hegen, genauso können gut geschriebene Phantasiegeschichten unser Gemüt stärker beeindrucken, als wahre Namen und wirkliche Begebenheiten je vermögen. Und wenn einer vor einem Buckligen einen anderen Buckligen nachäfft, spürt jener seine Bürde sehr viel deutlicher, als er es beim Anblick eines wirklichen Buckligen könnte. Solcherart hat – wie man mir versicherte – die erfundene Geschichte von Lucrèce, die Du in diesem Buche vorfinden wirst, ein höchst achtbares Stadtfräulein von der Liebe zu einem Marquis geheilt – allem Anschein nach war bei ihr das Resultat ähnlich gewesen. Und daran, freundlicher Leser, kannst Du auch ermessen, wie erprobt die Heilmittel sind, die ich Dir anbiete. Allein um eine Gunst bitte ich Dich: Nachdem Du Dich gebührend davon überzeugt hast, daß in diesem Buche nur Erfundenes steht, so mühe Dich nicht vergeblich herauszubekommen, wer die Person ist, deren Portrait oder Geschichte Du wiederzuerkennen glaubst, um sie dann einem Herrn Soundso oder einem Fräulein Sowieso beizulegen, unter dem Vorwande, Du fändest einen Namen ähnlich oder irgendeinen Charakterzug vergleichbar. Ich weiß sehr wohl, daß beim Lesen dieses Romans Deine erste Sorge sein wird, einen Schlüssel darin zu finden, aber er wird Dir überhaupt nichts nützen, denn das Schloß ist verdreht°. Immer wenn Du glaubst, das Portrait des einen vor Dir zu haben, wirst Du die Abenteuer des anderen vorfinden. Kaum ein Maler, der ein Gemälde allein aus seiner Vorstellung schöpft, bildet darauf nicht Phantasiegestalten ab mit Zügen, die uns bekannt erscheinen, wiewohl er nur vorhat, Sagengestalten zu malen. Solltest Du also bei den geschilderten Personen Charakterzüge entdecken von jemandem, der Dir bekannt ist, so urteile nicht kühn und verwegen, dieser sei es auch. Hüte Dich vielmehr, denn es gibt hier Portraits von vielerlei Narren, – Du könntest Dein eigenes entdecken. Beinahe niemand hat nämlich den Vorzug, davon ausgenommen zu sein, und jeder könnte in moralischer Hinsicht irgendeinen eigenen Wesenszug feststellen.

Jetzt wirst Du vielleicht sagen, ich spreche weniger als Buchhändler denn als Autor. Die Wahrheit ist daher auch, daß ich alles Gesagte einem langen Vorwort entnahm, das der Autor eigenhändig dem Buch vorangestellt hatte. Das Buch wurde von einem Mann, der in seiner frühesten Jugend durchs Schreiben Zerstreuung suchte, vor langer Zeit verfaßt, doch das Unglück wollte es, daß seinen ersten Seiten all die Mißgeschicke widerfuhren, die alten Büchern immer zustoßen. Da die Beschäftigungen des Verfassers heute ernsthafterer Natur° sind, hätte dies Buch nie das Licht der Öffentlichkeit erblickt, wäre es nicht durch die Unzuverlässigkeit einiger, denen es anvertraut gewesen, in meine Hände gelangt. Aus diesen Gründen kann ich Dir die Vorrede nicht vollständig wiedergeben, ich habe daraus entnommen, so viel ich konnte, wie ich gleichfalls zahlreiche andere Stellen des Buches auf meine Art bearbeitete. Ich habe daraus entfernt, was ich zu altertümlich fand, und Neues hinzugefügt, um es der heutigen Mode anzupassen.

Wenn Du daran Geschmack findest, werde ich in gleicher Weise mit der Fortsetzung verfahren, die ich Dir dann gleichermaßen übereignen werde, so es Dir beliebt, gut zu zahlen.

Singen will ich° von den Liebschaften und Abenteuern etlicher Pariser Bürger beiderlei Geschlechts; und das Verwunderlichste ist, ich besinge es, obwohl ich von Musik nichts verstehe. Aber da nun einmal ein Roman nichts anderes ist als Dichtung in Prosa°, hielte ich es für einen schlechten Anfang, meinen Lehrmeistern nicht zu folgen und eine andere Einleitung zu wählen. Denn seit der selige Vergil den Äneas und seine Waffentaten besang, und seit Tasso dichterischen Angedenkens sein Werk° in Gesänge unterteilte, haben ihre Nachfolger – alle auch keine besseren Musikanten als ich – stets das gleiche Liedchen hergeleiert und zu Beginn dieselbe Tonart angestimmt. Ich trete indessen nicht weiter in ihre Fußstapfen. So werde ich denn keineswegs zunächst die Musen anrufen, wie dies alle Dichter zu Beginn ihrer Werke tun. Sie halten das ja sogar für so nötig, daß sie sich nicht an das kleinste Gedicht heranwagen, ohne ein – freilich selten genug erhörtes – Bittgebet an die Göttinnen zu richten. Desgleichen will ich nun weder Gebilde dichterischer Erfindung herstellen, noch den Aal vom Schwanze her häuten, will sagen, meine Geschichte vom Ende her beginnen, wie es diese Herren alle treiben, die glauben, wenn sie solchermaßen irgendein Abenteuer erzählen, eine hohe Stufe der Verfeinerung auf der Suche nach dem Wunderbaren und Überraschenden erklommen zu haben. Aus diesem Grunde müssen sie dann auch meist dunkel und verworren herumreden, bis irgendein mitleidiger Schildknappe oder eine barmherzige Magd° sich herbeilassen, den Leser über die vorangegangenen Ereignisse aufzuklären, die er mutmaßen soll oder unbedingt kennen muß für das Verständnis der ganzen Geschichte.

Anstatt Dich nun zum Narren zu halten mit solchen nichtigen Spitzfindigkeiten, will ich Dir ganz aufrichtig und wahrheitsgetreu mehrere Histörchen oder Tändeleien erzählen, die sich abgespielt haben unter Leuten, die weder Helden noch Heldinnen sind, auch keine Heere sammeln, noch weniger Königsthrone stürzen, sondern vielmehr einfache Leute bescheidenen Standes, die unbeirrt und ruhig ihres Weges ziehen. Die einen sind schön, die anderen häßlich, einige klug, andere dumm, und letztere erwecken ganz den Anschein, die große Mehrheit zu bilden. Immerhin soll das einige Vertreter der besten Kreise nicht hindern, sich darin wiederzuerkennen und aus dem Beispiel zahlreicher Lächerlichkeiten ihren Nutzen zu ziehen, dünken sie sich doch sonst immer meilenweit davon entfernt. Um darüber hinaus die von anderen ausgetretenen Pfade zu meiden, soll der Schauplatz meines Romans beweglich sein, das heißt einmal in diesem, dann in jenem Viertel der Stadt spielen, und beginnen will ich mit dem allerbürgerlichsten, das gemeinhin Platz Maubert° genannt wird.

Ein weniger aufrichtiger Autor, um den Anschein von Beredsamkeit bemüht, ließe es sich hier nun auf keinen Fall nehmen, eine prachtvolle Beschreibung des Platzes folgen zu lassen. Seine Lobrede würde er mit einer Ableitung des Namens beginnen: des Platzes Ruhm schreibe sich her von dem berühmten Gelehrten Albertus Magnus°, der dort seine Vorlesungen gehalten habe, so daß er ehemals Platz des Maitr'Albert hieß, im Laufe der Zeit daraus aber Platz Maubert geworden sei. Ließe er bei dieser Gelegenheit die Beschreibung vom Leben und von den Werken des illustren Namensgebers miteinfließen, so wäre er nicht der erste, der sich solch unangebrachte Abschweifun-

gen erlaubte. Danach würde er den Platz herrlich vor uns aufbauen, je nach dem Aufwand, den seine Phantasie hier betreiben wollte. Dabei reichte ihm der Grundriß der »Place Royale«° nicht aus, nein, er müßte wenigstens so schön sein wie jener in der galanten und zauberischen Stadt Granada°, auf dem festliche Aufzüge und Reiterspiele stattfanden.

Und keine Sorge auch, daß er ihn Dir (wie's der Wahrheit entspricht) als dreieckig beschriebe, umstanden von schon sehr gewöhnlichen Häusern, in denen die Stadtbürger sitzen! Hängen ließe er sich lieber, ehe er ihn nicht quadratisch machte und all die Kellergewölbe in Portalvorbauten und überdachte Wandelgänge, die Vordächer in Balkone und alle Reihen behauener Steine gleich in herrliche Pilaster verwandelte. Dann aber käme er zur Beschreibung der Karmeliterkirche, und weil ihre Architektur seinen Absichten ja sehr entgegenkommt, hätte sie wahrscheinlich ganz beträchtlich zu leiden. Einen Tempel würde er vor Dich hinstellen, so herrlich wie jener der Diana von Ephesus°. Auf hundert korinthischen Säulen ließe er ihn ruhen, die Nischen gefüllt mit Statuen aus der Hand eines Phidias oder Praxiteles°, und er erzählte Dir die in den Basreliefs dargestellten Geschichten. Der Altar müßte aus Jaspis und Porphyr sein, ja das ganze Gebäude, wenn ihm plötzlich der Einfall dazu käme. Im Reich der Romane kosten nämlich Edelsteine nicht mehr als Ziegel und Bruchgestein. Überdies wird er auch nicht davon abzuhalten sein, diese Beschreibung vollzuklecksen mit Metopen, Triglyphen, Voluten, Stylobaten und anderen unbekannten Fachausdrücken, die er im Register bei Vitruv oder Vignola° zusammengeklaubt haben mag, um den Leuten weiszumachen, er sei ein großer Architekturkenner. Das nämlich ist der Grund, weswegen die Autoren so versessen sind auf derartige Beschreibungen und keine Gelegenheit dazu auslassen. Sie ziehen sie derart an den Haaren herbei, daß selbst einem vagabundierenden Abenteurer, der seinen ganzen Besitz auf dem Leib trägt, als Unterkunft ein Palast hingebaut wird, prachtvoller als der Louvre und das Serail des Großtürken.

Dank meiner offenherzigen Unbefangenheit° bin ich dieser Mühen enthoben, und wiewohl sich all diese schönen Sachen mit ganz geringen Kosten als Theaterdekoration verwenden ließen, ist mir die Aufführung meines Stücks ohne Pomp und aufwendige Apparatur lieber; geradeso wie bei den Lustspielen, die bei den Stadtbürgern° nur mit einem einfachen Wandschirm aufgeführt werden.

Ich werde Dir also noch nicht einmal das Aussehen dieser Kirche beschreiben, obwohl sie ziemlich berühmt ist, weil diejenigen, die sie noch nicht gesehen haben, hingehen und sie anschauen können, wenn sie wollen, oder sie in ihrer Phantasie nachbauen, gerade wie's ihnen gefällt. Nur so viel will ich sagen, daß sie den Mittelpunkt der gesamten galanten Bürgerwelt des Viertels bildet und, weil es da genügend Freiheit zum Schwatzen gibt, gut besucht ist.

Dort langte nun gegen Mittag eine Gruppe junger Damen an, die gerade in der ersten Blüte ihres jugendlichen Alters standen. Ihre Mütter hatten vor zehn Jahren noch die Flügelhaube° getragen, dies unverkennbare Markenzeichen und Charakteristikum der Stadtbürgerinnen. Nach und nach hatten sie ihr aber derartig die Flügel gestutzt, daß sie schließlich ganz verschwand.

Unnötig zu erwähnen, daß auch Stutzer und Galane auftauchten; das eine folgt dem anderen ja beinahe naturgemäß. Jede der jungen Damen besaß also ihr mehr oder minder zahlreiches Gefolge, je nachdem, ob ihre Schönheit oder ihr Reichtum die stärkere Anziehungskraft ausübten. Die Menge war sehr viel größer als an einem gewöhnlichen Feiertag. Zusätzlich zu denen, die sich aus Frömmigkeit dort drängten, waren auch die Musikfreunde gekommen, angelockt von einem Konzert der vierundzwanzig Geiger des königlichen Louvreorchesters. Wieder andere liefen hin, einen eleganten Modeprediger° zu hören.

Es war dies ein junger Geistlicher ohne Pfründe, das heißt ein Tonsurierter aus guter Familie, wo ja gewöhnlich immer einer der Söhne Geistlicher wird. Er trug ein Chorhemd mit Spitzenbesatz, schön gefältelt und gestärkt, sein Bart war hübsch hochgezwirbelt und die Haare stark gekräuselt, damit sie kürzer schienen. Für eine zierliche Aussprache gab er seiner Stimme einen salbungsvollen, öligen Ausdruck. Die Vortrefflichkeit seiner Predigt sollte an der Zahl der für zwei Sous vermieteten Stühle abgelesen werden. Er hatte auch sein möglichstes getan, sich einen Zuhörerkreis zusammenzubetteln, und es dabei ganz besonders auf die Besitzer von Karossen abgesehen. Zu diesem Behufe hatte er an alle seine Freunde geschickt mit der Bitte, ihm die Ehre ihrer Anwesenheit zu erweisen, wozu er sich einer Art Mitteilungskarten wie bei Begräbnissen bediente. Es fehlte nur noch, daß er sie hätte drucken lassen.

Ein hübsches Mädchen sollte an diesem Tag für die Kollekte sammeln°, was natürlich noch zusätzlich Publikum angelockt hatte, und alle Stutzer, die ihrer Gunstbeweise teilhaftig werden wollten, waren von überallher eigens zusammengelaufen, ihr ein recht großes Geldstück auf den Sammelteller zu legen. Solche Kollekten waren nämlich ein Prüfstein für die

Schönheit eines Mädchens oder die Liebe eines Mannes. Und derjenige galt als der Verliebteste, welcher das größte Geldstück gab, und die hielt man für die Schönste, welche die größte Summe zusammenbekam. So wie es weiland die ritterliche Probe auf die Schönheit einer umworbenen Dame war, sich mit der Lanze in der Hand im Turnier jedem Herausforderer zu stellen, so bestand in jüngster Zeit diese Probe bei den Stadtbürgern darin, seine Angebetete mit der Sammelbüchse in der Hand in einer Kollekte gegen die versammelten Schürzenjäger aufzubieten.

Gewiß, die Sammlerin war bildhübsch, und entstammte sie nicht dem Stadtbürgertum, will sagen, wäre sie in vornehmen Kreisen aufgewachsen, hätte sie sehr wohl die Liebe eines gebildeten Mannes von Welt gewinnen können. Erwarte nun jedoch nicht, daß ich sie Dir hier beschreibe, wie bei solchen Gelegenheiten üblich, denn würde ich Dir mitteilen, daß sie von schönem, hohen Wuchse war mit blauen, hübsch geschnittenen Augen, blondem, schön gekräuseltem Haar, und noch einige andere Merkmale ihrer Person angeben, könntest Du sie deswegen ja doch nicht wiedererkennen, und es bedeutete ja auch nicht, daß sie rundherum schön ist, denn sie könnte doch Sommersprossen oder Pockennarben haben. Nimm als Beweis dafür die vielen Romanhelden und -heldinnen, die schön und hellhäutig auf dem Papier und in der Kostümierung des Romans, ohne solche Verkleidung aber aus Fleisch und Blut und ziemlich häßlich und dunkelhäutig sind.

Vielmehr hätte ich sie Dir gerne am Anfang des Buches abbilden lassen, wenn bloß der Verleger nicht die Kosten gescheut hätte. Was aber sicher genauso sinnvoll und nützlich gewesen wäre wie die vielen Abbildungen von Statuen, Gefechten, Tempeln und

Schiffen, die auch zu nichts anderem taugen, als den Kaufpreis der Bücher zu erhöhen°. Das soll nun aber nicht heißen, daß ich diese Bebilderungen mißbillige, sonst könnte man mir am Ende vorhalten, ich wollte an unseren modernen Werken die schönsten Stellen tadeln.

Ich kehre zu meiner schönen Sammlerin zurück und will aus Verehrung für sie (bis zu einem anderen Mal wenigstens) die übrigen Abenteuer stillschweigend übergehen, die sich an diesem Tag ergaben in jener großen Versammlung all derer, die zu den Fahnen der Galanterie geeilt waren.

Das junge Mädchen erstrahlte also in voller Pracht, hatte sie sich doch herausgeputzt, wie sie nur konnte, und sich von einer befreundeten Nachbarin frisieren lassen, die ihr Können dem besten Frisör von Paris verdankte. Nicht genug damit, daß sie sich Diamanten zusammengeborgt hatte°, es folgte ihr auch ein Lohndiener, der ihre Schleppe tragen mußte, damit es nach mehr aussehe. Wenn dies auch ihrem Stande nicht zukam, so freute sie sich doch, zu diesem Anlaß ihre Eitelkeit befriedigen zu können. Denn es wird ja wohl kaum an all dem, was im Dienste der Kirche geschieht und ihr zum Vorteil gereicht, etwas auszusetzen sein.

Der Kavalier, der sie geleitete°, war Vorsteher der väterlichen Kanzlei, den sie aber mehr aus Not als aus Großgetue mitgenommen hatte, denn wie sonst hätte sie in der Kirche ohne die Geschicklichkeit eines Seiltänzers über all die Stühle für die Besucher der Predigt fortkommen wollen.

All diese Vorzüge der jungen Damen waren den Einnahmen der Sakristei sehr zuträglich, aber bevor ich sie jetzt verlasse, muß ich doch noch erwähnen, daß sie wirklich sehr jung war und – weil das auch für meine Geschichte von Bedeutung ist – daß sie damals noch sehr viel Unschuld besaß oder Treuherzigkeit oder Dummheit. Ich selber wage nicht mit Sicherheit zu sagen, welche dieser drei schönen Eigenschaften sie wirklich besaß, aber darüber kannst Du im weiteren Verlauf dann selbst urteilen.

Zu dem feierlichen Ereignis hatte sich auch ein junger Mann eingefunden, der ein Doppelleben führte. Morgens war er Rechtsanwalt, abends Höfling. Am Morgen trug er als Anwalt oder Rechtsbeistand in Prozessen die Robe, abends aber, die wadenbreiten Kniebänder mit Spitzenbesatz und Schmuckschleifen am Kleid, scharwenzelte er um die Damen herum und tat ihnen schön. Er war einer jener jungen Stadtbürger, die ungeachtet ihrer Herkunft und unzureichenden Bildung als der vornehmen Gesellschaft zugehörig gelten wollen und glauben, wenn sie nach der letzten Mode gekleidet sind und nur ihre Verwandtschaft recht verachten und bespötteln, stünden sie schon auf einer höheren Stufe, erhoben über ihresgleichen. Unser Mann hier war nicht wiederzuerkennen nach seinem Kleiderwechsel. Sah man ihn noch des Morgens im Justizpalast mit recht kurzen Haaren, waren sie des Abends von einer prächtigen, blonden Perücke bedeckt, durch die er sehr oft einen Kamm schickte, der sich häufiger in seiner Hand als in seiner Tasche befand. Auch sein Hut brachte dieser Perücke eine solche Ehrerbietung entgegen, daß er sie fast nie zu berühren wagte°. Das Mantelkrägelchen fein gepudert, sein ganzer Putz mit Besätzen, Borten, Falbeln und Stickereien hübsch gepufft, seine Wäsche mit Spitzen bedeckt. Was ihn aber am meisten auffallen ließ, war eine Warze, die er durch einen glücklichen Zufall auf der unteren Hälfte seiner Wange hatte. Das lieferte ihm einen ehrbaren Vorwand, darauf ein Schönheitspflästerchen zu tragen. Kurz und gut, er war so hübsch hergerichtet, daß ein Provinzler ihn ohne allen Zweifel als Muster für seinen eigenen Aufputz gewählt haben würde.

Ich hatte aber doch wohl Unrecht, vorhin zu sagen, daß er nicht wiederzuerkennen war: Sein Gesichtsausdruck, seine Gestik, seine Haltung und sein Reden machten ihn nur allzu erkennbar, denn dies alles ist nicht einfach so auszuwechseln wie die Kleidung, und sein Grimassieren, seine Ziererereien machten sehr wohl deutlich, daß er die Leute von Hofe nur in ihren Albernheiten und Lächerlichkeiten nachäffte. Was ja, nebenbei bemerkt, für alle Nachahmer gilt, auf allen Gebieten.

Kaum hatte dieser junge Mann einen Blick auf Javotte geworfen (so hieß die mildtätige junge Dame mit dem Sammelteller), als er sich auch schon Hals über Kopf in sie verliebte, nichts Außergewöhnliches bei ihm, war er doch so etwas wie ein Allerweltsliebhaber. Jedenfalls spannte Amor seinen Bogen diesmal stärker, oder er schoß aus geringerer Entfernung, so daß der Pfeil ihm tiefer ins Herz drang als gewöhnlich. Welches Gefühl sich in seinem Herzen regte beim Nahen der Schönen, könnte ich nun nicht genau sagen (weil ihm ja niemand den Puls dabei fühlte). Sicher weiß ich aber, daß er genau an diesem Tag feierlich gelobte, ihr ganz zu Diensten zu sein.

Kurz darauf bot sich wie gerufen eine günstige Gelegenheit dafür. Sie trat nämlich mit ihrem Sammelteller auf einen jungen Mann zu, der neben ihm stand. Der war auch Gehilfe in der Kanzlei ihres Vaters und ein kleiner, boshafter Kerl, voller Wut, weil sie einer Bedienerin, die ihn immer mit Wein versorgte, den Kellerschlüssel weggenommen hatte. Als er jetzt sah, wie sie sich mächtig etwas darauf einbildete herumzuzeigen, daß ihr Sammelteller voller Silber- und Goldmünzen war, zog er aus seiner Tasche eine Handvoll Kupfermünzen, ließ sie, um ihr Verdruß zu bereiten, alle auf ihren Sammelteller fallen und bedeckte so die Geldstücke, mit denen sie Staat machte. Die schöne Sammlerin errötete beschämt, verteilte die wertlosen Münzen, so gut sie eben konnte, mit dem Finger. Aber ihrer Geschicklichkeit zum Trotz waren sie nur noch allzu sichtbar. Da bot ihr Nicodème (er war das neue Opfer Amors) eine Goldpistole°, wobei er so tat, als ließe er sich von ihr etwas herausgeben, nahm aber tatsächlich nur die Kupfermünzen vom Sammelteller und überließ ihr den ganzen Rest als Spende. Natürlich war Javotte diese ungewöhnliche Form der Galanterie nicht entgangen; sie freute sich so darüber, daß sie wirklich glaubte, in seiner Schuld zu stehen. So kam's, daß sie es litt, als er sich ihr beim Verlassen der Kirche mit einem Kompliment näherte, welches er sich beim Warten zurechtgelegt hatte.

Dabei war das Glück ihm ausgesprochen hold, da Javotte sonst nie ohne ihre Mutter ausging. Von ihr wurde sie gezwungen, derart zurückgezogen zu leben, daß sie nie mit irgendeinem Mann sprechen durfte, weder in der Öffentlichkeit noch selbst im elterlichen Hause. Anders wäre Nicodème eine Annäherung ein leichtes gewesen, denn Javottes Vater war Prokurator und Nicodème Rechtsanwalt°. So gehörten sie beide Berufsständen an, die untereinander große Übereinstimmung und Zuneigung hegen, was eine rasche Bekanntschaft ermöglicht, etwa wie zwischen Kammerdiener und Zofe.

Gleich nach dem Ende der Messe, als er sich ihr nähern konnte, sagte er überaus zuvorkommend zu ihr: „Mademoiselle, soweit ich das ermessen kann, muß Ihre Sammlung, bei so viel persönlichem Verdienst und solcher Schönheit, außerordentlich glücklich verlaufen sein." „Ach Monsieur, leider nicht", entgegnete Javotte sehr treuherzig, „Sie werden verzeihen, ich zählte sie gerade mit dem Pater Sakristan. Leider habe ich nicht mehr zusammengebracht als vierundsechzig Livres und fünf Sous, während doch Mademoiselle Henriette letzthin gut und gern ihre neunzig Livres erreichte, allerdings sammelte sie auch während des ganzen Vierzigstundengebets°, und dann war das auch noch bei einem Paradies°, und dazu dem schönsten, das es je gab." „Mit glücklichem Ausgang Ihrer Sammlung meine ich nicht nur die mildtätigen Gaben", meinte Nicodème, „die Sie für die Armen oder die Kirche erhielten, sondern auch den Gewinn, den Sie selbst daraus zogen." „Aber Monsieur!" antwortete Javotte, „ich versichere Ihnen, daß ich keinen dabei hatte! Es war nicht ein einziger Denier° mehr dabei, als ich Ihnen sagte. Und überhaupt: Glauben Sie etwa, ich würde bei einer solchen Gelegenheit etwas für mich auf die Seite bringen wollen? Allein der Gedanke wäre doch schon eine große Sünde." „Die Rede ist nicht von Gold und Geld", sagte Nicodème, „sondern was ich sagen will ist, daß niemand, der Ihnen eine Spende gab, damit nicht auch gleich sein Herz verschenkt hat." „Ich weiß nicht", erwiderte Javotte, „was Sie mit den Herzen sagen wollen. Ich habe jedenfalls kein einziges davon auf meinem Sammelteller gesehen." „Ich meine", setzte Nicodème nach, „daß keiner, bei dem Sie stehenblieben, angesichts solchen Liebreizes nicht den Schwur getan hätte, Sie zu lieben, Ihnen zu dienen und dann sein Herz verschenkte. Mir im besonderen war es einfach nicht möglich, Ihnen das meine vorzuenthalten." Javotte erwiderte ihm treuherzig: „Je nun, Monsieur, wenn Sie es mir gaben, so habe ich Ihnen doch gleich darauf geantwortet: Der Herrgott geb's wieder!" „Wie", entgegnete Nicodème leicht aufgebracht, „so spotten Sie meiner Ernsthaftigkeit? Wollen Sie so Ihren leidenschaftlichsten Verehrer behandeln?" Worauf Javotte errötend antwortete: „Monsieur, haben Sie acht auf Ihre Worte! Ich bin ein ehrbares Mädchen. Ich habe keine Verehrer. Mama hat mir eindringlich verboten, welche zu haben." „Ich habe nichts gesagt, was Anstoß erregen könnte", fing Nicodème wieder an, „und die Leidenschaft, die ich für Sie empfinde, ist durch und durch wohlanständig und rein und entspringt nur den redlichsten Absichten." „Dann also, Monsieur", versetzte Javotte, „dann wollen Sie mich heiraten? Dazu müssen Sie sich aber an Papa und Mama wenden, denn eigentlich weiß ich gar nicht, was sie mir in die Ehe mitgeben wollen." „Bei diesen Einzelheiten sind wir aber noch nicht", gab Nicodème zurück, „zuvor muß ich doch Ihrer Wertschätzung versichert sein, und ob Sie gutheißen, daß ich mir erlaube, Ihnen meine Dienste anzubieten." „Monsieur", sagte Javotte, „ich bediene mich ganz gut selbst und verstehe mich auf alles, was ich brauche."

Diese spießbürgerliche Antwort hob unseren Galan völlig aus dem Sattel, dabei wollte er doch nur aufs allerzierlichste den Hof machen. Mit Sicherheit hätte er sein Süßholz geraspelt und dummes Zeug in Hülle und Fülle geredet bei einem Gegenüber, das es mit ihm hätte aufnehmen mögen. Er war also ziemlich verdutzt, sich gleich auf das erste Anerbieten seiner Dienste hin genötigt zu sehen, seine ernsthaften Absichten zu verbürgen. Sein Erstaunen darüber war jedoch nicht berechtigt, ist es doch die gewöhnliche Unbeholfenheit der Mädchen dieses Standes, die einen Mann schon verliebt sehen wollen, sobald er ihnen eine kleine Artigkeit gesagt hat, und ihn, sobald er sich verliebt hat, zum Notar oder Pfarrer schicken, um die Bekundung seiner Leidenschaft auch beurkunden zu lassen. Sie wissen nicht, was es heißt, sich zu verbinden in süßem Einverständnis und inniger Freundschaft, die einen Teil der Jugendjahre so angenehm ausfüllen und auch neben der strengsten Sittsamkeit bestehen können. Sie lassen es sich nicht angelegen sein, die guten oder schlechten Eigenschaften ihrer Courschneider zur Gänze kennenzulernen, noch machen sie sich Gedanken darüber, daß man bei der Wertschätzung beginnen muß, um zu Freundschaft und Liebe aufzusteigen°. Aus Angst, alte Jungfern zu werden, versuchen sie immer, die Angelegenheit gleich unter Dach und Fach zu bringen und nehmen blindlings den ersten, der in den Handel einschlägt. Hier liegt auch der große Unterschied zwischen Leuten von Hofe und Stadtbürgern: Der Adel macht aus der Galanterie ein öffentliches Bekenntnis, gewöhnt sich schon in zartester Jugend an den Umgang mit Damen und gewinnt so gesellschaftliche Geschliffenheit und Gewandtheit fürs ganze Leben. Wohingegen die gemeinen Leute niemals dahin gelangen, sich diese gefällige Lebensart anzueignen, weil sie die Kunst zu gefallen nicht erlernen, etwas, das man nur in der Umgebung von Damen erwirbt und nur, wenn man selbst einmal von einer schönen Leidenschaft ergriffen war.

Die Stadtbürger dagegen machen immer nur ganz beiläufig den Hof und in einer krampfhaften Art und Weise, mit keinem anderen Ziel im Kopf, als so schnell wie möglich einen Hausstand zu gründen. Dann muß man sich auch nicht wundern, wenn sie für den Rest ihres Lebens ungehobelt und mürrisch sind, was eine große Last für ihre Familie ist und widerwärtig für alle, die zu ihrer Bekanntschaft gehören.

Unser Möchte-gern-Höfling hätte nun gern in aller Form den Hof gemacht und dabei keine einzige der Höflichkeiten ausgelassen, die er aus seinen Büchern kannte. Seine Lektion hatte er nämlich ausdrücklich nach dem Cyrus und der Clélie° studiert. Gern hätte er zarte Briefe geschickt, hübsche Essen gegeben und – schlimmer noch – Verse gedrechselt. Aber wie soll man mit jemandem Paume° spielen, der alle Bälle ins Netz schlägt?

Er hatte seine Angebetete gerade bis vor ihre Tür gebracht, als sie ihn auch schon mit einem tiefen Knicks und der Begründung verabschiedete, sie müsse an ihre Hausarbeit denken, und daß auch ihre Mutter gleich riefe, wenn sie sie mit jungen Männern reden sehe. Er mußte sich also gezwungenermaßen empfehlen, mit dem festen Vorsatz aber, sie bald wiederzusehen. Die Schwierigkeit dabei war jedoch, Zutritt zu ihrem Hause zu erhalten. Niemand wurde nämlich empfangen, der dort nicht irgendetwas zu erledigen hatte, und wenn überhaupt, dann höchstens in der Kanzlei des Prokurators. Hätte nämlich jemand Javotte einen Besuch abstatten wollen, wäre er von der Mutter an der Tür mit der Frage empfangen worden: Was haben Sie meiner Tochter zu sagen?

Der Not gehorchend, mußte Nicodème versuchen, die Bekanntschaft Vollichons° (so hieß Javottes Vater) zu machen. Das war nicht weiter schwierig, denn er kannte ihn schon vom Sehen aus dem Châtelet°, wo er Prokurator war und Nicodème manchmal als Verteidiger arbeitete. Er gab also vor, Vollichon wegen einer beruflichen Angelegenheit um Rat fragen zu wollen, um ihm dann zu eröffnen, daß er ihn mit einer Zwangsvollstreckung für einen Freund beauftragen wolle. Ein entsprechendes Dokument brachte er auch tatsächlich mit, gelangte dadurch aber wie die anderen auch nur bis in die Kanzlei. Der Wohnraum der Frauen blieb ihm verschlossen, gerade wie ein Serail im kleinen. So griff er, um Javotte zu sehen, zu einer List. Er gab vor, auf dem Lande ein ausgezeichnetes Gehege mit Wildkaninchen zu besitzen, von denen er sich oft welche kommen lasse. Dem Vollichon wollte er nun zwei davon schicken und sie gemeinsam mit ihm verspeisen, mit dem Hintergedanken, so doch wohl wenigsten während des Essens Frau und Tochter zu Gesicht zu bekommen.

Er ließ also auf dem »Vallée de misère«° genannten Geflügelmarkt zwei Kaninchen kaufen, was sich aber als vergebliche Ausgabe erwies, nicht etwa, weil er Stallhasen bekommen hatte (denn der Prokurator fand sie nur allzu wohlschmeckend), sondern weil er dennoch keine Gelegenheit erhielt, seine Angebetete zu sehen. Sie aß an diesem Tag nicht mit an der großen Tafel. Sei es, daß sie nicht entsprechend gekleidet war oder durch die Hausarbeit abgehalten wurde. So griff er also zu einem neuen Einfall: Er tat sich mit Vollichon zusammen und ging mit ihm Boule spielen°. Es ist dies das größte Vergnügen, das man einem Prokurator bereiten kann und der stärkste Magnet, ihn aus seiner Kanzlei herauszuholen. Auf diese Weise wurden beide schnell gute Freunde, und am meisten trug dazu bei, daß Nicodème ihn zunächst einiges Geld gewinnen ließ. Er vergaß jedoch nicht, in der letzten Runde um einen Kapaun als Einsatz zu spielen, den sie anschließend auch bei Vollichon verspeisten.

Beim vierten oder fünften Kapaunen war's, da hatte Nicodème endlich das Vergnügen, seine Angebetete bei sich am Tisch zu sehen, wenn dieses Vergnügen auch von kurzer Dauer war. Sie erschien nämlich erst lange, nachdem alle Platz genommen hatten und erhob sich sofort, als man den Nachtisch auftrug. Sie faltete hübsch ihre Serviette und trug ihren Teller eigenhändig hinaus. Während des Essens hatte sie kein einziges Wort hervorgebracht und hielt fast die ganze Zeit ihre Augen niedergeschlagen. Mit dieser großen Zurückhaltung zeigte sie, daß sie sich sehr wohl zu benehmen verstünde gemäß den Regeln ihrer -»Civilité puérile«°, dem Benimm-Buch für die Jugend. Danach schloß sie sich mit der Mutter gleich in ihr Gemach ein, um sich an irgendeine Stickerei oder Spitzenarbeit zu machen. Schließlich und endlich, es gab nie ein Mädchen, mit dem es schwieriger gewesen wäre, ein Gespräch anzuknüpfen, denn zu Hause wurde sie kurz gehalten und draußen erschien sie nur mit ihrer Mutter, ganz wie sie es selbst beschrieben hatte. Ohne den Zufall mit der Kirchenkollekte, der ihr einen Augenblick der Freiheit verschafft und sogar ermöglicht hatte, allein nach Hause zu gehen, hätte Nicodème niemals eine Möglichkeit gefunden, sie anzusprechen.

Die Freundschaft mit Vollichon nutzte ihm für sein Vorhaben nichts, sie wuchs indessen von Tag zu Tag. Um ihren Hintergrund besser zu verstehen, ist es vielleicht ganz aufschlußreich, etwas zum Charakter des Prokurators zu sagen, der ein lächerlicher Kauz war, aber einer von ganz eigener Art.

Vollichon war ein kleiner, stämmiger Mann, schon leicht ergraut und genauso alt wie seine Kalotte°. Mit ihr war er gealtert unter einer schmierigen, über den Kopf gestülpten Mütze, die bis auf die Ohren hing, und schon mehr Bösartigkeiten bedeckt hatte, als in hundert anderen Köpfen unter hundert anderen Mützen Platz gefunden hätten: Denn die Rechtsverdreherei hatte gänzlich die Macht über den Körper dieses kleinen Mannes ergriffen, gerade so wie der Teufel in den Körper eines Besessenen fährt. Die Leute taten ihm sicher Unrecht, ihn eine »verdammte Seele«° zu schimpfen, sie hätten ihn eher »verdammende Seele« heißen sollen. In der Tat erhielten nämlich alle, die mit ihm zu tun hatten, ihre Verurteilung, sei es als seine eigenen Mandanten oder aber als Gegenpartei. Sein Mund war breit geschlitzt, was kein geringer Vorteil für jemanden ist, der sich seinen Lebensunterhalt mit Kläffen und Keifen verdient und dessen hervorstechende Eigenschaft es ist, eine große Klappe zu haben. Seine Augen waren flink, das Gehör ausgezeichnet. Er vernahm den Klang eines Vierteltalers schon auf fünfhundert Schritt, und sein Verstand war behende, vorausgesetzt, er mußte ihn nicht darauf verwenden, etwas Gutes zu tun. Nie gab es eine Inbrunst gleich der seinen, den Parteien, ich würde nicht gerade sagen zu dienen, sondern eher, sie zu bestehlen. Er betrachtete den Besitz eines anderen wie die Katze einen Vogel im Bauer, dem sie beim Umschleichen einen Krallenhieb zu versetzen sucht. Das heißt nun keinesfalls, daß er nicht manchmal auch den Großmütigen spielen konnte, denn wenn er einen armen Schlucker vor sich sah, der sich in diesen Geschäften nicht auskannte, erstellte er ihm bereitwillig einen Schriftsatz, lauthals bemerkend, dafür wolle er nichts berechnen. Allerdings mußte der andere die Zustellung des Bescheids teurer bezahlen, als die Gebühren für den Notar und seine, Vollichons eigene, ausmachten.

Er besaß auch eine natürliche Abneigung gegen die Wahrheit, denn niemals hatte eine gewagt, sich ihm zu nähern (selbst wenn sie zu seinem Vorteil gewesen wäre), ohne Gefahr zu laufen, niedergemacht zu werden. Man kann sich denken, wie er mit diesen schönen Eigenschaften unfehlbar reich wurde und gleichzeitig völlig in Verruf geriet.

Das veranlaßte einen Mann von Welt beim Gespräch über diesen Rabulisten zu der äußerst treffenden Bemerkung, Vollichon sei ein Mensch, der alles, was er besitze, auf krummen Wegen erworben habe, ausgenommen seinen Ruf. Dem stimmte Vollichon manchmal sogar selbst zu. Aber er habe sich sehr geändert, versicherte er, und bemerkte eines Tages zu Nicodème, ihn ermunternd, den Pfad der Tugend zu wandeln, er habe in dem einen Jahr, seit er Ehrenmann geworden, mehr verdient als in den zehn Jahren davor, da er als Spitzbube lebte. Vielleicht hatte er Grund, so zu reden, denn Tatsache ist, daß ihn die Geldbußen und Suspensionen, mit denen einige seiner ans Tageslicht gekommenen Schurkereien bestraft wurden, große Summen gekostet hatten.

Unter vielen anderen habe ich eine erfahren, die zu erzählen vielleicht nicht unangebracht ist, da sie recht gut seinen Charakter schildert.

Er besaß die Angewohnheit, in ein und demselben Prozeß mehrere Parteien unter dem Namen verschiedener ihm befreundeter Anwälte gleichzeitig zu vertreten°. Als er einmal die Verurteilung eines flüchtigen Schuldners nicht mehr hinauszögern konnte, zauberte er jemanden herbei, der Widerspruch einlegte, wodurch der Prozeß ausgesetzt werden mußte. Als sich dann aber der Beschwerdeführer bitter darüber beklagte, setzte Vollichon, um jeder Vermutung, er selbst stecke dahinter, den Boden zu entziehen, für die vorgeblich Einspruch erhebende Partei Schriftsätze auf, in denen er sich nach Kräften selbst beschimpfte. Er behauptete darin, Vollichon sei der Urheber aller Verschleppungen im Prozeßverlauf und beim Zivilgerichtshof wegen seiner Betrügereien gut bekannt, er sei dafür schon mehrfach gerügt, ja auch suspendiert worden, und nach einigen zusätzlichen handfesten Beleidigungen gegen sich selbst übergab er sie einem Schreiber zur Abschrift und Zustellung. Der Schreiber, zu faul, die Papiere zu kopieren, geschweige denn zu lesen, stellte sie so zu, wie sie waren, nämlich in der Handschrift Vollichons. So gelangten sie in die Hände seiner Gegenpartei und von da in die der Richter, die zwar schallend lachten, ihn desungeachtet aber streng bestraften. Solcherart war das Talent Vollichons.

Er geriet dermaßen in Verruf, daß selbst der Henker, dessen Rechtsvertreter er war, ihm sein Mandat wegen mangelnder Ehrenhaftigkeit entzog. Jetzt kann sich ja jeder denken, ob es Nicodème, der nicht gerade knausrig, aber umso verliebter war, schwerfiel, im Handumdrehen die Gunst eines so habgierigen Mannes wie Vollichon zu gewinnen. Er verfaßte für ihn Schriftsätze zu zehn Sous die Rolle°, verdingte sich ihm als Vertreter in seinen Prozessen zu einem Spottarif, machte ihm kleine Geschenke, lud ihn zum Essen ein, kurz: er bemühte sich allseits mit allen Mitteln um seine Freundschaft. Dazu kam noch, daß sie in ihren Unterhaltungen etwas ungemein Verbindendes entdeckten: Nicodème war nämlich ein lustiger Sprüchemacher und großer Erzähler von Witzen, Schnurren und Wortspielen. Vollichon dagegen liebte Sprichwörter und anzügliche Redensarten. Weil sie sich darin gegenseitig mit Beifall bedachten, waren ihre Gespräche überaus ergötzlich.

Obwohl diese tiefe Freundschaft Nicodème fortan freien Zugang zum Hause verschaffte, war sie ihm nicht förderlich bei seinen Beziehungen zu Javotte, denn entweder zog sie sich in ein anderes Zimmer zurück, wenn sie ihn kommen sah, oder sie sprach kein einziges Wort mit ihm, wenn sie blieb. Eine derartige Zurückhaltung legte ihr die Anwesenheit der Mutter auf, und die war immer in der Nähe.

Schließlich blieb ihm, um ungehindert mit ihr sprechen zu können, nichts anderes übrig, als sich zu erklären. Was ihn noch stärker bewog, um ihre Hand anzuhalten, war die Erwägung, daß die Tochter eines Prokurators für einen Rechtsanwalt immer eine Partie ist, die sich sehen lassen kann, denn Vollichon war reich und hatte eine gutgehende Kanzlei, wenn man sie vielleicht auch besser einen Krämerladen hätte nennen können, in dem Mandate verkauft wurden; andererseits wollte aber auch Vollichon, wie er sich ausdrückte, nur einen »Mann zwischen Sack und Strick«° zum Schwiegersohn. In unserer Ausdrucksweise wäre das jemand, der eng mit dem Justizpalast verbunden ist und nur ein einziges Vergnügen kennt: in seinen Papieren zu stecken. Dabei kümmerte ihn nicht, ob der Anwärter hübsch, höflich, gewandt und galant war, wenn er nur haushälterisch wirtschaftete und fleißig arbeitete. Sogar die außerordentliche Schönheit Javottes zählte für ihn überhaupt nicht, und er erwartete auch nicht, daß sie damit ihr Glück machte. Worin er vielleicht gar nicht so unrecht hatte, enden diese Geschichten doch meist so, daß, wer darauf zählt, hereinfällt, und das Glück, das die Stadtbürgerinnen auf Rechnung ihrer Schönheit machen, führt meist zu einer Klage auf Erschleichung des Eheversprechens, angestrengt von den Eltern des jungen Heiratskandidaten, oder die Jungvermählte klagt gegen einen völlig verschuldeten Hochstapler auf Gütertrennung.

Diese günstigen Umstände veranlaßten Nicodème, den im übrigen auch seine Liebe dazu drängte, einen hübschen Antrag zu machen und den Vater Javottes in aller Klarheit um die Hand seiner Tochter zu bitten. Der nahm den Antrag mit der Höflichkeit entgegen, deren ein Mann seiner Wesensart fähig ist, und befragte Nicodème sehr eingehend über die Größe seines Besitzes, ob er wohlgeordnet sei, ob Nicodème sich Ausschweifungen hingegeben und wieviel Schulden er habe.

Er erhob nur einen einzigen Einwand: Der Hochzeiter sei zu hübsch, das heißt, zu gut gekleidet und zu geziert. Denn – offen gesagt – ist Sauberkeit, die allen Leuten von Welt gefällt, solchen alten Zauseln meist zuwider. Die Zeit, meinte er, die man darauf verwende, sich so ordentlich anzukleiden, sei verloren. Dafür könne man fünf oder sechs Rollen Schriftsätze erstellen. Er klagte auch, eine solche Kleidung stelle den Gegenwert von zwanzig Verteidigungen vor Gericht dar. Trotzdem wog die Wertschätzung für Nicodème seine Abneigung auf. Voller Nachsicht mit ihm meinte er, die Jugendzeit müsse nun mal durchgestanden werden. Aber im Glauben daran, daß sie mit der Zeit der Brautwerbung zuende sei, hoffte er wohl, ihn in drei Monaten genauso schmutzstarrend zu sehen, wie er selber war. Endlich, nachdem der Besitzstand, seine Aufteilung und alle Rechtstitel der Familie einer genauen Prüfung unterzogen, alle Klauseln hin und her erwogen waren, wurde der Ehevertrag abgeschlossen, und Nicodème erhielt die Erlaubnis, seine Braut jetzt mit ein wenig mehr Freizügigkeit zu sehen, will sagen, aus einer Ecke des Zimmers heraus und in Gegenwart der Mutter, die mit einer Handarbeit beschäftigt ein wenig Abstand hielt. Dieses Glück aber dauerte nicht lange, da Vollichon schon ein paar Tage später darauf bestand, die Verlobung vorzubereiten und selbst das Aufgebot in der Kirche bestellte.

»Der Ehevertrag«

Ich ahne, daß es jetzt keinen Leser gibt, und sei er noch so wohlwollend, der nicht bei sich sagte: „Was für ein erbärmlicher Romanschreiber! Diese Geschichte ist weder sehr lang noch verwickelt. Und – guter Gott! Gleich am Anfang schließt er eine Ehe! Wo so etwas doch erst am Ende des zehnten Bandes üblich ist!“

Möge er mir gütigst verzeihen, wenn ich abkürze und ohne zu säumen schnurstracks zur Auflösung schreite. Dabei müßte er mir doch sehr verpflichtet sein, wenn ich ihn von der Ungeduld erlöse, die viele Leser befällt bei so einer ungebührlich langen Liebesgeschichte, bei der nicht zu erraten ist, wie sie am Schluß ausgehen wird. Trotzdem, Leser, wenn Du ein wenig Geduld aufbringst, so magst Du erfahren, daß sich noch viel ereignen kann zwischen Lipp- und Kelchesrand, wie man so schön sagt, denn diese Heirat ist noch längst nicht so weit gediehen, wie man meinen könnte und wie Du Dir vielleicht vorstellst.

Es stünde jetzt ganz in meinem Ermessen, eine Heroine zu schaffen, die man so oft entführt, wie ich Lust hätte, Bände zu füllen. Es ist dies ein ziemlich alltägliches Schicksal von Helden, die gerade dann, wenn sie glauben, die Angebetete im Arm zu halten, nichts weiter als eine Wolke umarmen, geradeso wie der unglückliche Ixion°. Sie schnappen nur nach Luft, während einer ihrer Vertrauten ihnen die Geliebte vor der Nase wegschnappt.

Aber weil hier kein Stück mit großer Bühnenmaschinerie aufgeführt wird, und weil ich eine wahre Geschichte versprochen habe, gestehe ich Dir ganz offen, daß die Heirat einzig und allein durch einen Einspruch gegen das Aufgebot verhindert wurde, und zwar auf Betreiben eines Mädchens namens Lucrèce, die angab, ein Eheversprechen Nicodèmes in Händen zu haben, wodurch dieser seinen Ruf bei der Familie Javottes vollständig einbüßte. Dort hielt man ihn jetzt für einen Wüstling, den man weder weiter im Hause dulden noch überhaupt wiedersehen wollte. Um Dir aber zu erklären, welche Bewandtnis es mit diesem Einspruch hat (denn ich glaube, darauf bist Du jetzt neugierig), muß ich ein wenig zurückgreifen und Dir eine andere Geschichte erzählen. Vergiß darüber aber nicht die eben erzählte, denn darauf werden wir noch zurückkommen müssen.

Die Geschichte der Stadtbürgerin Lucrèce

Diese Lucrèce, die ich Stadtbürgerin nenne zur Unterscheidung von der römischen Lukrezia°, die sich erdolchte, war von ganz anderer Wesensart als ihre Namensvetterin: Ein Mädchen von hohem Wuchs und hübscher Figur, geistreich und beherzt, besaß sie aber auch mehr Eitelkeit als alles andere. Es ist jammerschade, daß sie nicht bei Hofe oder Personen von Stand aufwuchs, was sie von einigem Gehabe, Getue und manch spießbürgerlichen Geziertheiten geheilt hätte, denn das war ihrer Gewandtheit abträglich und verriet ihre Herkunft nur allzu deutlich.

Sie war die Tochter eines subalternen Kanzleibeamten und schon in früher Kindheit fast mittellos einer Tante zur Erziehung übergeben worden, der Frau eines drittklassigen Anwalts, das heißt, er war weder erfolgreich noch arbeitslos. Dieser arme Teufel, der eher fleißig als klug war, saß den ganzen Tag in seiner Schreibstube vergraben und verdiente den Lebensunterhalt mit dem recht schlecht bezahlten Verfassen von Schriftsätzen. So hatte er nicht acht darauf, was in seinem Hause vorging. Seine Frau war auf der einen Seite ausgesprochen haushälterisch: So hätte sie zwei Tage lang gezetert, wenn man einen Kerzenstummel nicht aufgebraucht oder ein Streichholz weggeworfen hätte, ohne es an beiden Enden zu benutzen. Auf der anderen Seite aber war sie dem Spiel verfallen und verkehrte ihrem Reden zufolge in der feinen Gesellschaft oder genauer: Sie empfing ständig Besucher, so daß jedesmal am frühen Abend zwei Kartenspiele und ein Tricktrack° auf dem Spieltisch lagen. Bald kamen dann jede Menge junge Leute aller Stände in großer Zahl, die allerdings eher Lucrèce sehen als die Frau Advokatin unterhalten wollten. Hatte sie im Tricktrack gewonnen, spielte sie die Freigebige und ließ der Gesellschaft eine Fleischpastete und eine »Poupelin«-Torte als Imbiß auftragen. Für sie selbst und ihre Nichte war es das Abendbrot und manchmal auch für ihren Gatten, der sonst davon nicht zu kosten bekam, denn sie dachte nicht daran, für ihn zu kochen, wenn sie selbst keinen Hunger hatte. So sagte man ihr in der Nachbarschaft nach, sie lebe auf sehr großem Fuße. Es hieß, sie führe ein Haus, in dem für Zerstreuung und Bewirtung gesorgt sei, und ich erinnere mich, wie eine Gerichtschreibersfrau furchtbar aufgebracht sagte: „Gerade diese Advokatenfrauen verstehen sich darauf, die Großkopfeten zu spielen."

In einem solcherart geführten Hause wuchs also Lucrèce auf, was ein sehr gefährlicher Aufenthaltsort ist für ein Mädchen mit einigen Ansprüchen, das genötigt ist, alle möglichen Galane um sich zu dulden. Sie hätte schon sehr standfesten Herzens sein müssen, um auf so schlüpfrigem Wege nicht auszugleiten. Ihr ganzes Glück war gegründet auf die Eroberungen, die sie mit ihren Augen und Reizen machte, ein schwacher und schwanker Untergrund also und nur geeignet, Mädchen zu alten Jungfern werden zu lassen oder sie durch einen Schiedsspruch des Offiziums° für Eheversprechen an den Mann zu bringen.

Indessen war ihr Aufputz der eines Mädchens der besseren Stände, obwohl sie, wie gesagt, wenig oder genauer: gar keinen Besitz hatte. Sie ging durch für eine Partie, die, wie man munkelte, gut und gern ihre fünfzehntausend Taler wert war. Die allerdings waren in Scheinen auf den Loire-Nebel gezeichnet, in der

Tat sehr flüssige, wenn auch nicht ganz durchsichtige Effekten. Sie ließ nun nicht ab, auf diese falschen Annahmen ihre großen Hoffnungen zu bauen, und jedesmal, wenn ihr ein Anwalt als Ehekandidat vorgeschlagen wurde, sagte sie unter Kopfschütteln: „Puh, ich mag diese Stadtbürger nicht!" Sie erhob Anspruch auf mindestens einen Finanzauditor oder einen Staatsrat der Finanzen, denn sie war der Ansicht, so viel könne sie für ihre vorgeblichen fünfzehntausend Taler gemäß dem allgemeinen Tarif erwarten.

Die Erwähnung eines Tarifs wird Dich, geneigter Leser, wahrscheinlich überraschen, denn vielleicht hast Du nie davon reden hören. Ich will's Dir gerne erklären und Dir zuliebe ein wenig abschweifen.

So wisse denn, daß die Verkommenheit des Jahrhunderts dahin geführt hat, einen Geldsack mit einem anderen zu verheiraten, wenn ein Mädchen mit einem jungen Mann vermählt wird. So wie es angesichts des Münzverfalls eine Tabelle für die Bewertung der Sorten gibt, so stellte man angesichts des Verfalls von Verdienst und Tugenden eine Tarifliste zur Bewertung der Männer auf, nach der die Partien zusammengestellt werden. Hier im folgenden die Tabelle, die ich Dir nicht vorenthalten will.

Tarif oder Bewertung° gleicher Partien zur einfacheren Ehestiftung:

Ein Mädchen, das 2.000 oder bis zu 6.000 Livres mit in die Ehe bringt	hat Anspruch auf: einen Kaufmann im Palais, einen Handelsgehilfen, einen Gerichtsdiener oder einen Prozeßbevollmächtigten.

Eine mit 6.000 und darüber bis 12.000 Livres:	einen Seidenhändler, Tuchmacher, städtischen Holzinspektor, Prokurator am Châtelet, einen Haushofmeister oder Privatsekretär eines hohen Herrn.
Eine mit 12.000 und darüber bis 20.000 Livres:	einen Prokurator am Parlament, einen Notar oder Gerichtsschreiber.
Eine mit 20.000 und darüber bis 30.000 Livres:	einen Advokaten, Finanz- oder Forstrat, Substituten bei der Staatsanwaltschaft oder einen Leiter der Münze.
Eine, die zwischen 30.000 und 40.000 Livres hat:	einen Auditor beim Finanzgerichtshof, einen Schatzmeister von Frankreich oder einen Schatzmeister der Staatsrenten.
Eine mit 15.000 bis 25.000 Talern:	einen Steuerrat oder einen königlichen Staatsrat.
Eine ab 25.000 bis 50.000 Talern:	einen Parlamentsrat oder einen Leiter des Rechnungshofes.
Eine mit 50.000 bis 100.000 Taler:	einen Vortragenden Staatsrat, einen Finanzintendanten, einen Schriftführer und Sekretär des Staatsrats, einen Präsidenten der staatlichen Untersuchungskommission.
Eine ab 100.000 bis 200.000 Taler:	einen Parlamentspräsidenten, einen echten Marquis, einen Herzog oder einen Pair.

Diese Tarifübersicht erscheint vielleicht zu gedrängt angesichts der großen Zahl von Ämtern, die in unserem Königreich geschaffen wurden und hier nicht einmal Erwähnung fanden. In diesem Fall genügte ein Registerauszug des Amtes für nichterbliche Pfründe mit der Einstufung dieser Ämter, und schon ließe sich ganz leicht die eine oder andere der Tarifklassen verkleinern. Die größten Schwierigkeiten stellen die Männer dar, die von ihrer Kapital- oder Grundrente leben, und die hier gar nicht auftauchen, so als wären sie ein Personenkreis ohne jeglichen Nutzen, der eigentlich nur auf die Ehelosigkeit hoffen darf. Nicht ohne Grund hat einer unserer Autoren festgestellt, ein Amt sei ein Sprungbrett für die Ehe, was unsere Franzosen (ihrer Natur nach galant und leicht verliebt) so auf Ämter versessen machte, daß sie um jeden Preis Titel besitzen wollen, selbst wenn sie dazu für viel Geld Amtsbezeichnungen kaufen müssen wie »Städtischer Holzkontrolleur« oder »Städtischer Salzträger und Kohlenschlepper«. Geschieht es zu allem Unglück, daß eine ältliche Jungfer um einen dieser Rentiers feilscht, taxiert man ihn gewöhnlich im Verhältnis 1:6 Deniers wie die städtischen Renten und andere Subsistenzien dieser Art. Das heißt, ein Mädchen mit zehntausend Talern muß einen Mann mit sechzigtausend finden und so fort, immer im Verhältnis. Sicher hätten manche gewünscht, daß ich diese Tabelle weiter ausführe. Das war aber nicht möglich, weil jenseits dieser Grenze nur Durcheinander herrscht. Denn Mädchen mit mehr als zweihunderttausend Talern sind gewöhnlich Töchter von Finanz- oder Geschäftsleuten, der Hefe des Volkes entstammend und von sehr niedrigem Stand. Sie werden nun nicht meistbietend versteigert wie die anderen, sondern mit Rabatt abgegeben. Das heißt, anstatt wie ein anderes Mädchen mit dreißigtausend, das an einen Mann verkauft wird mit einem doppelt so teuren Amt, gehen dagegen diese hier mit zweihunderttausend an einen weg, der um die Hälfte weniger besitzt. Dabei können sie noch von Glück sagen, einen Mann von Geburt und Stand zu finden°, der sie haben will. Zur Vermeidung von Irrtümern sei noch eine Feststellung angefügt: Es kommt manchmal vor, daß innere und äußere Vorzüge ein Mädchen um eine Klasse aufsteigen lassen, und eine mit dreißigtausend Livres macht dann das Glück einer mit vierzigtausend. Für einen Mann dagegen trifft solches nicht zu. Seine inneren Vorzüge und Tugenden zählen überhaupt nicht. Man wird immer nur auf seinen Stand und Titel schauen, und für ihn wird eine Ehe sicher kein glückliches Geschäft, es sei denn in den Fällen, wo ein gerüttelt Maß Lebensjahre mit Geld verquickt sind und er das Ganze in Bausch und Bogen kauft.

Jetzt aber genug vom Heiraten geredet und zurück zu Lucrèce, die ich beinahe aus den Augen verloren habe. Ihren Reizen mangelte es nicht an Verehrern. Sie hatte Galane nicht nur im Dutzend und im Schock, sondern im Hundert, denn die Häuser, in denen ein Spieltisch steht und die eine Akademie des Glücksspiels sind, werden auch zu einer Liebesschule, die zunächst ganz ehrenhaft ist, es am Ende aber nicht mehr bleibt. Das erinnert mich an das Wort eines galanten Mannes, der meinte, ein Haus so zu führen bedeute das gleiche, wie wenn Wirtshäuser einen Strohwisch über die Tür hängen, damit anzeigend, daß es gelte, ein schönes Faß anzustechen.

Sie kamen also, wie gesagt, eher, um Lucrèce zu sehen, als um zu spielen. Trotzdem mußte man spielen, um sie zu sehen. Man machte also ein Spielchen, trat dann seinen Platz einem anderen ab, um mit ihr zu plaudern, oder man erklärte, halbe halbe mit ihrer Tante zu spielen. Sie ihrerseits machte ebenfalls Halbpart mit irgendeinem, den sie ins Spiel gezogen hatte. Nachdem ihr Gefolge aber zur Schlacht aufgestellt war, ging sie im Zimmer umher und unterhielt die Gesellschaft. Indem sie dabei mit keinem länger plauderte als mit einem anderen, wußte sie ihre Verehrer so zufriedenzustellen, als regle sie ihre Unterhaltungen mit der Sanduhr. Das Spiel war sehr einträglich für sie, denn sie erhielt zwar die Hälfte des Gewinns, bezahlte aber nichts, wenn ihr Partner verlor. Ganz besonders kam sie auf ihre Kosten, wenn ihr einer dieser Einfaltspinsel in die Hände fiel, deren Auffassung von Galanterie darin besteht, die Mädchen im Spiel gewinnen zu lassen und ihnen auf diesem Weg Geschenke zu machen, um sie nicht zu genieren. Welch riesiger Irrtum vergangener Zeiten, den – Gott sei Dank – die Leute von Hofe und die gewandteren Galane schon längst eingesehen haben. Zwar freuen sich diese schlauen Dämchen ungemein über Spielgewinne, da sie aber all das, was sie ihrer Geschicklichkeit oder ihrem Glück zuschreiben, Eroberung nennen, fühlen sie keinerlei Verpflichtung dem armen Dummkopf gegenüber, der sie gewinnen läßt. Sie nennen ihn noch ihren Gimpel und lassen nicht eher von ihm ab, bis sie ihm auch noch die letzte Feder gerupft haben. Danach haben sie dann plötzlich keine Zeit mehr für andere Arten der Galanterie, denn sie hegen keinerlei Wertschätzung für einen Mann, der den Gecken gespielt hat, und wenn's auch nur zu ihrem eigenen Vorteil gewesen ist.

Kurz und gut: Wozu all diese Umwege? Tut man heutzutage nicht besser daran, nur im äußersten Notfall mit Frauen zu spielen, ihnen nichts durchgehen zu lassen, und will man ihnen denn Geschenke machen, dies ohne alle Umstände zu tun? Gibt es unter den Frauen denn überhaupt welche, die sie zurückweisen oder zurücksenden? Das mag ja in den alten Zeiten ganz angemessen gewesen sein, als man noch keine Lebensart hatte. Ja, ich glaube gar, wofern wir uns nur weiterentwickeln, wie wir uns ja täglich verfeinern, daß bald die Gewohnheit Platz greifen wird, die mancherorts schon im Schwange ist, nämlich seinen Handel klipp und klar abzuschließen und zu erklären: Ich schicke Ihnen dieses Geschenk für jene Gunst. Dazu sollte man sich aber der Einhaltung der Vertragsbedingungen versichern, denn in der Praxis sind die Frauen eine sehr betrügerische Spezies.

Jetzt habe ich doch beim Reden übers Spiel beinahe Lucrèce vergessen, die unter all ihren Verehrern diejenigen am meisten schätzte, die auf »Vorbehalt« spielten°, wobei es dem Gewinner vorbehalten bleibt, die Höhe des Verlusts der Gegenseite festzusetzen. Bei Verlust nämlich bezahlte sie mit einem kleinen Kinderpfeifchen oder einem Schmuckbändchen, bei Gewinn ließ sie sich dagegen hübschen Schmuck oder Zierat schenken. So war sie ganz in ihre Spielerfolge oder die Dummheit ihrer Verehrer gekleidet. Die Seidenstrümpfe an den Beinen waren ein »Vorbehalt«, ihr Halstuch in Genueser Stickerei ein anderer »Vorbehalt«, ihre Halskette und sogar ihr Rock – alles »Vorbehalte«. Kurz: Vom Kopf bis zu den Füßen ein einziger »Vorbehalt«. Sie spielte indessen so lange auf »Vorbehalt«, bis sie ihren eigenen völlig aufgab, wie Du gleich erfahren wirst. Ich bereite Dich rechtzeitig darauf vor, denn ich will Dich nicht überrumpeln, wie gewisse hinterhältige Autoren, die darin ihr einziges Ziel sehen. Unter allen Anbetern, die Lucrèce glühend verehrten, war auch ein junger Marquis, – aber

»Marquis« heißt heute ja wenig, wenn man nicht hinzufügt: mit vierzig-, fünfzig-, oder sechzigtausend Livres Einkommen. Es gibt heute so viele nebulöse und funkelnagelneue, daß man überhaupt kein Aufhebens mehr von ihnen macht, wenn sie ihrer Marquisschaft nicht die Bezifferung der Einkünfte hinzufügen, wie es einer mal machte, der sich »Herr von Hundertsiebzigtausendtaler« nennen ließ. Unseren hier hatte man gar nicht weiter auf der Rechnung, aber er trieb großen Aufwand, wechselte täglich seine Kleidung, die Federn und den ganzen Zierat. Das ist in Paris das übliche Zeichen, an dem man Standespersonen erkennt, wiewohl es äußerst trügerisch sein kann. Der Marquis hatte Lucrèce in ebender Kirche gesehen (jetzt hätte ich doch beinahe gesagt: die ich Dir schon beschrieben habe), wo er sich an diesem Feiertage, von dem ich erzählte, eingefunden hatte zu allem anderen als zum Beten. Sobald er sie sah, war er von ihr bezaubert, und als sie die Kirche verließ, hieß er seinen Pagen, ihr zu folgen und in Erfahrung zu bringen, wer sie war. Aber noch bevor der Page zurück war, hatte er alles schon von einem Kirchenschweizer erfahren, dessen Aufgabe es war, Hunde aus der Kirche zu vertreiben und die Stühle zu vermieten. Mehr als durch seine beiden Beschäftigungen zusammen verdiente er allerdings damit, über alle Ränke der Frauen aus dem Viertel unterrichtet zu sein. Für einen Silbergroschen hatte der Marquis den Namen, die Wohnung und den Stand von Lucrèce erfahren, den ihrer Tante, ihre gewöhnlichen Beschäftigungen und den größten Teil der Namen derer, die bei ihr ein und aus gingen. Kurz, tausend Einzelheiten, die man in einem Privathaus erst nach geraumer Zeit in Erfahrung gebracht hätte, was denn auch nahelegt, diejenigen, in denen man sich so aufführt, bereits den öffentlichen zuzurechnen. Der Marquis gedachte, taktvoll wie er war, jemanden zu finden, der ihn bei ihr einführen könnte; jedenfalls beschloß er, das Spiel als Vorwand zu benutzen, was ja das allmächtige Sesam-öffne-Dich für den Zutritt zu derartigen Gesellschaften ist. Es bedurfte weder des einen noch des anderen, denn bereits am nächsten Tag fuhr er mit seiner Karosse durch die Straße, in der sie wohnte, und sah sie schon von weitem auf der Schwelle ihres Hauses. Die Ungeduld darüber, daß noch niemand gekommen war, hatte sie dorthin getrieben, und sobald sie das Geräusch einer Karosse hörte, wandte sie in der Annahme, es komme jemand zu ihr, den Kopf nach dieser Seite. Der Marquis setzte sich an den Wagenschlag, um sie zu grüßen und wenn möglich ein Gespräch anzuknüpfen.

Da ereignete sich ein Mißgeschick, das glückliche Folgen für ihn hatte. Ein Pferdeknecht preschte auf seinem Tier, das er mit einem rostigen Sporn am linken Fuß antrieb, verhängten Zügels vorbei, und da die Straße eng war wie der Rinnstein breit, deckte er die Kutsche, den Marquis und das Mädchen mit Straßendreck ein. Der Marquis wollte losfluchen, aber die Achtung vor dem anderen Geschlecht zügelte ihn. Er erwog, dem Knecht nachzusetzen, aber der ritt so gut, daß man ihm nichts mehr anhaben konnte, es sei denn, man hätte ihn mitten im Galopp heruntergeschossen. Völlig verdreckt, wie er war, stieg er aus dem Wagen, Lucrèce zu trösten, und auf sie zutretend sagte er: „Mademoiselle, so wurde ich bestraft für meine Kühnheit, Sie aus nächster Nähe sehen zu wollen. Ich bin aber nicht annähernd so verärgert über meinen eigenen Zustand, wie darüber, daß Sie dieses üble Präsent mit mir zu teilen gezwungen sind.“

Lucrèce schämte sich, so zugerichtet zu sein und keine passende Artigkeit zur Hand zu haben für solch ein unvermutetes Mißgeschick. So begnügte sie sich damit, ihn sehr gesittet ins Haus zu bitten, sich dort zu säubern oder zu warten, während er nach frischer Wäsche schickte. Sie selbst zog sich auch zurück, um ihre Kleidung zu wechseln. Kurz darauf kam sie frischgekleidet wieder, und es bereitete jemandem wie ihr keine geringe Genugtuung, zeigen zu können, daß sie mehrere Ausstattungen besaß und sich schnell in einer Sedanspitze zeigen konnte, die die gerade abgelegte Genueser Stickerei noch übertraf.

Als erstes schickte der Marquis seinen Pagen in aller Eile nach Hause, andere Wäsche und Kleidung zu holen, wobei er auf ein Zimmer zum Umkleiden hoffte. Der Page aber kehrte schweißgebadet zurück mit der Nachricht, daß der Diener, nachdem er seinen Herrn am Morgen angekleidet, den Schlüssel zur Kleiderkammer eingesteckt hatte und erst am Abend zurückkehre. So sind sie es nämlich gewohnt, diese Faulenzer, aber ihre Herren lassen sie ja spielen, saufen und stehlen, anstatt sie zu beschäftigen, glauben sie doch gegen ihre eigene Würde zu handeln, wenn sie diese Kerle mit mehr als einer einzigen Aufgabe betrauen. Der Marquis mußte seinen Ärger also kalt hinunterschlucken, wie man sagt, und er verwünschte seinen Mangel an Voraussicht, in der Kutsche keine Kiste mit Ersatzwäsche mitgenommen zu haben, und alles nur, weil der Kutscher dort vorsorglich Hammer und Nägel verstaut hatte, um die Pferde, wenn sie unterwegs ein Eisen verloren, zu beschlagen. Alles, was er tun konnte, war, sich in der dunkelsten Ecke des Zimmers ins Gegenlicht zu setzen, um so gut wie möglich die Schmutzflecken zu verbergen. Seither schwur er (was man nicht unbedingt glauben muß, weil er manchmal mit dem Schwören leicht bei der Hand war; ich habe aber Experten in der Kunst der Galanterie getroffen, die meinten, diesmal hätte es wahr sein können), daß er bei all seinen Liebesabenteuern nie Unangenehmeres und Schmählicheres erlebt habe, als genötigt zu sein, sich in diesem schandbaren Zustand seiner Angebeteten zum ersten Mal zu nähern. Obgleich ihn die Heftigkeit seiner Leidenschaft mehrere Male dazu drängte, Lucrèce seine flammende Liebe zu offenbaren, und die Gelegenheit dazu günstig war, enthielt er sich aller Komplimente und fühlte sich bei dem Gedanken, daß jeder Dreckspritzer auf seiner Kleidung auch einer auf seiner Ehre war, schrecklich gedemütigt, gleich dem Pfau°, der nach einem Blick auf seine Füße sofort sein Rad niederschlägt. Zu allem Überfluß erschienen, kaum daß er sich gesetzt hatte, bei Lucrèce mehrere Mädchen aus der Nachbarschaft, von denen nur einige ihre Freundinnen waren. Sie kamen nämlich zu ihr ins Haus wie zu einem ganz gewöhnlichen Stelldichein mit Verehrern, um einen Bewerber zu finden, so wie man zur Arbeitsvermittlung° geht, einen Kammerdiener oder Dienstboten zu suchen. Da sie den Marquis nicht kannten, hielten sie ihn für irgendeinen kläglichen Provinzler. Wie ja die Stadtbürgerinnen nun schon genauso wie die Damen bei Hofe anfangen, sich über die Provinzler lustig zu machen, versäumte es keine einzige, ihm sein Fett zu geben.

Die eine meinte: „Monsieur ist heute aber wirklich sehr artig angetan, es fehlt ihm nicht an Schönheitspflästerchen!“ Eine andere: „Aber ist es denn auch Mode, sie auf die Wäsche zu tun?“ Eine dritte legte nach: „Monsieur hat heute morgen vergessen, Weihwasser zu nehmen, aber ein barmherziger Mitmensch hat es ihm mit dem Wedel gegeben!“ Und die letzte, eine offenherzige Stadtbürgerin: „Ach, was denkt *ihr* denn! Das wird Johannispuder° sein!"

Zunächst ertrug der Marquis geduldig diese recht gewöhnlichen Sticheleien, und – von Gewissensbissen geplagt – wagte er nicht, sich gegen Beschuldigungen zu verteidigen, die er nur als allzu berechtigt empfand. Schließlich, da man derartig darauf herumritt, war er gezwungen zu entgegnen: „Ich sehe wohl, meine Damen, daß Sie mich soweit bringen wollen, für die unsauberen Zeitgenossen eine Lanze zu brechen, aber ich weiß nicht, ob ich mich dieser Aufgabe angemessen entledigen kann, denn bis heute dachte ich so wenig daran, mich in dieser Materie zu üben, daß ich ohne das Mißgeschick, welches mir heute zustieß, nicht geglaubt hätte, darüber jemals in eigener Sache sprechen zu müssen." „Dessen wird man Sie ja wohl nicht verdächtigen", entgegnete Lucrèce. „Wenn Sie selbst auch kein großes Interesse für den Gegenstand aufbringen, würden Sie doch vielen Anwesenden mit einem guten Plädoyer eine große Freude bereiten." „Ich bin nicht von der Zunft, die sich auf Plädoyers und Apologien versteht", sagte der Marquis, „will aber doch sagen, da sich nun einmal die Gelegenheit bietet: Ich finde es befremdlich, daß man in den meisten Gesellschaftszirkeln einen Mann nicht schätzt, ja ihn nur notgedrungen duldet, wenn er nicht von übertriebener Sauberkeit und oft noch dazu erlesen gekleidet ist. Es wird nicht sein wahrer Wert geprüft, sondern man urteilt nur nach seinem Äußeren und nach Vorzügen, die er jederzeit in den Kleidergeschäften der Rue aux Fers und der Rue de la Friperie° käuflich erwerben kann." „Das ist wahr", sagte ihn unterbrechend die freimütige Stadtbürgerin, von der gerade die Rede war, „und doch ist Paris so von Schmutz übersät°, daß man sich davor gar nicht retten

kann." „Daß man sich davor nur mit größter Mühe rettet", fuhr der Marquis fort, „habe ich heute wohl bemerkt, da mich nicht einmal meine Karosse davor schützen konnte, und ich stimme denen zu, die eine Sänfte zur Fortbewegung für nötig erachten, um nicht beschmutzt zu werden. Die alte Redensart, jemand sei so sauber wie aus dem Schächtelchen, erweist sich heute als sehr zutreffend und hat vielleicht zur Erfindung dieser tragbaren Kästen° Anlaß gegeben." „Aber es kann sich doch nicht jeder tragen lassen", redete die Bürgerin wieder dazwischen, „denn es ist zu teuer, und die Träger erpressen einen. Als es regnete, wollte ich mich mal darin tragen lassen, und sie verlangten bis Notre-Dame einen Taler!" „Es stimmt", sagte der Marquis, „daß die Ausgaben dafür erheblich sind, und wer über geringe oder bescheidene Mittel verfügt, kann sie nicht aufbringen, und das sind meistenteils Personen von Geist und Bildung. Das ist es auch, was sie darauf beschränkt, nur mit ihren

Nachbarn Umgang zu pflegen, geradeso wie in den Kleinstädten, wodurch sie überhaupt nicht des großen Vorteils von Paris teilhaftig werden, da man sich hier für einen kleinen Gesellschaftszirkel die erlesensten und angenehmsten Persönlichkeiten auswählen kann, wenn der Zufall und die Geschäfte sie nicht in verschiedene, weit auseinanderliegende Stadtviertel verstreut. Erst vor wenigen Tagen führte eine illustre Persönlichkeit bei mir bewegt Klage über einen ärgerlichen Unfall, der ihm zugestoßen war. Er war, wie er sagte, aus der Vorstadt Saint-Germain nach dem Marais aufgebrochen in untadelig sauberer Wäsche und Kleidung, mit dazu passenden Überschuhen und alles bei ziemlich gutem Wetter. Vor dem Straßenschmutz hatte er sich dank der Läden und Hausflure, wohin er sich beim kleinsten Geräusch eines nahenden Pferdes oder einer Karosse Hals über Kopf flüchtete°, glücklich retten können. Schließlich war er aufgrund seiner Umsicht und wegen des langen Umwegs auf der Suche nach dem sichersten Weg dem rettenden Hafen ganz nah, als ein Bauernesel, der bescheiden seines Weges trottete, ganz offenbar ohne Bösartigkeit mit dem Fuß in das vermutlich einzige Loch der ganzen Straße tappte und ihn so vollständig mit Dreck bespritzte, wie es das munterste Zirkuspferd nicht besser gekonnt hätte. So kam es, daß er von seinem Vorhaben abließ und beschämt nach Hause schlich, die Nase tief im Mantel. Solcherart wurde er des Vergnügens, das er bei diesem Besuch zu finden hoffte, beraubt und diejenigen, die ihn empfangen sollten, der Annehmlichkeit seiner Unterhaltung. Zu guter Letzt hatte ihm dies Mißgeschick derartigen Überdruß an entfernten Besuchen verschafft, daß er alle Bekanntschaften aufgeben mußte, die er außerhalb seines Viertels° unterhielt." „Ihr Freund", sagte Lucrèce darauf, „war ein wenig zu gewissenhaft. Er hätte besser daran getan, sich zunächst auf ein paar Artigkeiten als Entschuldigung für seine verschmutzten Kniebänder zu beschränken, dann einige Invektiven gegen die Unordnung in der Stadt und die Leiter der Straßenmeisterei° zu richten, schließlich eine milde Verwünschung des scheinheiligen Esels als dem Urheber des Skandals. Dies hätte, scheint mir, genügt, ihn von jedem Vorwurf freizusprechen.“ „Ich meine“, fiel ihr Hyppolite in die Rede, eine waschechte Kokette, die auch mit der ersten Stichelei begonnen hatte, „er tat klug daran umzukehren, denn wäre dort jemand meines Schlages gewesen, es hätte ihm nicht an Angriffen gemangelt.“ „Wieso denn“, begann Lucrèce wieder, „war denn irgend etwas seine Schuld? Und alle Vorsichtsmaßnahmen, die er ergriffen hatte? Wie? Und die verlorene Zeit und die Umwege, als er sich in die Hausflure und Läden flüchtete, soll das denn alles gar nicht zählen?“ „Nein“, sagte Hyppolite, „das ist nicht von Belang. Warum hat er denn auch nicht eine Sänfte genommen?“ „Sie fragen gar nicht, ob er über die Mittel verfügte, sich eine zu leisten“, begann der Marquis wieder. „Aber mit dieser Einstellung stehen Sie nicht allein da, und ich sehe voraus, daß bei weiter zunehmendem Luxus und fortschreitender Verfeinerung unseres Jahrhunderts einige große Herren nach dem Beispiel der Gründer von Lehrstühlen der Theologie, Medizin und Mathematik auch Tragestühle des Herrn von Souscarrière stiften werden, um die illustren Persönlichkeiten in sauberem Zustand zu den Alkovenversammlungen° gelangen zu lassen und sie damit in den Stand zu setzen, Zugang zu den Gesprächen der schönen Welt zu finden.“ „Das wäre eine verdienstvolle Stiftung“, sagte Lucrèce, „und trüge zum Ruhm der Männer von Geist bei, aber auch sehr

»Alkovenversammlung«

kostspielig, denn es gibt eine ganze Reihe Pseudo-Berühmtheiten. Dieses Prädikat sollte auf die Mitglieder der Akademie beschränkt werden, dann würde es auch nicht mehr so befremdlich wirken, wie angestrengt um die Akademieplätze° gerungen wird."

„Diese Stiftung wird vielleicht nicht so bald ins Leben gerufen, und doch wünschte ich sie mir um so mehr, als ich für die junge Dame damit erhoffe", und er wies auf Hyppolite, deren Namen er nicht kannte, „daß dann bei einer Plauderei kein Gegenüber voller Straßenschmutz mehr ihr Mißfallen erregte."

Dies sagte der Marquis mit einem bissigen Unterton wegen ihrer vorigen Spöttelei, und, um ihr nichts schuldig zu bleiben, setzte er ein wenig anzüglich hinzu: „Überdies könnte man noch eher Verständnis dafür aufbringen, wenn Damen von Stand, die prächtige Wohnungen besitzen und nur Umgang mit der eleganten und parfümierten Welt pflegen, voller Widerwillen und Abneigung andere Leute ertragen. Was ich aber befremdlich finde ist, daß Stadtbürgerinnen ihnen nachtun wollen. Dabei gehen sie doch morgens mit einem Umhängetuch und Schuhen aus Kuhleder auf den Markt, und für den Bedarf von Küche und Keller empfangen sie in ihrer guten Stube etliche Dreckstiefel vom Lande, wobei man sich ja auf nichts weiter einzurichten braucht als auf ein wenig Bewegung für die Arme der Magd, die danach den Fußboden scheuern muß. Doch sind gerade sie am allerempfindlichsten mit der Sauberkeit, wenn sie nur erst ihre bestickten Schuhe und den guten Rock anhaben."

„Gewiß, Monsieur hat vollkommen recht", sagte darauf Lucrèce, „und für jemanden von Hofe besitzt er bewundernswerte Kenntnisse über die Stadtleute. Ich kenne Frauen hier gleich in der Nachbarschaft, die in dieser Hinsicht so schwer zufriedenzustellen sind,

daß sie einfach unerträglich werden. Ihnen wäre lieber, glaube ich, ein Mann trüge zur Unterhaltung zehn Plattheiten bei, als daß er die kleinste Unregelmäßigkeit in seiner äußeren Erscheinung aufwiese. Ich nehme sogar an, sie wollen nur deshalb mit gutgekleideten Leuten zu schaffen haben, um sich brüsten zu können, sie verkehrten mit der feinen Welt."
„Aber billigen Sie denn", wandte Hyppolite ein, „das Verhalten mancher berühmter Leute, die hinter der Fassade irgendeiner Fähigkeit, die sie in ihrem Inneren besitzen, ihr Äußeres so ganz und gar vernachlässigen? In unserer Nachbarschaft wohnt zum Beispiel ein Richter, sehr reich, sehr geizig, der eine Kalotte trägt, die ihm bis zum Kinn reicht, und hätte er Eselsohren wie Midas, wäre sie auch noch groß genug, diese zu verpacken. Und einen anderen dieser Sorte kenne ich, dessen Mantel und Wamsband derart schäbig und abgetrieben aussehen, daß ich wünschte, er fiele damit ins Wasser, so nötig hätten sie eine kleine Auffrischung. Würden Sie solche Filzigkeit und Überspanntheit verteidigen? Und sollte man einem gebildeten Gesellschaftszirkel, in den sich so jemand einführen will, untersagen, darüber zu spötteln?" „Ich glaube nicht", gab der Marquis zurück, „daß je irgendwer solche wüste Unnatürlichkeit lobte, ganz im Gegenteil, man betrachtet doch diese Zausel mit Verachtung und Unwillen, diese Kleingeister, deren Kleidung ebenso lachhaft ist wie ihr Gehabe. Nachsicht aber sollte man walten lassen gegenüber Personen von Verdienst, die – meist mit Angenehmerem beschäftigt – weder die Muße noch die Mittel haben, an den Putz auch nur zu denken. Was nun aber nicht heißt, daß ich einen Zustand löblich fände, der Übelkeit erregt oder das Auge beleidigt. Denn dabei handelt es sich um zwei gleichermaßen zu mißbilligende

Laster. Aber wie viele gibt es nicht auch, die sich alle Mühe geben, anständig gekleidet zu gehen und ihre Armut zu verbergen, und die doch nicht verhindern können, daß sie immer wieder sichtbar wird: Hier an einem Hut, der aufs Ohr drückt, dort an einem fadenscheinigen Mantel, zerschlissenen Beinkleidern oder einer anderen Misere, woran aber nur sein Geschick schuld ist." „Ihre Beurteilung ist sehr einsichtig", bemerkte Lucrèce, „und ich selbst habe immer sehr heftig gegen diese Überempfindlichkeit gestritten. Es ginge ja noch an, wenn jemand nur sauber sein sollte, was ja eigentlich unabdingbar ist für einen Mann von Welt. Es wird aber auch ein Riesenaufwand an Kleidern und Putz erwartet, denn heutzutage hängt der gesellschaftliche Rang eines Menschen beinahe überall von seiner Kleidung ab. So wird ein in Seide Gekleideter höher eingestuft als einer, der nur Kammgarn trägt, und dieser wiederum höher als einer in Sersche. Wie ja auch der Wert eines Mannes an der Breite des Spitzenbesatzes seiner Wäsche gemessen wird und er stufenweise höher rückt von der Pontignac-Qualität bis zur Genueser Spitze." „Es stimmt, daß man so verfährt", warf Hyppolite ein, „und zu recht, wie ich finde. Denn wie wollen Sie sonst einen Mann einschätzen, der zu einer Gesellschaft stößt, wenn nicht nach seinem Äußeren? Ist er teuer gekleidet, glaubt man an einen Mann von Stand, der gebildet und gut erzogen ist und vermutlich die besten Eigenschaften besitzt." „Sie hätten vollkommen recht", begann der Marquis wieder, „wenn Sie solchermaßen nur Unbekannten gegenüber verführen. Die einem Schurken erwiesene Ehrerbietung könnte ich entschuldigen, weil er durch den Eindruck, den seine Kleidung macht, für einen Edelmann durchgeht, und Sie ja wohl nur den Adel ehren, den Sie in ihm vermuten. Genauso wird aber verfahren mit denen, die man bestens kennt, und ich habe schon viele Frauen erlebt, die Männer nur schätzen wegen ihrer ständig wechselnden Kleidung, den Federn und dem Zierat. Ich habe erlebt, wie sie sich nach einem Ball oder einem Besuch über nichts anderes unterhielten. Während die eine meinte: Der Herr Graf hatte einen Aufputz von achthundert Livres, einen teureren habe ich noch nie gesehen, sagte die andere: Der Herr Baron trug einen Stoff, der mir noch nie vorgekommen ist, er ist ausnehmend hübsch. Eine Dritte wiederum bemerkte: Dieser Dickwanst von Chevalier ist immer angezogen wie ein Bärenhäuter, er wechselt seine Kleidung nie, aus Angst, man könnte ihn nicht mehr erkennen. Dennoch konnte es gut geschehen, daß der große Dickwanst den hübschen Aufzug einer Memme ausstach, die zwar einen schönen Stoff trug, aber nur Albernheiten von sich gab. Ja, eine Frau erlebte ich sogar, die närrisch genug war, die Überspanntheit eines Gecken aus meinem Bekanntenkreis zu loben, der seiner Geliebten nachtrauerte und sich eigens einen Aufputz aus schwarzen und weißen Zierbändern hatte anfertigen lassen mit den Abbildungen von Totenschädeln und Tränen, wie sie bei Begräbnissen üblich sind für die Kirchenaltäre." „Ich denke", unterbrach Lucrèce, „man sollte eher sagen, er trauerte seinem Verstande nach, der dahingegangen war." „Sie haben vollkommen recht", antwortete der Marquis, „aber dann wäre nur Halbtrauer° nötig gewesen, denn es war schon einige Zeit her, daß dieser von ihm gegangen war." „Sie ziehen mit großer Anmut gegen Personen vom Leder", sagte Lucrèce „die schon von jeher mein äußerstes Mißfallen erregt haben. Bei einem Mann von Hofe, der sich allem Anschein nach seines eleganten und glanzvollen Äußeren schmeicheln darf, hätte ich eigentlich solche Gedanken nicht erwartet." „Ich muß Ihnen gestehen", sagte der Marquis, „daß mich mein Stand zu Aufwand für meine Kleidung verpflichtet, denn der Geschmack des Jahrhunderts will es so. Und um nicht in den Ruch von Geiz oder Plumpheit zu kommen, folge ich den Moden und erfinde manchmal sogar selbst welche, aber das ist gegen meine Neigungen, und ich wollte, es wäre mir möglich, diese verrückten Ausgaben in Zuwendungen an ehrbare Leute, die ihrer bedürfen, zu verwandeln. Vor allem fand immer die Maßlosigkeit, mit der diese Dinge betrieben werden, meine Mißbilligung. Es bedeutet nämlich schon ein großes Unglück, in die Hände dieser abgefeimten Koketten zu fallen, die nur ihren Zeitvertreib im Sinn haben und sich über nichts anderes unterhalten können. Sie unterziehen einen Mann wie einen Verbrecher im Kreuzverhör einer Untersuchung von Kopf bis Fuß, und mag er sich auch noch so sorgfältig gekleidet haben, sie lassen nicht davon ab, ihm den Prozeß zu machen. Ich fand mich oft in solche Beratungen über Nichtigkeiten verwickelt, wo ich dann erlebte, wie man vollkommen lächerliche Fragen hin- und herbewegte. Einmal war ich zugegen, wie sie einen Narren von Stand am Schlafittchen hatten. Die eine Frau sagte zu ihm, sein Jabot sitze nicht richtig, die andere, es sei nicht anständig gestärkt, und die dritte behauptete, der Fehler läge am Halsausschnitt. Er aber hielt sich tapfer mit dem Hinweis, das Jabot komme von einer guten Putzmacherin, die einen Taler pro Aufarbeitung eines Stücks nehme. Folglich wurde das Jabot für gut geschnitten befunden, aber einzig des Namens der Berühmtheit wegen. Ich sage berühmt, wundern Sie sich nicht, denn das Jahrhundert ist ja so reich an Berühmtheiten, daß sich manche diesen Titel sogar mit der Herstellung von Schönheitspflästerchen erworben haben." „Diese Autorität", sagte Lucrèce, „war also maßgeblich und die Streitfrage hinterher entschieden. Auch muß man zustimmen, daß das Jabot das heikelste und entscheidenste Teil des Aufputzes ist, das erste Merkmal, an dem man erkennt, ob ein Mann gut gekleidet ist. Man kann gar nicht genug Zeit und Umsicht darauf verwenden, wie ich von einer Frau Präsidentin habe erzählen hören°, die eine Stunde mit ihren Überärmeln zubringt und in aller Öffentlichkeit vertritt, daß sie in kürzerer Zeit überhaupt nicht fachgerecht angelegt werden könnten." „Nach eingehender Prüfung dieses Jabots", fing der Marquis wieder an, „ging's hinunter zu den Kniehosen nach Art des Herzogs von Candale°. Man schaute nach, ob sie vorn oder hinten zu stark gefältelt waren, ein weiterer Gegenstand, über den die Meinungen geteilt waren. Dann kam man auf die Seidenstrümpfe zu sprechen, und schließlich verhandelte man eine höchst wichtige und drängende Frage, über die noch kein Autor befunden hatte: Ob der Wadenstrumpf besser sitze, wenn er ganz fest anliegt oder wenn er über der Wade Falten schlägt. Nachdem auf die lächerliche Unterhaltung zwei Stunden verwandt waren und ich sah, daß sie den ganzen Rest Stück für Stück durchgehen würden, wie bei einer Rechnung, brach ich das Gespräch ab und zog mich zurück, bemerkte aber noch, daß sie es auf ein andermal verschoben, über den Rest zu sprechen. Denn zur Urteilsfindung in einem so bedeutsamen Prozeß waren unbedingt mehrere Prozeßpausen vonnöten." „Sie spotten so unterhaltsam über diese Personen, die Ihnen mißfielen", sagte Lucrèce, „daß man auf der Hut sein muß bei einem Gespräch mit Ihnen, wer weiß, ob Sie nicht über unser heute hier stattfindendes Ähnliches sagen.“ „Dazu achte ich alles, was aus so schönem Munde kommt, viel zu hoch“, versetzte der Marquis. „Sie haben dazu so wohlbegründete Ansichten geäußert, so grundverschieden von denen, über die wir hier spotteten, daß Sie in dieser Hinsicht nichts zu befürchten haben.“ „Ich finde es in der Tat weder richtig“, erwiderte Lucrèce, „daß man sich über solche Nichtigkeiten unterhält, noch daß man über die kleinste Unzulänglichkeit stichelt, die man an einem Menschen feststellt. Es genügt, wenn sein Äußeres nicht das Auge beleidigt. Überdies weiß ich wohl – und das gilt besonders für die Stadtbürger –, daß die allergrößte Sorgfalt beim Ankleiden nichts nützt: die andern werden immer etwas zu beanstanden finden. Da die Mode alle paar Tage wechselt und diese Tage nicht Festtage im Kalender sind, müßte man Hinweise bekommen oder Spione bei Hofe haben, die einen immer von den neuesten Änderungen sofort unterrichten. Andernfalls läuft man Gefahr, als Spießer oder Provinzler zu erscheinen°.“ „Sie haben unbedingt recht“, stimmte der Marquis zu, „die Schwierigkeit, die Sie anführen, ist fast unüberwindlich, es sei denn, man richtet ein Auskunftsbüro ein, oder der Herausgeber einer Modezeitschrift° veröffentlichte ein Journal mit allem, was sich in der Mode an Neuem zuträgt.“ „Welch ein hübscher Vorschlag!“ meinte Hyppolite. „Ich glaube, von solchen Zeitungen würden mindestens ebenso viele verkauft wie von den anderen.“ „Da Sie an solchen Unternehmungen Gefallen finden“, antwortete ihr der Marquis, „will ich Ihnen von einer noch viel schöneren berichten, die ich letztens von einem Rechtsanwalt erfuhr, der einen Finanzier sucht, um mit ihm diesen Plan zu erörtern. Wundern Sie sich im übrigen nicht, daß ich geschäftlich mit den Leuten des Palais zu tun habe und mich manchmal ihrer Begriffe bediene, denn zwei unglücklich verlaufene Prozesse zwangen mich zum Umgang mit ihnen und brachten mir auf meine Kosten mehr davon bei, als mir lieb ist. Der Rechtsanwalt war der Meinung, daß es von Wichtigkeit sei, in diesem Königreich einen großen Moderat zu schaffen und daß die entsprechenden Amtsträger dafür leicht zu finden wären. Zunächst würde man aus den sechs Kaufmannszünften »Modeprokuratoren« wählen, die zur Absatzsteigerung täglich neue Moden erfänden. Die Schneiderzunft stellte »Modeauditoren«, die sie in ihren Werkstätten und auf den Schneidertischen ausarbeiteten, so daß man sich ein Urteil darüber bilden könnte. Sie hätten dazu einen Bericht anzufertigen. Als Richter bestellte man die gewandtesten und extravagantesten Höflinge und Hofdamen mit der Befugnis, die Moden endgültig festzulegen, zu bestätigen und ihnen Gültigkeit und Ansehen zu verschaffen. Es gäbe auch »Amtsdiener in Sachen Mode«, die über das ganze Königreich Frankreich hin tätig wären. Schließlich hätte man noch »Modekorrektoren«, die als Schiedsleute den Überspanntheiten Grenzen setzten und beispielsweise verhinderten, daß die Hüte hoch würden wie Butterfässer oder flach wie Teller, was ja stark zu befürchten ist, nachdem jeder sie mit seinen Freunden um die Wette abflacht oder auftreibt, je nachdem, ob in der Hutmode gerade Ebbe oder Flut herrscht. Die Modekorrektoren müßten auch Sorge tragen für die Änderung der Kleidertracht und die nötigen Einschränkungen wie bei den Schmuckbändern, da der Kleiderbesatz derartig ins Kraut schießt, daß man meinen könnte, er krieche noch bis in die Taschen. Schließlich wäre noch eine Geschäftsstelle oder ein festeingerichtetes Büro nötig mit einem Eichmaß und allen möglichen anderen Ma-

»Gang aufs Land«

ßen, um alle in der Mode-Beurteilung auftretenden Unstimmigkeiten mit Hilfe einer nach der letzten Mode gekleideten Kunstfigur zu schlichten, gleich den Kleiderpuppen°, die man jetzt schon als Muster über Land schickt. Alle Schneider wären verpflichtet, sich dieser Modelle zu bedienen, so wie Zurichter die Maße für die Häuser, die sie bauen, den Bauzeichnungen entnehmen. In dieser Geschäftsstelle gäbe es auch eine große Wandkarte oder Tafel mit der genauen Ausführung aller möglichen Kleiderregeln: Die Länge der Beinkleider, der Ärmel und Mäntel, die Qualität der Stoffe, des Besatzes, der Spitzen und der restliche Kleideraufputz. Alles das genau wie die Vorschriften bei den Maurern und Zimmerleuten. Die Allgemeinheit hätte davon einen großen Vorteil: Es kommt oft vor, daß ein reicher Bürger – ein Provinzler vor allem oder ein Deutscher – viel Geld ausgibt, um sich, soweit es seine Möglichkeiten erlauben, gut zu kleiden, und dennoch sein Ziel nicht erreicht, soviel Sachverständige er auch um Rat angeht und zusammenruft, um dieser Schwierigkeiten Herr zu werden. Denn man findet oft das Kleid zwar gut geschnitten, nicht aber die Strümpfe und den Hut, kurz gesagt: er wird immer unsicher bleiben aus Mangel an genauer Kenntnis. Ist er nun über die Form seines Hutes im Zweifel, so braucht er ihn nur zum Mode-Büro zu tragen und dort eichen und messen zu lassen, wie man es mit den Litergefäßen und den Scheffeln macht, die im Rathaus geeicht werden. Solcherart von Kopf bis Fuß geeicht und vermessen, wäre sein Gewissen in dieser Hinsicht beruhigt und seine Ehre über die Vorwürfe selbst der kritischsten Koketten erhaben." „Schade", sagte Lucrèce, „daß Sie sich dem Erfinder dieser Modepartei nicht angeschlossen haben, Sie hätten sehr zu ihrer Aufwertung beitragen können. Ich glaube, in Frankreich gibt es viel überflüssigere Amtsträger, als jene wären, und viele nutzlosere Vorschriften, als jene aufstellen würden. Ich habe sogar aus dem Munde von Gelehrten gehört, daß es in manchen Ländern festangestellte Staatsbedienstete zur Festsetzung der Kleidervorschriften gibt; ich kann aber, da ich nicht studiert bin, nicht sagen, welche Länder das sind."

Lucrèce hatte noch nicht ausgeredet, als ihre Tante das Spiel abbrach und dabei auch dem Würfelbecher in ihrer Hand zu einem vorzeitigen Ende verhalf wegen eines Doppelasses, das ihr schrecklich ungelegen kam. Damit brach auch die Unterhaltung ab, da die Tante sich mit einem Aufschrei näherte, den Unglücksschlag zu verkünden, der sie getroffen hatte. Das tat sie in solch hochtrabenden Ausdrücken, als handele es sich um den Zusammenbruch des Staates. In der kleinen Gruppe von Spielern entstand Verwirrung: die einen unterstützten sie aus Gefälligkeit beim Schimpfen auf das unglückselige Doppelass, das sich so ungebeten eingestellt hatte, andere trösteten sie mit der Unbeständigkeit des Glücks und versprachen ihr für ein andermal eine Doppelsechs.

Unterdessen verabschiedete sich der Marquis, der nur auf eine Gelegenheit gewartet hatte, von Lucrèce, nicht ohne ihr unter vier Augen anzukündigen, daß er hoffe, sich morgen in angemessenerem Aufzug präsentieren zu können. Und er bat sie um ihre Erlaubnis für die Fortsetzung seiner Besuche.

Als er das Haus verließ, wäre ihm beinahe dasselbe Mißgeschick noch einmal zugestoßen, denn die Pferdehändler sind in diesem Viertel sehr zahlreich°. Diesen jetzt konnte er ebensowenig verprügeln wie den anderen, da er sich auch davonmachte. Sein Page aber rächte ihn, und in seinem Zorn nicht so einsichtig wie sein Herr, entlud er alles auf einen Pferdehändler zu Fuß, der gerade vor der Tür stand. Und als der arme Kerl rief: „Hola, Monsieur, ich drecke doch gar niemanden ein!“ bekam er zur Antwort: „Na gut, dann ist's für die anderen, die du schon mit Dreck bespritzt hast und noch bespritzen wirst.“

Eine bemerkenswerte Züchtigung, die unsere Polizei beschämen müßte. Kaum hatte der Marquis seine Karosse wieder bestiegen, als seine Diener, geradeso aufgebracht gegen die Leuteverdrecker wie ihr Herr und sein Page, Müllersleute auf der Kruppe ihrer zu dreien aneinandergehalfterten Maultiere in einem Tempo wie die Extrapost vorbeipreschen sahen. Der große Diener warf einen dicken Wackerstein, den er in der Hand hatte, mit solcher Wucht nach einem der Müller, daß das gereicht hätte, jedem anderen die Rippen zu brechen. Dieser Rüpel aber hob nur den Kopf, schaute über die Schulter zurück und rief unter frechem Gelächter: „Ah so? Du scharwenzelst mir nach!“ Und die Kruppe seines Tieres mit dem spitzen Peitschengriff stachelnd, war er im Nu außer Reichweite der Steine.

Gleich am nächsten Tag suchte der Marquis Lucrèce wieder auf, und zwar mit einem Gefolge, das sehr wohl erkennen ließ, daß er seine Rechtfertigungsrede vom Vortag nicht in eigener Sache gehalten hatte.

Ich glaube, es war bei diesem Besuch, daß er ihr seine Leidenschaft gestand. Genaues ist darüber aber nicht bekannt. Es hätte auch gut sein können, daß er ihr erst an einem der folgenden Tage davon sprach, denn diese beiden Liebenden waren sehr zurückhaltend und sprachen von ihrer Liebe nur unter vier Augen. Sehr zum Leidwesen für unsere Geschichte hatte weder Lucrèce eine Bedienerin, die in alles eingeweiht war, noch der Marquis einen Knappen, denen die beiden in ihren eigenen Worten die allergeheimsten Gespräche wiederholt hätten. Unseren Helden und heldischen Jungfrauen hat es daran ja nie gemangelt. Wie soll man denn ohne diese Hilfsmittel ihre Abenteuer beschreiben, ihre Unterhaltungen erfahren, wie um ihre allergeheimsten Gedanken wissen? Wie eine Abschrift ihrer Verse und Liebesbriefchen erhalten, die sie sich gegenseitig schickten, und was sonst noch zum Aufbau eines Ränkespiels nötig ist? Unsere Verliebten verfügten nun mal nicht über solche Bediensteten, so daß ich davon nichts anderes in Erfahrung bringen konnte, als was in die Öffentlichkeit gelangte. Außerdem verdanke ich nicht alles ein und derselben Person, weil deren Gedächtnis allein nicht ausgereicht hätte, mir Wort für Wort alle Unterhaltungen zu wiederholen°. Vielmehr habe ich ein bißchen von dem einen, ein bißchen von dem anderen gehört, und – um ganz ehrlich zu sein – ich habe auch von selbst ein wenig hinzugefügt. Wenn Du also so begierig darauf bist zu erfahren, wie man seine Leidenschaft erklärt, so will ich Dir verschiedene Wege dazu aufzeigen, die sich im Amadìs oder in der Astrée°, im Cyrus und all den anderen Romanen finden, die ich weder die Muße noch die Absicht habe nachzuahmen oder auszuschlachten, wie der Großteil der Autoren, die sich der Erfindungen ihrer Vorgänger bedienten. Ich will mir noch nicht einmal die Mühe machen, Dir die Stellen und Seiten anzugeben, weil Du sie schon beim Aufschlagen der Bücher unweigerlich findest. Du wirst nur feststellen, daß es immer dieselbe Leier ist, und so wie man den Kehrreim eines Liedes gleich kennt, wenn man nur das erste Wort mit einem »u.s.w.« dahinter sieht, genügt es, wenn ich Dir jetzt sage, daß unser Marquis sich in Lucrèce verliebte, u.s.w.. Du wirst leichterhand erraten oder ergänzen, was er ihr sagte oder ihr hätte sagen können, um sie zu erweichen. Einzig den Erfolg seiner Liebe muß ich darlegen, denn Du wirst wahrscheinlich gern wissen wollen, ob Lucrèce liebevoll oder grausam war. Das eine wie das andere hätte ja zutreffen können. So wisse denn, daß der Marquis in kurzer Zeit große Fortschritte machte. Allerdings gewannen ihm weder sein Witz noch sein gefälliges Aussehen das Herz von Lucrèce. Obwohl er einer der bestaussehenden Edelleute Frankreichs war und dazu einer der geistreichsten, eine galante Erscheinung und eine leidenschaftliche Seele, so war es doch nicht dies, was ihr im Innersten den größten Eindruck machte. Alle diese Eigenschaften schätzte sie sehr hoch. Ihr Herz aber wollte sie nur aufs Spiel setzen, wenn sie damit auch gesellschaftlich ihr Glück machte. Der Marquis war also gezwungen, ihr mehr zu versprechen, als er zu halten gesonnen war, welch Ehrenmann er auch immer war: aber was verspricht schließlich ein Verliebter nicht alles, wenn es ihn richtig gepackt hat. Und gibt es wohl irgendein Versprechen, an das sich ein Edelmann gebunden fühlt, wenn er Gefahr läuft, durch eine unstandesgemäße Verbindung seine Ehre zu verlieren?

Zunächst hatte er Lucrèces Wertschätzung erlangt durch den großen Aufwand, den er für sie trieb. Er ließ sie sogar einiges Geld beim Spiel gewinnen, indem er ihr gleichwohl deutlich zu verstehen gab, daß er weder aus Dummheit noch aus Spielunkenntnis verlor. Dann wurde es seine Gewohnheit, ihr in aller Form Geschenke zu machen, die sie gerne annahm, obgleich sie ziemlich stolz war. Sie war dazu gezwungen, weil sie mehr Eitelkeit als Vermögen besaß. Sie wollte nun mal etwas hermachen, und das konnte sie nur auf Kosten ihrer Freunde. An Einladungen zum Essen mangelte es nicht: Ausflüge nach St. Cloud, Meudon und Vaugirard° wurden üblich, und das sind ja die breiten Wege, auf denen die bürgerliche Ehre geradewegs »nach Versailles geht«°, wie man bei den guten Leuten sagt. Das alles führte aber zunächst zu nichts. Lucrèce erlaubte ihm nur kleine Zärtlichkeiten, die der Marquis für bare Münze nehmen mußte. Endlich von seiner Leidenschaft überwältigt, sah er sich gezwungen, ihr ein Eheversprechen zu geben, eigenhändig unterzeichnet und mit seinem Blute geschrieben zur größeren Glaubwürdigkeit. Das ist ja allemal eine mächtige Sprengladung, um die Ehre eines Mädchens zum Kippen zu bringen, und es gibt keine Festung, die nicht kapitulierte, wenn man sie zum Einsatz bringt.

Lucrèce verteidigte sich nicht besser und nicht schlechter als jede andere auch. Jetzt gab sie auch nicht mehr nur vor, ihr Herz zu verschenken und ihm in Liebe und Treue verbunden zu sein. Von da an lebten sie in großer Eintracht, ohne daß sie ihm jedoch die letzte Gunst gewährte. Beide wiegten sich in den schönsten Hoffnungen: der Marquis, seine Geliebte zu besitzen und Lucrèce in der Erwartung, Frau Marquise zu werden. Dies aber hatte der ungeduldige Liebhaber nicht auf seiner Rechnung, seine Leidenschaft war zu stark, um noch länger auf den letzten Gunstbeweis warten zu können.

Im übrigen stand der Einlösung seines Heiratsversprechens ein unüberwindliches Hindernis entgegen, immer vorausgesetzt, er hätte vorgehabt, es einzulösen. Er war nämlich noch minderjährig, und seine Mutter und sein Onkel verfügten über die Reichtümer, auf welche die ganze Größe seines Hauses gegründet war. Beide hätten niemals ihre Zustimmung gegeben. Ganz im Gegenteil lief er Gefahr, enterbt zu werden oder seine Ehe, wäre er sie denn eingegangen, annulliert zu sehen. So betrieb er also seine Sache mit doppeltem Eifer und fand schließlich auf einem der unseligen Ausflüge, die sie beide häufig zusammen unternahmen, eine günstige Gelegenheit.

Dabei war es nun keineswegs so, daß Lucrèce nicht jedes Mal in Begleitung ihrer Tante, einiger Mädchen aus der Nachbarschaft und deren Mütter gewesen wäre. Die guten Damen aber glaubten ihre Töchter in Sicherheit, wofern diese nur in ihrer Begleitung das Haus verließen und dorthin auch zur gleichen Zeit mit ihnen wieder zurückkehrten. In dieser Falle hat sich schon so manche Mutter gefangen. Denn da die Landpartie mehr Freiheit gibt – sind doch Zeugen und Spione seltener – und man mehr Platz findet, sich seitwärts in die Büsche zu schlagen, findet sich dort häufig eine Gelegenheit, den Widerstand der Geliebten bei einem Schäferstündchen zum Erliegen zu bringen. Im übrigen sterben unsere Hofleute nicht so leicht Hungers, weil sie etwa nicht um Essen zu bitten wagten. Sie spielen gegenüber einer bürgerlichen Koketten ihre Überlegenheit aus, was sie aus Respekt einer Dame von Stand gegenüber nicht wagen würden.

Schließlich forderte unser Belagerer die Festung so viele Male auf, sich zu ergeben, und rückte ihr so sehr auf den Leib, daß er sie eines Tages jeglichen Beistandes enthoben ganz überraschend eroberte. Die Tante hatte da nämlich gerade Wichtiges zu tun, sie war mit einem Trick-Track-Spiel beschäftigt, das sie beinahe auch hoch gewonnen hätte.

Lucrèce ergab sich also. Es ärgert mich, das sagen zu müssen, es ist aber die Wahrheit. Zu ihrer Ehrenrettung hätte ich nun gern die ergreifenden Worte gekannt, deren sich ihr Liebhaber bediente, um sie zu erweichen. Sie waren jedenfalls wirkungsvoller als alle anderen, deren er sich bisher bedient hatte. Ich vermute, er machte gebührend den Safran° geltend, der ihm im Gesicht stand, denn vor Kummer war er tatsächlich ganz gelb geworden. Ich könnte mir denken, daß er auch einen Dolch aus der Tasche zog, um ihn sich vor ihren Augen ins Herz zu stoßen, hatte ihn doch seine Liebe allein noch nicht ums Leben bringen können. Er versäumte wohl auch nicht, sie an sein Eheversprechen zu erinnern und es darüber hinaus noch durch mehrere Schwüre zu bekräftigen. Aber unglücklicherweise ist von all dem nichts bekannt, was indes sehr zur Entlastung dieser jungen Dame beitragen könnte, weil die Angelegenheit ganz im Geheimen vonstatten ging. Allein, es muß angenommen werden, daß es ihn große Anstrengungen kostete, denn Lucrèce war in der Tat ein anständiges und tugendhaftes Mädchen: Das bewies sie ja, indem sie so lange widerstanden hatte, obgleich sie doch – der Art ihrer Erziehung nach zu urteilen – eher einer kaum befestigten, leicht zu nehmenden Schanze glich. Wie dem auch sei, sie dachte eben eher an ihren Erfolg als an die Erfüllung ihrer Liebe. Den Marquis zunächst zu einem Notar oder Priester zu bringen, hielt sie nicht für möglich, weil diese unter Umständen die Angelegenheit unter die Leute gebracht und so den Eltern ihres Liebhabers Gelegenheit gegeben hätten, der ganzen Sache ein vorzeitiges Ende zu bereiten. Sie glaubte vorher ein Zugeständnis machen zu müssen und zog es vor, lieber ihren Ruf aufs Spiel zu setzen, als die Gelegenheit zu versäumen, große Dame zu werden.

Es war nicht Lucrèce anzulasten, wenn der Marquis nicht zu seinem Wort stand, hatte sie doch sagen hören, es sei unverletzlich für einen Edelmann. Und ganz sicher gibt es eine Menge Mädchen, die sie nicht verspotten werden, weil sie genauso darauf hereingefallen sind.

Ihre Liebe währte noch lange Zeit mit größerer Vertraulichkeit als zuvor, ohne daß etwas Denkwürdiges vorgefallen wäre, denn es trat kein Nebenbuhler auf, der dem Marquis den Rang streitig gemacht oder seiner Geliebten fingierte Briefe geschickt hätte. Kein Portraitmedaillon, keine Uhr noch ein Armband mit einer Locke der Geliebten wurde entwendet, ging verloren oder geriet gar in die falschen Hände. Niemand, der erwartet wurde, blieb aus, es traf keine fingierte Todesnachricht ein, niemand wurde in seiner Liebe schwankend, auch erweckte kein Nebenbuhler falsche Vorstellungen oder gab Anlaß zu Doppeldeutigkeiten und was der nötigen Requisiten und geläufigsten Materialien für Romanintrigen mehr sind. Diese Einfälle sind in so viele Gewänder gesteckt und so oft zusammengeflickt worden, daß sie schon ganz zerschlissen sind.

Folglich kann ich nichts weiter von dieser Geschichte erzählen, denn alle weiteren Einzelheiten, die ich darüber in Erfahrung bringen könnte, wenn ich wirklich so neugierig wäre, würden sich erschöpfen in der Angabe der Zahl von Putern, die man an einem bestimmten Tag in Saint-Cloud bei der Durier verspeiste und der Schüsseln junger Erbsen° oder Erdbeeren im Gasthof »Der kleine Mohr« in Vaugirard. Die einzelnen Rechnungen über diese Imbisse ließen sich bei den jeweiligen Gastwirten noch auftreiben, wenn der Marquis sie auch umgehend beglichen hatte. Und zwar so umgehend, daß er dem Ruf des Adels damit regelrecht Schaden zufügte.

Die Liebenden waren so zurückhaltend, daß man

ihres Verhältnisses gar nicht gewahr wurde, so daß sogar mehrere Herren zweiten Ranges Lucrèce freihielten und ihr verliebt den Hof machten. Dies geschah aber stets mit einer Art Ehrerbietung gegenüber dem Marquis und mit dessen wohlwollender Zustimmung. Sie nahmen in seiner Abwesenheit ihren Vorteil wahr und räumten ihren Platz, wenn er auf der Bildfläche erschien. Jeder Stadtbürger weiß nämlich, daß mit diesen Adligen nicht gut Kirschenessen ist, weswegen sie ja auch so schädlich für die Mädchen sind, weil sie die ernsthaften Bewerber fernhalten.

Lucrèce hatte ihrem Liebhaber das Zugeständnis abverlangt, alle ihre Besucher weiter so zu unterhalten, wie sie's immer getan hatte. Ganz besonders nach ihrem Fehltritt, den sie für offensichtlicher hielt, als er's in Wirklichkeit war, ging sie mit ihnen noch zuvorkommender um. Vielleicht war das auch nur ihre geschickte Vorgehensweise, denn obgleich sie sich der Hoffnung schmeichelte, Frau Marquise zu werden, war sie es, wie die Dinge lagen, noch keineswegs, und da nichts so sicher ist, daß es nicht noch fehlschlagen könnte, war sie doch sehr froh, noch einige andere Bewerber an der Hand zu haben, deren man sich bei Bedarf bedienen konnte. Abgesehen davon ist es für die Koketten ganz normal, sich von allen möglichen Leuten umschmeicheln zu lassen, für die sie weder Zuneigung noch Wertschätzung empfinden.

Zu diesem reichlich großen Reservekorps von Galanen zählte auch Nicodème, der ein großer Süßholzraspler war und – wie ich schon erwähnte – ein Allerweltsliebhaber. Er ließ sich auf diese Liebelei so weit ein, daß Lucrèce einmal, als er seine Leidenschaft in die allerhübschesten Redeblumen° kleidete, die er hatte finden können, um sich seiner zu entledigen, behauptete, sie schenke seinen Worten keinen Glauben, es sei denn, sie sähe eine überzeugendere Bestätigung dafür. Er antwortete ganz im Ernst, daß er in jeder Form, die sie wünsche, sein Wort zu verbürgen bereit sei. Sie entgegnete darauf, diese Wahl überlasse sie ihm. Sofort erklärte Nicodème sich bereit, als Beweis dafür, daß er sie sein Leben lang lieben werde, ihr auf der Stelle ein schriftliches Eheversprechen zu geben. Unter Lachen forderte sie ihn dazu heraus, und kurze Zeit später brachte er ein im Nebenzimmer niedergeschriebenes Eheversprechen und händigte es ihr aus. Unter weiterem Gespöttele nahm sie es mit der Frage: Das wievielte ist das denn für heute? (War er doch jemand, der zu solchen Schwachheiten neigte). Gleichzeitig wickelte sie, wie um zu zeigen, daß sie es nicht weiter in Betracht ziehe, eine portugiesische Apfelsine° damit ein, die sie gerade in der Hand hielt. Nichtsdestoweniger verwahrte sie das Papier sorgfältig für alle Fälle, und sei es auch nur, um eines Tages zeigen zu können, daß sie ernsthafte Verehrer gehabt hatte.

Das alles hatte sich abgespielt, bevor Nicodème mit Javotte versprochen war. Einige Zeit später geschah es, daß ein Prokurator des Offiziums namens Villeflatin, ein Freund und Nachbar von Lucrèces Onkel, einen Besuch machte und diesen in seinem Zimmer in der Ecke beim Feuer antraf. Zufällig kramte dort Lucrèce gerade in einem Schrank. Und wie es immer die erste Neckerei der Alten ist, die jungen Mädchen zu fragen, wann sie denn heiraten werden, war das auch die erste Artigkeit des Prokurators: „Na, Mademoiselle Lucrèce, wann werden wir denn auf Ihrer Hochzeit tanzen?“ „Wann das sein wird, dürfen Sie mich nicht fragen“, gab Lucrèce lachend zurück, „am Mangel an Bewerbern wird es wenigstens nicht liegen: da habe ich gerade ein Eheversprechen. Wenn ich will, liegt es an mir anzunehmen." Dabei zeigte sie einen gefalteten Bogen Papier, eben dies Eheversprechen, das ihr gerade zufällig in die Hände gekommen war und worauf sie nicht weiter baute, denn alle ihre Erwartungen ruhten auf dem Wort des Marquis, den zu erwähnen sie sich bislang wohl gehütet hatte.

Aus Neugierde griff der Prokurator ganz flink mit der Hand danach, noch ehe sie sich versehen konnte, und da er so tat, als wolle er ihr das Papier wegziehen, mußte sie es ihm lassen, aus Angst, es zu zerreißen. Er las es sorgfältig durch und teilte ihr mit, daß er den Unterzeichner kenne und daß er wohlhabend sei. Weiter erging er sich nicht in Lobreden, da er seiner Meinung nach alles, was darüber zu sagen war, gesagt hatte. Er fragte sie noch, ob das Eheversprechen gegenseitig sei und ob sie ihrerseits noch ein anderes abgegeben habe. Lucrèce sagte weder ja noch nein, sondern wich ihm scherzend aus. Er empfahl ihr noch dringend, das Papier gut zu verwahren, bot ihr in dieser Angelegenheit seine Dienste an und wollte genaue Erkundigungen über den Besitzstand Nicodèmes einholen.

Einige Tage später war es, Villeflatin hielt sich Geschäfte halber im Châtelet auf, als er dort Vollichon, Javottes Vater, traf. Da sie alte Bekannte waren, teilte ihm Vollichon die frohe Nachricht von der bevorstehenden Heirat seiner Tochter mit. Villeflatin freute sich zunächst mit ihm und meinte, er tue gut daran, sie so jung zu verheiraten. Ein Mädchen benötige eine sorgfältige Aufsicht, und ein Vater sei entlastet von der Verantwortung für ihre Dummheiten, wenn er sie erst den Händen eines Ehemanns anvertraut habe, der dann für sie Sorge tragen müsse. Sein Javottchen sei zwar sehr besonnen, die Zeit aber so korrumpiert und die Jugend derart verderbt, daß man nicht mehr Bedenken trage, eine arme Unschuld zu verführen, als ein Glas Wasser zu leeren, und was solcher Redensarten noch mehr sind, die ich aber wohlweislich übergehe, nicht etwa, weil sie mir unbekannt sind – ich habe sie nämlich schon tausendmal gehört. Schließlich fragte er ihn, wen er sich denn zum Schwiegersohn ausersehen habe und wann die Hochzeitsfeierlichkeiten stattfänden. Vollichon teilte ihm mit, das Aufgebot sei schon in Saint-Nicolas und Saint-Severin, den beiden Gemeinden der Brautleute, bestellt°, die Verlobung solle in zwei Tagen stattfinden, und daß der zukünftige Schwiegersohn Nicodème sei. „Wie?" rief Villeflatin. „Und dabei heißt es doch, er solle unsere Nachbarin Mademoiselle Lucrèce heiraten! Ich habe ein Eheversprechen an sie gesehen, gelesen und in Händen gehabt, das seine Unterschrift trägt." „Das ist mir ja eine schöne Bescherung!" meinte Vollichon. „Ich bitte Sie, mich darüber Genaueres wissen zu lassen und mir zu sagen, ob ..." Und ohne die Frage zu beenden, ließ er ihn wutschnaubend stehen und schrie: „Wer ruft nach Vollichon?"

Es war der Pförtner vom Eingang zum Präsidialgericht, der Vollichon zur Hintertreppe rief, wo er mit einer Partei verhandeln sollte, der man den Eintritt verwehrte. Aus Gier, sich nichts entgehen zu lassen, bedachte er nicht, daß er eine wichtige Angelegenheit für eine möglicherweise unbedeutende im Stich ließ, was sich in der Tat dann auch herausstellte. Er fertigte die Partei rasch ab und kehrte dahin zurück, wo er Villeflatin zurückgelassen hatte, um ihn zu fragen, ob er sich an den Wortlaut des Eheversprechens erinnere, da er es ja in Händen gehabt hatte, traf ihn dort aber nicht mehr an. Da Villeflatin sich nämlich sehr beflissen um Lucrèce und ihre ganze Familie kümmerte, glaubte er bei Vollichons abruptem Weglaufen, der eile umgehend zu Frau und Tochter mit der Nachricht, man komme ihm ins Gehege und jemand habe ein Heiratsversprechen Nicodèmes in die Hände bekommen. Schließlich nahm er an, Vollichon sei geeilt, Anweisung zur Eheschließung zu geben, ehe Protest dagegen eingelegt werden könnte, aus Angst, diese in der Tat sehr vorteilhafte Partie könnte ihm entgehen. Er fürchtete, die Entdeckung, die er dem Vollichon gemacht hatte, würde diesen veranlassen, die Angelegenheit eher noch zu überstürzen.

Daher fühlte er sich genötigt, schnurstracks aus eigenem Antrieb (ohne ein Sterbenswörtchen zu Lucrèce, ihrem Onkel oder ihrer Tante) und um keine Zeit zu verlieren, einen förmlichen Widerspruch gegen die Eheschließung bei den Pfarrern von Saint-Nicolas und Saint-Severin einzulegen.

Nicht genug damit: Er erwirkte auch vom Zivilrichter und dem Vorsteher des Offiziums eine Einstellungsverfügung, die er den Pfarrern und Vollichon – da er nicht wußte, wo Nicodème wohnte – zustellen ließ.

Um drei Uhr nachmittags dann kam er schweißgebadet bei Lucrèce an. Er habe große Neuigkeiten für sie, sie sei ihm zu großem Dank verpflichtet, er habe den ganzen Tag noch nichts gegessen und getrunken und sei für ihre Belange ununterbrochen auf den Beinen gewesen. Nach etlichen weiteren Vorreden schilderte er ihr dann sein Zusammentreffen mit Vollichon und alle Schritte, die er seitdem unternommen hatte.

Lucrèce war aufs höchste überrascht von seinem Bericht, und eine Röte stieg ihr ins Gesicht wie noch nie zuvor. Anstelle von Dankesworten für den guten

Willen des Prokurators sagte sie ihm, er stehe ihr wirklich mit großem Eifer bei, habe er sich doch noch nicht einmal die Zeit genommen, mit ihrem Onkel oder der Tante Rücksprache zu nehmen, sie selbst habe aber nicht die Absicht, Nicodème zu heiraten, am allerwenigsten auf eine gerichtliche Anordnung hin. „Ha!" rief da der Prokurator. „Man muß diese leichtfertige Jugend lehren, was es heißt, anständige Mädchen zum Narren zu halten. Seine Unterschrift haben wir, er muß zumindest Schadenersatz leisten! Laßt mich nur machen!" Und mit einem: „Heute Nachmittag werden wir schon viel weiter sehen! Ich habe heute noch nichts getrunken und gegessen!" schoß er zur Treppe, zog die Zimmertür hinter sich zweimal zu, damit man nicht hinter ihm hereilte, um ihn hinauszubringen.

Lucrèce, die er zum Glück allein angetroffen hatte, blieb in völliger Ratlosigkeit zurück. Ihr Marquis war vor einiger Zeit abgereist und hatte ihr deutliche Beweise seiner Liebe hinterlassen. Kurz vor seiner Abreise war sie eines Übels gewahr geworden, das ihr allen Anzeichen nach bald die Figur verderben würde. Gerade deswegen war sie gezwungen gewesen, ihn zur Heirat zu drängen. Als sie ihn aber so inständig bat, daß er sich ihrer kaum noch zu erwehren wußte, erhielt er von Hofe den Befehl, sich zu seinem Regiment zu begeben, dem er anscheinend schweren Herzens gehorchte, und er beteuerte hoch und heilig, so schnell wie möglich zurückzukehren, um sein Versprechen einzulösen. Er reiste wohl auch ab, ich weiß aber nicht, welche Frist er sich für seine Rückkehr gesetzt hatte. Nur so viel steht fest, daß er noch nicht zurückgekehrt ist.

Lucrèce schrieb ihm eine Reihe von Briefen, erhielt aber keine Antwort. Sie ahnte schließlich, wenn auch zu spät, daß sie hintergangen worden war und wurde in diesen Befürchtungen noch bestärkt, da sie seit der Abreise des Marquis sein schriftliches Heiratsversprechen nicht mehr finden konnte. Sie konnte sich noch nicht einmal erklären, wie sie es verloren hatte, nach all der Sorgfalt, mit der sie es in ihrem Schränkchen eingeschlossen hatte.

Nun, die Sache war folgendermaßen vor sich gegangen: Die Leidenschaft des Marquis hatte sich durch den Liebesgenuß ein wenig abgekühlt, und er begann über die Dummheit nachzudenken, die er beginge, wenn er sein Lucrèce gegebenes Versprechen einlöste.

Außer dem Schaden, den er seinem Hause mit einer Mißheirat zufügte, sah er schon alle Verwandten gegen sich aufgebracht, die ihm alle Mittel entzögen, ohne die es ein Ende hätte mit seinem Aufwand. Wenn andererseits Lucrèce Klage gegen ihn erhöbe, vermöge des Eheversprechens, hätte ihn das in eine sehr unangenehme Lage bringen können. Denn abgesehen davon, daß solche Prozesse immer irgendeinen Flecken auf dem Namen eines Ehrenmannes hinterlassen, weil er öffentlich der Treulosigkeit und des Wortbruchs angeklagt wird, so weiß man nie, wie solche Geschichten zuweilen ausgehen. Und selbst wenn man ungeschoren davonkommt, ist alles immer sehr kostspielig. Er beschloß, sich mit einer List aus der Affäre zu ziehen, in die ihn seine stürmischen Gefühle gebracht hatten.

Zu diesem Behufe führte er seine Geliebte auf den Jahrmarkt von Saint-Germain° und versprach ihr das hübscheste Elfenbeinschränkchen, das sie fände. Die Wahl und die Festsetzung des Preises überließ er ihr. So geschah's auch, und sie dankte ihm noch für seine Großzügigkeit. Der Marquis sorgte dafür, daß es zu ihr nach Hause gebracht wurde, trug aber vorher dem Händler insgeheim auf, einen Zweitschlüssel anzufertigen. Den einen behielt er für sich und ließ den anderen zusammen mit dem Schränkchen zu Lucrèce bringen.

Sobald sie im Besitz des Schränkchens war, schloß sie hocherfreut darin ihren Schmuck und vor allem das Heiratsversprechen des Marquis ein.

Als er nun kurz vor seiner Abreise stand, stattete er Lucrèce einen Besuch ab, zu einer Stunde, wo er sicher sein konnte, sie nicht anzutreffen. Er betrat, wie es seine Angewohnheit geworden war, ohne Umstände das Haus und bat, unter dem Vorwand, ihr etwas Wichtiges mitteilen zu müssen, um die Erlaubnis, in ihrem Zimmer auf sie zu warten. Sobald er dort allein war, öffnete er mit dem Zweitschlüssel, den er bei sich trug, das Schränkchen, fand das Eheversprechen und nahm es an sich, ohne daß Lucrèce dessen gewahr wurde, als sie zurückkehrte. Bemerkt hatte sie den Diebstahl sogar erst wenige Tage vor dem Prozeß, den Villeflatin gegen Nicodème anstrengte, und sie hatte den Marquis noch nicht in Verdacht gehabt. Als sie aber sah, daß sich seine Abwesenheit hinzog, er ihr nicht schrieb und das Eheversprechen verschwunden blieb, gab es keinen Zweifel mehr an seiner Niedertracht.

In dieser Widrigkeit fand sie für ihre Bekümmernis keinen anderen Trost, als sich noch mehr Mühe mit ihren anderen Eroberungen zu geben. Nun, da es nötig war zu heiraten, bevor offenbar wurde, was sie allen Grund hatte zu verbergen, bekümmerte sie sich weniger über den zudringlichen Eifer ihres Nachbarn, der ihr gegen ihren Willen auf dem Gerichtswege einen Ehegatten beschaffen wollte.

In der Erwägung, daß sie bei günstigem Prozeßausgang einen Ehemann gewänne, den sie höchst nötig hatte, faßte sie sich in Geduld. Ging der Prozeß verloren, konnte sie sagen (was ja auch der Wahrheit entsprach), daß sie mit dem ganzen Vorgehen nicht einverstanden gewesen sei, und daß man alles gegen ihren Willen eingeleitet habe, was sie für ausreichend zu ihrer Ehrenrettung hielt. Es war auch keine Zeit mehr, lange hin und her zu überlegen: durch den Übereifer des Prokurators war alles Unheil, das entstehen konnte, bereits angerichtet. Die Sache war schon Gegenstand des Klatsches und des Spotts geworden: Jetzt hieß es abwarten, was dabei herauskäme.

Am Abend kam Villeflatin wieder vorbei und verlangte das Eheversprechen. Vor lauter Scham hatte sie sich noch nicht entschieden und tat so, als habe sie es verlegt und sagte sogar, sie fürchte, es verloren zu haben. „Da hätten Sie ja etwas Schönes angerichtet!" meinte Villeflatin. „Nun mal los! Finden Sie es so schnell wie möglich, solange die Eheschließung noch suspendiert ist, sie kann gegen unseren Einspruch nicht vollzogen werden. Aber das Eheversprechen brauchen wir schon, um es anerkennen zu lassen. Sagen Sie mir doch unterdessen: Gab es keine anderen Vertraulichkeiten mit Ihnen? Es ist doch nicht zum Beischlaf gekommen? Sagen Sie's nur frei heraus, so etwas kann Ihrer Sache nur dienlich sein! Sapperlot! In solcher Lage muß man alles sofort vorbringen, hinterher ist die Klagefrist verstrichen."

Lucrèce errötete in unvorstellbarer Verlegenheit und war zu keiner Antwort imstande. Derart überrumpelt war sie von seinem groben Reden, daß sie drauf und dran war, ihm ihr Mißgeschick zu gestehen, ja sie glaubte, er habe nach der Art, wie er mit ihr umging, schon alles bemerkt. Gleichzeitig wollte sie ihn um seine Vermittlung bei Onkel und Tante bitten, um Verzeihung für ihren Fehltritt zu erlangen. Villeflatin glaubte, ihre Röte rühre von seiner groben Fragerei her, etwas, dessen sich ein gesitteter Mensch mit mehr Anstand entledigt hätte, so daß er sie, ohne weiter zu drängen, für ihr Schamgefühl lobte: „Seien Sie in Zukunft genauso brav, wie Sie bisher waren, und verlassen Sie sich in dieser Angelegenheit ganz auf mich!"

Unterdessen machte sich Nicodème, der von dieser neuen Entwicklung nichts wußte, am Abend zu einem Besuch bei Javotte auf, seiner rechtmäßigen Braut. Mit weißen Kniebändern aus Spitze, die Perücke gut frisiert und gepudert, traf er in der Sänfte ein, sehr fröhlich seinen Schnurrbart zwirbelnd und eine neue Melodie trällernd. Im Wohnraum stieß er auf Mutter und Tochter, beide bürgerlich-sittsam damit beschäftigt, Wäsche für die Aussteuer der Braut zu säumen. Der kühle Empfang, der ihm bereitet wurde, überraschte ihn ein wenig, und er eröffnete das Gespräch mit einer Bemerkung über die Arbeit, die sie gerade erledigten: „Ganz sicher, liebe Mama, wird Eure Tochter Euch sehr großen Dank wissen, denn wie ich vermute, ist diese Wäsche, an der Ihr arbeitet, für sie bestimmt." Die vermeintliche Schwiegermutter antwortete ihm ziemlich schroff: „Jawoll, Monsieur, das ist für meine Tochter. Aber Sie werden sich gefälligst den Mund danach wischen können. Ich finde es gehörig dreist von Ihnen, hier noch zu erscheinen, nachdem Sie uns so hintergehen wollen! Nix da! Meine Tochter ist jung, und an guten Partien soll es ihr gewiß nicht mangeln. Wir sind keine Leute, die sich beim Offizium einen Schwiegersohn erklagen! Gehen Sie lieber zu Ihrer Braut, der Sie die Ehe versprochen haben. Wir wollen gewiß nicht die Ursache dafür sein, daß sie ihre Ehre verliert."

Nicodème, der immer sprachloser geworden war, schwor ihr, daß er einzig mit ihrer Tochter versprochen sei. „Wahrhaftig", entgegnete die Frau Prokurator, „er würde uns noch etwas weismachen wollen, wenn wir nichts in Händen hätten, ihn zu widerlegen." Damit rief sie die Bedienerin: „Julienne, lauf doch und bringe das Papier oben vom Kaminsims, daß ich ihm den Bock zeige, den er geschossen hat." Und als es herbeigebracht war, sagte sie: „Hier sehen Sie selbst, ob ich mir etwas ausgedacht habe."

Nicodème fiel aus allen Wolken, als er das Papier las, denn er kannte Lucrèce und konnte sich nicht vorstellen, daß ein so stolzes Mädchen beim Offizium klagte, um zu einem Ehemann zu kommen. Er entsann sich, wie sie bei der Übergabe gelacht hatte, ohne darauf die mindeste Hoffnung oder geringste Heiratsabsicht zu gründen. Auch hatte sie es seither nicht mehr erwähnt, so daß er sich vorstellen konnte, es sei ohne ihre Veranlassung geschehen. Er sagte zur Schwiegermutter: „Da muß mir einer meiner Gegner einen üblen Streich spielen. Wenn es nur daran liegt, bringe ich Ihnen schon morgen eine notariell beglaubigte Aufhebung dieses Einspruchs." „Ich habe weder mit Notaren noch Rechtsanwälten zu schaffen", antwortete sie. „Ich werde meine Tochter nicht einem dieser Wüstlinge, einem dieser Liebhaber der elftausend Jungfrauen° ausliefern. Ich will einen Mann für sie, der ein guter Gatte ist und anständig seinen Lebensunterhalt verdient."

Nicodème fand das Ganze ziemlich unersprießlich und war voller Ungeduld, den Grund für das Durcheinander zu erfahren. So empfahl er sich wenig später. Er war nicht beherzt genug, sich von seiner Braut zu verabschieden, wie es Verlobten zukommt. Javotte ihrerseits begnügt sich stumm mit einem Knicks. Als sie sich erhebt, fällt ihr ein Garnknäuel und eine Schere, die sie auf dem Schoß liegen hatte, zu Boden. Nicodème überstürzt sich, es aufzuheben. Um ihm zuvorzukommen, bückt sich Javotte ebenfalls, und als sie sich gleichzeitig aufrichten, stoßen sie mit den Köpfen so unsanft zusammen, daß beide sich eine Beule holen. Nicodème will sich voller Verzweiflung über das Mißgeschick rasch entfernen, hat aber nicht acht auf eine wackelige Anrichte hinter ihm und stößt so unsanft dagegen, daß er eine hübsche Porzellanfigur herunterwirft. Es war ein Einzelstück und in der Familie hoch geschätzt. Darüber bricht die Mutter in einen Schwall von Beschimpfungen gegen ihn aus, er bringt tausend Entschuldigungen vor, will die Stücke aufsammeln, eine ähnliche Figur schicken lassen. Beim hastigen Auftreten mit seinen neuen Schuhen auf dem aus Anlaß der Verlobungsfeier frisch gebohnerten Boden rutscht er aus, und weil man in einer solchen Lage versucht, sich an dem festzuhalten, was gerade greifbar ist, faßt er nach den Troddeln der Bänder, mit denen der Spiegel aufgehängt ist, die aber durch sein Gewicht zerreißen, und Nicodème und der Spiegel fallen zusammen zu Boden. Dem Spiegel bekam das am schlechtesten, er ging nämlich in tausend Stücke, während Nicodème mit zwei leichten Prellungen davonkam. Die Frau Prokurator schrie noch lauter als zuvor: „Wer hat bloß diesen Vandalen ins Haus gebracht, diesen Tolpatsch!“ Und sie machte sich daran, ihn mit dem Besenstiel aus dem Haus zu jagen.

Nicodème eilt zu Tode beschämt zur Tür, öffnet sie aber vor lauter Ärger so heftig, daß sie gegen eine Baßlaute schlägt, die ein Nachbar dort gegen die Wand gelehnt zurückgelassen hatte, und sie in lauter Stücke bricht. Zu seinem Glück war es schon spät, denn am hellichten Tag hätte er bei dem Lärm, den die Frau Prokurator veranstaltete, das Geheule aller Gassenjungen hinter sich gehabt. Er entfernte sich rot vor Scham wie vor Zorn und entschloß sich angesichts der vorgerückten Stunde, zu der er nichts mehr unternehmen konnte, seinen Besuch bei Lucrèce auf den nächsten Tag zu verschieben.

Am Tag darauf verlangte er dann sein hübsches Gewand mit der Spitzengarnitur, denn er wollte in angemessenem Aufzug bei ihr erscheinen. Es wurde ihm auch gebracht, bis auf das fehlende Spitzenjabot. Er schickte seinen Lakaien zur Wäscherin, die ihm aber ausrichten ließ, bei ihr sei es nicht. Nicodème als der umsichtige Stadtbürger und gute Haushälter, der er war, ging selbst zu ihr, es zu suchen. Er wühlte seine schmutzige Wäsche durch und fand schließlich, was er suchte und sogar, was er nicht suchte. Dazu muß man wissen, daß die Wäscherin namens Frau Roberte auch für das Haus von Lucrèce wusch und dort mit allen auf vertrautem Fuße stand.

Wie er die schmutzige Wäsche umkehrte, sah er ein Frauenhemd mit tiefroten Flecken und fragte sie lachend, ob das etwa ein Hemd von Mademoiselle Lucrèce sei. Frau Roberte antwortete ihm voller Treuherzigkeit: „Achwo, wie sollte es denn auch! Mademoiselle Lucrèce ist ja jetzt das sauberste Mädchen in ganz Paris. Seit mehr als drei Monaten finde ich nicht den kleinsten Flecken in ihrer Wäsche. Sie ist fast genauso weiß, wenn ich sie abhole, wie wenn ich sie zurückbringe." „Und wie ist ihr Befinden?" fragte Nicodème. Frau Roberte antwortete mit derselben Unbefangenheit: „Ach, dem armen Ding ist gar nicht gut. Wenn ich morgens hinkomme, ist ihr schlecht und sie erbricht sich und hat so Bauchweh, daß sie's im Schnürleibchen nicht aushält, sie trägt nur immer ihr weißseidenes Leibchen. Trotzdem klagt das arme Kind nicht und verbirgt ihr Leiden so gut, daß sogar keiner im Haus etwas davon ahnt. Nach dem Abendessen empfängt sie ihre Gesellschaft, als wenn nichts wäre. Sie ist die beste Seele und das geduldigste Geschöpf, das sich denken läßt."

Nicodème wurde bei dieser offenherzigen Mitteilung hellhörig, und in Abänderung seines Plans suchte er anstelle von Lucrèce einen Arzt und einen Rechtsanwalt auf, mit denen er befreundet war. Schließlich ahnte er die Wahrheit und ging in seiner Phantasie noch darüber hinaus: Er malte sich nämlich aus, wie die Verwandten von Lucrèce diese Vorgänge veranlaßt hatten, um ihrem Mißstand abzuhelfen und sie mit ihm zu verheiraten. Er dachte auch, Lucrèce habe zu verstehen gegeben, um ihren Fehltritt zu vertuschen, sie sei unter dem Eindruck des Eheversprechens, das er ihr törichterweise gegeben hatte, verführt worden.

Nicodème erfuhr von seinen Freunden, deren Rat er einholte, was er auch aus eigener Berufserfahrung wußte, daß seine Sache auf schwachen Füßen stand. Ein schwangeres Mädchen, das sich auf ein Heiratsversprechen berufen könne, erscheine vor Gericht allemal glaubwürdiger als er, und mit welchen Eiden er auch das Gegenteil beschwöre, es gelänge ihm nicht, den Verdacht auszuräumen, daß Lucrèce von ihm schwanger sei. Im übrigen war Lucrèce ein schönes Mädchen und hatte unter Richtern und Anwälten manchen Freund, der ihrer Sache, so schlecht sie auch sein mochte, zum Siege verhelfen konnte. Darüber hinaus war sie dem Augenschein nach so zurückhaltend, daß er ihr keinen einzigen Fehltritt nachweisen konnte, mochte ihre Koketterie auch allgemein bekannt sein.

Nicodème beschloß daher, sich, koste es was es wolle, aus der Affäre zu ziehen, bevor er damit ins Geschrei kam. Er stellte sich nämlich vor, mit Javottes Eltern die Beziehung leicht wieder aufnehmen zu können, war die Gefahr erst einmal gebannt und der Einspruch aufgehoben. Er war nämlich bis über beide Ohren in Javotte verliebt, und hätte man um seine Schwäche gewußt, wäre ihn das teuer zu stehen gekommen. Eine ganze Zeit lang suchte er Bekanntschaften zu machen, mit deren Hilfe er unter der Hand mit Lucrèces Onkel verhandeln könnte. Sich persönlich dorthin zu begeben, wagte er nicht, weil er eine Zwangsvorführung vor den Richter fürchtete. Es gelang ihm auch, die Verbindung herzustellen durch die Vermittlung eines Freundes, der Villeflatin kannte: den Generalbevollmächtigten in dieser Angelegenheit, der sich auch bereitwillig die Vorschläge anhörte.

Unterdessen befand sich Lucrèce in großer Bedrängnis. Sie fürchtete von Tag zu Tag mehr, daß ihr geheimgehaltener Notstand offenbar würde, und weil ihr klar wurde, daß sie auf den Marquis nicht mehr hoffen konnte, beschloß sie ernstlich, was der Zufall und der Übereifer des Prokurators für sie angerichtet hatten, umsichtig zu ihrem Vorteil zu nutzen. Bestärkt wurde sie in ihrem Entschluß noch durch eine juristische Konsultation bei ihrem Onkel, der sie aufmerksam gelauscht hatte, über einen ähnlichen Fall, der zugunsten des Mädchens entschieden worden war, die sich in der gleichen Verzweiflung befand.

Sie holte also ihr Eheversprechen hervor, um es zum Onkel zu tragen und ihn um Verzeihung für ihren Fehltritt und um ihre Ehrenrettung zu bitten. Aber o weh! In diesem Augenblick spürte sie eigenartige innere Widerstände: Einmal ihren Fehltritt zu entdecken und zum anderen, einen Unschuldigen damit zu belasten, was ja wohl bei dieser Gelegenheit unumgänglich war.

Dreimal stieg sie zum Zimmer des Onkels hinauf, und dreimal kehrte sie unverrichteter Dinge wieder um. Schließlich, als sie mit einem festen Entschluß wieder bei ihm im Zimmer stand, begann sie: Lieber Onkel … und schon bereute sie, überhaupt etwas gesagt zu haben und verstummte. Auf die Frage des Onkels, was sie denn wünsche, gab sie vor, nach einer Schere zu suchen, die sie auf seinem Tisch habe liegen lassen. Schließlich, unter Drehen und Winden, bekannte sie doch geradeheraus: „Lieber Onkel, ich möchte mich gern mit Euch über eine Angelegenheit unterhalten, in der ich Euch bitte, mir gewogen zu sein."

Als sie aber unter Erröten ansetzte, sich zu erklären, kam man, ihren Onkel in einer sehr dringlichen Angelegenheit nach unten zu rufen. Er lief eilig hinunter und schickte gleich darauf nach Hut und Mantel. Lucrèce hielt es für eine glückliche Fügung, daß sie das Geständnis ihres Liebesabenteuers noch nicht begonnen hatte, denn über eine Unterbrechung wäre sie sehr gekränkt gewesen.

Nun steckte aber hinter diesen Geschäftsbelangen Villeflatin, der nach dem Onkel geschickt hatte, um mit ihm über die Angelegenheit zu reden, die er ohne dessen Wissen und aus eigenem Antrieb verfolgt hatte. Er war zuversichtlich, nicht auf Mißbilligung zu stoßen, da er doch für die Interessen der ganzen Familie Sorge trug. Der brave Mann war von dieser Eröffnung völlig überrascht und sagte, er müsse sich doch sehr wundern, daß ihm seine Nichte nichts davon erzählt habe. Sein Erstaunen wuchs noch nach dem Bericht Villeflatins über all die Vorfälle in den wenigen Tagen, die die Affäre gedauert hatte. Schließlich erfuhr er von Villeflatin, der Rechtsstreit könne beigelegt werden, wenn er nur einwillige. Man biete ihm reiche Entschädigung, denn der Unterhändler des Nicodème sei bei ihm mit zweitausend Talern in bar für Lucrèce, unter der Bedingung, daß die Angelegenheit sofort niederzuschlagen sei. Der Vermittler gab ihnen zu verstehen, Nicodème scheue nicht den gerichtlichen Entscheid über diesen Einspruch, könne er doch sehr wohl nachweisen, daß dieser jeder Grundlage entbehre. Er wolle aber den Argwohn zerstreuen, den Javottes Eltern deswegen hegten, da die Heirat mit ihr bevorstehe und er besonders wegen des nahenden Advent die Angelegenheit nicht in die Länge gezogen sehen wollte. Daß er schließlich diese Summe Geldes dem Vorteil opfere, keine Zeit zu verlieren, was er zu einem anderen Zeitpunkt nicht getan hätte. Villeflatin, dem man unter vier Augen ein schönes Handgeld versprochen hatte, wußte den guten Mann so zu bereden, daß er ihn bewog, diesen Vorschlag anzunehmen, denn man hatte ihnen gedroht, anderntags das Angebot zurückzunehmen und ernstlich zu prozessieren.

Was ihn noch mehr überzeugte, war Villeflatins Hinweis, Lucrèce habe das Eheversprechen verlegt, welches doch aber vorgelegt werden mußte, und man daher mit einer Abweisung der Klage noch am Tage der Eingabe rechnen müßte. Er gab ihm auch zu bedenken, daß nur ein einfaches Eheversprechen vorliege, ohne weitere Folgen noch Zusagen Lucrèce gegenüber, und daß andererseits mit Javotte ein feierlicher Vertrag abgeschlossen worden war. Bei der ganzen Aktion käme nur eine Entschädigung heraus, die nicht zu hoch zu veranschlagen sei und ganz im Ermessen der Richter liege. So wurde denn auch umgehend ein Vergleich geschlossen, bei dem es nicht von Belang war, Lucrèce zu hören, die schließlich minderjährig war, und bei dem der Onkel, gleichzeitig ihr Vormund, einen schönen Vorteil herauszuholen glaubte. Die zweitausend Taler wurden ihm ausgehändigt und waren ihm seither von großem Nutzen und Gewinn. Die beiden liefen gleich zu Lucrèce, die gute Nachricht zu überbringen, und Villeflatin rief ihr schon von der Tür aus zu: „Na, habe ich Ihnen nicht gesagt, daß ich einen Schadenersatz für Sie heraushole? Hier, bittschön! Zweitausend Taler, die ich herausgeschlagen habe, und dabei hatte ich noch nicht einmal das Eheversprechen in Händen. Jetzt können Sie sehen, was da herausgesprungen wäre, wenn Sie's nicht verlegt hätten. Hätte man auf Sie gehört, Sie hätten die Flinte ins Korn geworfen. Wenn Sie möchten, können Sie sich bei mir bedanken, aber Sie können sie geradeso als Geschenk von mir betrachten."

Dieser Glückwunsch setzte Lucrèce in Erstaunen. Über das gütliche Einvernehmen aber wunderte sie sich noch mehr als über die Einleitung des Prozesses, und sie antwortete nur mit einer Geste, die großzügige Geringschätzung irdischer Reichtümer ausdrückte. Sie stellte sich, als würde sie das alles nicht überleben und als hätte sie das ganze Vorgehen niemals gutgeheißen. Indessen dankte sie ihm für die Bereitwilligkeit, die er ihr gegenüber gezeigt hatte. Gleich am Abend schickte sie ihm als Dank für seine Bemühungen eine Summe Geldes, die er generös zurückwies. Am nächsten Tag schickte sie ihm das Dreifache in Form von Geschenken, was er bereitwillig annahm.

So brauchte Lucrèce ihr geheimgehaltenes Leiden nicht mehr zu offenbaren, sondern wußte es weiterhin geschickt zu verheimlichen und zu verbergen. Und schließlich brachte sie es auch zuwege, wie Du im weiteren Verlauf noch sehen wirst. Jetzt will ich ihr aber ein wenig Ruhe gönnen, denn eine Schwangere soll man nicht so sehr anstrengen.

Auch Nicodème war aus der Klemme befreit, und sobald er die Aufhebung des Einspruchs in Händen hatte, suchte er vergnügt Javottes Vater auf, nicht ohne vorher die Mutter durch Übersendung eines neuen Spiegels, einer Baßlaute und einer Porzellanfigur besänftigt zu haben. Vollichon bereitete ihm aber einen kühleren Empfang als erwartet, weil er nicht viel Aufhebens von der Annullierung des Einspruchs machte und unter dem Vorwand, Nicodème könnte außer dieser Dummheit gut auch noch andere auf dem Konto haben, über die er sich erst zu unterrichten wünsche, bat er sich Zeit aus, um nichts zu überstürzen, und verschob die Hochzeit auf den Tag nach dem Dreikönigsfest, weil der Advent schon vor der Tür stand.

Nicodème mußte sich dreinschicken. Es dauerte ihn nichtsdestoweniger das Geld, das er nur gezahlt hatte in der Hoffnung, zwei Tage später heiraten zu können. Nun war das allerdings nicht der Grund, der Vollichon zur Aufschiebung veranlaßte, sondern daß man ihm zwei Tage zuvor von einer anderen, viel vorteilhafteren Partie für seine Tochter erzählt hatte, und da er (nach seinen eigenen Worten) zwei Pfeile im Köcher haben wollte, versuchte er alles nur zu verzögern, um zu sehen, ob er sich nicht mit dem Reichen verbinden und zugleich mit dem weniger Reichen brechen könne.

Der hübsche Galan, den man ihm für Javotte vorgeschlagen hatte, war überdies Rechtsanwalt oder zumindest ein Mann, der im Palais Robe und Barett trug. Ein einziges Mal erschien er vor Gericht, und das war, als er auf die königlichen Ordonnanzen° vereidigt wurde. Und wahrlich, er beachtete sie gewissenhaft, weil er nie die Gelegenheit fand, gegen sie zu verstoßen. Seit zwanzig Jahren war kein Morgen vergangen, an dem er sich nicht im Palais eingefunden und dennoch nie eine Konsultation abgehalten, einen Schriftsatz erstellt oder ein Plädoyer gehalten hatte. Als Ausgleich dafür war er vollauf damit beschäftigt, über mehrere Falschmeldungen zu schwadronieren, die an seiner Säule° aufgetischt wurden, und er hielt Konsultationen ab über die Regierung und die öffentlichen Angelegenheiten, da er sich unter den großen Haufen nichtsnutziger Gestalten mischte, die jeden Morgen zum Palais ziehen und dort alle möglichen Neuigkeiten durchsprechen, als wenn sie Staatsaufseher wären (sehr gefragte und beliebte Ämter im übrigen); mich wundert nur, daß man sie nicht auch zur Ämtersteuer heranzieht.

Nachmittags ging es zu den Zusammenkünften in den Nachrichtenbüros°, zu den Professorenvorträgen in den Kollegien, zu Predigten, zu Kirchenkonzerten oder auf den Pont-Neuf zu den Quacksalbern und dem Wunderheiler Orvietan° und zu all den anderen Vergnügen und öffentlichen Belustigungen, die nichts kosten, denn er war vom Geiz besessen, eine Eigenschaft aus der Erbmasse seines Vaters. Er war Sohn eines Strickwarenhändlers, der zu Reichtum gekommen war wie zu seinem Bart: Taler und Haare hatte er sprießen lassen.

Er hieß Jean Bedout, war dick und stämmig, ein bißchen plattnasig mit sehr breiten Schultern. Sein Zimmer war ein reiner Antikensaal. Nicht etwa, weil er besonders schöne Raritäten besessen hätte, sondern wegen der Möbel, die darin standen. Anrichte und Tisch waren voll mit Schnitzeleien und derart zierlich und schwach auf den Beinen (ich spreche von Tisch und Anrichte), daß sie keinen Umzug überstanden hätten, sie wären denn für den Transport ausgepolstert oder in Stroh gepackt worden wie Töpferwaren. Seine Wandbehänge und Sessel bestanden aus lauter zusammengestoppelten Einzelstücken und waren von einem solchen Wert, daß nicht ein einziges seinesgleichen hatte. Den Kamin schmückte ein Gestell mit Waffen, die schon seit den Tagen der Liga° verrostet waren. Und an den Deckenbalken hingen Käfige voll mit Vögeln, denen er das Flöten beigebracht hatte. Zu Ausgaben befleißigte er sich einzig für seine Bibliothek. Er besaß nur ausgesuchte Bücher, will sagen: ausgesucht billige. Ein und derselbe Autor war durch mehrere Bände vertreten: verschieden in Format, Druck, Umfang und Einband, noch dazu besaß er kein Werk eines Autors vollständig. Im Druck schätzte er am meisten Fraktur und unter den Einbänden die hölzernen. Unterhaltungen mit der gebildeten Welt vermied er, weil er dabei, wenn es das Unglück wollte, zu Ausgaben hätte veranlaßt werden können.

Ein einziges Mal war er in einen Kreis geistreicher Leute geraten, was für ihn außerordentlich fruchtbar war, weil dort über die verschiedensten Themen diskutiert wurde. Er brach den Kontakt aber ab, weil am Jahresende jeder einen Vierteltaler zahlen sollte zur Deckung kleinerer Ausgaben und für einen armen Schlucker, der den Versammlungsraum sauber zu halten hatte. Er fand diesen Betrag maßlos und wollte für seinen Teil nur fünf Sous geben, die er nur unter Mühen aus seiner Gürteltasche herauskramte. Um sie herauszubekommen, mußte er schließlich den ganzen Inhalt ausleeren, soviel anderer Krimskrams war noch darin. Sogar eine Handvoll Brotkrümel kam zum Vorschein, was ein paar Spötter zu der Bemerkung veranlaßte, er habe die Krümel wohl absichtlich zum Geld gesteckt, daß es nicht roste, wie man mit Messern verfährt, die in Kleie gesteckt werden, wenn man sie längere Zeit nicht benutzen will. Sein Fernbleiben brachte den anderen eine große Erleichterung, weil sie eingesehen hatten, daß es mit seinem Geist wie mit dem Bimsstein ist: man kann ihm unmöglich einen Schliff geben.

Trotzdem besaß er auch einige gute Eigenschaften: so etwa Keuschheit in höchstem Maße und Mäßigkeit und eben ganz allgemein Tugenden, die mit Sparen zusammenhingen. Er war von einer unschuldigen Verschämtheit, die ihm als jungem Mann gut zu Gesicht gestanden hätte. Wenn er seine Augen auf eine Frau gerichtet hätte, dann wäre er errötet wie ein Cherubin. Er war sogar so schüchtern, daß er im Gespräch mit jemandem dessen Nachbarn ansah, dabei drehte er an den Troddeln oder Knöpfen seiner Kleider, kaute an den Handschuhen und kratzte sich, wo's ihn gar nicht juckte. Kurz: es fehlte ihm ein sicheres Auftreten.

So lächerlich wie sein Mienenspiel war auch seine Kleidung. Sie stellte einen Bilderbogen vergangener Moden dar. Der Hut war flach, wiewohl sein Kopf spitz zulief. Seine Schuhe waren ganz ohne Absätze, und gut angezogen ging er immer nur dann, wenn alle Welt gerade schmale Schulterkragen, kurze Schöße und enge Hosen trug, denn weil dabei Stoff zu sparen war, hielt er hartnäckig an diesen Moden fest. Zu seinem fettigen Schopf hatte er ein Magergesicht. Seine Brauen und sein Bart standen üppig trotz der geringen Pflege, die sie erfuhren. Es wäre nun jammerschade gewesen, wenn solch ein schönes und in seiner Art einmaliges Gewächs ohne Ableger geblieben wäre. Folglich sprach er vom Heiraten oder vielmehr jemand anderes sprach für ihn davon, denn er war der Mann, der durch die Vermittlung eines Botschafters heiratet, gerade wie bei den Fürsten. Was diese aber aus Hoheit tun, geschah bei ihm aus Hemmung. Sein Vorhaben brachte ihn soweit, den Vornehmen zu spielen und ein wenig Umgang mit den Bürgern seines Viertels zu pflegen, bis hin zu Vertraulichkeiten solcher Art, an Sonn- und Feiertagen zusammen zu speisen unter der Bedingung, daß jeder sein Essen von zu Hause mitbrachte.

So kam's, daß eines sehr ergötzlichen Tages dort acht Hammelkeulen zusammengetragen wurden aus den acht Haushalten, aus denen die Gesellschaft bestand. Seine größte Ausgabe tätigte er in der Karnevalszeit, wo er seinerseits wie alle anderen auch ein Essen gab. Da verspeiste man einige Truthähne und Spanferkel, die den Garkoch aber nicht zu Gesicht bekommen hatten, weil der Gastgeber zu sagen pflegte, sie seien appetitlicher, wenn man sie zu Hause zubereitete. Ich kann mich hier nun nicht enthalten, eine Begebenheit zu erzählen, die sich bei einer dieser Festlichkeiten des Viertels zutrug. Eine Gerichtsschreibersfrau hatte die Gewohnheit, den Schlüssel zu ihrem Brotschrank mitzunehmen, wenn sie für die Magd und die Hilfsschreiber ein paar Stücke zum Abendbrot abgeschnitten hatte. Eines Abends war sie bei einem Nachbarn zum Essen und hatte vergessen, denen zu Hause ihre magere Ration zuzuteilen, so daß einer der Gehilfen abgeordnet wurde, sie vor versammelter Gesellschaft um den Schrankschlüssel zu bitten. Sie wurde rot und wagte nicht, ihn zu verweigern. Nach Hause zurückgekehrt, machte sie dem Gehilfen große Vorwürfe wegen seiner Aufdringlichkeit und verbot ihm ganz ausdrücklich, sie um den Schlüssel zu bitten, wenn sie in Gesellschaft war. Das war ihm eine Lehre, und als die Gerichtsschreibersfrau ein anderes Mal wieder unter ihrem kurzen Gedächtnis gelitten hatte, kam der gleiche Gehilfe und sagte zu ihr vor allen Leuten: „Madame, da Sie nicht wollen, daß man Sie um den Schlüssel zum Brotschrank bittet, bitte ich Sie, uns den Schrank wenigstens hier zu öffnen", und damit trat hinter ihm ein Lastträger ein mit dem Schrank auf dem Rücken, worauf die ganze Gesellschaft in schallendes Gelächter ausbrach. Wenig später fiel in der Küche etwas vor, das dem Gelächter weitere Nahrung gab.

Ein Bader war mit von der Partie, der sich seiner Saucen rühmte und sich anschickte, ein Fleischragout zu bereiten. Dazu hatte er eine Bratpfanne auf die Glut der Feuerstelle gesetzt, die viel zu heiß war. An einer Stelle schmolz der Rand, was dort eine Einbuchtung ergab ähnlich wie bei einem Rasierbecken. Ein Mann von Welt, der sich zufällig bei der Gruppe befand°, bemerkte recht witzig: „Wußt ich's doch, daß uns dieser ungeschickte Bartscher eine Kostprobe seiner Kunst vorsetzen würde."

Dies alles begab sich zu Bedouts Glück, als die Reihe mit Einladungen an ihm war, und seine Gastmähler waren bald in der ganzen Stadt bekannt, so daß man überall nur von seinen Soupers redete, die sich auf diese Weise einen Namen machten.

Da aber die damit verbundenen Ausgaben nicht umsonst sein sollten, beschloß er ernstlich, sich während dieser Zeit des Wohllebens zu verheiraten. Er staffierte sich also aus: ließ seinen Hut plätten und in Form bringen und gab ein wenig Puder auf seine Haare. Seine Ärmelaufschläge verbreiterte er um zwei Finger, legte sogar Kniebänder aus Spitze an, so schmal allerdings, daß sie eher nach Strumpfbändern aussahen. Sein Bartgestrüpp und das Dickicht seiner Brauen ließ er lichten. Schließlich, nach vielen Bemühungen, sah er nicht mehr ganz so abstoßend häßlich aus wie zuvor. Eine seiner Kusinen schlug Javottes Eltern vor, sie mit diesem Adonis, dessen Reize alle in seinem Geldschrank unter Verschluß lagen, zu verheiraten. Sie brachte die beiden auch umgehend dazu, den Vorschlag gutzuheißen mit der Versicherung, er sei vermögend und vor allem, daß er ein guter Gatte werde, der weder seinen eigenen Besitz noch die Mitgift der Frau verbrauchen würde.

Vollichon, der auf Ordnung hielt, wollte einen genauen Überblick über die Vermögensverhältnisse des Zukünftigen haben und ließ ihm ausrichten, er möge ihm ein Verzeichnis darüber zur Kenntnis bringen. Bedout schlug das rundweg ab mit der einzigen Begründung, er sei schon einmal beinahe mit der Steuer für die Wohlhabenden belegt worden und deshalb gezwungen gewesen, sich sechs Monate im Tempel° zu verbergen, und weil die Steuerpächter mit ihren allgegenwärtigen Spionen Einblick in seine Auflistung bekommen könnten, wenn er sie erst einmal aus der Hand gegeben hätte, könnten sie dann ihre Nachstellungen wieder aufnehmen. Er beschränkte sich darauf zu versichern, daß er in jedem Fall die gleiche Summe aufbringe, die man dem Mädchen mitgäbe, das ihm zugeführt würde.

Da nun sein Vermögen augenfällig war – es bestand aus Häusern in der Stadt und den Vororten – erreichte Laurence, so hieß seine Kusine, daß nicht länger an dieser Formalität festgehalten wurde. Sie fand sich aber in großer Verlegenheit, als sie eine Begegnung zwischen ihm und der ihm zugedachten

Braut zustande bringen wollte, damit beide sähen, ob sie Gefallen aneinander fänden.

Bedout entzog sich der Landpartie, die sie zu diesem Zweck veranstalten wollte und meinte, daß die Sache nicht eile, daß er eine Frau nicht ihrer Schönheit wegen nähme, daß, wenn die Angelegenheit abgemacht sei, noch genügend Zeit wäre sich zu sehen, und schließlich und endlich, daß ihm diejenige, die er bekommen sollte, auch gefiele. „Aber wenn Sie ihr nun nicht gefallen?“ fragte Laurence ihn.

Bedout antwortete, daß eine ehrbare Frau kein Auge für die Fehler ihres Gatten haben dürfe. Ungeachtet dieser Grobheiten entwickelte sich die Angelegenheit unentwegt weiter und gelangte zu dem Punkt, wo Laurence, koste es was es wolle, die beiden zusammenbringen wollte. Also lud sie ihren Vetter zu sich ein an einem Tag, an dem Madame Vollichon mit Tochter ihr einen Besuch abstattete. Er kam auch wirklich, ohne sich des Hinterhalts zu gewärtigen, den man ihm gelegt hatte, und als er einige Zeit später zwei Damen, die er noch nicht kannte, eintreten sah, wurde er rot, verlor die Fassung und wollte mit aller Gewalt enteilen. Laurence hielt ihn aber am Arm zurück und sagte: „Bleiben Sie doch, Vetter, das Glück ist Ihnen heute nämlich ausgesprochen hold: Hier ist sie, die Sie vielleicht als Frau nach Hause führen werden, und da Ihre Schwiegermutter in spe.“

Das stürzte ihn nur noch mehr in Verlegenheit; dennoch sah er sich gezwungen zu bleiben. Sogleich machte er zwei Kratzfüße, den einen mit dem rechten, den anderen mit dem linken Fuß, jeder den ihrigen, und ließ im übrigen seine Kusine sprechen, die die Honneurs machte.

Da er nun Javotte näher war, als sie Platz genommen hatte, klemmte er sich seinen Hut unter den

Arm, rieb sich die Hände und eröffnete nach ziemlich lastendem Schweigen – vielleicht hatte er darüber grübeln müssen, was er sagen sollte – folgendermaßen das Gespräch: „Na, Mademoiselle, Sie sind das also, von der man mir erzählt hat?" „Ich weiß nicht, Monsieur, ob man Ihnen von mir erzählt hat, wohl aber weiß ich, daß man mir von Ihnen nicht gesprochen hat." „Wie das?" antwortete er. „Man beabsichtigt, Sie zu verheiraten, ohne Ihnen etwas davon zu sagen?" „Ich weiß nicht", sagte sie. „Aber was würden Sie denn dazu sagen", begann er wieder, „wenn man Ihnen eine Heirat vorschlüge?" „Ich würde nichts sagen", antwortete Javotte. „Das wäre ja sehr vorteilhaft für mich", antwortete Bedout recht laut, weil er gedachte, darauf ein Wortspiel folgen zu lassen, „denn unsere Gesetze sagen mit aller Bestimmtheit: Schweigst Du still, so ist's Dein Will!"° „Ich weiß nichts von Ihren Gesetzen", sagte sie. „Was mich angeht: Ich kenne nur die Gesetze von Papa und Mama." „Aber wenn die Ihnen nun befehlen würden", sagte er, „einen Mann wie mich zu lieben. Würden Sie gehorchen?" „Nein!" antwortete Javotte. „Man weiß schließlich, daß Mädchen niemals Männer lieben dürfen." „Ich meine doch", antwortete Bedout, „wenn er Ihr Gatte geworden wäre." „Oho!" sagte sie. „Noch ist er es nicht, und zwischen jetzt und irgendwann wird noch einiges Wasser bergab fließen."

Hier griff die Frau Mutter ein, die diese Partie gerne gesehen hätte, da sie ihr sehr vorteilhaft erschien und sagte: „Sie müssen nicht achthaben auf ihr Gerede, Monsieur, das Kind ist noch sehr jung und so unschuldig, daß sie dummes Zeug daherredet." „Ah, Madame", antwortete Bedout, „sagen Sie so etwas nicht! Sie ist Ihre Tochter, und ich halte es für ausgeschlossen, daß sie Ihnen nicht gleicht. Ich selber finde, es gibt nichts Besseres, als ein sehr junges Mädchen zur Frau zu nehmen, weil man es nach seinen Vorstellungen formen kann, noch bevor es seine festen Angewohnheiten hat.“ Die Mutter antwortete darauf sofort: „Meine Tochter wurde immer gut erzogen, und ihrem Gatten werde ich sie als gute Hausfrau übergeben. Von früh bis spät hat sie die Augen auf der Arbeit.“ „Was“, unterbrach Javotte, „ich sollte noch arbeiten, wenn ich verheiratet bin? Ich dachte immer, als Ehefrau hätte man nichts anderes zu tun, als seinem Vergnügen nachzugehen, Spaziergänge und Besuche zu machen. Wenn ich das wüßte, würde ich lieber bleiben, was ich bin. Wozu heiratet man denn da?“

Laurence, die nicht nur gewandt, sondern auch boshaft war, griff hier ein und sagte zu ihr: „Aber nein, Mademoiselle, nur keine Angst, mein Vetter ist in Wirklichkeit viel galanter, als er jetzt hier den Eindruck erweckt. Er ist vermögend genug, um ganz achtbar zu leben, ohne daß Sie sich zu sehr einschränken müßten. Sie werden frei von allen Sorgen und in aller Ruhe leben können. Den ganzen Vormittag würden Sie im Bett verbringen, Ihrem Vergnügen nachgehen und den Rest des Tages Spaziergänge machen, es sei denn, Sie nehmen Ihr Diner oder Souper mit ihm zusammen ein. Das genügt vollauf.“ „Sie sprechen, ohne dazu hinlänglich ermächtigt zu sein“, fuhr Bedout sie verärgert an. „Ein Mann heiratet nur, um Gesellschaft zu haben, und daß sein Hausstand geregelt ist. Doch was würde geschehen? Statt sein Vermögen zusammenzuhalten, würde sie es vergeuden! Die Schätze eines Krösus würden dafür nicht reichen. Ich selbst aber wollte, daß eine Frau meine Lebensweise teilt, und daß ihr einziges Vergnügen darin besteht, ihren Gatten bei sich zu haben.“ „Da würden Sie aber", meinte Laurence, „ihren Vergnügungen sehr enge Grenzen setzen." „Dann werde *ich* Ihnen durch hundert Autoritäten nachweisen", begann Bedout wieder, „daß die Dinge so sein müssen." Und damit schickte er sich an, hunderte von Dummheiten und Schulmeistereien aneinanderzureihen, als glücklicherweise ein kleiner Imbiß hereingebracht wurde, der dieser lächerlichen Unterhaltung ein Ende bereitete.

Die einzige Galanterie, die er an diesem Tage zuwege brachte, war das Schälen einer Birne für seine Zukünftige. Als er damit aber fast fertig war, glitt sie ihm aus den Fingern und zuckerte sich auf dem Fußboden selber ein. Er spießte sie mit einer Gabel vom Boden auf, pustete darauf, schabte sie ein wenig ab und bot sie dann Javotte an, indem er sie – wie es die Leute sich jetzt angewöhnen – um »hunderttausend Entschuldigungen« bat. Worauf Javotte treuherzig erwiderte: „Monsieur, ich kann Ihnen keine geben, denn ich habe keine einzige."

Nach ähnlichen Vorfällen und Geschehnissen fand der Besuch sein Ende. Bedout traute sich sogar, seine Zukünftige bis nach Hause zu begleiten. Dabei ging er aber immer auf der Häuserseite neben ihr her, weil die Straße da sauberer ist.° Das geschah indessen nicht aus Unhöflichkeit oder Überheblichkeit, sondern aus Unkenntnis, verzeihlich vielleicht für einen Anfänger in Sachen Ritterlichkeit, dem sich noch nie die Gelegenheit zu einer solchen Verfehlung geboten hatte. Javotte sagte zu ihrer Mutter, kaum daß er sich empfohlen hatte: „Gott, Mama, dieser Mann da gefällt mir aber überhaupt nicht." Worauf ihre Mutter nur zur Antwort gab: „Halt' Sie den Mund, Äffchen, Sie weiß ja gar nicht, was Ihr zukommt!"

Bedout ging auf dem Rückweg bei seiner Kusine vorbei, um sich von ihr zu verabschieden. Sie fragte ihn gleich, was er denn zu dieser hübschen Person sage. Er finde nichts an ihr auszusetzen, meinte er, außer daß die Braut zu schön sei, und da gehemmte Menschen immer mißtrauisch und eifersüchtig sind, gestand er, wenn sie seine Frau wäre, hätte er alle Hände voll damit zu tun, auf sie aufzupassen. Und doch übt die Schönheit eine solche Macht aus, daß sie an die schroffsten und unnahbarsten Herzen rührt: Er war von Stund an verliebt und bat seine Kusine, in ihren Bemühungen fortzufahren, damit die Hochzeit so bald wie möglich stattfände. Unterdessen hielt er es für geraten, der Braut von seinem Studierzimmer aus den Hof zu machen und ihr lieber nach reiflicher Überlegung etwas zu schreiben, als mit ihr zu sprechen, da seine Gehemmtheit ihn gelegentlich am Reden hinderte.

Er machte sich also ernsthaft an die Arbeit, und nachdem er ein paar Albernheiten für einen galanten Brief entworfen hatte, schrieb er sie ins Reine auf Goldschnittpapier, das er fein säuberlich mit einem Seidenband verschloß. Diese Mühe hatte er sich noch für niemanden gemacht. Den Brief mußte ihm ein Lakai besorgen, der gerade frisch aus der Pikardie gekommen und mithin würdig war°, im Dienst eines solchen Herren zu stehen. Dem Lakaien hatte er aufgetragen, den Brief Javotte zu Händen zu übergeben, was der auch tat – das war aber auch alles. Ansonsten verlor er kein Wort: Weder an wen er gerichtet, noch wer der Absender war. Javotte fragte ihn nur, ob das Porto bezahlt sei und trug ihn dann stracks zu ihrem Vater, an den sie ihn adressiert glaubte. Sie war es nämlich gewohnt, Post für ihn in Empfang zu nehmen, und hatte selbst noch nie welche bekommen. So kam ihr gar nicht in den Sinn, die Anschrift zu lesen – wobei ich gar nicht genau weiß, ob eine draufstand.

Vollichon öffnete, las und lächelte gleichermaßen über die Treuherzigkeit seiner Tochter wie über den Schöngeist, den er sich da zum Schwiegersohn ausersehen hatte, schrieb der doch einen ebenso glänzenden wie wenig gewöhnlichen Stil.

Der Lakai kehrte also ohne Antwort zurück. Bedout fragte, wo er sich so lange herumgetrieben habe, und schrie ihn zusammen, weil er so getrödelt hatte. „Ich bin stehengeblieben, um mir die kleinen Fräuleins anzusehen, nicht größer als so sind sie“, und er zeigte dabei eine Höhe bis zu seinem Ellenbogen, „alle Leute auf dem Pont Neuf schauten ihnen zu, wie sie sich prügelten.“ Nun war das Spektakel, dem er zugesehen hatte, nichts anderes als eine Vorführung mit Marionetten, die er in seiner Einfalt aus Fleisch und Blut und lebendig glaubte. Da Bedout aus so einem geistreichen Lakaien nicht herausbekommen konnte, wie denn seine Angebetete die zarte Botschaft aufgenommen, beschloß er, sie am Abend selbst aufzusuchen. Ganz alleine hätte er möglicherweise ebensolche Mühe gehabt, dort empfangen zu werden, wie vormals Nicodème. Dessen entschlug er sich jedoch. Seine Gefühle mußten schon recht heftig sein, daß er es unternahm, sich mit einer angemessenen Einführung dorthin zu begeben. Er bat also seine Kusine Laurence, der Madame Vollichon den Besuch zu erwidern und ihm zu gestatten, als ihr Begleiter mitzukommen. Laurence war entzückt, ihm diesen Gefallen tun zu können und dankte dem Himmel für die Veränderung ihres Vetters; hatte sie doch befürchtet, er fände nie den Mut zu einem Besuch bei seiner Angebeteten. Sie sah sich sehr freundlich von Mutter und Tochter empfangen, und ihr zu Gefallen widerfuhr Gleiches auch Bedout. Da er nicht so modisch gekleidet war wie Nicodème und auch sonst nicht den Eindruck eines gefährlichen Courschneiders machte, trug Madame Vollichon keine Bedenken, ihn mit ihrer Tochter allein zu lassen, während sie sich mit Laurence unterhielt. Sie hatte sie geschickt ein wenig mit auf die Seite genommen, um der Sache dieses neuen Verehrers fortzuhelfen.

Voller Ungeduld, etwas über den Erfolg seiner Geistesgroßtat zu erfahren, fragte er Javotte, sobald die ersten Höflichkeiten ausgetauscht waren, was sie zu seinem Brief sage, und warum sie ihm keine Antwort geschrieben habe. Kühl antwortete sie, keinen Brief gesehen zu haben, außer einem für ihren Papa, den sie diesem auch gebracht habe, und daß er ihn schon mit der Post beantworten werde. „Den meine ich nicht", gab Bedout zurück, „ich spreche von jenem, den Ihnen mein Lakai heute übergeben hat und der für Sie bestimmt war." „Für mich?" antwortete Javotte erstaunt. „So, seit wann bekommen Mädchen denn Briefe? Die werden doch nur in Geschäftsangelegenheiten geschrieben! Und wer sollte ihn mir denn überhaupt geschickt haben?" Bedout teilte ihr mit, er habe diese Kühnheit besessen. „Sie!" sagte Javotte. „Und dabei sind Sie doch gar nicht weggefahren aus Paris. Sie müssen mich für ziemlich dumm halten, als wenn ich nicht wüßte, daß alle Briefe, die von Boten gebracht werden, von weither kommen. Wir bekommen sie hier bei uns täglich, und mein Papa klagt unaufhörlich über das teure Porto, das sie ihn kosten. Und dann schließlich, wozu sollten Sie mir denn schreiben? Werden Sie mir denn nicht alles sagen, was Sie mir mitteilen wollen, ohne mir zu schreiben, da Sie doch hergekommen sind? Hatten Sie mir denn etwas so Dringendes mitzuteilen?"

Bedout, im festen Glauben, einen wunderbaren Brief geschrieben zu haben, für den er sich großen

Lobes sicher war, nahm ihre Frage sofort auf und meinte: „Da Sie ja nun mal gern wissen wollen, was in meinem Brief steht, will ich Ihnen den Inhalt zu Gehör bringen. Ich habe nämlich eine Abschrift aufgehoben", die er dabei aus der Tasche zog und wie folgt vorlas:

Liebesepistel an Mademoiselle Javotte

Mademoiselle, da ich mit Erlaubnis und Zustimmung Ihrer Frau Mutter und Ihres Herrn Vater handle, die eine eheliche Verbindung mit Ihnen mir in Aussicht zu stellen die Güte besaßen, glaube ich, nicht unbillig die Grenzen der Schicklichkeit zu verletzen, wenn ich mir erlaube, Ihnen diese Zeilen zu schreiben und mich Ihnen hiermit zu erklären, womit ich Ihnen ein ganz frisches, ganz reines und sauberes Herz darbringe, gleich einem jungfräulichen Pergamente, auf welches sich Ihr Bildnis nach Gutdünken abbilden kann, ein Pergament, das noch von keinem Stifte oder mit irgendeinem Porträt verdorben wurde. Aber was sage ich? Ist mein Herz doch vielmehr eine Bronzeplatte, auf die sich mit Stichel und Radiernadel Ihres Blicks Ihr hübsches Gesicht eingraviert hat und durch die Salpetersäure Ihrer Standhaftigkeit so tief eingedrungen ist, daß Sie hinfort nach Ihrem Willen Abzug um Abzug machen können. Zum Entgelt dafür wünschte ich auf dem Ihren nur im Kupferstich graviert zu sein, und um meine Allegorie nicht noch weiter zu treiben, daß unsere Herzen unter der Presse der Heirat so starken Druck erhielten, daß sie danach gebunden mit unauflöslichen Bünden alle beide in einem Studierzimmer zusammen wohnten, wo wir das Glück eines zurückgezogenen, stillen Lebens erführen; Glück, das Ihnen hinfort und für immer wünscht Ihr ergebenster und wohlaffektionirter, künftiger Gatte

Jean Bedout

Nachdem sich Javotte den Brief aufmerksam angehört hatte, ohne indes das mindeste davon zu verstehen, glaubte sie, das läge an ihrer mangelnden Aufmerksamkeit. Sie bat Bedout also, ihn noch einmal vorzulesen, welchem Wunsch er mit größtem Vergnügen nachkam, nahm er es doch als einen Beweis für die Vortrefflichkeit seines Werkes. Bei dem Wort »Allegorie« unterbrach sie ihn mit lautem Aufschrei: „Ach du lieber Gott! Was für ein schlimmes Wort. Dahinter verbirgt sich doch wohl nichts Unanständiges?“ Und als er sich gerade der Mühe unterziehen wollte, es ihr zu erklären, unterbrach sie ihn wiederum: „Nein, nein, nein, ich will es gar nicht wissen! Es genügt, daß Mama mir immer verboten hat, unanständige Worte anzuhören.“

Entschlossen, seiner Lesung nicht weiter zuzuhören, stand sie auf und ging hinüber zu ihrer Mutter. So sah Bedout sich gezwungen, in Ermangelung eines besseren Gesprächsstoffs, ihr beim Aufwickeln eines Wollknäuels zu helfen.

Unterdessen hatte die arme Laurence schrecklich unter Madame Vollichons Bürgerklatsch leiden müssen, war sie doch eine Frau von Geist und an den Umgang mit der feinen Gesellschaft gewöhnt. Madame Vollichon hatte schon Klage geführt über die Schwierigkeiten und Sorgen, die Kinder machen, von der Not, gute Dienstmädchen zu finden, und auch gleich gefragt, ob Laurence nicht eine wisse, weil sie ihre jetzige aus dem Haus jagen wolle. Dem schloß sich dann eine Aufzählung aller Fehler dieses Dienstmädchens an sowie eine Liste mit allen Vorzügen ihrer Vorgängerinnen. Geklagt hatte sie ebenfalls über die Kosten, die ein Haushalt verursache, und die Teuerung der Lebensmittel mit dem ständigen Kehrreim: ein Haushalt sei ein gefräßiges Maul, ein Schlund, ein Abgrund.

Um dieser kläglichen Unterhaltung eine andere Wendung zu geben, brachte Laurence die Rede auf ein paar Nachbarinnen und unter anderem auch auf die Frau eines »Schatzkämmerers von Frankreich«, die ihr gegenüber wohnte und für einiges Aufsehen im Viertel sorgte. „Oho, kommen Sie mir nicht mit der!" antwortete Madame Vollichon. „Das ist eine von den Hochgeschorenen,° die ich nicht ausstehen kann. Zwei Dinge habe ich ihr vorzuwerfen, die ich ihr niemals verzeihen werde!"

Und als Laurence die Ursachen für die Beleidigungen erfahren wollte, kam heraus, daß die Frau Schatzkämmerer der Madame Vollichon bei ihrem letzten Wochenbett keinen Besuch abgestattet und ihr auch nichts von ihrem geweihten Kirchenbrot° geschickt habe. Laurence lachte noch über diese komische Rachsucht, als Vollichon ins Zimmer trat. Er hatte den ganzen Tag in Saus und Braus verlebt, wobei ihn einer seiner Mandanten freigehalten hatte. Die kostenlose Mahlzeit und der Weindunst hatten ihn heiterer gestimmt als gewöhnlich, weswegen er sich auch nicht in seinem Arbeitszimmer vergrub, um dort bis Mitternacht zu arbeiten, wie es seine Gewohnheit war. Kaum war er eingetreten, verkündete er noch ganz außer Atem und von Begeisterung ergriffen, er sei im schönsten Lustspiel gewesen, das man sich denken könne, und so viele Leute seien dort gewesen, daß man nicht mehr zur Tür hineinkonnte. Es hätten sich dort auch Leute des Druck- und Pressegewerbes eingefunden. Und als zunächst niemand den Kalauer verstand, erklärte er, daß Beutelschneider da gewesen seien, die auch jemanden in dem großen Gedränge um seine Uhr erleichtert hätten. Laurence fragte, welches Stück man denn gegeben habe. Er antwortete: „Warten Sie mal, ich erzähl's Ihnen! Der Inhalt war folgendermaßen: Ein Privatmann namens Cinna° verfällt darauf, einen Kaiser zu ermorden. Dazu schließt er ein Schutz- und Trutzbündnis mit einem anderen namens Maxime. Es kommt ihnen aber irgendein Dingsda auf die Schliche. Ein Fräulein kommt auch darin vor, die Schuld ist an den ganzen Machenschaften und die die allerniedlichsten Scherze macht. Man sieht auch den Kaiser, wie er in einem Lehnstuhl sitzt, und vor ihm stehen die beiden Herren und halten schöne Plädoyers mit großartigen Beweisführungen. Überhaupt ist das Stück voll von Ereignissen, die einen entzücken. Zum Schluß erhalten sie vom Kaiser Begnadigungsschreiben und sind am Ende kumpelig wie die Schweine im Koben. Das einzige, was ich daran auszusetzen finde, ist, daß fünf oder sechs Reimcouplets reingehörten, so wie ich sie im Cid° gehört habe, denn das ist doch das schönste aller Stücke." „Wie schade", sagte Laurence, „daß man Sie nicht mit dem Verfassen von Prologen beauftragt, denn Sie können ganz unvergleichlich den Inhalt einer Tragödie zusammenfassen."

Ihr Gespräch wurde von der Ankunft Nicodèmes unterbrochen. Der guten Laune Vollichons verdankte er einen freundlicheren Empfang als gewöhnlich, obwohl Vollichon die Absicht hatte, mit ihm zu brechen. Er wartete nur darauf, bis ihm irgendeine Leichtfertigkeit Nicodèmes Anlaß dazu böte. Man konnte ihm ja auch schlecht verwehren, seine Braut zu besuchen, solange ihre Verlobung, d. h. der Heiratsvertrag, noch gültig war.

Gleich nachdem der Verehrer die Anwesenden in aller Form begrüßt hatte, sagte er zu Madame Vollichon: „Nun, liebe Schwiegermama? Jetzt haben Sie mir doch eine Generalamnestie für das Vergangene erteilt?" „Was reden Sie denn daher mit Ihrer Amnestie!" antwortete sie ungehalten. „Das soll heißen", sagte Nicodème, „daß ich hoffe, Sie haben alle meine Verfehlungen in den Strom des Vergessens versenkt." „Na bitte, gute Einleitung!" bemerkte Vollichon, „besser als den Pelz versengt!" und er lachte aus vollem Hals wie bei allen seinen schalen Witzen. „Wenn ich hier ein wenig Topfschlagen gespielt habe, so habe ich dafür auch Schadenersatz geleistet und bin bereit, auch den Nachforderungen zu genügen." „Deswegen bin ich nicht böse mit Ihnen", sagte Madame Vollichon, „sondern weil Sie ein jämmerlicher und übler Wüstling sind." Sofort stimmte ihr Gatte zu und sagte zu Nicodème gewandt: „Ich werde Ihnen mal einen Gerichtskommissär ins Haus schicken; man sagt Ihnen ja nach, daß Sie ganz schlecht leben."

Nicodème wollte eben zu einer Rechtfertigung ansetzen und schwören, er habe nie Anlaß zu irgendeinem Ärgernis gegeben, als Laurence (die ein spöttisches Lächeln bei Vollichon bemerkt hatte) ihm die Stichelei so deutete: „Ich sehe es dem Gesicht von Monsieur an, daß er Ihnen vorwirft, Sie führten keinen anständigen Mittagstisch." „Es liegt nur an ihm", gab Nicodème zurück, „sich vom Gegenteil zu überzeugen; ich werde ihn bewirten, wann er möchte und in einer Weise, daß er sich nicht wird beklagen können." „Na gut!" sagte Vollichon. „Ich nehme Sie beim Wort. Morgen zum Mittag werde ich zu Ihnen kommen, und etwas zum Essen bringe ich auch mit." „Es wird nicht vonnöten sein, etwas zu essen mitzubringen", erwiderte Nicodème. „Die Garküchen in unserem Viertel° sind nicht schlecht, und ich werde Sie schon nicht verhungern lassen."

Laurence übernahm wiederum die Erklärung eines

ähnlichen Lächelns von Vollichon und bedeutete ihm: „Ich sehe wohl, daß Monsieur nicht die Absicht hat, etwas zum Mittagsmahle beizusteuern, sondern er meint damit seine Zähne, die er doch zum Essen braucht.“ „Nun gut denn! Dann erwarte ich Sie also morgen – mit Ihrer Begleitung“, was er in Richtung auf Bedout sagte, den er vom Sehen aus dem Palais kannte, und von dem er annahm, er sei mit Vollichon gekommen, ohne zu wissen, daß er seinen Nebenbuhler vor sich hatte.

Bedout lehnte denn auch sofort dankend ab. Es sei nicht seine Art, seinen Freunden zur Last zu fallen, indem er ohne Not zu ihnen zum Essen komme. „Na gut“, rief Vollichon, „dann nehme ich beides auf mich. Ich werde für ihn und für mich essen.“ „Werfen Sie sich lieber nicht in die Brust, ein großer Esser zu sein“, sagte Nicodème, „sonst setzen Sie sich wie alle Prokuratoren dem Vorwurf aus, ein Gierschlund zu sein.“ „Es gibt nichts, was weniger begründet wäre“, sagte Vollichon darauf, „weil wir heute in unserem Beruf nicht das Salz in die Suppe verdienen.“ „Es stimmt zwar“, mischte sich jetzt Bedout ein, „daß der Arbeitstag eines Prokurators amtlich auf sechs Heller festgesetzt ist, aber diese Gebühr wird so oft hintereinander erhoben, und man bearbeitet täglich eine solche Zahl von Akten, daß dabei riesige Summen zusammenkommen. Ich weiß auch nicht, warum man bis heute einen derartigen Mißbrauch duldet. Wundern tut's mich nicht, daß dort viele von diesen Herrschaften in ganz kurzer Zeit Riesenvermögen zusammengebracht haben.“

Er hätte jetzt gleich eine Moralpredigt über das Gerichtswesen gehalten, denn über diese Themen konnte er so schwadronieren, wie er in galanten Gesprächen auf den Mund gefallen war, als Nicodème

ihm den Faden abschnitt, um Javotte in die Unterhaltung miteinzubeziehen. Und weil sie gerade beim Wolleaufwickeln war, sagte er hübsch poetisch zu ihr: „Wenn ich Sie so bei dieser Arbeit sehe, kommt es mir vor, als sehe ich eine der Parzen, wie sie den Lebensfaden der Menschen abwickelt; und da ja mein Geschick in Ihren Händen liegt, so ist mir, als ob Sie das meine abwickeln, und ich fürchte dabei jederzeit, daß Ihre Unerbittlichkeit den Faden abschneidet." „Ich verstehe gar nicht, was Sie wollen", antwortete Javotte. „Ich habe doch niemandes Geschick in den Händen; das ist doch nur ein Wollknäuel für meine Stickerei." „Aber wieso?" begann Nicodème wieder. „Haben Sie denn nicht vor, mich tausend Tode sterben zu lassen in dieser grausam langen Zeit, bevor Sie mich glücklich machen? Denn die Stickerei in Ihren Händen erscheint mir dazu noch wie das Linnen der Penelope"°. „Ich weiß nicht, wie Ihre Linnen der Penelope aussehen", antwortete Javotte. „Ich habe noch bei keiner Pariser Weißnäherin eines gesehen. Und im übrigen hängt das gar nicht von mir ab. Wenn es aber von mir abhinge, so versichere ich Ihnen, es würde gar nicht mehr so lange dauern."

Madame Vollichon hatte der Unterhaltung aufmerksam gelauscht, ergriff jetzt das Wort und sagte dazu: „Ja wirklich und wahrhaftig, Sie können hier müßig herumreden. Ich werde mich sehr hüten, über das andere hinwegzugehen, bevor ich nicht weitere Erkundigungen eingeholt habe." „Sie sehen", setzte ihr Mann hinzu, „sie ist erst in der ersten Instanz. Mich schert nicht, ob sie den ganzen Instanzenweg durchläuft, wofern nur ich nicht zum Rügegericht hinken muß°." „Aber, Monsieur!" unterbrach Laurence, „Sie haben doch eine viel zu ehrbare Frau, als daß Sie von dieser Seite etwas zu fürchten hätten."

„Das will ich ja glauben“, sagte Vollichon, „aber vor den umsichtigen Haushälterinnen, die dafür sorgen, daß ihre Ehemänner einen Holzvorrat im Hause haben, der nicht aus dem städtischen Holzlager stammt°, heißt's füglich auf der Hut zu sein.“ „Sie hätten gut in alttestamentarische Zeiten gepaßt“, bemerkte Nicodème. „Sie reden nur in Bildern.“ „So muß man also“, warf Bedout ein, „seine Worte nur im tropologischen Sinne° auffassen?“ „Ist das lateinisch?“ fragte Vollichon darauf. „Das verstehe ich nicht, aber Griechsch', da kassiere ich Sie ein.“ „Ich bewundere schon seit längerem die Art, wie Sie reden“, bemerkte Laurence. „Sie müssen ein Lexikon mit Sprüchen besitzen, das Sie auswendig können, so verschwenderisch gehen Sie damit um.“ „Da weiß ich aber wahrhaftig noch andere, für die ich auch nicht einen Pfennig nehme!“ Und tatsächlich wollte er gerade seine Schleusen aufziehen, als ein kleiner Junge hereinkam, der ganz laut nach Kinderart von seiner großen Schwester Javotte Hilfe in einer äußerst drängenden Angelegenheit erbat. Die Unterhaltung wurde demzufolge unterbrochen, und selbst wenn sie tausendmal ernsthafter gewesen wäre, es hätte nichts daran geändert, denn so ist es die rechte Bürgersart: ständig die Kinder um sich herum, sie immer zum Mittelpunkt der Unterhaltung machen, ihre Albernheiten bewundern und sogar ihren Unflat hinnehmen.

Der kleine Toinon wurde sogleich für seine Reinlichkeit gelobt, man versprach ihm ein Bonbon als Belohnung und nachdem er wohlversorgt war, redete Madame Vollichon mit Mademoiselle Laurence nur noch über die schönen Eigenschaften ihres Söhnchens, von seinen Possen und Grillen. Das sind so die ureigenen Ausdrücke bei den Bürgersleuten und die

Koseworte, mit denen sie über die Niedlichkeit ihrer Kinder reden. Sie ließ es aber nicht dabei bewenden, sondern erging sich auch in Lobsprüchen über einen anderen, den sie noch an der Brust hatte. Daß der schon von ganz allein spreche, von der schönsten Beredsamkeit der Welt sei und schon mindestens acht oder zehn Wörter wisse.

Kurz darauf kam Toinon als Reitersmann wieder ins Zimmer. D. h. er hatte einen Stecken zwischen den Beinen, den er sein Hottehü nannte. Vollichon nahm auch gleich einen Besenstiel zwischen die Beine und ritt hinter seinem Sohn drein. So drehten sie drei Runden um den Tisch, was Nicodème sofort die Gelegenheit bot, das Gehopse ein Turnier zu nennen.

Laurence begann schon über die Verrücktheit Vollichons zu lachen, als Bedout ihr dies mit der Erklärung verwies, sie finde zu Unrecht etwas daran auszusetzen, und wenn sie Plutarch gelesen hätte, so wäre ihr bekannt, daß einst Agesilaos bei ähnlichem Treiben überrascht wurde, und anstatt sich zu verteidigen die Zeugen nur gebeten habe, erst zu urteilen, wenn sie selbst Kinder hätten. Darauf entgegnete Laurence nur, daß zu allem, was man tue und treibe, immer Beispiele in der Antike zu finden seien. Und aus Taktgefühl lachte sie Vollichon nicht weiter aus, da sie fürchtete, ihn zu erzürnen. Sie begnügte sich damit, im stillen über die Beschränktheit der Bürger den Kopf zu schütteln, die doch eine Unterhaltung mit der anregendsten Gesellschaft der Welt aufgeben, um mit ihren Kindern herumzualbern und sich unter Berufung auf die Elternliebe wohl entschuldigt glauben, als wenn dafür nicht genügend Zeit wäre, wenn sie allein zu Hause sind und der Rest ihrer Gäste, der nicht notwendigerweise die gleiche Zuneigung empfindet, dasselbe Vergnügen an ihren Spielen und ihrem Karbolzen haben müßte. Eine Dummheit, die umso lächerlicher ist, als sie in Kreisen verbreitet ist, die mit dem Bürgertum nichts gemein haben, die sich aber auch nur mit dem von Bedout überflüssigerweise zitierten Beispiel zu rechtfertigen suchen, da sich Agesilaos ja nun einmal insgeheim derart vergnügte; überdies war er beschämt, als man ihn dabei überraschte.

Der Rest des Besuches verstrich unter ähnlichen Späßen. Laurence war es bald müde; sie stand auf und nahm ihren Vetter mit. Nicodème sah sich genötigt, gleichfalls zu gehen, weil Madame Vollichon sich zurückziehen und den Hausschlüssel unters Kopfkissen packen wollte. Die Besuche dieser beiden Verehrer wiederholten sich noch mehrmals auf die gleiche lächerliche Weise, aber ich will nicht meine Zeit damit vertun, all die Albernheiten zu wiederholen, die der eine oder andere dabei vorbrachte. Das schon Berichtete genügt voll und ganz.

Indessen verschlechterten sich die Aussichten Nicodèmes zusehends, und die Bedouts wurden immer besser. Nicht, daß einer in höherer Gunst bei der Angebeteten gestanden hätte als der andere, denn Javotte empfand gegenüber beiden dieselbe Gleichgültigkeit oder besser Abneigung. Sondern Vollichon sah bei Bedout mehr Vermögen, weniger Leichtfertigkeit und Wichtigtuerei als bei Nicodème. Er beschloß also in seinen Überlegungen endgültig die Heirat seiner Tochter mit Bedout, ohne Javotte nach ihrer Meinung zu fragen, und schob lediglich die Unterzeichnung des Ehevertrags auf, bis er Nicodème los war, mit dem er im übrigen baldmöglichst zu brechen hoffte.

Da jetzt kein Zweifel mehr daran bestand, daß Javotte nur zu bald verheiratet wäre – hatte man doch diese beiden Partien an der Hand – ließ man ihr zu Hause größere Freiheit als zuvor. Man suchte ihr einen Tanzlehrer, um ihr ein wenig Schliff zu geben, und wählte unter allen in der Stadt den aus, der es am billigsten machte. Überdies wollte ihre Mutter, daß er Javotte zuvörderst den »Fünfschritt« und »Die drei Figuren« beibringe, Tänze, die auf ihrer Hochzeit getanzt wurden, und die sie für die schönsten von der Welt hielt. Man erlaubte ihr auch Beziehungen zur besseren Gesellschaft, Besuche in den Salons der schönen Welt°, und in den Kreisen der »Illustren« und »Preziösen« durfte sie sich auch zeigen. Dies alles jedoch, ohne sich zu weit aus dem Viertel zu entfernen, denn man wollte sie nicht aus den Augen verlieren. In den erlesensten Kreis wurde sie von Laurence eingeführt, die dort verkehrte. Wegen ihrer ausgesuchten Schönheit fand sie einen wohlwollenden Empfang trotz ihrer Unerfahrenheit und Unbefangenheit, denn eine Schönheit ist ein Schmuckstück für eine Versammlung von Frauen. Dieser schöne Salon war eine jener bürgerlichen Akademien, die sich jetzt in großer Zahl in allen Städten und allen Teilen des Königreichs gebildet haben, wo man lang und breit über Vers und Prosa redet und alle neu erscheinenden Werke kritisch begutachtet.

Die meisten seiner Besucher wollten als berühmte Persönlichkeiten behandelt werden und ganz zu recht: war doch nicht einer darunter, der nicht durch irgendeine höchst besondere Eigenart Aufmerksamkeit erregt hätte. Die Akademie versammelte sich bei Angélique°, einer Frau von großem Verdienst, die ich weiß nicht welcher Zufall in diese Gesellschaft geführt hatte.

Sie hatte weder ein Pseudonym noch einen literarischen Namen annehmen wollen anstelle ihres eigenen, denn der war für alles geeignet, paßte überall, war gut in Prosa wie in Poesie und berühmt in der Geschichte wie in der Sage. Sie hatte einige Sprachen gelernt und alle Arten guter Bücher gelesen. Aber das verbarg sie, als wenn es ein Verbrechen wäre. Nie breitete sie dünkelhaft ihre Ansichten aus, die im übrigen immer sehr zutreffend, aber fast nie unumstritten waren, denn da in dieser Versammlung die vernünftigen Geister in der Minderheit waren, ging ihre Sache zwangsläufig immer in der Vielfalt der Stimmen unter. Und darum war sie mit Kassandra vergleichbar, der niemand glaubte, wenn sie die Wahrheit sagte.

Sie besaß eine Verwandte, die in allem das genaue Gegenteil von ihr war. Sie war Tochter eines Renteneinnehmers und -auszahlers bei der Stadtverwaltung, das heißt, genauer gesagt müßte man ihn nur Einnehmer nennen, weil er den zweiten Teil seines Amtes so gut wie nicht versah. Mit ihrem Alltagsnamen hieß sie Phylippote, hatte sich aber den literarischen Namen Hyppolite zugelegt als Anagramm von Phylippote. Das ist nun ein unverhofftes Glück für eine vorgebliche Heroine, wenn sie ihren literarischen Namen aus den Buchstaben ihres Taufnamens bilden kann. Mit einer schier unerträglichen Schulmeisterei bemühte sie sich um den Eindruck einer Gelehrten. Der eine ihrer Verehrer gab ihr Unterricht in Latein, ein anderer in Italienisch, ein dritter im Handlesen, ein weiterer im Dichten, so daß sie es auf fast ebenso viele Lehrmeister wie Anbeter brachte.

In dieser Gesellschaft gab es Köpfe jeder Art, von denen der weltläufigste Philalèthe hieß, ein leidenschaftlicher Bewunderer der Eigenschaften und Reize Angéliques, der sein möglichstes tat, sich bei ihr in Ansehen zu setzen. Andererseits kam auch ein gewisser Schriftsteller namens Charroselles° dorthin. In seiner Jugend war er berühmt gewesen, hatte sich dann aber derart in Verruf gebracht, daß er keinen Buchhändler mehr fand, der seine Werke gedruckt hätte. Er tröstete sich dennoch damit, daß er in allen Gesellschaften daraus vorlas und .... Aber schön und gut! Wenn ich hier haarklein alle seine Eigenschaften und die der anderen beschreiben wollte, gelangte ich zu einer ungebührlich langen Abschweifung und schöbe auch die Heirat, die wir ja jetzt auf dem Tapet haben, zu lange auf. Um es kurz zu machen: bei Angélique fand sich alle Tage eine schöne Gesellschaft zusammen. Manchmal ging man dort ernste Fragen an, dann wieder führte man galante Gespräche und versuchte sich in Nachahmung der schöngeistigen Haussalons bei den Preziösen ersten Ranges.

Am Tage, als Javotte in den Kreis eingeführt wurde, war man da weniger zahlreich, und es ging nicht so lärmend her wie gewöhnlich. Die Unterhaltung war sogar recht anregend und geistvoll. Obwohl Javotte dazu nur ihre Anwesenheit beisteuerte, so ist es doch nicht unangebracht, einen Teil der Unterhaltung, der sie mit gespannter Aufmerksamkeit folgte, hier wiederzugeben.

Zum Trost für diese Abschweifung kannst Du Dir ja alles das vorstellen, was sich an solcher Stelle in allen Romanen begibt: daß sich Javotte einschifft, dann kommt ein Sturm, der sie an fremde Gestade wirft, oder ein Entführer verschleppt sie an einen Ort, wo man lange Zeit nichts mehr von ihr hört. Dabei wirst Du hier noch den Vorzug genießen, sie nicht aus den Augen zu verlieren und sie für ihr Schweigen loben zu dürfen, was ja eine recht seltene Tugend bei diesem Geschlecht ist.

Sobald die ersten Höflichkeiten ausgetauscht waren

– auch die Einfältigsten bringen das manchmal ganz gut hinter sich, weil so etwas gewöhnlich in einer tiefen Verbeugung besteht mit einer kleinen Floskel, die so leise dahergesagt wird, daß man sie nicht versteht – führte Hyppolite, die nur gelehrte Unterhaltungen schätzte, alsbald das Gespräch weg von der Alltagsunterhaltung, wie sie bei den gewöhnlichen Visiten üblich sind. Sie beschwerte sich über Laurence, die damit begonnen hatte, Neuigkeiten aus der Stadt und der Nachbarschaft zu erzählen und meinte, das käme ihr vor wie das Getratsche beim Kindbettbesuch oder das Geplappere von Klatschbasen, wohingegen in gebildeten Kreisen nur über Bücher und Schöngeistiges geredet werden sollte.

Alsbald zog sie über einige arme Autoren her, die immer als erste unter diesen falschen Preziösen zu leiden haben, wenn die Krittelsucht sie überkommt. Und sie machte sie weiß Gott nieder.

Aber erlasse es mir, diesen Teil der Unterhaltung, den ich lieber stillschweigend übergehen möchte, wiederzugeben, weil ich nicht wagte, einen einzigen der lebenden Autoren namentlich aufzuführen. Sie würden alles, was da gesagt wurde, mir zur Last legen, obwohl ich gar nichts dafür kann. Und wenn ich auch alle über sie gefällten Urteile noch so sehr mißbilligte, es käme schon einem Kapitalverbrechen gleich, ihrer nur Erwähnung zu tun. Sie würden mich unnachsichtiger behandeln als einen Historiker oder Gazettenschreiber, die sich ja auch nie für ihre Berichte verbürgen. Außerdem sind diese Herrschaften so empfindlich, daß man auf der Hut sein muß, wie man von ihnen spricht. Sie sind ja so schnell zu vergrätzen, und beim leisesten Spott oder nur mäßigem Lob geraten sie außer sich und werden zu unversöhnlichen Feinden. Hinterher hat man dann der Fama so viele Münder verschlossen, die vorher zu unseren Gunsten sprachen, zum großen Schaden für den Buchhändler, dem am Absatz eines Buches gelegen ist.

Ich habe sogar solche Hochachtung vor ihnen, daß ich nicht, wie manche Schriftsteller es tun, ihre Namen verdrehe, entstelle oder gar ein Anagramm daraus mache. Ein im übrigen recht nutzloses Unterfangen. Wird ihr Name verschwiegen, ist die Erzählung verschwommen und verliert an Kraft und Gefälligkeit. Man ist dann höchstens für eine Handvoll Leute kurzweilig, und wird der richtige Name entschlüsselt (was fast immer der Fall ist), dann nützt die Verstellung überhaupt nichts, angesichts der gewitzten Leserschaft, die den Schlüssel findet. Oft geschieht es sogar, daß Ehrabschneider absichtlich eine falsche Liste verschlüsselter Namen aufstellen.

Deshalb also will ich nicht auf Einzelheiten eingehen, sondern nur das Allgemeine wiedergeben, das niemandes Anstoß erregen kann, es sei denn, er ist in schlechter Stimmung, oder er hat ein schwer beladenes Gewissen.

Man verbreitete sich also zunächst über Gedichte und Romane und ließ sich dabei aus über die Ausbildung des Dichters, auf welche Art man Autor werde und wie ein Ruf in der Welt zu erwerben sei. „Meine größte Leidenschaft wäre", sagte unter anderen Hyppolite, „ein Buch schreiben zu können. Das ist das einzige, worum ich die Männer beneide. Sie stellen sie in solcher Zahl her, daß ich beinahe annehme, diese Mühelosigkeit liegt in ihrem Geschlecht begründet." „Dazu muß man sich nicht notwendigerweise ein anderes Geschlecht wünschen", entgegnete ihr Angélique. „Unser eigenes hat zu allen Zeiten recht schöne Werke verfaßt, worum uns sogar die

Männer beneiden könnten." „Das ist wohl wahr", sagte Laurence, „aber die Frauen, die dazu begabt sind, verheimlichen das, als wenn es ein Verbrechen wäre, während die unbegabten aller Welt zum Gespött und Gelächter dienen, so daß man es betrachten kann, von welcher Seite man will, es gereicht uns nicht allzusehr zum Ruhme." „Ich meinerseits", warf Philalèthe ein, jener Mann von Welt, den ich erwähnte, „kann diese Meinung nicht teilen. Ich halte dafür, daß diejenigen, die ihr Wissen verheimlichen, doppelter Ehre würdig sind, weil sie Bescheidenheit mit Können vereinen, und den anderen bleibt das Lob für das Bemühen, sich über das Mittelmaß ihres Geschlechts zu erheben, obwohl es ihnen an Gaben mangelt." „Und ich", schloß Charroselles an, „sollte ich jemals König werden, erließe ein Verbot für alle Mädchen, Bücher zu schreiben, oder als Kanzler gäbe ich ihnen keine Druckerlaubnis, weil sie unter dem Vorwand irgendwelcher belangloser Gedichte oder Romane, die sie verfertigen, derart die Geldmittel der Verleger beanspruchen, daß denen nichts mehr bleibt für den Druck historischer oder philosophischer Werke der Autoren von Gewicht. Das ist etwas, was mir sehr ans Herz geht und höchst schädlich für alle fruchtbaren Autoren ist, wovon ich als Gelehrter ein Wörtchen mitreden kann." „Also wirklich, Monsieur", meinte Pancrace, ein anderer Edelmann, der aus Zufall in diesen Kreis geraten war, „man hört, daß Sie für Ihre eigenen Interessen eine Lanze brechen, aber ich gebe zu bedenken, daß trotz der großen Zahl gedruckter Verse und Romane eine Flut bedeutender alter und moderner Autoren erscheint. Wenn die Verleger also manche Autoren ablehnen, so ist das für deren Werke nicht eben ein Gütesiegel." „Wenn es nur daran läge", begann Hyppolite wieder, „hätte ich mir weiter keine Sorgen zu machen, denn ich habe einen Verleger an der Hand, der mir Romane ausleiht und der nichts lieber täte, als für mich zu arbeiten, insbesondere weil ich kein Geld von ihm fordern würde. Denn ich weiß wohl, daß sie kostenlose Manuskripte noch nie abgelehnt haben. Und außerdem habe ich so viele Freunde und eine große Anhängerschaft, daß ich ihnen ihren Gewinn garantieren könnte." „Letzteres", warf Charroselles ein, „ist das beste Mittel, seine Bücher drucken und verkaufen zu lassen, und den geringen Erfolg der meinigen führe ich darauf zurück, daß es mir daran mangelt. Zu meinem Unglück hatte ich es mir beifallen lassen, zunächst alle Welt satirisch zu beschreiben, und mir dadurch alle Autoren auf den Hals gezogen. So fehlte es mir dann an Lobrednern, als ich sie nötig gehabt hätte. Ach, wenn man nochmal von vorne anfangen könnte ..." „Sie würden jedermann nur noch Gutes nachsagen", meinte Laurence, die ihn schon lange kannte, „und das wäre das Schlimmste, was Sie tun könnten. Sie wären darin ganz ungeübt, und im übrigen wäre es ein großer Zufall, wenn Sie damit Erfolg hätten." „Na gut! Dann will ich die Vergangenheit gar nicht bedauern", antwortete Charroselles, „denn sie kehrt ja nicht wieder. Ich werde aber zumindest, um mich zu rächen, meine Abhandlung über die große Intrigenwirtschaft der Öffentlichkeit übergeben, worin ich die Betrügereien einer Vielzahl von Großschriftstellern darlege und zeige, daß sie wahre Rufmörder sind, sträflicher noch als Falschspieler. Und ich werde Mittel und Wege finden, es drucken zu lassen, den Verlegern zum Trotz, selbst wenn ich es einem jener Autoren übergeben müßte, die die Sitte übernommen haben, fremde Bücher unter ihrem eigenen Namen herauszugeben." „Es stimmt allerdings", sagte Angélique darauf, „daß sich die Autoren manches Mal ihrer Freunde und Anhänger bedienten, um sich einen Namen zu machen. Das hielt aber nur solange vor, wie sie die Besonnenheit besaßen und die Zurückhaltung wahrten, ihre Werke nicht zu veröffentlichen oder sie nach dem guten Namen derer beurteilen zu lassen, die sie ankündigten. Sobald sie die Werke aber an die Öffentlichkeit gelangen ließen, wurden sie nach ihrem wirklichen Verdienst beurteilt, und ihr ganzer guter Ruf, der ja nicht auf sicheren Füßen stand, stürzte in sich zusammen°." „Ich verging schon vor Angst", meinte Pancrace, „daß Sie die Rede auf ein bestimmtes Beispiel bringen könnten, das uns eine Streiterei auf den Hals gezogen hätte, die nicht gerade von der Art ist, aus der ich mir leichterhand heraushelfe." „Aber Sie wollen doch wohl nicht die Verfasser von Widmungsgedichten, Vorworten und Erläuterungen auf dieselbe Stufe stellen?" sagte Philalèthe. „Denn diese loben doch nach Lust und Laune, ohne Gefahr für die Bescheidenheit des Autors." „Ja gewiß", sagte Charroselles darauf, „und das ist nicht einmal der schlechteste Kunstgriff, sich Ansehen zu erbetteln. Nicht, daß es dabei nicht auch Betrügereien gäbe, denn manchmal bedient sich ein Autor des Namens eines Freundes oder nimmt einen Decknamen an, um sich ganz ungehindert selbst zu loben. Ich kann es ja hier unter uns zugeben, daß ich dieses Verfahren selbst mit einigem Erfolg anwandte, und unter dem erfundenen Namen eines vorgeblichen Kritikers meines Buches habe ich mir Weihrauch übersatt gegeben." „Wie auch immer", begann Hyppolite wieder, „ich habe nie begreifen können, wie man diese dickleibigen Wälzer mit einer unendlichen Folge von Liebesränken und abenteuerlichen Zwischenfällen verfaßt. Tausendmal habe ich schon versucht, einen Roman zu schreiben, bin damit aber nie zu einem Ende gekommen. Auf Madrigale, Lieder und andere kleine Formen verstehe ich mich ganz gut, das ist bekannt, und davon mache ich so viele, wie man will." „Und das ist auch", sagte Charroselles, „ein zweiter, rascher Weg zum Ruhm in diesem unseligen Jahrhundert, in dem man sich nur mit Belanglosigkeiten aufhält. Das allein wird geschätzt und unter die Leute gebracht, während die größten geistigen Leistungen und edelsten Arbeiten ungedruckt bleiben." „So teilen Sie also", sagte Angélique, „die Meinung derer, die behaupten, der erste Schritt auf dem Wege zum Ruhm sei das Madrigal und der erste Schritt zum Scheitern das Großgedicht?" „Es hat ganz den Anschein", warf Pancrace ein. „Aber wie kommt's, daß solche Nichtigkeiten den Leuten derartiges Ansehen verschaffen können?" „Das Beste erwähnen Sie gar nicht", warf Laurence ein, „sie müssen nämlich vertont sein, um richtig geschätzt zu werden." „Ganz genau!" unterbrach hier Charroselles. „Und deswegen sieht man auch all die Dichterlinge um Lambert, Le Camus, Boisset° und die anderen namhaften Komponisten herumschwänzeln, die ihrerseits immer nur die Verse ihrer Günstlinge vertonen, anders hätten sie viel zu tun." „Es ist nicht zu leugnen", sagte Philalèthe, „daß dies ein vorzügliches Hilfsmittel ist, sich allseits bekannt zu machen, denn es ist ein Weg, seine Verse von den schönsten Lippen des Hofs singen und sie von da ihren Weg durch die Welt machen zu lassen. Abgesehen davon ist die Schönheit eines Liedes Gleisnerei, die täuscht und blendet, und ich habe erlebt, wie viele Verse, die auf dem Papier reines Gewäsch ohne Sinn noch Feinheit waren, gesungen großen Anklang fanden." „Ich möchte solche Verse mit halb ausgemalten Bildern vergleichen", fing Charroselles wieder an, „die aber sogar als Gemälde in Oratorien hängen könnten, wenn sie mit Katzensilber° beschichtet oder unter Glas wären." „Und mir kommen sie vor", sagte Pancrace, „wie ein Drogettrock°, den ein großer Herr aus einem Einfall heraus mit Stickerei besetzt." „Mich erinnert das an einen Mann, den ich am Hofe einer großen Fürstin erlebt habe. Er hatte sich mit solchen kleinen Liedchen einen Namen gemacht. Er hatte eine Menge Liedtexte verfaßt, so daß er als ein Meister des schönen Wortes galt und sich sehr feiner Gedanken rühmte, und wirklich waren sie es in solchem Maße, daß auch die erleuchteten Köpfe die Feinheit darin nicht finden konnten. Sobald er aber zum Höhenflug ansetzte und nur eine kleine Artigkeit von vielleicht fünfzig Versen versuchte, erntete er nur Spott und Gelächter°." „Das überrascht mich ja." sagte Hyppolite. „Findet ein Hofdichter doch immer genügend Vorklatscher und Lobredner. Entweder war also sein Werk rechtschaffen schlecht, oder er besaß wenig Freunde." „Genau darauf habe ich gewartet!" fiel ihr Charroselles ins Wort. „Denn ich halte dafür, daß die wichtigste Eigenschaft für einen Poeten, der sich einen Namen machen will, sein Umgang bei Hofe ist, oder daß er dort erzogen wurde. Denn ein Bürgerpoet oder einer, der bürgerlich lebt, gilt dort wenig. Er müßte Zugang haben zu allen »Ruelles«, »Réduits«° und erlauchten Akademien. Er benötigte einen hochgestellten Mäzen, der ihn förderte und seinen Werke Geltung verschaffte, solange, bis alle Welt sich wohl oder übel lobend darüber ausläßt und ihn hofiert. Er müßte an die höchsten Herren schreiben, auf Bestellung Verse für die Hofdamen der Königin und auf alle Liebesabenteuer bei Hofe verfertigen. Sogar den Verliebten müßte er dabei spielen und dann seine

Liebschaften unter irgendeinem fingierten Namen oder in einer mythologisch verbrämten Geschichte beschreiben. Das beste wäre, wenn er ein solch hohes Ansehen genösse, daß er die Verse für ein Ballett des Königs schreiben dürfte. Das ist nämlich ein Glücksfall, nach dem die Dichter genauso streben müssen, wie die Maler sich bewerben um den Auftrag für das Maibild°, das in Notre-Dame aufgestellt wird." „Man kann doch aber auch nicht behaupten", widersprach Angélique, „daß all diese Kunstgriffe, und vor allem die Freunde und der Name eines hohen Herrn diesen Herrschaften von großem Nutzen seien, denn Dreiviertel aller Leute beurteilen doch die Werke eines Autors, ohne sie zu kennen und schließen sich der Meinung dessen an, der sich als erster dazu äußert, gerade wie bei den Schafen, die dem Leithammel folgen." „Hinzu kommt noch", meinte Philalèthe, „daß viele darunter sind, die ihre Meinung ändern, da sie wider bessere Einsicht sprechen und sich schließlich einbilden, etwas, das sie zunächst völlig zu Recht verurteilt hatten, sei einzig und allein deshalb zu loben, weil sie häufig genötigt waren, aus anderen Erwägungen heraus sich zu seinen Gunsten zu äußern." „Ich selbst", sagte Pancrace, „habe einen Dichterling vom Hofe des letzten Königs° erlebt, der Erfolg hatte, weil ein paar Mal seine Werke gelobt worden waren, und weil er selbst sich ein Vermögen erworben hat mit seinen elenden Versen." „Ich kannte ihn auch", griff Hyppolite den Faden auf, „und ich finde, man tat recht daran, ihn zu schätzen, denn unter allen Dichtern finden diejenigen meinen ungeteilten Beifall, die in hohem Ansehen stehen. Und sobald jemand wohlhabend genug ist, sich eine eigene Kutsche zu halten, soll man nicht nur darauf sinnen, seine Werke zu verreißen. Auf dem Wege zum Ruhm nützt einem Dichter die einigermaßen wohlhabende Herkunft genauso wie sein Genie, das er als Gabe von der Natur mitbekommen muß, weswegen es ja heißt, zum Redner könne man leicht werden, aber zum Dichter müsse man geboren werden. Und ich selbst würde jedem, der mit diesem Gewerbe beginnt, raten, sein Hab und Gut zu verkaufen, um diese Stufe des Ansehens zu erklimmen." „Im Grunde genommen", sagte Pancrace, „kostet es einen Dichter oder Musiker nicht die Welt, eine Karosse zu kaufen. Beweis dafür ist ein berühmter Marquis, dessen ganzes Gespann gerade eben vierzig Francs kostete, und der allerdings die Schande ertragen mußte, sich in einem ziemlich klapprigen Gefährt fortbewegen zu müssen. Und auch der Unterhalt ist nicht nennenswert in Anbetracht der Tatsache, daß diese Herrschaften gewöhnt sind, auf Kosten ihres Nächsten zu leben, von der Stadt aufs Land und einmal bei dem einen, dann bei dem anderen ..." „Ach! Leider", unterbrach ihn Charroselles mit einem tiefen Seufzer, „ist diese Schlußfolgerung doch unzutreffend. Wie lange halte ich mir nun schon eigens einen Wagen, der ganz nach Schriftsteller aussieht, wie Sie ja wissen, und genieße trotzdem keine größere Glaubwürdigkeit bei diesen verdammten Verlegern, die trotz alledem meine Bücher nicht drucken wollen°." „Da kann ich Ihnen einen guten Rat geben." sagte Laurence. „Sie müssen nur den Herausgebern von Gedichtsammlungen einzelne Stücke ihrer Werke zur Verfügung stellen. Die lassen sich so leicht keines entgehen. Die hübschen Stücke verhelfen den schlechten zur Geltung°, genauso wie Falschgeld durchgeht zugunsten des echten, das man darunter mischt." „Auf diesen Einfall war ich auch schon gekommen", antwortete Charroselles mit einem weiteren großen Seufzer, „aber er hat mir nur einmal etwas eingebracht. Es stimmt schon, daß ich mal ein ganzes Buch, das mir abgelehnt worden war, in viele kleine Stücke, Episoden und Fragmente aufgeteilt habe und so beinahe einen ganzen Band von meinen eigenen Sachen drucken ließ, wiewohl unter dem Titel einer Sammlung von Werken verschiedener Autoren°, aber unglücklicherweise ist mir der Buchhändler dahintergekommen und machte mir Vorwürfe, daß er es nicht losbekomme." „Das wundert mich", antwortete Philalèthe darauf, „denn früher verkauften sich diese Sammlungen doch gut. Aber es stimmt schon, heutigentags sind sie ein wenig in Verruf geraten, und irgendwie geht es ihnen dabei wie dem Wein, der nichts mehr taugt, wenn das Faß zur Neige geht, obwohl er vielleicht frisch angestochen ausgezeichnet war." „Da wir gerade dabei sind", begann Hyppolite wieder, „finden Sie denn nicht, daß diese Sammlungen die Möglichkeit bieten, ganz ohne Umstände und große Kosten bekannt zu werden? Ich kenne viele Autoren, die erst dadurch bekannt wurden. Ich für mein Teil hätte beinahe Lust, ebenso zu verfahren. Ich würde schon genügend Madrigale und Lieder liefern, um meinen Namen drucken oder wenn nötig plakatieren zu lassen." „Es scheint, sie können zumindest ganz dienlich sein bei dem Versuch, sich einen Namen zu machen", sagte Angélique. „Sobald nämlich die Stücke, die man dort auf gut Glück veröffentlicht hat, ankommen, heimst man in aller Ruhe den Ruhm dafür ein. Wenn sie aber nicht gefallen, kann man unbeschadet die Verfasserschaft leugnen oder behaupten, sie seien einem entwendet worden und nicht zur Veröffentlichung gedacht gewesen." „Ich gebe gern zu", sagte Pancrace, „wer schon berühmt ist und seine Werke in den Alkoven und Zirkeln gelobt sieht, festigt sein Ansehen beträchtlich durch diese

Sammelwerke. Aber ich vermag nicht festzustellen, daß jemand viel dadurch gewönne, wenn er nicht schon vorher anderweitig bekannt war. So daß es ja nicht so selten vorkam, daß die meisten Leute von Ruf es nicht litten, ihren Namen darin aufgenommen zu sehen, wohingegen nur die Stümper danach drängelten." „Dieser Tage erlebte ich eine Streiterei", pflichtete ihm Philalèthe bei, „die eigentlich bestätigt hat, was Sie sagen: Es war im Laden eines der berühmtesten Herausgeber von Sammelwerken. Ihm drohte ein Mann von Welt, der nicht als Autor in Erscheinung treten wollte, Prügel an, weil er unter ein paar galanten Versen seinen Namen gedruckt fand, und dazu sah er sich noch im Autorenverzeichnis aufgeführt, das der andere an allen Straßenecken hatte plakatieren lassen. Der bedauernswerte Buchhändler sagte in weinerlichem Ton zu ihm (und er weinte auch wahrhaftig noch): Ach! Monsieur! Wir armen Buchhändler sind schon übel dran und haben es so schwer, die Herren Autoren zufriedenzustellen. Gerade verließ ein anderer Autor meinen Laden, der mir das Gleiche angedroht hat, weil ich seinen Namen *nicht* unter dieses Rondeau hier gesetzt habe; und er zeigte ihm das jämmerlichste Stück des ganzen Buches." „Da haben Sie's! Wie verschieden doch die Geschmäcker sind." meinte Laurence. „Es hätte doch einigen Spaß gegeben, wenn die beiden Herren ihre Vorhaben zur gleichen Zeit auch ausgeführt hätten." „Was mich betrifft", begann Charroselles wieder, „so kann ich diejenigen, die durch solch einen Kniff zu Ruhm kommen wollen, nicht verurteilen. Auf dem Felde der Poesie – die ich ja, wie Sie recht gut wissen, immer schon für ziemlich belanglos hielt – gibt es, wie ich finde, kein elenderes Geschäft, als darin Großhändler zu spielen, das heißt, alle seine Werke auf einen Schlag zum Druck zu bringen und daraus einen richtigen eigenen Band zu machen. Die Methode, sie einzeln zu vertreiben, ist viel besser und sie so Stück für Stück unter die Leute zu bringen auf die gleiche Art, wie man die Windräder und Puppen für die Kinder verkauft." „Ihr Grundsatz wird durch die Erfahrung bestätigt", meinte Angélique, „denn wir bekommen Autoren vorgeführt, die durch ganz kleine Stücke genau soviel und noch mehr Ruhm erwarben als solche, die uns umfangreiche Werke lieferten und in Wirklichkeit von viel größerem Verdienst waren." „Wundern Sie sich darüber nicht", sagte Philalèthe. „Die temperamentvolle Ungeduld unserer Nation ist schuld daran, daß man die umfangreichen Bücher nicht sehr schätzt, und ein Kennzeichen dafür ist es, daß man in einem Buch voller Verse eher ein Sonett als eine Elegie und eher ein Epigramm als ein Sonett liest. Und ist ein Buch voll mit Epigrammen, liest man eher die Vierzeiler als die Zehn- oder Zwölfzeiler." „Da bin ich aber sehr froh", sagte Hyppolite, „daß man in Frankreich eher die kurzen Stücke als die langen schätzt, denn Madrigale verfertige ich so viele wie man will, wie schon gesagt. Es reicht ja dafür fast schon, ein paar Reime zu finden und einige Artigkeiten, und man hat es geschafft. Wohingegen es ja recht schwierig ist, Pointen zu finden für die Epigramme oder hochtrabende Verse für Sonette." „Das reicht aber nicht aus", entgegnete Charroselles, „um kleine Stücke zu verfertigen. Man muß, um sie gut hinzubekommen, dahinterhersein, daß sie der Zeit entsprechen, will sagen, in Mode sind: so daß es einmal Sonette, Rondeaus, Portraits, Rätsel und Metamorphosen° sind, dann wieder Triolette, Balladen, Lieder, bis hin zu den Endreimgedichten. Um sie dazu noch schneller unter die Leute zu bringen, muß das Thema ausgesucht sein, ob es nun der Tod eines Schoßhündchens oder Papageis° oder irgendein bedeutendes Abenteuer aus der galanten und literarischen Welt ist." „Ich meinerseits" griff Hyppolite ein, „ich mag besonders die Endreimgedichte, weil das allermeistens Stegreifgedichte sind, und diese Fähigkeit halte ich bei einem Mann für das untrüglichste Zeichen von Witz und Geist." „Mit dieser Meinung stehen Sie nicht allein", sagte Angélique. „Ich habe Frauen erlebt, die so in diese Art galanter Stegreifkunst vernarrt sind, daß sie sie über die vollendetsten Werke und die tiefsten Betrachtungen stellen." „Ich teile überhaupt nicht die Auffassungen dieser Damen", nahm Charroselles wieder unvermittelt das Wort; er war von Natur aus nicht sehr höflich und liebenswürdig, „und ich kann schwerlich einen deutlicheren Beweis finden für den Verfall der Urteilskraft, als wenn jemand solche Sachen mag. Denn am erfolgreichsten auf diesem Gebiet ist doch nur der Possenreißer und Bruder Lustig, und selbst Erznarren haben ja manchmal ganz witzige Einfälle, anstatt daß man den mit reiflicher Überlegung ausgefeilten Werken seinen Respekt zollt, vereint sich in ihnen doch die Kunst mit dem Genie. Es ist ja nicht an dem, daß geistreiche Zeitgenossen nicht manchmal ein paar lustige Sachen aus dem Stegreif verfertigen sollten, sie müssen sich dabei aber größter Zurückhaltung befleißigen, wenn sie anders nicht gewärtigen wollen, große Dummheiten von sich zu geben, gerade wie diese Stegreifdichterlinge und Tagesberühmtheiten." „Setzen Sie auch ruhig dazu", sagte Philalèthe, „daß es keine Ware gibt, die mit mehr Betrügerei verkauft wird; denn so wie in den Glücksspielhäusern, wo man oft mit falschen Würfeln und gezinkten Karten spielt, wird es auch in den akademischen Salons getrieben, wo mit dem Stegreifgedicht oft Augenwischerei betrieben wird, denn darunter sind immer welche, die man für taufrisch hält, in Wirklichkeit sind sie aber schon alt und abgeleiert." „Das stimmt", fügte Pancrace hinzu. „Ich lernte da so einen Bruder Leichtfuß kennen, der einiges Aufsehen erregte, weil er immer die Stegreifgedichte gerade so aus der Tasche zog und immer welche fix und fertig über eine Menge von Themen – lauter abgedroschenes Zeugs – gemacht hatte. Gewöhnlich trat er mit einem Gefährten auf, der ihm dabei half, die Gespräche auf bestimmte Themen zu lenken. So führte er seine Gesprächspartner immer wieder in Engpässe, in denen er mit einem Stegreifgedicht einen Hinterhalt gelegt hatte, dann feuerte er seinen Schuß ab und schlug so den allerkühnsten Fechter für Witz und Geistesblitz aus dem Felde, zur größten Überraschung der ganzen Gesellschaft. Mit dem gleichen Kunstgriff ließ er sich vor allem Publikum von seinem Gefährten Endreime liefern, mit denen er kurze Zeit später ein Sonett verfertigte, vorgebend, es sei aus dem Stegreif entstanden, dabei hatte er es zu Hause in aller Ruhe und mit Muße verfertigt. Allerdings erlebte er eines Tages damit einen peinlichen Auftritt. Das war, als eine Dame, der sein Wesen und seine geistige Spannweite bekannt war und die Kenntnis hatte von den Kniffen durch seinen ungetreuen Gefährten, ihm entgegnete, als er ihr ein Sonett übergab, dessen mühelose Verfertigung er gern gelobt gesehen hätte: Sie könnten es mir doch in noch viel kürzerer Zeit übergeben, oder können Sie nicht schneller schreiben?" „Ich bin doch froh", sagte Laurence, „die Unaufrichtigkeiten zu erfahren, die dabei begangen werden. Wenn man mir nämlich künftighin ein Gedicht übergibt, werde ich mir ein Zertifikat von achtbaren und ehrenwerten Leuten dazu erbitten, aus dem hervorgeht, daß es in ihrer Gegenwart verfertigt wurde und daß keine arglistige Täuschung damit verbunden war.“ „Für mich galt schon immer“, fing Angélique wieder an, „daß diese Art Gedichte nie meinen Beifall finden, denn das wäre doch eine zu wohlfeile Anerkennung. Ich spare sie mir lieber auf für die ausgefeilten und ernsthaften Werke und insbesondere für das Sonett, was ja – mit den Worten eines meiner guten Freunde – das Meisterwerk der Dichtung und die edelste der Dichtungsarten ist°.“ „Dann werden Sie ja nicht oft Gelegenheit haben, mit Ihrem Lob verschwenderisch umzugehen, denn gerade das Sonett erfordert einen erheblichen Aufwand an Geist oder besser an Geduld, um damit erfolgreich zu sein. Noch dazu gibt es wenige, die Sonette berufsmäßig anfertigen, und darüber hinaus kommen auf ein gutes aus ihrer Feder hundert schlechte.“ „Ich habe derart viele jämmerliche gesehen“, fügte Pancrace hinzu, „daß meiner festen Überzeugung nach die meisten nichts taugen, und wenn mich nicht wenigstens ein Mann von Geist vorher ihrer Güte versichert, kann ich mich schwerlich zur Lektüre entschließen.“ „Wie schwer es ist, gute Sonette zu machen, weiß ich nicht erst seit heute“, bemerkte Philalèthe, „und ich habe berühmte Dichter erlebt, die sich durch große Dichtungen Ruhm erworben hatten und deren Ruf angesichts eines Sonetts dahinschwand.“ „Da es gerade um Sonette geht“, meldete sich Javotte zu Wort, die bis jetzt stumm dagesessen hatte, „ich habe ein sehr schönes bei mir, das ein Mandant meines Vaters in seinem Büro liegen ließ, als er ihn aufsuchte, um seinen Prozeß zu betreiben.“

Aus Gefälligkeit, und um sie zum Reden zu bringen, bat Pancrace sie, es vorzulesen. „Ach, ich bitte Sie, mir das zu erlassen“, antwortete Javotte, „es ist so lang, so lang, so lang, daß es für Sie eine zu große Unterbrechung der Unterhaltung wäre." „Wie das?" fragte sie Hyppolite. „Braucht es soviel Zeit, um vierzehn Verse vorzulesen?" „Was", gab Javotte zurück. „vierzehn? Es sind mehr als vierhundert!"

Und damit zog sie aus ihrer Tasche ein kleines, in marmoriertes Papier gebundenes Büchlein mit einer vollständigen Dichtung: Es war »Die Verwandlung der Augen der schönen Phyllis in ein Sternbild«°. Die ganze Gesellschaft konnte sich vor Lachen über soviel Einfalt kaum halten, und besonders Hyppolite platzte laut heraus, worauf Javotte errötend entgegnete: „Na was denn! Sind das etwa keine Verse? Zumindest hat Papa mir gesagt, es seien welche." „Ja, gewiß!" antwortete Pancrace. „Na also!" gab Javotte zurück. „Ein Sonett – sind das denn nicht auch Verse?° Was gibt's denn also derartig zu lachen?"

Das Lachen wurde noch stärker als zuvor, so daß Angélique aus Takt die Unterhaltung abbrach, sich erhob und zu Javotte ging, um sich zu entschuldigen und sie aus dieser Beschämung zu erlösen. Sie machte sie wieder gut durch doppelt so viele Schmeicheleien, die sie ihr sagte. Pancrace gesellte sich auch dazu, sie zu trösten, was er aus tiefstem Herzen tat. Er war schon dabei, ein Gespräch unter vier Augen mit Javotte anzuknüpfen, für die er während dieser ganzen Zusammenkunft eine ungewöhnliche Regung empfunden hatte, als sie von einem Ausruf Hyppolites unterbrochen wurden: „Haben wir hier nicht wahrhaftig ein schön ausgewachsenes Täubchen?° Ich will doch gleich sehen, was es im Schnabel hält!"

Und schon hob sie ein Heft auf, das Angélique aus der Tasche gefallen war, als sie sich so plötzlich erhoben hatte. Angélique erbat es von ihr in aller Höflichkeit zurück und hielt ihr vor, sie wolle sich in ihre

Heimlichkeiten drängen. „Die verbirgt man nicht in einem so umfangreichen Heft.“ antwortete Hyppolite. „Das ist ganz sicher irgendeine galante Erzählung, und das Vergnügen daran sollten Sie nicht für sich allein beanspruchen wollen. Zum allerwenigsten möchte ich den Titel erfahren.“

Und sobald sie ihn gelesen hatte, rief sie noch viel lauter: „Wahrhaftig, Sie wären die ungefälligste Person der Welt, wollten Sie solch eine liebenswürdige Gesellschaft des Vergnügens berauben, ein Stück mit diesem vielversprechenden Titel zu hören. Im schlimmsten Falle nehme ich es an mich und lese es gegen Ihren Willen.“ „Ich bin ganz auf Ihrer Seite“, meldete sich Charroselles, „und ich bin auch ganz und gar der Meinung, daß man es hier vorlesen sollte, und als Entschädigung werde ich Ihnen eine Arbeit aus meiner Feder vorlesen, die zweimal so lang ist und vielleicht nie gedruckt wird.“

Philalèthe, der die Art Charroselles kannte, in den Gesellschaften seine Werke vorlesen zu wollen, um sich so darüber zu trösten, daß die Verleger sie nicht drucken wollten, schauderte angesichts dieser Drohung gegen alle Anwesenden, und aus Furcht, die Folgen könnten über ihre Häupter kommen, schlug er sich auf Angéliques Seite, um die hartnäckige Hyppolite an ihrem Vorhaben zu hindern. Diese Lesung sei zu langweilig und viel angenehmer wäre es doch, sich zu unterhalten, hielt er ihr vor. Er kenne das Stück schon, und es verdiene wirklich nicht die Aufmerksamkeit einer solch erlesenen Versammlung. Diese Äußerung von Geringschätzung rief sofort den Verdacht hervor, er selbst sei der Verfasser und habe es Angélique gegeben, denn man wußte um das Einvernehmen, in dem sie standen. Im übrigen war er viel zu zurückhaltend, um in aller Öffentlichkeit die Arbeiten eines anderen so abschätzig zu beurteilen. Das verdoppelte Hyppolites Neugierde noch, und so überwand sie den Widerstand Angéliques, nahm alle nacheinander beim Arm und veranlaßte jeden, wieder Platz zu nehmen. Dann wandte sie sich an Philalèthe und sagte: „Zur Strafe dafür, daß Sie uns diese Erzählung vorenthalten wollten, sollen Sie sich auch selbst vorlesen. Da ich Sie darüber hinaus auch für den Verfasser halte, wird Ihnen dadurch auch der Verdruß erspart, mich schlecht vorlesen zu hören." Philalèthe nahm das Heft sehr höflich entgegen und antwortete: „Der Ehre der mir zugeschriebenen Verfasserschaft muß ich entsagen, ich nehme es aber gern auf mich, Ihnen zu willfahren."

Und damit begann er, das Folgende vorzulesen:

Histörchen vom verirrten Amor°

Wenn es je ein unverbesserliches Kind gab, dann war das der kleine Amor. Er war, um die Wahrheit zu sagen, ein arg verzogenes Kind, dem seine allzu nachsichtige Mutter nichts abschlagen konnte. Alle Mitglieder des himmlischen Hofstaates führten bei ihr Klage über ihn: Juno sagte, sie könne ihren Mann keine zwei Tage beaufsichtigen, Diana, daß er ihre Nymphen liederlich mache. Nur an Minerva wagte er sich nicht heran, weil die in diesem Punkte keinen Spaß verstand. Venus drohte ihm oft die Rute an, ohne jedoch den Worten auch Taten folgen zu lassen. Um ihrer Drohung aber Nachdruck zu verleihen, hatte sie ein paar Myrthenzweige in Essig tränken lassen, wovor der kleine Amor großen Respekt hatte. Sobald sie sich aber anschickte, ihn zu züchtigen, entwischte er mit Hilfe der Grazien, die ihn nur zu gerne unter ihren eigenen Röcken versteckt hätten, wären sie nicht nackt gewesen, jedenfalls entzogen sie ihn dem Zorn seiner Mutter. Eines Tages gleichwohl, als sie übler Laune war (ich weiß gar nicht mal, ob es nicht der Tag gewesen ist, an dem sie den Tod des Adonis° erfuhr), wollte sie ihn allen Ernstes züchtigen, und da sich die Grazien wegen ihrer Trauerstimmung zurückgezogen hatten, fand er nicht mehr seinen üblichen Unterschlupf. So hätte es für den kleinen Gott sehr übel werden können, hätte er nicht zu der üblichen List aller Kinder gegriffen, die vor der Mutter flüchten und sich zur Großmutter retten. Er warf sich also blindlings der Thetis° in die Arme, die ganz in der Nähe war, und verlor noch nicht einmal Zeit damit, seine Kleider abzulegen, denn er lief gewöhnlich splitternackt herum. Seine Flügel wie Flossen benutzend, gelangte er alsbald in ihren kristallenen Palast, und da er den Weinerlichen spielte, tröstete und herzte sie ihn, nach der Art der guten Alten, die ihren Enkelkindern ja alle Dummheiten nachsehen, und gab ihm Zuckererbsen zu naschen. Bei ihr fühlte er sich so wohl, daß er lange Zeit blieb. Während dieser Zeit konnte er aber von den Streichen seines üblichen Gewerbes nicht lassen und brachte die Fische, die bis dahin von Natur aus kalt waren, in solche Liebesglut, daß sie seither die fruchtbarsten Lebewesen auf der Welt sind, so daß Thetis ihr Königreich mit einem Male derartig bevölkert fand, daß, hätten sich ihre Untertanen nicht gegenseitig aufgefressen (geradeso wie die Wölfe und die Dichter), bei aller Tiefe und Weite des Meeres weder Nahrung noch Wohnung mehr für sie gewesen wäre. Was aber noch nicht weiter schlimm war, hätte er die Dinge nicht auf die Spitze getrieben. Daß er die Sirenen, die an diesem Hofe die Sängerinnen sind, in helle Flammen versetzte, mochte auch noch hingehen, sind doch die Angehörigen dieses Berufsstandes nicht gerade sehr standhaft, aber er wagte sich sogar an die Nereiden°, die Prinzessinnen und Hoffräulein der Meereskönigin. Den größten Skandal aber löste er aus, als er sich an die Sprödeste von allen heranmachte (aus Gründen der Ehre schweige ich mich über den Namen aus) und es soweit brachte, daß sie sich vom Muschelintendanten Neptuns° verführen ließ. Nun reichte aber für diese Liebenden der Plan allein nicht aus, um die Freuden ihrer Liebe zu genießen, die Schwierigkeit bestand darin, ihn auszuführen. Weil ja die Paläste der Thetis und ihrer Nereiden aus Kristall sind, und sogar aus dem allerdurchsichtigsten, konnte dort

nichts vor sich gehen, ohne die Aufmerksamkeit einer Unzahl von Tritonen° zu erregen, die dem Meeresgott die Palastwache bilden. So waren sie also zu einem Stelldichein nahe bei der Charybdis° gezwungen, wo das Wasser in einen riesigen Schlund stürzt, so gefährlich, daß fast niemand dort vorüber kann. Indessen konnten sie bei der Abwicklung ihrer kleinen Angelegenheiten nicht so geräuschlos vorgehen, daß Skyllas° Hunde (ist dort doch Neptuns Hundezwinger) sie nicht gehört hätten. Sobald einer angefangen hatte zu bellen, fielen die andern ein, und von dieser lieblichen Musik erwachte Skylla alsbald und mit ihr ein eifersüchtiger Triton, der an ihrer Seite geschlafen hatte. Gleich wollte sie die Ursache des Lärms erfahren, da sie fürchtete, ihre Hunde verbellten ein paar Diebe, die ihr die Schätze stehlen wollten aus den Überresten der zahlreichen Schiffbrüche, die sich gewöhnlich in ihrem Herrschaftsbereich ereigneten. So wurden denn die beiden unglücklichen Liebenden auf frischer Tat ertappt. Die arme Nereide schämte sich über die Maßen und wurde rot wie ein Krebs und stumm wie ein Karpfen. Da nun die subalternen Hofbeamten immer neidisch sind auf die großen und sich durch Anschwärzerei in Gunst setzen wollen, war dieser Triton, der in seinem Hechtmaul einen bösen Giftzahn sitzen hatte, geradezu entzückt über die Gelegenheit, den Muschelintendanten durch die Zähne ziehen zu können. Unverzüglich machte er sich daran, die Affäre überall herumzutrompeten, bis sie schließlich der Thetis zu Ohren kam. Sie entbrannte in solchem Zorn über diese Neuigkeit und brauste und schäumte und wetterte, daß es eine Art war und alle Reisenden, die sie gerade auf dem Rücken trug, schwer darunter zu leiden hatten. Sie verdammte die arme Nereide dazu, den Rest ihrer Tage in einem Eisgefängnis auf dem Grund der Baltischen See zu verbringen, der Verführer aber wurde in ein Schneckenhaus eingeschlossen, in dem er sich seither immer verborgen hält, aus dem er höchstens manchmal nach einem Sturm seine Hörner herauszustrecken wagt. Den kleinen Anstifter des ganzen Aufruhrs aber wollte sie auf der Stelle bestrafen. So ließ sie eine Handvoll Korallenzweige abschneiden, um ihm eine derbe Tracht Prügel zu verabreichen. Die Koralle ist im Meer nämlich eine weiche und biegsame Pflanze gerade wie die Weidenrute, und erst aus dem Wasser gezogen wird sie hart und färbt sich rot, wenigstens nach dem Zeugnis des Plinius, der aber vielleicht ein etwas fragwürdiger Gewährsmann ist.

So befand sich Amor also in der gleichen Gefahr, der er zuvor gerade entkommen war. Schon bemerkte er mehrere Krebse, die Büttel in diesem Land, wie sie sich heranmachten, ihn zu schnappen, als er unter ihren Scheren hinweg entschlüpfte wie ein Aal, denn behend und flink ist er – besonders wenn es ums Entwischen geht. So rettete er sich aufs feste Land, weg aus dem Machtbereich seiner unnachsichtigen Großmama. Er befand sich noch in vertrauter Umgebung – wenn er sich hätte sehen lassen wollen, denn er war jetzt bei der Göttermutter Kybele°, seiner Urgroßmutter. Da sie aber alt, runzelig und verbuckelt war und lauter Städte und Schlösser auf dem Kopf trug, wäre er vor ihrem Anblick vielleicht erschrocken, ganz abgesehen davon, daß ihm die Angst vor den Prügeln, denen er gerade entkommen war (was für Kinder die schlimmste Strafe ist), seine ganze Verwandtschaft höchst verdächtig machte. Er wollte sich also versteckt halten, und da gab es nichts Besseres, als in die kleinen Schäferhütten in seiner Umgebung zu schlüpfen. Die Schäfer nahmen ihn sehr freundlich auf und gaben ihm aus Mildtätigkeit Kleidungsstücke, deren er ihrer Meinung nach bedurfte in seiner Nacktheit, wußten sie doch nichts von seiner inneren Hitze. Ich weiß nicht, ob ihn die Furcht vor der Rute artig werden ließ oder ob er Erbarmen mit der Unwissenheit seiner Gastfreunde hatte. Wie auch immer: er verhielt sich sehr zurückhaltend, solange er bei ihnen lebte, und erlaubte sich weder Bosheit noch Täuschung ihnen gegenüber. Nichts weniger als das: Als Dank für die freundliche Aufnahme, die er bei ihnen gefunden hatte, lehrte er sie die Liebe.

Falls ihr es noch nicht wußtet, so vernehmet denn, daß die Liebe unter den Menschen noch unbekannt war. Alle Vereinigungen fanden statt wie bei den Tieren, aus einem Naturinstinkt heraus und mit dem einzigen Ziel der Fortpflanzung. Von dieser schönen Leidenschaft, die sich in die Herzen schmeichelt, ihnen solche Freuden bereitet und eher die Seelen als die Körper vereinigt, war auf der Erde noch nichts bekannt. Es war ein Leckerbissen, den sich die Götter vorbehalten hatten, und der einen Hauptbestandteil ihrer Glückseligkeit darstellt. So ist man sich denn auch allgemein darüber einig, daß die Schäfer die ersten waren, die von der Süße der Liebe kosteten. Daher nimmt es einen nicht Wunder, wenn sie in so zarter Weise mit ihr umgingen, war ihr erster Lehrmeister doch der Gott, der Erwecker der Liebe, höchstselbst. Wie alle Dinge, die bei ihrer Entstehung vollkommener und unverdorbener sind, so hatten auch diese ersten Regungen der Liebe alle nur vorstellbare Tugend und Reinheit. Der Gott handhabte Pfeil und Bogen so geschickt, daß er die Herzen jedes Schäfers und jeder Schäferin nur wechselseitig in Flammen setzte. Der Wunsch zu gefallen war der einzige, der sie beseelte, die Neigungen waren gegenseitig und die Treue unverbrüchlich. Sie hatten weder Strenge noch Grausamkeit zu ertragen, weil sie keine unbilligen Begierden hatten, ihre Seele kannte weder Reue noch Gewissensbisse, weil das Laster darin keinen Platz hatte. Schließlich und endlich: es war das Goldene Zeitalter der Liebe, man genoß alle ihre Freuden und verspürte keine einzige ihrer Bitterkeiten.

Als er schließlich einige Zeit bei ihnen verbracht hatte, langweilte ihn das Leben in der Einsamkeit. Er wurde neugierig darauf, was denn wohl in der Welt vor sich gehe, da er sie wegen seiner Jugend noch nicht kannte. Er bekam Lust, sich in eine Stadt in der Nähe zu begeben und blieb dort einige Zeit, weil sie sehr schön und groß war, um sie besser kennenzulernen. Das erste, was er dort unternahm, war, sich eine Dienststellung zu suchen. Wundert euch nicht darüber, daß er es aufgrund seiner Göttlichkeit nicht unter seiner Würde fand zu dienen. Denn dienen ist das Kennzeichen der Liebe. Der Zufall wollte es, daß er zunächst bei einer Frau Dienst nahm, die zwar stattlich gebaut war, aber ein sehr unschuldiges Äußeres besaß. Sie hatte blonde Haare und eine weiße, ein wenig fade Haut und blaue, aber unstete Augen. Sie war von hohem Wuchs, bewegte sich aber nicht ungezwungen, sondern ihr Verhalten war recht unsicher. Abgesehen von alledem war sie sehr schön und von angenehmem Wesen. Ihr Name war Landore°, und sie besaß eine durchgehende Gleichgültigkeit jedermann gegenüber. So zeigte sie eine Geringschätzung, die nicht aus Stolz, sondern aus Gemütskälte herrührte, die die Leute zur Verzweiflung bringen konnte. Mit einem Wort, sie zeigte bei allem, was sie tat, solch eine nachlässige Trägheit, daß es aussah, als nehme sie sich nichts zu Herzen. Schon nach kurzer Zeit wollte Amor bei ihr genauso handeln wie bei den Hirten, und weil er fürchtete, seine Hand könnte aus Mangel an Übung unsicher im Bogenschießen werden – worin ja sein ganzes Ansehen begründet liegt – verschoß er ein paar Pfeile mit einem kleinen Ersatzbogen, den er mit sich führte, zunächst nur aus Tändelei ohne bestimmte Absicht, so wie Kinder mit dem Blasrohr spielen.

Eines Tages sprang ihm einer der Pfeile, die er auf Landore abgeschossen hatte, wieder vor die Füße, und als er ihn aufhob, stellte er fest, daß die Eisenspitze verbogen war. Nun gibt es ja nichts, was diesen kleinen Schelm mehr aufbringt als Gegenwehr. So setzte er sich denn hartnäckig in den Kopf, diese Gefühllose ernstlich zu verwunden. Er nahm die spitzesten Pfeile, die er finden konnte und schoß ihr, während sie in Gesellschaft etlicher feiner Herren war, mehrere gerade ins Herz. Sie hatten aber wunderbarerweise auf dieses Herz, das hart wie ein Diamant war, die gleiche Wirkung wie die Kugeln auf eine Spelunkenwand – sie prallten ab und verletzten die Unbeteiligten. Jeder dieser Verletzten unternahm alle nur denkbaren Versuche, derjenigen sein Leid zu entdecken, die an allem Schuld trug, und keiner, der sich nicht in den schönsten Hoffnungen wiegte, hatte er doch insgeheim die Unterstützung des kleinen, die Liebe erweckenden Gottes. Und dennoch gelangte keiner zum Ziel, alle Aufmerksamkeiten und Schmeicheleien richteten nichts aus gegen ihre Herzenskälte. Es befand sich unter der Gesellschaft auch ein Mann, der weder gut noch schlecht aussah und sehr naiv wirkte, ja gleichsam etwas Stumpfsinniges ausstrahlte. Er war von hohem und schlankem Wuchs, dabei aber von schlaffer, gekrümmter Haltung. Sein Gang war träge, der Mund stand halboffen, und seine Haare waren flachsblond, dabei sehr lang und ganz glatt. Hinter ihn steckte sich Amor eines Tages, um seinen Krieg gegen die Widerspenstige zu führen. Dabei lag es keineswegs in seiner Absicht, einen Mann zu begünstigen, der ihm so wenig Freund war. Vielmehr sollte er ihm als Visierhilfe dienen für den Schuß, der Landore dann verwundete. Auf diesen Treffer fiel alle Kälte von der Dame ab. Sie empfand eine unaussprechliche Liebesglut für den Mann ihr gegenüber, in solcher Heftigkeit, daß sie ihm fast von sich aus ihre Leidenschaft gestanden hätte, wovon sie nur das Schamgefühl ihres Geschlechts abhielt. Schließlich fand sie, da beide jeden Tag zusammen waren, eine Gelegenheit, ihm zu offenbaren, was sie verborgen gehalten hatte. Der Mann verspürte beinahe gleichzeitig ähnliche Gefühle für sie. Vielleicht war ihm einer der vorhin erwähnten, verirrten Pfeile mit vergifteter Spitze auf den großen Zeh gefallen, welches Gift unmerklich bis zu seinem Herzen gelangt war.

Mit einem Wort: Sie liebten sich. Ihre Liebe aber war so leicht und zart, daß dabei gar keine Seufzer und Klagen vonnöten waren, und nie gab's zwei Seelen, die sich leichter und einfacher gefunden hätten. Alle diese Kunstgriffe, deren man sich zusammen mit den anderen kleinen Manövern bei der Liebeswerbung bedient, waren für sie überflüssig. Sie begnügten sich mit verliebtem Augenspiel, kaum, daß sie dabei Worte wechselten, und die ernsthafteste Beschäftigung dieser lachhaften Liebesleute bestand darin, die meiste Zeit »Nicht lachen und nicht lächeln« zu spielen, das heißt, sich anzusehen, ohne eine Miene zu verziehen. Der kleine Gott fand dies Betragen in hohem Maße anstößig und wurde sehr ärgerlich darüber, eine Sache, aus der so viele Leute ein Hauptereignis machen, so nachlässig behandelt zu sehen.

Weil er nun mit Vorliebe denen zur Seite steht, die er mit eigener Hand verwundet hat, langweilte es ihn bald, bei diesen Liebenden so ganz überflüssig zu sein, und seine rührige Natur ließ nicht zu, daß er alle Tage mit gekreuzten Armen im Nichtstun zubrachte. Er stellte lediglich seine Betrachtungen darüber an, was er hier angerichtet hatte, denn eigentlich ist er, wenn er will, ganz philosophisch und urteilt vernünftig, vor allem, wenn er seine Augenbinde abgenommen hat. Und so erkannte er, daß es ein Irrtum wäre, sich den Ruhm für diesen Sieg selbst zuzuschreiben, und mußte zugeben, daß diese Ehre dem Zufall gebührte, der zwei Personen zusammengeführt hatte, deren Äußeres sowohl wie das Innere so viel Übereinstimmung und Zuneigung aufwiesen, daß sie füreinander geboren schienen. Daraus schloß er, daß man ihn wohl künftighin einiger Dinge anklagen könnte, an denen er unschuldig war. Schließlich veranlaßte ihn die Schande, nichts zu tun zu haben, seinen Abschied zu nehmen, der ihm sehr schnell gewährt wurde von einer Herrschaft, die seiner so gar nicht bedurfte.

Von da ging er zu einem gelehrten Mädchen in Dienst. Zunächst gefiel es ihm in dieser Stellung sehr gut, weil er dachte, hier viel lernen zu können, und er hoffte, daß es ihm nicht an Beschäftigung mangle. Dieses Mädchen namens Polymathie° war nun nicht gerade mit Schönheit gesegnet – weit gefehlt. Häßlichkeit besaß sie in so hohem Maße, daß ich mir ein Gewissen daraus machte, sie in Gänze zu beschreiben, aus Sorge, Leser mit starker Vorstellungskraft möchten es vielleicht anstößig finden. Auch können Mädchen sich schwerlich der Gelehrsamkeit und der Schönheit gleichzeitig rühmen, denn Lektüre und Nachtwachen rändern ihnen die Augen, und sie verlieren sowohl ihre frische Gesichtsfarbe als auch ihre Rundungen, wenn sie sich nicht mit Zartgefühl dem Nichtstun hingeben. Ganz abgesehen davon fällt es ihnen schwer, eine Stunde für das Studium abzuzweigen. Ist der Tag doch schon so nicht lang genug, sich zu schminken und zu putzen. Auf der anderen Seite aber besaß Polymathie einen unvergleichbaren Geist, und sie sprach so gepflegt, daß allein schon die Ohren bezaubert gewesen wären, wären nicht gleichzeitig die Augen erschreckt worden. Sie war in der Philosophie wie in den edelsten Wissenschaften zuhause, hatte ihnen aber die Würze weltläufigen Geschmacks gegeben, so daß nichts nach sturer Schulgelehrsamkeit schmeckte. Die wunderbaren Werke in Vers und Prosa, die sie verfaßte, zogen die vornehmsten und gebildetsten Vertreter der Zeit in ihre Nähe.

Als nun der Liebesgott bei ihr war, wollte er wiederum seine Waffen nicht unbenutzt lassen, aber eine Zeitlang hielt seine Hand inne, denn er sah bei seiner Herrin so viele Empfindungen für Tugend und Mäßigung in Blüte stehen, daß er die Hoffnung auf ein Gelingen seiner Unternehmung aufgab, ihre Kühle zu überwinden, von der sie solches Aufheben machte. Hatte er doch einige Hochachtung vor der Philosophie, die ihr zur Seite stand, weil er zu Recht fürchtete, diese könnte ihn übel zurichten. Dazu bedachte er auch den schlechten Dienst, den er ihr erwiese, wenn er sie verliebt machte, weil er sich nicht für mächtig genug hielt, im Herzen irgendeines Mannes Leidenschaft für sie zu erwecken, es sei denn, er fände einen unter den Blinden. Vorher wollte er lieber versuchen, einen der Gelehrten und Gebildeten ihrer Umgebung zu verwunden. Aber er konnte seine schärfsten Pfeile verschießen: jeder Schuß wurde abgedämpft, als wenn die Pfeile in ein Wollknäuel geschossen würden. Was ihn aber am meisten aufbrachte, war die Heuchelei der Herren Süßholzraspler (denn es gibt keinen Gott, und sei er noch so mythisch, dem die Heuchelei nicht fürchterlich zuwider wäre). Sie begnügten sich nämlich nicht damit, Bewunderung zu zeigen für Polymathies Geist, sondern spielten auch noch die Galanten und in ihre Schönheit Verliebten, wenn sie in ihrer Nähe waren. Sie trieben ihre Schamlosigkeit sogar so weit, sie in den Versen und Briefen, die sie ihr schickten, als Sonne und Mond und Morgenröte zu bezeichnen. Wer sie nur in diesem trüben Spiegel und unter all diesen falschen Farben gesehen hätte, würde sie niemals wiedererkannt haben, da sie in Wirklichkeit der Sonne nur wegen der Farbe glich, die ihr die Gelbsucht hinterlassen hatte, und vom Mond hatte sie lediglich die Pausbacken und an die Morgenröte erinnerte höchsten die rote Nasenspitze. Ach, wie werden die armen Leser betrogen, wenn sie guten Glaubens einen Dichter lesen und seine Verse wörtlich nehmen! Sie machen sich wunderbare Vorstellungen von Personen, die völlig aus der Luft gegriffen sind oder die in gar keiner Weise dem Vorbild entsprechen. Wenn man zum Beispiel in gewissen Versen liest:

Ich bin kein Recke – Kriegerin Kassandra –
Aus Myrmidoner noch Doloper Stamm°

so stellt sich gewiß jeder vor, daß von einer Penthesilea oder Thalestris° die Rede ist, indessen war diese kriegerische Kassandra nur eine große, ungeschlachte Person, die Betreiberin der Kaschemme »Zum Holzschuh« im Faubourg Saint-Marceau°. Doch wie häßlich ein Mädchen auch immer sein mag, sie nimmt ein hinterhältiges Kompliment nicht übel und würde nie glauben, daß man sie damit zum Besten hält, selbst wenn sie den Schmeichlern vorwirft, sie machten sich lustig; sie würde nie jemanden Lügen strafen, es sei denn aus gespielter Bescheidenheit. Wie scharfsinnig ihr Geist auch sein mag, nie wird er sich seine Mängel eingestehen. Sie wird diese Fehler immer mit irgendeiner anderen guten Eigenschaft entschuldigen. Schließlich versteht sie es, alles so geschickt einzurichten, daß sich immer noch ein kleiner Rest Charme findet, der jemanden verliebt machen könnte. Amor, der ja in unserer Vorstellung vollkommen blind ist, erkannte sehr wohl trotz all der geheuchelten Artigkeiten, die nichtsdestotrotz von großer Wirkung waren, daß nicht ein einziger im Innersten getroffen war, weil er keinen seiner aufgesammelten Pfeile von Blut gerötet fand. Das veranlaßte ihn, sein Unternehmen hinfort nur noch hartnäckiger zu betreiben, und er schwor hoch und heilig, daß einer unter ihnen dafür büßen werde. Nach mehreren neuerlichen Versuchen – sein Köcher war schon leer – wußte er sich fast keinen Rat mehr, aus welchem Holze er noch Pfeile schnitzen sollte und mit welcher Metallspitze sie versehen. Schließlich sah er sich gezwungen, den Stahl des gleichen Messers zu verwenden, mit dem Polymathie ihre Schreibfedern anspitzte, die gleich, nach Bearbeitung mit diesem Zaubermesser, so beredsam wurden. Er hatte auch das Glück, daß dieser Schuß saß und einen Schöngeist getroffen hatte, der ihrer vollkommen würdig war und geeignet, ihr zur Seite zu stehen. Beide nebeneinander in zwei Nischen gestellt, hätten eine wundervolle Symmetrie° gebildet. Er war zwar nur klein von Wuchs, dafür aber war der Buckel, den er auf den Schultern trug, beachtlich. Seine Beine waren ungleich lang. Auf einem Auge blind, sah er auf dem anderen kaum besser, und das ganze Feuer seiner Augen bestand aus roten Rändern von so fester Farbe, daß nicht einmal die Flüssigkeit, die beständig darüber triefte, sie auszuwaschen vermochte. Wenn sein Körper Abscheu erregte, war doch sein Geist von ganz besonderer Anmut. Er wäre gerade der Richtige gewesen, nach Art der Spanier des Nachts der Liebe zu pflegen, denn die Dunkelheit hätte ihn nur begünstigen können.

Kaum war diesem Geistreichen ohne Anmut die Wunde im Herzen geschlagen, als auch schon die Elegien, Sonette und Madrigale aufmarschierten. Nie strömte eine poetische Ader reicher, nie erglühte ein Genius tiefer, nie gab es solche Verschwendung gereimter Zärtlichkeiten. Das Neue dabei war, daß dadurch alle Verstellung verschwand. Hatte er vorher ihren Zauber und ihre Reize aus dichterischer Erfindung in seinen Versen angeführt, so tat er's seitdem aus redlichem Herzen. Der Verliebte glaubte reinsten Gewissens, seine Angebetete sei wirklich schön wie die Sonne und die Morgenröte, und obgleich diese Liebe vom Geist her ihren Ausgang genommen hatte, wurde der zärtliche Held von seinem eigenen Gleißen so geblendet, daß er nicht einmal an ihrem Körper die kleinste Unvollkommenheit ausmachte und dafür alsbald die gleiche Leidenschaft empfand. Ich weiß nun nicht, ob Amor mit einem Pfeil zwei Treffer vollbracht hatte, oder ob Polymathie getroffen wurde von den poetischen Spitzen, die ihr Liebhaber auf sie abschoß, wie auch immer, sie erwiderte jedenfalls seine Liebe. Und sie tat sehr klug daran, diese günstige Gelegenheit nicht verstreichen zu lassen, denn sie hätte nur mit großer Mühe eine ähnliche finden können. So geizte sie ebensowenig wie er mit Vers und Prosa, und von da an fehlte es dem kleinen, verkleideten Gott nicht an Beschäftigung noch Anlässen, seine Füße zu bewegen. Er hatte kaum ein Liebesbriefchen abgeliefert, schon mußte er auf dem Rückweg Stanzen mitnehmen, und in der Zeit, die er für diesen Botengang brauchte, war ein Madrigal fertig geworden, das er frisch, wie's aus der Feder gekommen war, überbrachte. Verfaßte man dann zu seinem Unglück stehenden Fußes eine Antwort, mußte er sie mit der gleichen Eile wieder befördern. Bei diesem Wettstreit um Ansehen und Ruf° schickten sich unsere Verliebten so geschwind ihre Eingebungen, daß sie Federballspielern glichen, wenn sie hin und her hüpfen.

Ich werde euch weder die Fortsetzung noch das Ende dieser Liebelei erzählen, sie dauerte aber lange Zeit mit unverminderter Stärke. Die einzigen, die ihren Nutzen daraus zogen, waren die Verleger von Gedichtsammlungen. Sie sammelten die Stücke und Verse, die die Liebenden überall kursieren ließen, und machten hübsche Bücher daraus. Alle anderen Kaufleute verdienten dabei nichts. Man kaufte weder Röcke noch Taschentücher oder Schmuck. Die Geschenke waren alle aus Papier, sogar die Neujahrspräsente. Man gab sich gegenseitig weder Bälle noch Abendserenaden, sondern übergab sich nur Ballett- und Liederverse. Erstaunlicherweise fanden auch – ganz entgegen der Zeitstimmung – weder Festlichkeiten noch Festessen statt. Auch auf ihren Spaziergängen, an denen sie großes Vergnügen fanden, wurde kein Geld angefeuchtet, und weder Gastwirte noch Pastetenbäcker bekamen sie oder ihr Geld jemals zu sehen.

Bislang hatte der kleine Amor schmalhansen müssen. Hier nun die Begebenheit, die ihn zum Leckermaul werden ließ: Eines Tages, als seine leidenschaftlich verliebte Herrin die Einsamkeit eines Wäldchens aufgesucht hatte, um dort einige zärtliche Seufzer dem Echo und den Zephiren anzuvertrauen, hielt er sich ein wenig abseits. Der Zufall wollte es, daß er dabei den Pagen einer vornehmen Dame traf, der zu Ehren in einem schönen Haus in der Nähe ein Festessen gegeben wurde. Da man mit niemandem leichter Bekanntschaft macht als mit Hunden und Lakaien (will sagen, mit allem, was Livree trägt), hatte Amor mit dem Pagen alsbald Freundschaft geschlossen. Sein neuer Kumpan nahm ihn mit zu dem herrlichen Fest, das man der Dame ausgerichtet hatte, und alle beide konnten sich an dem Überfluß, den sie da vorfanden, gütlich tun. Amor kam zunächst bei Geflügelsuppe und Fasanen auf den Geschmack, die ihn an Nektar und Ambrosia erinnerten. Am meisten schätzte er aber den Rest eines Gerichts aus jungen Erbsen°, auf das er sich stürzte und das mehr gekostet hatte als das Land, das nötig war, einen Scheffel davon zu ernten. Die gute Bewirtung und seine Leichtgläubigkeit gegenüber den Worten seines Kumpanen ließen ihn wankelmütig werden, und so besann er sich nicht lange und trat in den Dienst dieser Dame, die ihn auch sogleich, nachdem sie ihn gesehen hatte, zu ihrem Schleppenträger bestellte. Er verließ also seine geistvolle Herrin, ohne Abschied von ihr zu nehmen. Sie bedauerte zutiefst, keine Bürgschaft von ihm zu besitzen, dann hätte sie ihn nämlich den Gegenwert einiger Verse bezahlen lassen, die der kleine Dieb hatte mitgehen lassen und von denen sie keine Abschrift besaß. Der neuen Herrin wiederum war er so lieb und teuer, daß sie sich alles nur mögliche einfallen ließ, ihn zierlich und hübsch zu kleiden. Sie ließ ihm diese Art Kniehosen anfertigen, mit denen ihn die Maler, die Bedenken tragen, ihn ganz nackt zu malen, bis heute noch darstellen. Welchen Ruf der

Gefährlichkeit er auch immer besessen haben mochte, so war das noch gar nichts im Vergleich zu den Bosheiten, deren er fähig war, seit er dies unflätige Gewand trug.

Archelaide° (so hieß die neue Herrin) war eine Dame in höchster Vollendung. Nicht nur, daß sie von einer Schönheit war, deren sich die bestaussehendsten Frauen rühmten, besaß sie auch noch durch ihre Geburt etwas Hoheitsvolles, was ihr einen Vorteil vor denen verschaffte, die ihr durch äußere Schönheit hätten gleichkommen können. Lobpreisungen und Verehrung waren als freiwillig entrichteter Tribut für solches Verdienst nur recht und billig. Da, wo Amor aufgewachsen ist, sind solche Ehrengaben üblich, so daß er sich fast schon wieder wie zu Hause vorkam, und obgleich unerkannt und verkleidet, fühlte er sich doch wunderbar an diesem Hof. Die tiefe Verehrung, die einige hervorragende Persönlichkeiten dieser irdischen Göttin entgegenbrachten, der zu dienen er nicht verschmähte, behagte ihm sehr.

Nach einiger Zeit mißfiel ihm ein bestimmter Umstand aber mehr und mehr: Amor nimmt in Anspruch, daß dort, wo er sich aufhält, eine gewisse Gleichheit und zarte Übereinstimmung vorzufinden sei. Hier sah er nichts dergleichen. Alle, die sich Archelaide näherten, wagten kaum die Augen zu ihr zu erheben, selbst nicht, um sie zu bewundern, und ihr natürlicher Stolz entzog jeder Kühnheit den Boden, zu der ihre Verehrer nach Ansehen und Stellung aber berechtigt gewesen wären. Dies war der wichtigste Grund für Amors Entschluß, diesen Felsen, der in seinem Stolz bis in die Wolken ragte, zu stürmen. Seinen edlen Sinn reizte es ganz besonders, berühmte Eroberungen zu machen und die widerspenstigsten Herzen zu zähmen. Als listenreicher Feldherr indes wollte er erst selbst das Gelände erkunden, bevor er seine Geschütze zur Aufstellung brachte gegen die Befestigung, die anzugreifen er sich vorgenommen hatte. Die Feinheit seiner göttlichen Natur erleichterte ihm sein Vorhaben sehr, denn dadurch kann er nach Belieben in die tiefsten Tiefen der Herzen vordringen und dort die verborgensten Geheimnisse erforschen. Doch wie überrascht war er, in Archelaides Herzen festzustellen, daß die Natur seinen Plan schon ausgeführt hatte. Sie hatte alles Entflammbare so gut darin verteilt, daß ein kleiner Funke von seiner Fackel eine Feuersbrunst entfachte, die alles hätte in Asche legen können. Sogleich wollte er den angerichteten Schaden wieder gutmachen, und das rascheste Heilmittel, das er dafür zur Hand hatte, war, von neuem Pfeile abzuschießen auf alle, die sich Archelaide näherten, damit sie ihr in hellen Haufen zu Hilfe eilten und ihre Flammen löschten. Da kamen sie denn von allen Seiten gelaufen, die Vornehmen, die Geistreichen, die Gutaussehenden, ihr ihre Dienste anzubieten, aber das geschah immer mit kaum vorstellbarer Ehrerbietung und Unterwürfigkeit.

Welche Glut Amor in den Herzen, über die er herrschte, auch entfachte, es gab nicht einen einzigen unter ihnen, der so kühn gewesen wäre, ihr eine Liebeserklärung zu machen oder ihr gegenüber ein süßes, zärtliches Wort fallen zu lassen. Sie verhielten sich wie Stumme, wagten noch nicht einmal, mit den Augen zu sprechen und erstickten sogar ihre Seufzer in solchem Maße, daß nicht das feinste Ohr sie hätte wahrnehmen können. Sie waren in dem Grundsatz befangen, der in den Liebesschulen im übrigen als häretisch gilt: man müsse bei den Damen von Stand die Gunstbeweise abwarten, während man sie bei den anderen einfordern darf. Diese Unglücklichen hatten alle Aussicht, in solchem Wartestand zu verschmachten. Archelaide aber besorgte ihre Ehre mit solcher Ängstlichkeit, und der Stolz war ihr so zur zweiten Natur geworden, daß sie lieber tausendmal zugrunde gegangen wäre, als nur im mindesten davon abzugehen. Sie hielt es für schimpflich, ihre Blicke auf unter ihr Stehende zu lenken, da sie sich dadurch mit ihnen gemein machte, wodurch diese sich vor Einbildung nicht zu lassen wüßten und alle Zurückhaltung verlören, was das Ende ihres Ansehens und Rufs bedeutet hätte. Deswegen wollte sie nicht auf die ihr von fremder Hand angebotene Hilfe zurückgreifen und ließ vor ihrer Tür einen dicken, kräftigen Schweizer Aufstellung nehmen, der diesen Hort der Tugend und der Ehre, den sie ihm zur Bewachung anvertraut hatte, gegen alle Plündereien von außerhalb verteidigen sollte. Bedauerlicherweise gab es aber niemanden, der den Schweizer bewachte, den sie manchmal anläßlich eines ganz drängenden Bedürfnisses zu Hilfe rief, damit er ihr den Kummer der Einsamkeit vertreibe. Der kleine Hausspion, den sie bei sich hatte und dem nichts, was gegen die Ehre geht, verborgen blieb, entdeckte eines Tages ihr geheimes Abenteuer. Da schließlich offenbarte er sich, um sie zu beschämen, in all der prangenden Schönheit, die schon Psyche so neugierig gemacht hatte, daß sie ihn mit dem Lampenöl verbrannte°. Tausend bittere Vorwürfe machte er ihr über das Ungemach, das sie nicht nur sich, sondern auch der Herrschaft Amors bereite, wenn sie die Verschwiegenheit so vieler ehrbarer Anbeter in Zweifel ziehe, die doch alle ihr Leben für sie hingäben, während sie ihre Ehre der sklavischen Unterwürfigkeit eines solch ungehobelten Klotzes überantworte. So zeigte er ihr, daß sie gar nicht verdiene, die geheimeren Freuden einer solch schönen Leidenschaft zu genießen und eröffnete ihr, daß er sie aus Rache verlassen und ihr Abenteuer überall verbreiten werde. Gleichzeitig schwur er bei seiner Fackel, daß er der Ehre, die ihm diesen Streich gespielt hatte, Gleiches mit Gleichem vergelten werde. Hinfort betrachte er sich als ihr erklärter Feind und werde auf sie Jagd machen, wo immer er sie auftreibe.

Archelaide glaubte an eine Traumerscheinung und rieb sich die Augen, wie um aufzuwachen, fand aber nur ihren Pagen anstelle des Gottes, den sie zu sehen geglaubt hatte. So fuhr sie zänkisch auf ihn los und rief den Hausdiener, der ihn durchpeitschen sollte. Aber Amor und der Page lösten sich vor ihren Augen in nichts auf. Als sie sah, daß er seine Drohung, sie zu verlassen, wahr gemacht hatte, zweifelte sie nicht mehr an der Echtheit der Erscheinung. Sie zog ihre Lehre daraus und zog sich aus Scham über ihre Verfehlung aus der Welt in eine trostlose Einsamkeit zurück, fern aller Paläste und fern von allen Schweizern, woselbst sie seither in großer Bescheidenheit und Zurückgezogenheit ihr Leben verbringt.

Obwohl Amor über den ihm angetanen Schimpf empört war, wollte er die Welt noch nicht sogleich verlassen, wo es, wie er glaubte, noch einiges für ihn zu lernen gab. So trat er in den Dienst einer leidlich hübschen und klugen Dame namens Polyphile. Um sich als nützlicher Diener zu erweisen, verschaffte er ihr mit Hilfe seiner üblichen Waffen gleich zu Beginn seines Dienstes in ihrem Hause eine große Zahl Verehrer und Anbeter. Das schmeichelte seiner Herrin über die Maßen, denn obgleich sie in der Gesellschaft für spröde galt, versagte sie es sich keinesfalls, bereitwillig die Klagen derer anzuhören, die um sie litten. Mit einem Wort: sie gehörte zu den Frauen, die man die Prüd-Koketten nennen könnte. Diese Sorte ist derartig verbreitet, daß man heutigentags fast auf nichts anderes mehr trifft. Nie hatte Amor mehr auszustehen gehabt als bei dieser letzten Herrin. Zunächst staffierte sie ihn sehr schmuck aus. Er bekam eine Livree und eine flache, mit Borten besetzte Mütze und dazu einen Aufputz aus dreifarbigen Bändern, und sein Neckname wurde »Graumännchen«. Ihre größte Leidenschaft galt Kleidung und Putz, und ihre Eleganz erreichte schon die Maßlosigkeit. Erfindungsreichtum hatte sie sich immer nur gewünscht, um neue Moden und neuen Putz zusammenzustellen. Das verlieh ihrer ansonsten mittelmäßigen Schönheit auf ganz wunderbare Weise Glanz.

Alles in allem sah sie hübsch und niedlich aus und war dabei von einer zierlichen Anmut, was sie zur hinreißendsten Person der Welt machte. Abgesehen davon lag ihr größter Reiz in ihrer außerordentlichen Höflichkeit und Liebenswürdigkeit, die sie den neu zu ihrem Kreis Stoßenden entgegenbrachte. Oft verdoppelte sie diese Freundlichkeit noch, um diejenigen zurückzugewinnen, die sich von ihr abzuwenden begannen. Andererseits legte sie denen gegenüber, die sie fest an sich gebunden glaubte und von denen sie annahm, sie würden sich nicht mehr aus ihren Fesseln lösen können, eine große Strenge an den Tag. Nie war eine Frau begieriger auf eroberte Herzen. Dabei kam ihr jeder zupaß: der Blonde wie der Brünette, der Geistreiche wie der Stumpfsinnige, der Höfling wie der Bürger, alle waren ihr gleich recht. Es genügte ihr schon, wenn sie eine neue Eroberung gemacht hatte. Es bereitete ihr das größte Vergnügen, der besten Freundin einen Anbeter abspenstig zu machen, aber ihr größter Verdruß war, den geringsten unter ihren eigenen zu verlieren. Nicht etwa, daß sie keinen Unterschied gemacht hätte unter ihren Courschneidern, sie selbst erlaubte es sich, zu unterscheiden zwischen Leuten von Hofe und Stadtbürgern, und den Federn, Spitzen und Kniebändern gab sie den Vorzug vor denen, die einfarbige Leibwäsche und Kleidung aus Seidenmohair trugen. Ganz besonders schätzte sie schönen Aufputz und frisch frisierte Haare. Desungeachtet unterließ sie es aber keineswegs, auch Bürger freundlich zu empfangen, die ihr Romane und neuerschienene Bücher liehen. Ein ungeschlachter Geldsack, der ihr mit Konzert und Komödie aufwartete, war ebenfalls willkommen. Um mehr Kundschaft zu bekommen, waren bestimmte Wochentage festgesetzt, an denen sie Alkovenempfänge für die Gesellschaft gab, geradeso, wie's die Kaufleute auf den Marktplätzen machen. Der Gott als Diener wartete ihr auf und leistete ihr gute Dienste, indem er ihr, wie schon erwähnt, viele Eroberungen verschaffte. Nie hatte er bessere Gelegenheit gefunden, sich im Bogenschießen zu üben. Kein Wunder, wenn er heutigentags so sicher mitten ins Herz zu treffen weiß, er hätte schon sehr ungeschickt sein müssen, um nach solch gründlicher Lehrzeit kein guter Schütze zu werden. Alle die Verwundeten kamen sogleich zu Polyphile und baten sie um ein Heilmittel für ihr Leiden, und durch zarte Gunstbeweise ließ sie sie auch auf Heilung hoffen. Sie behandelte sie aber nach der Art dieser gefährlichen Chirurgen, die eine kleine Wunde durch den Umgang mit ihren Messern und ätzenden Pulvern erst groß und gefährlich machen. So goß sie mit erheuchelten Schmeicheleien nur Öl ins Feuer und verschlimmerte noch, was sie zu heilen vorgab.

Nun hatte Amor, um den armen Opfern Erleichterung zu verschaffen, mehrere Pfeile in Polyphiles Herz geschossen, die ihr da auch zahlreiche Wunden zufügten. Er war aber höchst erstaunt zu sehen, daß die meisten nur die Haut ritzten und, wenn sie einmal tiefe Wunden schlugen, diese am Tage drauf geheilt waren, als habe man »Sympathie-Pulver«° draufgegeben. Schlimmer wurde es noch, als er entdeckte, daß Polyphile sich nicht zufriedengab mit der Schönheit, die der Himmel ihr zugeteilt hatte, sondern sich noch zusätzlich welche verschaffte. Bislang waren ihm Verkleidungen und Kniffe unbekannt gewesen. Er wunderte sich sehr beim Anblick all der Schminken, Pomaden, Schönheitspflästerchen und vor allem dem Trick mit den blonden Haaren. Es kam so weit, daß er seine Herrin, die er am Abend noch mit schwarzen Haaren gesehen hatte, am Morgen, als sie blonde trug, nicht wiedererkannte. Und als er in ihrem Gesicht all die Schönheitspflästerchen entdeckte, glaubte er, das sei, um ein paar Pickel oder Schrammen zu verdecken. Aber Amor mußte nicht sehr lange in diese Schule gehen, um vollkommen durchtrieben und im höchsten Maße boshaft zu werden. Jetzt war es nicht mehr der Gott, der die Dame anregte, sondern die Dame inspirierte den Gott und machte ihn zu einem Koketten. Dort lernte er all die Bosheiten, die er seither beherrscht, dort lernte er Verrat, Meineid und Treulosigkeit kennen, während er doch zuvor aus redlichem Herzen gehandelt und geredet hatte. Er wurde derart boshaft und launisch, daß keiner mehr wußte, wie man mit ihm fertig werden sollte. Vorbei die Zeit, da man ihm mit Zuckermandeln und Honigkuchen Freude bereiten konnte; jetzt waren dazu junge Rebhühner und Ragout nötig. Vorbei die Zeit von Spielzeug und Puppen, jetzt wollte er Diamantschmuck und vergoldete Silberplatten.

Kurz und gut: er war das Verdorbenste, was man

sich vorstellen kann, und dies Haus war eine gefährliche Untiefe für Freiheit und Vermögen eines jeden, der sich ihm näherte. Unter der Vorspiegelung einiger Schöngeistereien, deren sich Polyphile bediente, um ihr Spiel zu bemänteln und wodurch sie auch ihren Ruf als Frau von Anstand und Ehre wahren konnte, tyrannisierte und plünderte sie auf alle erdenklichen Arten. Dieses Leben dauerte eine geraume Zeit, und da immer neue Gimpel unter den Mitbewerbern erschienen, kam nie Langeweile auf, und es gab immer etwas zur Unterhaltung. Bälle und Tanzen schätzte Polyphile mehr als alles andere, was ja auch für die heutigen Koketten ihrer Art gilt. Sie sind so verrückt danach, daß man sagten könnte, wenn früher die Besessenen durch Harfenklänge geheilt wurden, so ist es heute die Geige, durch die der Teufel in sie fährt. Sie gab sich dieser Neigung so weit hin, daß trotz ihrer Flatterhaftigkeit ihre Freiheit völligen Schiffbruch erlitt. Sie verliebte sich sterblich in einen Ballettänzer. Seine Häßlichkeit und der unangenehme Eindruck, den er machte, hätten ihr eigentlich jeden Geschmack am leichten Spiel seiner Füße nehmen müssen. Dennoch war er es, der sich in den Besitz ihres Herzens setzen konnte, während mehrere achtbare Bewerber, die den Vorzug von Geist, Schönheit und Adel besaßen, mit Geplauder und ähnlichen schalen Gunstbezeigungen abgespeist wurden. Amor geriet über diese Ungerechtigkeit derart in Empörung, daß er einen der vergifteten Pfeile, deren er sich früher für die Metamorphosen bedient hatte, aus seinem Köcher holte und auf den geliebten Hanswurst Polyphilens abschoß. Die Behendigkeit seiner Füße nützte ihm nicht zur Flucht, und durch die im Pfeil wirkende Kraft wurde er aus einem Tänzer in einen Affen verwandelt, der nur wenig von seiner alten Gestalt, aber seine ganze Häßlichkeit und Behendigkeit bewahrte. Dieser Affe kam darauf in den Besitz eines Gauklers, der ihn Fagotin° taufte. Er verblüffte aufs nachhaltigste eine große Zahl von Gaffern, die ihn auf dem Seil tanzen sahen, denn sie ahnten ja nicht, daß er diese Fertigkeit erlernt hatte, als er noch Mensch und verliebter Fiedelbogen war.

Nach diesem schönen Streich hielt es Amor nicht für geraten, weiter bei seiner Herrin zu bleiben. Er verließ sie daher, wieder ohne ihr erst Lebewohl zu sagen, blieb aber nicht lange ohne eine neue Stellung. Poléone fand, er passe ganz besonders zu ihr angesichts seiner neuen Livree, so daß nicht erst lange Ausgaben nötig waren, ihn einzukleiden. Er verrichtete gern seinen Dienst, obwohl sie nur Kaufmannsfrau war, denn sie war von sehr bürgerlichem Aussehen und weit entfernt von der Koketterie, der er jüngst so überdrüssig geworden. Die erlesene Schönheit dieser Frau machte die Einfalt, die man ihr ansah, ein wenig wett und überdeckte ihr großes Unwissen in allen Bereichen, außer in der Kunst, die Ware zu veranschlagen und zu verkaufen. Amor selbst vergaß für einige Zeit, daß er Page und Lakai gewesen und nahm etwas von einem Ladenschwengel an, so daß er als ziemlich anständiger Bursche lebte. Aber nur wenig später griff er wieder zu den Waffen, mit denen er so gut zu fechten weiß, und schlug mehrere Wunden in die Herzen derer, die wegen der Schönheit seiner Herrin in den Laden kamen. Umsonst überhäuften die Liebesopfer sie mit Geschenken und Aufmerksamkeiten und Schmeicheleien, – es war alles vergebliche Liebesmüh'. Für das alles hatte sie nur taube Ohren oder vielmehr hinderte sie eine Art geistiger Harthörigkeit, darauf zu antworten. Der kleine Gott verschonte auch Poléones Herz nicht, solange er aber Pfeile mit stählerner Spitze verwandte, gelang es ihm nicht, ihr eine Wunde zuzufügen. Eines Tages fand er welche mit silberner Spitze, die für einen Maskenball bereit lagen. Sie hatten auf dieses bei allen anderen Schüssen so undurchdringliche Herz eine wundersame Wirkung. Er erweckte damit in ihrer Seele zwei Leidenschaften zur gleichen Zeit: Liebe und Gewinnsucht. Obschon allem Anschein nach die letzte darin auch vorher schon geherrscht hatte und nur neu entfacht wurde, um sich der anderen beizugesellen. Denn wie die Dinge lagen, war Poléone zwar verliebt, aber nicht etwa in einen Celadon, Hylas oder Sylvandre°, sondern eher in den Mann im allgemeinen. So kam es dann, daß etliche Käufer, die für die Ware kamen, auch gleich die Händlerin mitkauften. Sie war schließlich die erste, die das Glück hatte, die Wollust mit dem Profit zu vereinen. Und da Kinder die Erwachsenen ja in allem nachäffen, übernahm der kleine Amor, um es seiner Herrin gleichzutun, auch ihre Neigungen. Er, der nie Geld in die Hand genommen hatte, außer um sich irgendwelchen Krimskrams zu kaufen, hatte jetzt die Augen ständig auf dem Ladentisch und äußerte sogar, daß außer Silberstücken ihm nur noch Goldstücke größere Freude bereiten könnten. Und als er seine Herrin klagen hörte, sie werde oft betrogen, und gäbe es nur irgendwo eine gekippte Pistole oder einen falschen Louisdor, dann bekäme sie das in die Hand gedrückt, so lernte er aus ihrem Beispiel, die Louisdors auf ihren Klang zu prüfen und die Pistolen zu wiegen. Zu diesem Zweck warf er die Hälfte der Pfeile aus seinem Köcher, um Platz für eine Münzwaage zu haben. Eine Kammerzofe, mit der er auf vertrautem Fuße stand, zeigte ihm, wie sich die Kuppler untereinander den Gewinn aus ihrem Gewerbe aufteilen. Binnen kurzem war er so begierig, daß er sich nur noch der Gold- und Silberpfeile bediente, mit denen auch nie ein Schuß danebenging. So geschah's, daß die käufliche Liebe derart in Mode kam, daß sie seither von der Herzogin bis herunter zur Kammerzofe nach dem Geldtarif betrieben wird. Man könnte hier die vormals auf die Schweizer Garde gemünzte Redensart abwandeln: Keine Kreuzer, keine Weiber°. So ergötzen sich denn also heutigentags die großmächtigen Milords, die Dickwänste und Pausbacken in herrlichen Alkoven und auf gestickten Diwanen mit den »Blondchen, Schneeweißchen und Schmusekätzchen« oder – um Ronsards Vendôme-Welt zu verlassen – mit blonden, samthäutigen und zierlichen Schönheiten, während der nur geistreiche und gutaussehende Galan nach dem Fräulein Zofe, gegebenenfalls dem Stubenmädchen und der Köchin Ausschau halten muß, um sein Liebesmahl zu einem erschwinglichen Preis aufgetischt zu bekommen. Sonette, Madrigale und galante Episteln wurden außer Kurs gesetzt wie ungültige Münzen, und man gab vier Dutzend Doppelrondeaus für einen Doppellouisdor. Indessen brachte es diese neue Handelsmanier mit sich, daß etliche nicht auf ihre Kosten kamen, denn anstatt daß die Galane wie früher mit geistiger Münze Seele und Zuneigung der Umworbenen erwarben, kauften die Grobiane mit ihrem Geld nur die Knochen und das Fleisch, und es war der gleiche Handel wie auf dem Schweinemarkt, wobei sie dort noch in den Genuß eines Vorteils kamen: gab es da doch gewisse königliche Beamte, die Fleischbeschauer heißen, und die ihnen für die Gesundheit des Tieres hätten bürgen können, während es diese polizeiliche Aufsicht ja unglücklicherweise auf dem Liebesmarkt noch nicht gibt, wo sie doch sehr viel dringlicher wäre.

Schließlich schickte sich der rächende Himmel an, diesen schändlichen Handel zu bestrafen. Bacchus war's, der, nach seiner Trennung von Ariadne zum erklärten Weiberfeind geworden, seine ganze Zuneigung der Flasche schenkte und aus Amerika° eine gewisse Seuche kommen ließ, die er einführte, um diese ganze verruchte Brut, die die käufliche Liebe in die Welt gebracht hatte, zu vergiften. Sie verbreitete sich überall in so kurzer Zeit und mit solcher Heftigkeit, daß keiner, der mitschuldig war an der Verderbtheit der Liebe, der gerechten Strafe entging. Der bedauernswerte Amor, mochte er auch noch so sehr eine Gottheit sein, bekam sein Teil auch ab wie die anderen, denn beim Trinken und Essen der Reste von der Tafel seiner Herrin – wozu ihn ja sein Stand als Lakai förmlich verpflichtete – nahm er ein wenig von dem gefährlichen Gift zu sich, das nach und nach in seine Adern eindrang und ihn abstoßend häßlich und pikkelig machte. Seine Mutter Venus, die schon lange in Sorge um ihn war, beschloß nun, ihn zu Wasser und zu Lande zu suchen. Zu diesem Behufe schickte sie in ihren Taubenschlag (bei ihr ist das der Marstall), ließ zwei Zugtauben holen und vor ihre Kutsche spannen, mit der sie – die Dichter sind Bürgen dafür – in großer Geschwindigkeit die Lüfte durcheilte und schließlich nach Schweden° kam, wo sie ihren Sohn unter einer großen Zahl von Anhängern entdeckte, die sie seit einiger Zeit in diesem Land gewonnen hatte. Sie erkannte ihn nur mit Mühe wieder, sowohl, weil er die Zeichen seiner Macht nicht mehr trug, als auch, weil er so absonderlich entstellt war. Sie eilte auf ihn zu, umarmte ihn voll mütterlicher Zärtlichkeit, und um ihn zu herzen wie früher, wollte sie ihm eine Tüte gezuckerter Moschuskügelchen° geben, worauf er sie nur gehörig auslachte und ihr ganze

Jagdtaschen voll Gold und Silber zeigte, all die Schätze, die er angehäuft hatte. In der Tat könnte man sich ja kein größeres Glück wünschen, als an dem ganzen Geld beteiligt zu sein, das im Liebesgewerbe steckt. Nach der Erzählung aller seiner Abenteuer konnte er ihr auch nicht mehr den erbarmungswürdigen Zustand verhehlen, in den er geraten war, den die Göttin allerdings schon selbst bemerkt hatte, waren doch diesbezügliche Bittgebete schon an ihr Ohr gedrungen. Sie brachte ihn gleich zu Äskulap und bat ihn inständig, Amor zu heilen, aber ohne Hilfe wurde der auch nicht fertig damit. Sogar nach Amerika, wo die Krankheit ja herstammte, ließ er nach besonderen Heilmitteln schicken, schließlich mußte er doch eine andere Gottheit um Rat bitten. Merkur° nahm sich schließlich der Behandlung an und heilte ihn, nicht ohne ihn gehörig leiden zu lassen. So rächte er sich gewissermaßen an Amor für all die Mühsal, die der ihm verschafft hatte mit den Botengängen zu Jupiters Geliebten.

Sobald es ihm wieder gut ging, nahm ihn die Göttin mit nach Hause, wo sie ihn seither ein wenig kürzer hält und genauer über sein Betragen wacht. Es trifft auch zu, daß er jetzt artiger war als zuvor, und wenn er unbändig wurde, brauchte man ihm nicht mehr die Rute zu zeigen, sondern es genügte die Drohung mit Merkur, was eine nachhaltigere Wirkung hatte als alle gutgemeinten Ermahnungen zur Vernunft. Seither haßte er die käufliche Liebe bis aufs Blut und schwor bei seiner Augenbinde und seinem Köcher hoch und heilig, dabei nie mehr den Vermittler zu spielen und – weit entfernt, dazu seine Pfeile zur Verfügung zu stellen – all sein Wohlwollen entziehen zu wollen, sobald man Geld oder Geschenke ins Spiel bringe. Seine Unterstützung hält er allein für jene edlen und reinen Seelen bereit, die einzig Schönheit, Geist und Tugend lieben, welche alle drei vom Himmel stammen. Alle anderen mit rohen und eigennützigen Gelüsten überläßt er ihren Gewissensbissen und ihrer Strafe. Er verleugnet sie und erkennt sie nicht mehr an als Untertanen seines Reiches.

Fortsetzung der Geschichte von Javotte

Als die Geschichte zu Ende war, klatschten alle Beifall bis auf Charroselles, der nur gut fand, was er selbst geschrieben hatte. Er hätte sogar Schützenhilfe von Hyppolite bekommen können, die ja bei allem ihr Urteil immer ins Blaue hinein abgab. Als er aber einsah, daß eine eingehendere Untersuchung des Stükkes sich hinziehen würde und dadurch seinen Plan, etwas aus seiner Feder Stammendes vorzulesen, zunichte gemacht hätte, bat er Angélique, ihm das Heft für eine Abschrift zu borgen. Er hatte aber vor, es von einem der Herausgeber von Sammelwerken drucken zu lassen, um bei dieser Gelegenheit zugunsten der kleinen Geschichte auch noch eine der seinen auf den Markt zu bringen. Angélique beschied ihn aber damit, daß sie nicht wage, sich diese Freiheit zu nehmen, da das Werk ja nicht von ihr sei. „Ich gebe Ihnen lieber eines von mir“, sagte Charroselles, „und will es Ihnen, wie versprochen, auch gleich vorlesen.“

Bei diesen Worten zuckte Philalète zusammen, erhob sich und gab zu verstehen, daß er gehen wollte. Angélique erhob sich ebenfalls, um ihm noch einige Artigkeiten zu erweisen, und der Rest der Gesellschaft tat ihr nach, worüber Charroselles beinahe in Wut geriet, da man ihm dadurch einen Strich durch die Rechnung machte. Es wurde nämlich schon spät, und niemand wollte sich dazu bewegen lassen, wieder Platz zu nehmen. Vereinzelt plauderte man noch ein wenig im Stehen, und besonders eifrig bemühte sich Pancrace dabei um Javotte, war er doch von diesem

Zeitpunkt an Willens, sich ganz ihr zu widmen. Da er ebensosehr den Körper wie den Geist zu schätzen wußte, fand er ihre Schönheit so wunderbar, daß der Mangel an Geist, der andere abgestoßen hätte, dabei für ihn gar nicht ins Gewicht fiel. Er sagte ihr etliche Schmeicheleien, aber sie lächelte zu allem nur und antwortete kein einziges Mal, bis er ihr endlich mit großartigem Schwur versicherte, ihr Diener zu sein und sie bat, ihm Glauben zu schenken. Da gab sie ihm sofort ganz treuherzig zur Antwort: „Ach, Monsieur, sagen Sie mir nicht sowas, ich bitte Sie! Es gibt bisher nur zwei Männer, die mir sagten, sie seien meine Diener, und die gefallen mir überhaupt nicht, ich verabscheue sie bis auf den Tod; Sie sehen doch viel zu gut aus, um es genauso wie die beiden zu machen." „Wie das, Mademoiselle?" gab er zurück. „Vielleicht hatten Sie Verehrer, denen es an Respekt Ihnen gegenüber mangelte, und sie haben sich in ihren Liebeserklärungen Kühnheiten erlaubt." „Oh, nichts dergleichen, Monsieur", antwortete Javotte, „sie haben das nur zu meiner Mama und meinem Papa gesagt, und jeder behauptet nun seinerseits, ich sei ihm zur Ehe versprochen, aber ich weiß einfach nicht warum, ich kann sie nicht ausstehen." „Wenn Sie bis jetzt so unliebsame Verehrer hatten", sagte der Edelmann, „dann will das nicht heißen, daß alle anderen ihnen gleichen. Im Gegenteil: wenn jene nicht für sie taugen, sollten Sie sich nach gewandteren umsehen." „Ich will gar keine Verehrer", sagte Javotte, „und wenn ich auch welche hätte, ich wüßte gar nicht, was ich mit ihnen reden oder anfangen sollte." „Was?" gab Pancrace zurück, „Sollte es nicht möglich sein, eine Gelegenheit zu finden, Ihnen einen Dienst zu erweisen?" „Nein", antwortete Javotte. „Dennoch könnten Sie mir eine große Freude machen, wenn Sie wollten, aber ich traue mich gar nicht zu fragen, vielleicht wollen Sie gar nicht!" „Wie denn, Mademoiselle", gab er zurück und wurde ein wenig lauter, „gäbe es denn auf Erden irgend etwas, das schwierig genug wäre, daß ich es nicht aus Liebe zu Ihnen ausführen würde?" „Es ist nicht allzu schwierig", fuhr Javotte fort, „und wenn Sie versprechen wollen, es mir zu erfüllen, werde ich's Ihnen sagen." „Ich verspreche es Ihnen", sagte Pancrace ganz ungestüm, „und ich schwöre es Ihnen bei allem, was mir lieb und teuer ist auf Erden. Ich wünsche mir sogar, daß die Sache recht schwierig ist, damit Ihre Ausführung ein umso größerer Beweis ist für die Begeisterung, mit der ich Ihnen dienen möchte." „Nach dieser Zusicherung will ich Ihnen gestehen, daß ich Sie gern bitten würde – nachdem ich Sie so viele schöne Sachen habe sagen hören im Gespräch mit den jungen Damen – mir doch das Buch zu borgen, aus dem Sie all das, was Sie da gesagt haben, lernten. Denn ich gestehe Ihnen ganz aufrichtig, ich schäme mich, den Mund nicht aufzubekommen, und ich weiß gar nicht, was ich reden soll. Ich würde aber auch gern das Geheimnis dieser jungen Damen kennen, die so angenehm plaudern. Wenn ich das Buch gefunden hätte, wo das alles drin steht, würde ich es so lange studieren, bis ich noch mehr reden könnte als die andern."

Pancrace staunte über soviel Naivität und sagte ihr, ein solches Buch, in dem alles aufgeschrieben wäre, was man in den Unterhaltungen sagt, gäbe es nicht. Ein jeder plaudere über das gerade anliegende Thema und gerade so, wie ihm die Gedanken dazu in den Kopf kämen. „Ach, dacht' ich mir's doch, daß Sie ein Geheimnis drum machen würden. Als wenn ich nicht bereits schon das Gegenteil wüßte. Wenn Mama nämlich von Mademoiselle Philipotte redet, die heute so viel gesagt hat, dann heißt es immer, das sei ein Mädchen, das man nur mit einem Buch in der Hand sehe. Es sei studiert wie ein Doktor, bekäme aber noch nicht mal den Faden in die Nadel. Und daß ich mich ja vorsehen sollte, es ihr nachzumachen, und daß keinem heiratswilligen Mann, der auf ihren Rat hörte, Philipotte auch nur in den Sinn käme. Aber sie hat ja gut reden! Wenn ich das Buch erwischen könnte, würde ich alles auswendig lernen."

Pancrace erkannte nun, daß er ein Mädchen vor sich hatte, das sich aufs Lesen verlegen wollte, bisher aber in Unwissenheit aufgewachsen war, und er glaubte, eine hübsche Gelegenheit für einen kleinen Dienst gefunden zu haben, indem er ihr Bücher schickte. So pflichtete er ihr bei, daß man in gewissem Sinne in den Büchern das finde, was in den Unterhaltungen dann vorgebracht werde, und wenn es auch nicht wortwörtlich darin stehe, so erweiterten Bücher doch den geistigen Horizont und lieferten manchen Einfall, der ihr als Stoff dienen könne für ihre Unterhaltungen. So versprach er, ihr gleich am selben Abend noch welche zu schicken, und bat sie, ihm zu glauben, daß es keine mächtigere Leidenschaft gäbe als die, die er für sie empfinde. Als er mit diesen Beteuerungen gerade zum Ende gekommen war, näherte sich ihnen Laurence, die Javotte mitgebracht hatte, um sie zu erinnern, daß es Zeit zum Nachhausegehen sei, da man sich sicher schon Sorgen um sie mache. So nahm sie also mit einem tiefen Knicks Abschied von der Gesellschaft, der ihre Schönheit und Naivität noch eine Zeitlang als Gesprächsstoff diente, dann empfahlen sich alle.

Gleich als Javotte zu Hause angekommen war, mußte sie von dem Vergnügen erzählen, das sie in dieser feinen Gesellschaft gehabt und wieviel hübsche Sachen sie gehört habe. Sie gab der Magd, die ihre Amme gewesen war und dadurch ihr Vertrauen genoß, den Auftrag, die Bücher, die man ihr schicken werde, in Empfang zu nehmen und sie im Strohsack des Betts zu verstecken, denn im Schrank, fürchtete sie, könnte die Mutter sie finden, die da manchmal herumstöberte. Die Bücher wurden dann auch bald gebracht (es waren die fünf Bände der »Astrée«, die Pancrace ihr schickte). Sie lief auf ihr Zimmer, schloß sich ein und machte sich ans Lesen, den Tag und die Nacht durch mit solchem Feuereifer, daß sie darüber Trinken und Essen vergaß. Und wenn man sie zu ihren üblichen Arbeiten holen wollte, stellte sie sich krank und erklärte, die ganze Nacht kein Auge zugetan zu haben, und ihre vom emsigen Lesen ermatteten Augen schienen sie zu bestätigen. So lernte sie in kurzer Zeit sehr viel, aber es erging ihr ganz eigentümlich dabei.

Wie wir selber es ganz natürlich finden, wenn wir von einem unbekannten Menschen hören, selbst wenn er eine Sagengestalt ist, uns aufs Geratewohl in unserer Vorstellung ein Bild von ihm zu machen, das in irgendwelchen Zügen jemandem gleicht, den wir kennen, erging es so auch Javotte, wenn sie an Céladon, den Helden ihres Romans dachte. Sie stellte sich ihn im Aussehen wie Pancrace vor, der ihr von allen, die sie kannte, am meisten gefiel. Und da Astrée in dem Roman als vollendete Schönheit beschrieben wird, glaubte sie gleichzeitig, ihr ähnlich zu sein, denn in diesem Punkt mangelt es keinem Mädchen an Eitelkeit. So daß sie bei allem, was Céladon zu Astrée sagte, sich vorstellte, Pancrace sage das in eigener Person zu ihr, und bei allem, was Astrée zu Céladon sagte, bildete sie sich ein, es zu Pancrace zu sagen. So befand sich dieser, ohne es zu wissen, in der glücklichen Lage, einen überaus galanten Fürsprecher zu haben, der in seiner Abwesenheit für ihn den Hof machte und dabei so vorteilhaft wirkte, daß Javotte unmerklich das Gift trank, das sie sterblich verliebt machte. Und ganz sicher gibt es nichts Verwunderliches an so einer Begebenheit, weil es ja oft mit Mädchen geschieht, die ganz im Verborgenen aufwachsen und in zu großer Zurückgezogenheit, daß sie bei ihrer Einführung in die Gesellschaft und wenn sie sich unter Männern befinden, sich in den ersten besten gutaussehenden Mann verlieben, der sie umschwärmt. Da ja die beiden Geschlechter nun mal füreinander geschaffen sind, besitzen sie die starke Neigung, sich einander zu nähern, und dabei geht es wie mit einer Springfeder, die stark zusammengedrückt wurde und dadurch mit viel größerer Kraft auseinander schnellt, wenn sie losgelassen wird. Deshalb muß man sie mit großer Sanftmut lenken, daß sie sich aneinander gewöhnen und miteinander vertraut werden. Irgendein wachsames Auge wäre indessen vonnöten, das kraft seiner Autorität die Grenzen des Anstandes aufrecht erhält und jede Zügellosigkeit verbannt.

Nicht anders verhält es sich mit der Literatur: Wird sie einem aufgeweckten Mädchen untersagt, so wirft sie sich blindlings über die Bücher und ist dabei umso mehr in Gefahr, als sie die Bücher wahllos und unbedacht liest und dabei leicht auf eines stoßen kann, das ihr sogleich die Sinne verdirbt. Eines von diesen Büchern aber ist die Astrée: Je natürlicher darin die Liebesleidenschaften dargestellt werden, umso nachhaltiger nisten sie sich in den jungen Seelen ein, wo sich unmerklich ein Gift verteilt, das das Herz erreicht, bevor man noch ein Gegengift verabreichen kann. Es ist nicht so wie in diesen anderen Romanen, in denen nur die Liebesgeschichten von Prinzen und fahrenden Rittern vorkommen, die nicht zu vergleichen sind mit den gemeinen Menschen und keine Berührungspunkte mit ihnen aufweisen, folglich auch nicht die Lust zur Nachahmung wecken.

Muß man sich also wundern, wenn Javotte, die in der Abgeschiedenheit aufwuchs und nichts zu lesen bekam, was ihren Geist hätte bilden und ihn an die Darstellung von Liebesleidenschaft gewöhnen können, in diese Falle ging, wie ja unweigerlich alle, die so erzogen werden, in die gleiche Falle gehen. Sie konnte sich von dem Roman, der ihr den ganzen Kopf durcheinanderwirbelte, nur losreißen, um zu Angélique zu gehen. Sie nahm jede Gelegenheit wahr, dorthin zu kommen, und bat oft ihre Nachbarinnen, sie mitzunehmen und ihr die Erlaubnis dazu von der Mutter zu erwirken. Auch Pancrace war ständig dort, weil er anderswo seine Angebetete nicht zu Gesicht bekam. Nach wenigen Tagen stellte er mit Überraschung den Fortschritt fest, den sie in ihrer Lektüre gemacht hatte, und den in ihrem Wesen eingetretenen Wandel. Sie blieb nicht mehr stumm wie noch zuvor, sie begann, sich in die Unterhaltung einzumischen und bewies so, daß ihre Naivität nicht auf einem Mangel an Geist, sondern an Erziehung beruhte und darauf, daß sie vorher nie in der feinen Welt verkehrt hatte.

Noch mehr war er darüber erstaunt, daß das, was er gerade dabei war ins Werk zu setzen, sich bereits ohne sein Zutun fortentwickelt hatte und tief in ihrem Herzen ruhte. Denn obgleich sie sich Astrée zum Vorbild genommen hatte und in all ihren Reden und Handlungen nachahmte und daher auch ebenso streng zu ihm sein wollte wie diese Schäferin mit Céladon, war sie doch noch nicht erfahren und geschickt genug, ihre Gefühle völlig zu verbergen. Pancrace kam auch ohne Schwierigkeiten dahinter und stellte sich ganz im Stile ihres Romans unglücklich, gab vor, sich über ihre Grausamkeit zu beklagen und schnitt auch alle Gesichter eines mit ungestümer Leidenschaft Liebenden, der am Verschmachten ist. Das gefiel Javotte über alle Maßen, denn sie wollte nach Art des Buches, das sie so bezauberte, den Hof gemacht bekommen. Sobald er diese Schwäche bei ihr erkannt hatte, nützte er das weidlich aus. Er las die »Astrée« von neuem und studierte sie so genau, daß es ihm ganz vorzüglich gelang, den Céladon nachzuahmen. Diesen Namen legte er sich auch als seinen literarischen zu, weil er sah, welch großen Gefallen seine Angebetete daran fand, und sie ihrerseits nannte sich Astrée. Schließlich lebten sie die Geschichte so getreu nach, als würde sie von ihnen ein zweites Mal gespielt – wenn sie sich denn tatsächlich überhaupt jemals abgespielt hat – außer Alexis' Abenteuer° allerdings, das sie nicht aufführen konnten. Pancrace gab ihr noch andere Romane, die sie mit der gleichen Begierde verschlang, und da sie Tag und Nacht über den Büchern lag, machte sie in kurzer Zeit solche Fortschritte, daß sie die größte Plaudertasche und das kooketteste Mädchen des Viertels wurde.

Javottes Eltern bemerkten bald die Veränderung, die in ihrem Leben vor sich ging, und wunderten sich, wie sehr ihr der neue Umgang von Nutzen war. Für ihren Geschmack war sie schon ein bißchen zu weltklug. Sie beklagten, daß sie bereits verdorben sei, und aus Angst, das könnte nur noch schlimmer werden, beschlossen sie ihre Heirat noch in der Karnevalszeit. Die einzige Verlegenheit, in der sie sich dabei befanden war, zwischen den beiden Partien abzuwägen. An den ersten Kandidaten band sie noch das Eheversprechen, der zweite aber bot, wie schon gesagt, den größeren finanziellen Vorteil. Die Mutter konnte Nicodème seit dem Vorfall mit dem Spiegel und der Baßlaute nicht mehr ausstehen und nannte ihn nur noch den Tölpel, der Vater war seiner überdrüssig seit dem Zwischenfall mit Lucrèces Einspruch, obgleich der verliebte Nicodème in dem Glauben war, seine Scharte durch den geleisteten Schadenersatz und die vorgelegte Aufhebung des Einspruchs wieder ausgewetzt zu haben. Es galt nun, noch eine Gelegenheit zum Bruch mit ihm zu finden, um mit Bedout in Verhandlungen eintreten zu können. Eine solche ließ wegen Nicodèmes Torheit auch nicht lange auf sich warten und wurde – obwohl sie ganz geringfügig war – gleich beim Schopfe ergriffen. Er kam eines Tages ganz atemlos und strahlend zu seiner Angebeteten gelaufen, zeigte ihr seine Taschen voller Goldstücke und erklärte, er sei der größte Glückspilz, er habe bei einem Dreierpasch sechshundert Pistolen gewonnen. Herr und Frau Vollichon, habgierig wie sie von Natur aus waren, freuten sich schon alleine an dem Glanz der schönen Summe Goldes und beglückwünschten ihn, und wenig hätte bei ihnen zu dem Wunsch gefehlt, er sei mit ihrer Tochter schon verheiratet, wo er doch so leicht zu Geld komme. Aber ein Onkel Javottes, ein kluger und vernünftiger Geistlicher, hielt ihnen vor Augen: Wenn er heute sechshundert Pistolen gewonnen habe, könne sich das Glück morgen schon wenden und er tausend verlieren. Sie sollten doch keinen Spieler in die Familie aufnehmen, der im Handumdrehn die ganze Mitgift ihrer Tochter durchbringen könnte, und schließlich: Wer sich dem Spiele ergebe, der kümmere sich wenig um Familie und Beruf, und wenn sie denn mit ihm brechen wollten, dann sollten sie eine solch passende Gelegenheit ausnützen. Um das Unglück voll zu machen, traf Villeflatin am nächsten Tag Vollichon. Er fragte ihn, wie es um die Heirat seiner Tochter stünde und setzte, ohne die Antwort abzuwarten, gleich hinzu: „Na also, da haben wir unser Gössel doch schön gerupft." Er meinte Nicodème. „Ich habe für Mademoiselle Lucrèce einen schönen Schadenersatz herausgeholt, wie ich es mir vorgenommen hatte: Wenn ich mich für meine Freunde um eine Angelegenheit kümmere, dann wird's ein Erfolg."

Dann erzählte er ihm vom Erfolg des Einspruchs, den er erhoben hatte, und wie er daraus seiner Partei zweitausend Taler gewonnen habe, nur weil Nicodème solche Angst hatte, gerichtlich belangt zu werden. Vollichon schloß daraus bei diesem Bruder Leichtfuß auf eine große Liederlichkeit oder große Verschwendung, weil er sich den Vergleich mit Lucrèce so viel kosten ließ, und er hielt die ganze Verfehlung für schlimmer, als sie tatsächlich war. Das bestimmte ihn nun endlich zum Bruch, was er Nicodème am Abend auch deutlich zu verstehen gab. Der aber hielt dessen ungeachtet Stand. Schließlich ließ er es ihm von Javotte selbst bestätigen, die ihm in aller Aufrichtigkeit kurz und bündig erklärte, daß sie niemals seine Frau werden würde, und wenn sie von ihren Eltern zur Heirat mit ihm gezwungen würde, könnte sie sich niemals entschließen, ihn zu lieben oder zu mögen. Er sah schließlich ein, daß er nicht gegen den Wind und die Strömung segeln konnte und, wenn er weiter daran festhielte, für ihn nichts dabei zu gewinnen sei als ein paar Hörner. Der Ausgang eines Prozesses in diesem Fall war ungewiß. Er könnte an dem erhaltenen Wort Javottes festhalten, dann bliebe er gleichzeitig aber auch gebunden, was ihn daran hindern würde, sein Glück anderswo zu suchen. Schließlich hörte er nach zwei Tagen der Unschlüssigkeit auf den Rat seiner Freunde und nicht auf seine Liebe, die dann kurze Zeit später auch erloschen war, denn in einem Bürgerkopf ist die Liebe nicht so standhaft wie in einem Heldenherzen. Zuneigung und Trennung sind ganz alltäglich und werden mühelos abgewickelt. Geld und Heirat regulieren ihre Leidenschaft. Es gebührt nur diesen müßiggängerischen Sagengestalten, eine Treue zu besitzen, die über alle Prüfungen erhaben ist und Trennungen auf Jahre überdauert.

Nicodème entschloß sich also, den unterschriebenen Heiratskontrakt mitzubringen, und beide Seiten zerrissen oder verbrannten die Exemplare. Über die Umstände bin ich nicht genau unterrichtet: Vielleicht machten sie das eine und das andere, denn man war noch in der Jahreszeit, wo man sich beim Kaminfeuer unterhielt. Er verabschiedete sich indessen mit großem Anstand und unter dem Anerbieten seiner Dienste, worauf man indessen nicht weiter einging, und es blieb ihm allein das Bedauern, gleichzeitig sein Geld und seine Bemühungen an zwei verschiedene Frauen verschwendet zu haben. Da wäre er nun also frei und ledig, um weiteren Stoff für irgendeine andere Geschichte gleichen Strickmusters zu liefern. Ich bin mir aber nicht sicher, ob er noch einmal auf dem Schauplatz der Handlung erscheinen wird. Er muß jetzt anderen Platz machen. Und damit Du Dich nicht weiter verwunderst, stelle Dir doch einfach vor, er sei jetzt hier von ungefähr getötet, niedergemetzelt oder gemeuchelt worden, was für einen wenig gewissenhaften Autor ein ganz leichtes Spiel wäre.

Sobald Vollichon mit Nicodème gebrochen hatte, gedachte er die Angelegenheit mit Bedout unverzüglich zum Abschluß zu bringen. Er setzte den Ehevertrag auf, gegen den es aber mehr Einwände gab als gegen den ersten, denn obgleich Nicodème ein großer Schafskopf war, so hatte er doch im Palais den Ruf eines geschickten Anwalts, weil sich dort solche Eigenschaften keineswegs ausschließen, so daß man mit ihm, obwohl er nicht so reich war wie sein Nebenbuhler, nicht so viele Umstände gemacht hatte wie mit Jean Bedout, der zwar viel reicher, aber unfähig in seinem Beruf war. Es wurde von ihm erwartet, daß er durch die Vorteile, die er seiner Frau einzuräumen hätte, sein unansehnliches Äußeres und seine geringe Strebsamkeit ausgliche. Da er selbst aber solche Posten nicht in Anschlag brachte, kam er nicht auf seine Rechnung. Wäre er nämlich seiner Neigung gefolgt, dann hätte er um eine Frau gefeilscht wie um ein Stück Leinentuch. Aber der kleine Messer Amor spielte den Kuppler bei diesem Geschäft. Er hatte ihn so schwer getroffen und gleichzeitig derart verwandelt, daß er, weil es ja keine größere Großzügigkeit gibt als bei den Geizhälsen, die eine andere Leidenschaft ergreift, sich ganz nach Wunsch einwickeln ließ und mehr zugestand, als man von ihm verlangte. Der Tag zur Unterzeichnung des Vertrages wurde also bestimmt, die Freunde dazu bestellt und – was schlimmer ist – ein Imbiß vorbereitet. Die Klauseln waren bestätigt und unterzeichnet, zunächst vom zukünftigen Gemahl, und als die Reihe zu unterzeichnen an Javotte kam, war der Vater, der ganz auf ihren kindlichen Gehorsam gezählt hatte und ihr die Einzelheiten des ganzen Handels nicht erst mitgeteilt hatte, völlig überrascht, als sie sich weigerte, die Schreibfeder in die Hand zu nehmen. Zunächst glaubte er noch an eine ehrbare Scham, die sie davor zurückhielt, und daß sie aus übertriebener Höflichkeit erst nach den anderen unterzeichnen wollte. Schließlich aber, als er nach wiederholter Weigerung stärker in sie drang, antwortete sie in wohlgesetzten Worten: Sie wisse ihren Eltern Dank für die Mühe, die sie auf sich genommen hätten, ihr einen Ehegatten zu suchen, aber das hätten sie besser ihren eigenen Augen überlassen, die seien nämlich schön genug, um ihr eine ganze Auswahl davon zu verschaffen; daß ihre Vorzüge ausreichten, einen Mann von Stand mit Federn auf dem Hut zu heiraten, der ohne dieses bürgerliche Gehabe sei, das sie bis auf den Tod hasse. Und sie wolle eine Karosse haben, Lakaien und ein Samtkleid. Dazu führte sie das Beispiel von drei oder vier Mädchen an, die mit ihrer Schönheit ihr Glück gemacht hatten und deren Ehemänner alle zur feinen Welt gehörten. Schließlich und endlich sei sie jung, wolle noch eine Zeitlang Mädchen bleiben, um zu sehen, was das Glück für sie bereithalte, und daß sie im schlimmsten Fall immer noch leicht einen Mann fände, der es mindestens mit dem Monsieur Bedout aufnehmen könne, den sie einen kläglichen Advokaten in aussichtsloser Sache nannte.

Die ganze Gesellschaft war überrascht von dieser Antwort, die man nicht aus dem Munde eines Mädchens erwartet hätte, das bis dahin in großer Unschuld und völliger Ergebenheit in den elterlichen Willen gelebt hatte. Was ihr aber diese Kühnheit verlieh, war ihre Leidenschaft für Pancrace, davor war ihr jede Bindung noch gleichgültig gewesen. Vollichon sah sie mit einer Wut an, die ihm die Stimme erstickte: „Unverschämte kleine Person! Wer hat Euch denn diese Grillen ins Ohr gesetzt? Sind das die Folgen Eures Umgangs mit Mademoiselle Angélique? Wahrhaftig, das steht Euch gut an, sich ein Mädchen zum Vorbild zu nehmen, das fünfzigtausend Taler Mitgift hat! Irgendein Geck hat Euch den Kopf verdreht; einen mit Federn am Hut wollt Ihr! Einen, der erst sein Hab und Gut durchbringt und sich dann an Eures macht! Hach! Na gut, gut! Ich weiß, wie man junge Dinger, die die dummen Gänschen spielen wollen, Mores lehrt! Nach sechs Monaten hinter Klostergittern werdet Ihr anders reden! Fort mit Euch! Ihr wart eine große Törin, uns diesen Schimpf anzutun. Geht mir aus den Augen und schnürt auf der Stelle Euer Bündel!"

Sobald er nach diesem Zornesausbruch seine Fassung wiedererlangt hatte, entbot er der Versammlung und dem zukünftigen Ehemann seine Entschuldigung dafür, daß die Heiratsformalitäten nicht zum Abschluß gebracht werden konnten. Er hob an zu einer großen Rede über die unglückselige Jugend, die nicht begreifen könne, was gut für sie sei. „Ach", sagte er in etwa diesen Worten, „in was für einer verderbten Zeit leben wir! Da sehen Sie, meine Herren, wie liederlich die heutige Jugend ist und wie wenig die elterliche Gewalt bei den Kindern gilt. Wenn ich mich noch an das Benehmen erinnere, das ich meinem verstorbenen Vater gegenüber an den Tag legte (Gott hab' ihn selig). Wir waren sieben Söhne in seiner Kanzlei, alle trugen schon einen Bart. Aber nicht einmal der kühnste hätte in seiner Gegenwart auch nur zu husten oder auszuspucken gewagt. Mit einem einzigen Wort machte er das Haus erzittern. Wahrhaftig, da hätte man mich aber sehen sollen, wenn ich als Ältester, wo ich erst mit vierzig verheiratet war, wenn ich, sage ich, seinem Willen nicht nachgekommen wäre oder mich unterstanden hätte, ihm zu widersprechen! Da wäre ich bei ihm aber an den Richtigen gekommen, er hätte mich in Saint-Lazare oder Saint-Martin° verfaulen lassen!"

Vollichon hatte seine Rede über den Sittenverfall der Jugend gerade erst begonnen, als ihn seine Frau mit den Worten unterbrach: „Ach ja, Schäfchen", das war ihr Kosename für ihren Mann, während er sie Zicklein nannte, „es ist ja nur zu wahr, daß die Welt völlig verderbt ist. Wir als Mädchen mußten so zurückgezogen leben, daß nicht einmal die Keckste gewagt hätte, die Augen auf einen Jungen zu richten. Wir beachteten alle Regeln unserer »Civilité puérile«° und hätten aus Bescheidenheit auch nicht ein Sterbenswörtchen bei Tische gesagt. Eine Hand mußte unter der Serviette bleiben, und vor dem Nachtisch hatten wir uns zu erheben. Wenn eine von uns Spargel oder Artischocken gegessen hätte, auf die wäre mit Fingern gezeigt worden. Aber die Mädchen von heute sind ja so frech wie die Hofpagen. Und das kommt dann davon, wenn man ihnen zuviel Freiheit läßt. Solange ich Javotte um mich herum hatte und sie Wäsche säumte und am Stickrahmen saß, war sie noch ein unschuldiges Lämmchen, das kein Wässerlein trüben konnte. In der kurzen Zeit, seit sie bei Mademoiselle Angélique verkehrt, wo nur diese gepuderten Leute mit den Kniebändern herumstreichen, ist ihre ganze Erziehung verdorben, und es reut mich sehr, ihr die Zügel so locker gelassen zu haben."

Laurence, die auch zu den Geladenen für die Feierlichkeiten gehörte und die, obwohl Bürgerin – wie schon erwähnt – in der besseren Gesellschaft verkehrte, ergriff dazu das Wort und sagte zu ihnen: „Wenn Sie Ihr Fräulein Tochter denn tadeln wollen, so sollten Sie die Schuld nicht ihrem Umgang mit Mademoiselle Angélique geben. In ihrem Haus verkehren etliche Personen von Geist und von Stand, die sich dort aber einer solchen Ehrerbietung und Zurückhaltung befleißigen, daß man ihr Haus eine wahre Schule der Ehrbarkeit und Tugend nennen kann. Vielleicht aber kann man ein Mädchen, das um seine Schönheit weiß, entschuldigen, wenn diese Gabe der Natur ihr ein wenig das Herz schwellen läßt und die Eitelkeit, die unserem Geschlecht von Natur eignet, um einiges verstärkt. Sobald man ein wenig mit der vornehmen Welt verkehrt, erlebt man dort eine bestimmte Lebensart, die einen der dumpfen Enge sehr überdrüssig werden läßt. So ist es demnach auch nicht verwunderlich, wenn ein junges Mädchen, das sich von allen Seiten umworben sieht, nichts überstürzen will bei so einem folgenschweren Schritt, und wenn sie in aller Ruhe abwartet, welche guten Gelegenheiten ihr vorteilhaftes Äußeres ihr noch verschaffen kann. Eher möchte ich das Mißgeschick und die Übereilung meines Vetters dafür verantwortlich machen, der bei dieser Werbung durchaus nicht meinem Rat folgen wollte. Anstatt für einige Tage den zärtlichen Verehrer zu spielen, war es ihm gleich um die Rolle des Gatten zu tun. Er hätte sich vielmehr die Gunst seiner Braut durch Besuche und kleine Aufmerksamkeiten erwerben müssen, als sie ganz und gar der Ehrfurcht und dem Gehorsam gegenüber dem väterlichen Willen verdanken zu wollen. Hätte er bemerkt, daß sie Abneigung gegen ihn empfindet, wäre ihm in jedem Fall diese förmliche Zurückweisung erspart geblieben." „Ich bin mit Ihnen einer Meinung", sagte Prudence, der Onkel, den ich schon erwähnte und der ebenfalls unter den Gästen war, „wenn Sie sagen, daß es für zwei, die heiraten wollen, gut ist, wenn sie ein wenig Umgang miteinander haben, damit jeder den Charakter des anderen kennenlernt, mit dem er fortan leben soll. Ich stimme Ihnen aber ganz und gar nicht zu, wenn Sie das Betragen meiner Nichte entschuldigen wollen, hat sie doch nicht nur ihre Erklärung zum denkbar ungeeignetsten Augenblick abgegeben, sondern sie wollte sich auch nicht bedingungslos der Wahl fügen, die ihre Eltern für sie getroffen haben. Die haben es sehr wohl verstanden, auf ihren Vorteil zu achten, den sie doch besser erkennen, als ihre Tochter das vermag. Und die Weigerung ist umso lächerlicher, als sie auf der ganz und gar närrischen Hoffnung beruht, einen Marquis zu finden, der sie um ihres Äußeren willen heiratet. Kein gefährlicheres Beispiel als das eines Mädchens, das mit seiner Schönheit sein Glück gemacht hat! Es läßt hundert andere im Wartestand zu alten Jungfern werden, vorausgesetzt, es ergeht ihnen nicht noch schlimmer, und ihre Ehre erleidet unterdessen Schiffbruch. Oft wird sich eine, die einen Mann von Stand durch ihr Umschmeicheln an sich fesseln will, selbst verstrickt finden und dabei noch zu ihrem Kummer und manchmal auch zu ihrer Schande den entwischen sehen, den sie schon in ihren Schlingen glaubte. Alles in allem genommen: Worüber hat sich meine Nichte denn eigentlich zu beklagen? Man hat ihr einen schicklichen Bräutigam gefunden, einen wohlhabenden dazu, vom gleichen Stand wie alle ihre Angehörigen." „Sie haben den Nagel auf den Kopf getroffen", meldete sich nun Jean Bedout, der aus Schande über die Schmach wegen seiner natürlichen Schüchternheit bis jetzt stumm geblieben war. „Denn ganz sicher sind die besten Ehen die, in denen sich Gleich zu Gleich gesellt, und Sie kennen, Herr Prior, der Sie des Lateinischen mächtig sind, das schöne Sprichwort: »Si tu vis nubere, nube pari«°. Nichts ist verwerflicher als diese Sucht, durch Heirat über seinen Stand hinauszuwollen. Deshalb kann ich die bei den Chinesen bestehende Sitte, daß jeder den Beruf seines Vaters ergreifen soll, gar nicht genug loben. Da nun unser Staat nicht so gesittet ist, wundert es mich kaum, daß Mademoiselle Javottes Wünsche sich nicht in Übereinstimmung mit diesem Gesetz befinden. Sie hatte vielleicht recht damit, daß ich nicht genügend Vorzüge aufzuweisen habe, aber ihre Zurückweisung soll mich nicht daran hindern, ihr nach wie vor zu Diensten zu sein. Mindestens bin ich ihr dafür verbunden, daß sie vielleicht verhindert, daß ich jemals heirate. Denn ich muß gestehen, was mir bis heute daran jede Lust nahm, sind alle diese Annäherungen und Komplimentierereien, die man dazu anstellen muß und die so gar nicht meiner Art entsprechen. Ich hatte vor, mich in der Art zu verheiraten, wie ich das von einer Menge guter Bürger kenne, die sich damit bescheiden, daß man ihnen ihre Braut in der Kirche in irgendeiner Bank oder an einem Pfeiler zeigt, und sie schauen sie sich dort stumm an, um zu sehen, ob sie nicht verwachsen oder bucklig ist. Noch dazu geschieht das erst, wenn sie mit den Eltern über alle Einzelheiten des Ehevertrags einig geworden sind. Alle anderen Förmlichkeiten sind vollkommen überflüssig. Ich habe so viele Ehen auf diese Weise zustandekommen sehen, daß ich nicht glauben konnte, daß diese hier einen anderen Ausgang nehmen könnte. Aber da ich mich darin nun getäuscht habe, muß ich mich mit Seneca, Petrarca oder Monsieur de la Serre° zu trösten suchen, die ich genau deshalb noch heute Abend lesen werde." „Wir wollen nicht weiter untersuchen", begann Vollichon wieder, „auf welche Art Ehen geschlossen werden sollen, denn das würde nur die väterliche Autorität in Frage stellen. Solange aber, bis ich meiner Tochter beigebracht habe zu gehorchen, kann ich Sie gar nicht genug meines

Mißvergnügens darüber versichern, daß die Angelegenheit mit Ihnen nicht zu einem Abschluß gekommen ist. Sie machen mir nämlich ganz den Eindruck, als seien Sie sehr haushälterisch und als müßten Sie auch vor Gericht erfolgreich sein, wenn man Ihnen dort zu tun gäbe. Ich hatte nämlich die Absicht, Sie jetzt in die Praxis einzuführen, und zum Beweis dafür liegt auf meinem Schreibtisch schon die Akte einer Streitsache bereit, in der Sie dieser Tage vor dem Präsidialgericht plädieren könnten. Es geht um eine mündliche Berufung gegen ein Urteil des Profoß von Vaugirard oder seines dortigen Stellvertreters, wo man schön Lateinisch reden kann und mit Griechisch um sich werfen. Es handelt sich dabei um folgendes..." Und anstelle weiterer Entschuldigungen und Höflichkeiten, die angebracht gewesen wären, um ihn über den angetanen Schimpf hinwegzutrösten, setzte er ihm weiterhin weitschweifig diesen Rechtsstreit auseinander mit allen Beweis- und Rechtsmitteln, und zwar so haarklein, als wenn er die Rechtssache selbst vor Gericht hätte vertreten wollen.

Während der eine nun den wunderschönen Prozeß auseinandersetzte und der andere zuhörte, führten Prudence, Madame Vollichon und Laurence die begonnene Unterhaltung fort, und die anderen Gäste unterhielten sich hier und da in kleinen Gruppen im Raum verstreut über die jüngste Begebenheit – alles zu Lasten des bedauernswerten Bedout. Er hatte sogar die Kosten zu tragen für die Unterbrechung seines Gesprächs mit Vollichon. Das hätte nämlich nicht so bald ein Ende gefunden, wäre nicht ein Imbiß hereingebracht worden, den Bedout von seiner Wohnung hatte kommen lassen – oder wenigstens wurde ein Teil davon hereingebracht, weil eine alte Dienstmagd, die mit seinen Albernheiten vertraut war und sah, daß seine Heirat ein Schlag ins Wasser war, dafür Sorge getragen hatte, ein paar Näpfe Eingemachtes und Früchte, die gut für eine andere Gelegenheit aufgespart werden konnten, nach Hause zurückschaffen zu lassen. Sie ließ nur etwas Pastete, Schinken und Truthahn auftragen, da dies leichtverderbliche Speisen sind.

Schließlich war der Imbiß verzehrt, und nach langen Höflichkeitsbezeugungen auf sehr bürgerliche Manier, deren einige Klagen, andere Bedauern, wieder andere Entschuldigungen oder Dank ausdrückten, ging die Gesellschaft mit allseitigen Wiedersehenswünschen auseinander. Bei Jean Bedout hatte die erlittene Schmach nach einem Sturm von Gefühlen schließlich für Abkühlung gesorgt, und er hatte sich so weit gefaßt, seinem Schutzengel dafür zu danken, daß ihm Hörner erspart geblieben waren. Wie die Dinge lagen, hätte er in großer Gefahr geschwebt, welche aufgesetzt zu bekommen, wovor er sich natürlich sehr fürchtete. Und ihm tat es fast ebenso leid um die Ausgaben für den Imbiß wie um die verlorene Braut. Gleich am nächsten Morgen wurde Javotte zur Bestrafung für ihren Ungehorsam, aber auch, um sie ihrem gesellschaftlichen Umgang zu entziehen, dem man die Schuld für ihre Eitelkeit zuschrieb, bei Nonnen in Pension gegeben, die in einer der Pariser Vorstädte ein neues Haus eröffnet hatten. Ohne Schelte und Vorwürfe über das Fehlverhalten, das sie an den Tag gelegt hatte, ging das nicht ab, und man drohte ihr damit, sie bliebe so lange eingeschlossen, bis sie zur Vernunft käme. Aber leider war man nur auf ein allzu schlechtes Strafmittel verfallen! Sie kam dabei nämlich, wie es schon heißt, vom Regen in die Traufe. Denn obgleich diese guten Schwestern untereinander in aller erdenklichen Tugend lebten, so mußten sie unglücklicherweise von den hohen Kostgeldern leben, die man ihnen für die Aufnahme in ihrem Hause bezahlte. Das führte dazu, daß sie unterschiedslos alle Arten von Kostgästen bei sich aufnahmen. Alle Frauen, die gegen ihre Ehemänner prozessierten oder ihre ausschweifende Lebensführung und ihre Seitensprünge verbergen wollten, wurden hier ebenso aufgenommen wie alle Mädchen, die den Nachstellungen eines Verehrers entgehen wollten, dort einen erwarteten oder sich einen zulegen wollten. Die Erfahrenen unter ihnen, die alle Schliche und Feinheiten der Galanterie kannten, unterwiesen darin die jungen Unschuldslämmer, die ihr Unglück dorthin geführt hatte. Während man sie in einem Noviziat in christlicher Frömmigkeit vermutete, erlebten sie eines in Koketterie. Mit einem Wort: die einzige Einschränkung, die es für sie gab, waren die Gitterstäbe, die für ihre körperliche Sicherheit sorgten. Überdies galt das nicht einmal für diejenigen mit der Erlaubnis, zwei- oder dreimal in der Woche das Haus zu verlassen, unter dem Vorwand, ihre Prozeßangelegenheiten zu betreiben. Die zwölf Sprechzimmer des Klosters waren jeden Tag voll, ja man mußte sie sogar rechtzeitig im voraus belegen, um einen Platz zu bekommen, gerade wie bei den Stühlen für die Predigt eines bischöflichen Kanzelredners.

Javotte ließ ihrem Verehrer alsbald die Nachricht zukommen, wo man sie eingesperrt hatte. Überflüssig zu fragen, ob er sich jeden Tag dort einstellte. Wenn er das Haus verließ, fragten ihn seine Sänftenträger gar nicht erst nach dem Ziel, sie machten sich von ganz allein in Richtung Kloster auf den Weg. Keinen besseren Ort hätte er sich wünschen können, um in aller Ruhe seine Liebe zu predigen. Dort hatte er den Vorteil, seine Angebetete unter vier Augen zu spre-

chen und so oft er wollte, wohingegen er sie außerhalb der Klostermauern nur zu Gesicht bekam, wenn sie von zu Hause weg konnte, und ganz selten in den Gesellschaften, wo sie sich mit ihm verabredete und wo sie ständig unterbrochen wurden durch die Unruhe, die dort immer herrscht. Er hatte also alle Muße, ihr zu danken für ihr hochherziges Verhalten, das sie zu seinen Gunsten gezeigt hatte, und über die Verwirrung zu lachen, in die sie seinen unglücklichen und lächerlichen Gegenspieler gestürzt hatte, dessen Geschwätz und Betragen ihnen Stoff für ein recht langes Gespräch lieferte. Er hatte auch Zeit, ihr lang und breit darzulegen, wie seine Leidenschaft für sie von Tag zu Tag stärker wurde, und die Beweise, die er ihr dafür lieferte, überzeugten sie so nachhaltig, daß es nie zwei Menschen in zärtlicherer Übereinstimmung gegeben hat. Beim Abschied ließ er ihr immer Bücher da, die in ihr die verliebte Stimmung nährten, so daß sie die Zeit, die sie nicht im Sprechzimmer verbrachte, dieser angenehmen Lektüre widmete. So langweilte sie sich überhaupt nicht. Wenn ihre Mutter sie besuchen kam, war sie völlig verwundert, daß der Aufenthalt, der Javotte als Strafe und Gefängnis zugedacht war, sie überhaupt nicht verändert hatte und in ihr nicht die Gefühle weckte, die man sich von ihr wünschte.

Als indes sieben oder acht Monate herum waren und Javotte alle Romane und galanten Bücher von Rang und Namen gelesen hatte (sie begann sich nämlich darin auszukennen und konnte die schlechten nicht mehr ausstehen, sonst hätte sie ja noch bis zum Sanktnimmerleinstag Lesestoff gehabt), wurde sie verdrießlich und langweilte sich, weil sie nichts mehr hatte, womit sie sich beschäftigen konnte. Und jetzt wurde ihr auch bewußt, was Eingeschlossensein und

Verlust der Freiheit bedeuten. Sie schrieb in diesem Sinne an ihre Eltern und bat sie, ihrer Gefangenschaft ein Ende zu machen. Die willigten auch gleich ein unter der Bedingung, daß sie den Ehevertrag mit dem Rechtsanwalt Bedout unterzeichne, den sie ihrer Sache noch ergeben glaubten. Sie hatten die Rechnung aber ohne den Wirt gemacht. Javotte weigerte sich, unter diesen Bedingungen das Kloster zu verlassen. Und nachdem sie ihre Bitten mehrfach wiederholt und auch durch verstecktes Drohen ihrem Mißvergnügen über ihr Eingesperrtsein Ausdruck verliehen hatte, stimmte sie schließlich aus Verzweiflung oder – um bei der Wahrheit zu bleiben – aus Leidenschaft für Pancrace seinem Vorschlag zu, sie zu entführen.

Ich halte es nicht für nötig, Dir hier bis in alle Einzelheiten die leidenschaftlichen Gefühle wiederzugeben, die er in Aufstellung brachte, und alle Vernunftgründe, die er ins Feld führte, um sie zu diesem Entschluß zu bewegen, noch den ehrenwerten Widerstand, den Javotte dabei leistete, und die Kämpfe zwischen Ehre und Liebe, die sich in ihrem Innern abspielten. Denn entweder kennst Du Dich in Romanen kaum aus, oder Du müßtest 20 bis 30 derartiger Gespräche mit nur ein bißchen Gedächtnis auswendig können. Sie sind so häufig, daß ich Leute erlebt habe, die sagten, um die Stelle in der Geschichte, die sie lasen, anzugeben: „Ich bin beim achten Band." Im übrigen begnügen sich nur die zurückhaltenden Autoren mit so wenigen, denn es gibt welche, die es nicht lassen können, nicht nur in jedem Band, sondern jedem Buch, jedem Kapitel oder jeder Episode eine einzufügen. Selbst ein erfindungsreicherer Erzähler oder Dichter, als ich es bin, könnte Dir nichts vorlegen, das Du nicht schon hundertmal gelesen hättest. Da finden sich dann Entführungen, die nur vorgeschlagen werden, aber am Widerstand scheitern, oder andere, die unvermeidlich sind und auch ausgeführt werden. Darauf verweise ich Dich also, wenn Du Dir nur die Mühe machen willst, sie da zu suchen. Es verdrießt mich bloß, daß man Dir die Suche nicht erleichtert und derartigen Büchern keine Inhaltsverzeichnisse beigegeben hat, wie so vielen anderen, die nicht so umfangreich sind und in denen man viel seltener nachschlägt. Du magst also hier diejenige einschieben, die am meisten nach Deinem Geschmack ist und die Dir dem Gegenstand am angemessensten erscheint. Ich habe sogar daran gedacht, den Drucker zu beauftragen, hier ein leeres Blatt zu lassen, damit Du diejenige deiner Wahl bequemer einschieben kannst und sie hier Platz findet. Damit wäre jedermann zufriedengestellt gewesen: Denn der eine wird auszusetzen haben, daß ich so bedeutende Stellen einfach übergehe, ohne sie bis in alle Einzelheiten auszumalen, und er wird sagen, einen Roman zu schreiben, ohne den Kampf der Leidenschaften wiederzugeben, was darin die schönsten Stellen seien, das wäre wie die Beschreibung einer Stadt ohne ihre Paläste und Kirchen. Dann gibt es wieder andere, denen mehr an Eile gelegen ist, und die in kürzerer Zeit weiterkommen wollen und dabei nur an Verkürzungen Interesse finden. Das ist genau die Art jenes braven Geistlichen, der sich nicht genug wundern konnte, daß die anderen über die viele Zeit klagten, die man zum Brevierbeten aufwenden müsse, denn er hielt seine Stundengebete in aller Einfalt pünktlich ein, wie er sie in seinem Buch vorfand. Er sagte dann sofort Antiphon, Versikel und Lesung her, mit den ersten Worten von jedem Psalm und jedem Hymnus samt dem »etcetera« am Ende und dem Seitenverweis auf den Rest des Hymnus oder Psalms. Das ist das Mittel zur zügigen

Erledigung der Arbeit, und so sagte er die reine Wahrheit, wenn er versicherte, daß er noch nicht einmal eine Viertelstunde dafür brauche.

Um nun zu meinem Thema zurückzukommen, so will ich offen zugeben, daß ich den Kampf zwischen Liebe und Tugend in Javottes Herzen deswegen nicht beschrieb, weil ich über keine genaueren Berichte verfügte. Es steht nun bei Dir, von ihrem Betragen eine gute oder schlechte Meinung zu haben. Ich schreibe hier keine Sittenlehre, sondern erzähle nur eine Geschichte. Ich bin auch nicht verpflichtet, ihr Betragen zu rechtfertigen, sie hat mich nicht dafür bezahlt, so wie man die Geschichtsschreiber bezahlt, wenn man sie sich gewogen machen will. Alles, was ich darüber in Erfahrung bringen konnte, ist, daß man sie ganz einfach mit einer Leiter entführte, die gegen die Gartenmauer gelehnt war. Diese Mauer war sehr niedrig, weil die braven Schwestern erst kurz zuvor den Garten von einem armen Gärtner gekauft hatten, und die Mauern sollten nur seinen Kohl schützen, der aber leichter zu bewachen ist als junge Mädchen. Sobald Pancrace im Besitz seiner kostbaren Beute war, brachte er sie auf ein Schloß an der Grenze, wo eine Garnison lag, die er befehligte, und von dort scherte er sich den Henker um die Gerichtsbüttel des Chatelet, die sich völlig umsonst damit abmühten, in Erfahrung zu bringen, was aus dem Liebespaar geworden war. Vollichon hatte nämlich gleich am nächsten Morgen zuerst große Vorträge über die Sittenlosigkeit der Mädchen gehalten und war sich dann – wenn auch völlig nutzlos – in Reue über seine Strenge ergangen. Schließlich hatte er sich aber kein anderes Mittel und keinen Trost in seinem Unglück gewußt, als Klage auf eine gerichtliche Untersuchung zu erheben vor einem der Justizoffiziere, der zu seinen engsten Freunden gehörte und der ihn nichtsdestotrotz teures Geld zahlen ließ unter dem Vorwand, daß sie ja gemeinsame Kasse machten. Alles lief schließlich auf einen Haftbefehl gegen sechs Quidams hinaus, die grau und grün gekleidet waren, mit Federn am Hut, einer blond und groß, der andere mit braunen Haaren und von mittlerer Statur, die von der klageführenden Partei angezeigt worden waren. Da nun Vollichon bei der Entführung nicht dabeigewesen und auch die Quidams nicht kannte, deren Chef sich in Sicherheit befand, ist der Haftbefehl bis auf den heutigen Tag ohne Ausführung geblieben. Sollte ich aber von der jungen Dame und ihrem Liebhaber Neues in Erfahrung bringen, so verspreche ich auf Autorenehre, es Dir umgehend mitzuteilen.

Ich komme nun auf Lucrèce zurück, die ich ja in großer Bedrängnis verlassen hatte, aufgrund der Unpäßlichkeit, die sie immer mehr zu bedrücken begann. Um ihre Angelegenheiten wieder ins Lot zu bringen, sprach sie eine ganze Zeitlang nur noch von der Eitelkeit der Welt und über die Schwierigkeit, in den großen Gesellschaften sein Seelenheil zu finden, von der Gewissenlosigkeit und Untreue der Männer, ihren Schurkereien und Ränken, mit denen sie das schöne Geschlecht überlisteten. Dabei verhielt sie sich so geschickt, daß niemand auf den Gedanken kommen konnte, sie spräche aus eigener Erfahrung. Sie behauptete, die Ausflüge und Festessen, die einen solchen Reiz auf die Mädchen ausüben, seien hübsch für die Zeit der frühen Jugend, wo man noch nicht genügend innere Festigkeit besitze, um sich sinnvolleren Beschäftigungen zuzuwenden. Sie habe genug davon erfahren, um einen Widerwillen dagegen zu haben und sich nur noch das Glück eines zurückgezogenen Lebens zu wünschen. Sie lief bloß noch in die

Kirche und von einem Beichtstuhl zum anderen. Jetzt war sie so auf Seelsorger versessen wie vormals auf Verehrer; ihre Unterhaltung drehte sich nur noch um die Strenge eines sittlichen Lebenswandels und um Gewissensfragen. Sie erkundigte sich nur noch nach Predigern, Kirchenfesten, Wohltätigkeitsvereinigungen und Ablässen. Ihre Romane hatte sie mit geistlicher Erbauungsliteratur vertauscht, und sie las nur noch Soliloquien und geistliche Betrachtungen. Schließlich ging ihre Heiligung so weit, daß sie Erscheinungen hatte, und viel fehlte nicht, und es wäre zu Ekstasen gekommen. Sie wandte sich sogar (oh Wunder) gegen Schönheitspflästerchen, gegen Bändchen und gelockte Haare und vernachlässigte – aus Bescheidenheit – derart ihr Äußeres, daß sie sich fast nicht mehr richtig ankleidete, was ihr auch gehörige Mühe bereitet hätte. So kam ihr sehr zupasse, daß die Mode dahin ging, Schärpen und weite Kleider zu tragen, denn sie sind wunderbar dazu geeignet, die Unvollkommenheit der Mädchen, die sich die Figur verderben ließen, zu verdecken.

Im Viertel sprach man von nichts anderem als von Lucrèces Bekehrung, obgleich sie dort ja immer für ein Mädchen mit Anstand, wenn auch als ein wenig zu munter, gegolten hatte, und man zweifelte nicht mehr daran, daß sie sich bald aus der Welt zurückziehen würde. So war denn auch niemand sehr überrascht, als man eines schönen Morgens vernahm, sie sei in ein Kloster gegangen. Wie der Zufall so spielt, war es dasselbe, in das Javotte gesteckt worden war. Nichtsdestoweniger glaube ich kaum, daß dieser Zufall der Geschichte in irgendeiner Weise weiterhilft noch im folgenden irgendeine hübsche Verwicklung nach sich ziehen wird. Eine unselige Gewohnheit aber, die sich seit langem in den Romanen breit gemacht hat, will es, daß alle Personen völlig unerwartet an den entferntesten Schauplätzen wieder zusammentreffen, welchen Weg sie auch einschlagen und wie unterschiedlich auch immer die Ziele sein mögen, die sie verfolgen. Das ist immer gut für irgend etwas und erspart eine neue Beschreibung, wenn man schon so genau ist, jede vorkommende Örtlichkeit zu beschreiben, gerade wie's die Autoren machen, die dicke Bände füllen wollen und sie anschwellen lassen wie die Schlachter das Fleisch beim Zurichten. In jedem Fall aber geben solche Zusammentreffen dem Werk einen Zusammenhang und eine Verknüpfung, ohne die es oft genug auseinanderfiele. In Wirklichkeit schlossen diese beiden Abenteurerinnen der Galanterie große Freundschaft miteinander, so daß sie vom ersten Tag an ein Herz und eine Seele waren und sich gegenseitig ihre Abenteuer erzählten, wenn auch nicht ganz der Wahrheit gemäß. Es blieb ihnen nicht viel Muße, ihre freundschaftliche Beziehung zu pflegen, denn sobald Lucrèce am Sprechgitter drei- oder viermal Besuche ihrer Freundinnen empfangen hatte, die draußen jedermann ihren Eintritt und ihre Bekehrung bestätigten, verließ sie das Kloster heimlich unter dem Vorwand, es ginge ihr nicht gut, und ließ den Nonnen freigebig das für drei Monate vorausbezahlte Kostgeld, um nicht in Auseinandersetzungen mit ihnen zu geraten. Vor allem trug sie Sorge, sich durch Geschenke der Pförtnerin zu versichern, die außerhalb des Klosters wohnte, damit sie alle Besucher, die sie sehen wollten, beschied, sie halte sich nach wie vor dort auf. Dafür brachte sie ganz sonderbare Begründungen vor wie z. B., sie wolle die Ungelegenheiten von Besuchen mehrerer Personen vermeiden, die sie nur in ihren frommen Obliegenheiten störten, und gerade deswegen habe sie sich ja zurückgezogen. Ja, sie bat sogar alle ihre Freunde mündlich wie schriftlich, sie in ihrem Kloster in Frieden zu lassen, anstatt vor ihr die Eitelkeiten der Welt auszubreiten, deren sie entsagt habe.

Wenn es ums Seelenheil geht, dann ist nichts so einfach, wie einen Frommen zur Lüge zu bewegen: Die arme Pförtnerin, von schlichtem Gemüt, dachte nicht genügend nach, um auf den Gedanken zu kommen, daß Lucrèce gerade im Kloster vor diesem Ungemach sicher wäre, und glaubte ihr umstandslos. So beschied sie die Handvoll Leute, die sie zu besuchen kamen, man könne sie nicht sprechen. Bald war sie unpäßlich, bald war sie in Exerzitien, bald sprach sie ihre Stundengebete, oder sie meditierte. Da niemandem daran lag, der Wahrheit auf den Grund zu gehen, machten sie kehrt, ohne im mindesten daran zu zweifeln.

Lucrèce aber suchte von dort aus eine andere Abgeschiedenheit auf, eine Hebamme ihrer Freundinnen nämlich, auf deren Verschwiegenheit sie zählen konnte, die sie ganz im geheimen entband und die Versorgung ihrer Liebesfrucht übernahm. Schließlich trat sie nach zweieinhalb Monaten völligen Verschwindens in ein anderes Kloster ein mit besserer Ausstattung und strengerer Regel als das erste. Nach einigen Tagen in strenger Klausur ließ sie nach und nach ihre Bekannten und Nachbarn wissen, in welches neue Kloster sie sich zurückgezogen hatte, und brachte als Grund ihres Wechsels vor, in dem anderen sei ihr Befinden immer schlecht und die Luft dort ungesund gewesen. Manchmal fügte sie auch mit frommem Augenaufschlag hinzu, es habe dort ein wenig zu große Freizügigkeit geherrscht, daß sie es nicht guthieß, die Besuchszimmer immer so voll mit allen möglichen Leuten zu sehen. Sie gestand sogar, sie habe sich manchmal absichtlich verleugnen lassen, aus Angst, dahin zu müssen und die ganze Liederlichkeit dort zu sehen. Das war eine recht wunderbare Erbauung für alle, die sie reden hörten und insbesondere für jene, die sie noch als Weltkind kannten. So nahm sie sogar einen weißen Schleier und – obgleich sie dort nur Pensionärin war – unterzog sie sich doch allen Regeln wie eine Nonne und begann ein Probenoviziat, das noch viel strenger war als das im ersten richtigen Probejahr. Die alles Maß übersteigenden Übungen und auf die Spitze getriebene Frömmelei verschafften ihr in kurzer Zeit einen derartigen Ruf der Tugend, daß alle Nonnen des Klosters sie bewunderten und die Beichtväter ihn außerhalb verbreiteten. Dies Gerücht kam auch Mademoiselle Laurence zu Ohren, die manchmal das Kloster besuchte, weil dort eine ihrer Freundinnen den Schleier genommen hatte. Nachdem sie sich eingehend über die Vorzüge der neuen Insassin unterrichtet hatte, glaubte sie, das könne sehr gut etwas für ihren Vetter sein, den sie, um welchen Preis auch immer, zu verheiraten gedachte. Seit er auf so schmähliche Art seine Braut Javotte verloren hatte, hörte Laurence ihn häufig schimpfen auf die Koketterie der Mädchen der neuen Zeit, hatte Javotte sich doch als ein Musterbeispiel dafür gezeigt, trotz der großen Zurückgezogenheit und der strengen Erziehung ihrer Jugend. So daß er Stein und Bein geschworen hatte, kein Mädchen zu heiraten, das nicht aus einem Kloster mit strenger Regel käme. Da schlug sie ihm dies neue Muster an Tugend vor, das ganz genau für ihn passe, was er auch sehr gern hörte. Die einzige Schwierigkeit, vor der man stand, war, einen Weg zu finden, wie man Lucrèce aus dem Kloster holen könnte und ihr etwas vorzuschlagen, das ihrer offensichtlichen Berufung zum geistlichen Leben so entgegenstand. Laurence richtete es nun so ein, daß Bedout, um sich von den Vorzügen Lucrèces näher zu überzeugen, sie begleitete bei ihrem Besuch der Nonne, mit der sie bekannt war und die sie gebeten hatte, Lucrèce mit ans Sprechgitter zu bringen.

Dort war Bedout nicht verpflichtet, den Galanten zu spielen, was ihn auch ermutigte mitzukommen. Er beschränkte sich auf die Rolle des Zuhörers und war entzückt von den hübschen Moralbetrachtungen, die Lucrèce da von sich gab über das Elend der irdischen Vergänglichkeit und die Vorzüge der Abgeschiedenheit, was sie abschloß mit einem Gebet zum Herrn, daß er ihr die Kraft verleihen möge, die Strenge der Klosterregel zu ertragen. Er wagte nun nicht, ihr von Liebe und Ehe zu sprechen, weil er das nicht einmal gegenüber einem Mädchen der neuen Zeit gewagt hätte. Dennoch hätte er nur zu gerne sowohl das eine wie das andere getan, denn abgesehen davon, daß ihr Geist und ihre Schönheit mehr als ausreichend waren, ihm in die Augen zu stechen, war er doch völlig bezaubert von ihrer Bescheidenheit und Züchtigkeit. Er bat also seine Kusine, die genügend Geschick besaß, um mit Lucrèce darüber zu sprechen, und sie fand kein besseres Mittel, als diese Angelegenheit den Beichtigern zu übertragen. Ich weiß nun nicht, mit welchem Kunstgriff oder unter welchem Vorwand sie sie für ihre Absichten zu gewinnen vermochte. Wie dem auch sei, sie arbeiteten jedenfalls ganz ihren Wünschen entsprechend. Ganz leicht war es indessen nicht, denn Lucrèce stellte sich lange Zeit taub gegen solche Vorschläge, aber sie hätte es sehr bedauert, wenn man nicht immer wieder darauf zurückgekommen wäre. Manchmal spielte sie die Ängstliche, als ob das alle nur Prüfungen seien, die Gott ihr schicke, um die Stärke ihres Entschlusses zu erproben. Dann wieder täuschte sie vor, daß der geistliche Stand derjenigen, die diese Vorschläge vorbrachten, sie versicherte, und sie erbat sich Zeit, um im Gebet zu Gott die Gnade der Erleuchtung darüber zu erhalten, was er mit ihr vorhabe. Als sie schon halb überzeugt schien, begann sie sich schlecht zu fühlen und erbat einige Male Dispens vom Fasten und der Messe und erweckte ganz den Eindruck, zu zart für die strenge Ordensregel dieses Klosters zu sein. Zunächst stellte sie sich, als wolle sie in einen gemäßigteren Orden wechseln, endlich ließ sie sich so nachdrücklich vorhalten, man könne sein Seelenheil auch in der Welt finden im Zusammenleben mit seinem Ehegatten und in der Aufzucht der Kinder in der Furcht des Herrn, daß sie sich schließlich zur Ehe überreden ließ, aber genauso peinvoll, wie sich ein Verbrecher zum Sterben entschlösse.

Laurence setzte davon sofort ihren Vetter in Kenntnis, und dieser ergriff die Gelegenheit gleich beim Schopfe, so freute er sich im Glauben, eine Nonne »verführt« zu haben. Deshalb mäkelte er auch nicht kleinlich an den Bedingungen des Ehevertrags herum wie beim letzten Mal und erkundigte sich auch nicht erst groß nach ihrem Vermögen, sondern begnügte sich mit dem allgemein im Kloster umlaufenden Gerücht, wonach sie begütert sei, und traute im übrigen Frommen weder Lügen noch unbesonnene Urteile zu. Sie aber hatte die Geschicklichkeit besessen, eine Menge Möbel kaufen zu lassen, wie sie einem achtbaren Hausstand zukommen, die sie nur zu einem Drittel bar bezahlt hatte, da man ihr den Rest gern kreditierte. Da fanden nun die zweitausend Taler von Nicodème eine sehr nützliche Verwendung, und sie machten dadurch den Eindruck einer viel größeren Summe. Und weil ja heutzutage die alberne Gewohnheit sehr verbreitet ist, die Hälfte der Mitgift einer Frau – und manchmal sogar alles – in Möbel, Geschenke und die Hochzeitszurüstung zu stecken, so war das noch ein ganz besonderer Köder für Bedout, zu sehen, daß er all diese Kosten und Ausgaben sparen würde. Was ihm auch vor allem gefiel, war die Bitte, die Angelegenheit ohne alle Feierlichkeiten abzuwickeln. Das war für ihn, als habe ihm Lucrèce die letzte Gunst gewährt. Und aus Angst, ihr Wesen könnte verdorben werden, sorgte er dafür, daß sie erst zum Kirchgang aus dem Kloster herauskam, und von dort ging's gleich ins Haus des Ehegatten, der sich dadurch im Besitz der Blüte der Jungfräulichkeit wähnte, der allerreinsten, die es je gab.

So kann man also feststellen, daß dies geschickte Mädchen vorging wie die Vogelsteller, die auch einen Vogel in den Käfig setzen unter eine Falle, um damit einen anderen zu fangen, denn Kloster und Sprechgitter dienten ihr nur dazu, einen Ehemann auf den Leim zu locken.

Ob sie nun glücklich oder unglücklich zusammen lebten, wirst Du eines Tages dann erfahren, wenn es in Mode kommt, das Leben verheirateter Frauen zu beschreiben.

ENDE DES ERSTEN BUCHES

Zweites Buch

An den Leser

Solltest Du erwarten, dies Buch sei die Fortsetzung des ersten und es gäbe zwischen beiden notwendigerweise einen Zusammenhang, dann bist Du genasführt worden. Laß Dir rechtzeitig den Irrtum benehmen und wisse, daß die Aneinanderreihung von Liebeshändeln zu jenen Heldenepen und Abenteuergeschichten paßt, in denen man schalten und walten kann nach Herzenslust. Es ist ganz einfach, sie mit Nebenhandlungen vollzustopfen und mit dem Faden der Romanhandlung zusammenzuflicken, ganz nach Laune und Vermögen dessen, der sie erfindet.

Aber so verhält es sich nun gerade mit dieser wahrheitsgemäßen und aufrichtigen Geschichte nicht, der ich lediglich die Form gebe, ohne auch nur im geringsten den Gegenstand zu entstellen. Es sind kleine Geschichten und Abenteuer, die sich in verschiedenen Vierteln der Stadt zutrugen und die nichts miteinander gemein haben. Ich versuche nur, sie zusammenzufügen, die eine an die andere, so gut mir das eben möglich ist. Um ihre Verknüpfung wird sich der Buchbinder kümmern müssen.

Nimm sie also – wenn es Dir beliebt – als voneinander unabhängige Geschichten, und verlange nicht, daß ich die Einheit von Ort und Zeit wahre oder daß ich Dir gar einen das ganze Stück beherrschenden Helden liefere. Erwarte auch nicht, daß ich alle meine Personen dazu ausersehe, am Schluß des Buches, wo man ja gemeinhin so viele Hochzeiten feiert wie beim Karneval, zu heiraten; denn es gibt unter ihnen vielleicht welche, die nach dem Courschneiden die Ehelosigkeit vorziehen, andere werden sich in aller Heimlichkeit trauen lassen, ohne daß Du und ich davon etwas erfahren. Ich lege mich auch nicht darauf fest, nur Liebesgeschichten in Szene zu setzen. Es sind ebenso Geschichten von Haß und Zänkerei dabei, wie die, die Du gleich erzählt bekommst. Schließlich können auch alle die anderen Leidenschaften, die das Bürgergemüt bewegen, bei Gelegenheit hier ihren Platz finden.

Solltest Du darin die große Regelhaftigkeit suchen wollen – die Du allerdings nicht fändest –, so wisse nur, daß der Fehler nicht im Werk, sondern im Titel liegt: nenne es nicht mehr Roman, und es wird Dir als Bericht außergewöhnlicher Abenteuer nicht mißfallen.

Durch Zufall mehr denn Absicht wirst Du hier Personen begegnen, von denen vorher schon die Rede war. Beispielsweise Charroselles, der mir hierbei zuerst einfällt und von dessen Wunderlichkeit ich Dir ja schon eine Kostprobe geliefert habe. Seine Beschreibung hatte ich absichtlich ausgelassen, um sie Dir hier nachzuliefern. Wenn Du darauf neugierig bist brauchst Du ja nur weiterzulesen.

Die Geschichte von Charroselles, Collantine und Belastre

Charroselles wollte nicht für einen Autor gehalten werden, obwohl das sein einzig empfehlenswertes Merkmal war und ihn bei aller Welt bekannt gemacht hatte. Ich weiß nicht, ob es Gewissensbisse wegen seiner Jugendsünden° waren, daß er diese Bezeichnung als Schimpf auffaßte. Wie dem auch sei, er wollte bloß als Edelmann gelten – als wenn diese beiden Eigenschaften nicht miteinander vereinbar gewesen wären –, obwohl er nicht älter als Dreißig war beim Tode seines Vaters, der als Prokurator starb°. Er hatte sich beikommen lassen, Anspruch auf adlige Herkunft zu erheben, und sobald er über die Mittel verfügte, zwei Schindmähren vor eine Art Karosse zu spannen, die immer staubig und verdreckt war. Diese beiden Pegasusse (so war ihr Name, da sie ja nun schon einmal einem Musensohn vom Parnaß dienten) bildeten sich darauf nichts ein und trugen weder den Kopf höher noch war ihr Gang stolzer als zu der Zeit, da sie auf den fruchtbaren Ebenen von Aubervilliers° ackerten. Ihr Meister behandelte sie so zartfühlend wie Kinder aus gutem Hause. Nie setzte er sie der Abendkühle aus, noch ließ er sie zuviel ziehen, am liebsten hätte er Bucephalusse aus ihnen gemacht, damit sie nur ihren Alexander trügen oder zumindest zögen. Er saß nämlich immer allein in seiner Karosse, nicht etwa, weil er etwas gegen Gesellschaft gehabt hätte, aber seine Nase wünschte die Zurückgezogenheit, und man ließ ihn gern seiner Wege gehen. Wer immer den Mut besaß, ihn mit Worten zu beleidigen, wagte niemals, sie an diese Nase zu richten, so rachsüchtig und schnell bei der Hand mit dem Heimzahlen war sie. Indessen steckte er sie überall hinein, und es gab kaum einen Ort in Paris, wo man sie nicht kannte. Diese Nase, die mit gutem Recht »Euer Eminenz«° genannt werden konnte und die man immer in Rot sah, war allem Anschein nach für einen Hünen gedacht gewesen und nichtsdestoweniger an einen Mann von ziemlich kleinem Wuchs abgegeben worden. Nicht, daß die Natur diesen kleinen Mann hatte zu kurz kommen lassen wollen, denn was sie ihm an Größe vorenthalten hatte, das hatte er an Dicke bekommen, so daß er gut im Fleische stand, das aber keine gute Form besaß. Sein Haar war überhaupt am allerunangenehmsten, und sicher hatte ein poetischer Maler ihn gemeint, als er seinen Kopf so skizzierte:

Haare sieht man hier wie Stacheln
Starr, fettig und in Strähnen
Sich auf seinem Spitzkopf sträuben
Ganz wirr stehn sie, jedoch in bestem Einvernehmen.
Es quält umsonst sich jeder Kamm
Mit seinen langen Zähnen, da hineinzubeißen.

Er kämmte sich auch nie anders als mit den Fingern, was in jeder Gesellschaft sein übliches Betragen war. Seine Haut war genarbt wie Marokkoleder, und ihre braune Farbe wurde aufgefrischt durch rote Finnen, die in hübscher Anzahl überall hervorkamen. Im allgemeinen machte er ein richtiges Satyrgesicht. In seinem breitem Schlitzmaul standen spitze Zähne: gute Voraussetzung zum Beißen. Für gewöhnlich umspielte ihn ein albernes Lächeln, dessen Ursache ich nicht kenne, es sei denn, er wollte aller Welt die Zähne zeigen. In seinen dicken, hervorquellenden

Augen lag noch etwas anderes: das waren nicht nur Froschaugen. Einige meinten, die Natur habe ihm, gerade so wie man sich auf einen aus der Fensterfront herausragenden Balkon stellt, um alles schon von weitem zu entdecken, die Augen nach außen gestülpt zum Auskundschaften, was es Böses bei den Nachbarn gäbe. Nie traf man ein schlimmeres Lästermaul, nie einen größeren Neidhammel. Nie war etwas nach seinem Geschmack. Wäre er beim Rat der Schöpfung dabei gewesen, wir hätten nichts von all dem zu sehen bekommen, was wir jetzt vor uns haben. Er war der größte Verschlimmbesserer, der sich denken läßt, und er tadelte alles Gute, um es schlecht zu machen. Er konnte an keiner Versammlung hervorragender Persönlichkeiten teilnehmen, ohne daß er versucht hätte, sie zu verunglimpfen. Überdies gab er sich, um seine Bosheit besser zu verbergen, den Anschein, ihr Loblied zu singen, während er sie in Wirklichkeit bekrittelte. Er glich darin gewissen gefährlichen Tieren, die einen mit ihren Krallen verletzen, wenn sie nur schmeicheln wollen, denn er konnte den Ruhm anderer nicht ertragen, und jedes Werk, das ans Licht der Öffentlichkeit gelangte, war eine Qual mehr für ihn. Ich gebe zu bedenken, wie grausam er in Frankreich, wo es so viele Schöngeister gibt, gepeinigt wurde. Seine angeborene Selbstgefälligkeit war noch gestiegen durch einen gewissen Ruf, den er sich in seiner Jugend mit ein paar kleinen Werken erworben hatte, die auch einigen Absatz gefunden hatten. Darin lag das große Unglück für die Buchhändler. Etliche von ihnen gingen ihm auch in die Falle, denn nachdem er den Schreibstil, der am ehesten seinen Anlagen entsprach, zugunsten ernsthafterer Werke aufgegeben hatte, verfaßte er mehrere Bände, die außer dem Korrektor in der Druckerei nie jemand gelesen hat. Sie wurden den Buchhändlern, die sich ihrer annahmen, zum Verhängnis. Das Palais und die Rue St. Jacques hat er schon ruiniert, und weil ihn sein Ehrgeiz immer höher treibt, nimmt er sich auch noch vor, den Puits-Certain zugrunde zu richten°. Er gibt jedermann Verzeichnisse von Büchern, die er fertig zum Druck hat, brüstet sich, fünfzig Bände Manuskripte zu besitzen, und bietet sie den Buchhändlern an, die sich aus Barmherzigkeit für das Publikum ruinieren wollen. Da er aber niemanden findet, der bereit wäre, für seinen Ruf Papier zu opfern, ist ihm ein vortrefflicher Einfall gekommen: Er verfaßt absichtlich eine Satire auf einen Autor oder ein Werk, die gerade im Schwange sind, in der Überlegung, daß die Neuartigkeit oder Bosheit seines Stücks ihm den Absatz sichert. Er gibt es dem Buchhändler aber nur, wenn er als Dreingabe eines seiner ernsthaften Werke druckt. Diese wunderhübschen Eigenschaften verschafften dem Mann eine schöne Anzahl Feinde, worüber er sich aber kaum bekümmerte, denn er haßte die ganze Menschheit, und niemand blieb ihm Dank schuldig, man zahlte ihm in gleicher Münze zurück. Wäre das hier eine Abenteuergeschichte, dann befände ich mich in ziemlicher Verlegenheit, ein Abenteuer zu erfinden, das ich dieser Person beigeben könnte. denn er warb nie um weibliche Gunst, und wenn man genauso gut sagen könnte: um Abneigung zu werben, dann würde ich mich dieses Ausdrucks bedienen, um zu erläutern, was er sein ganzes Leben lang tat. Er nahm immer nur eine Verbindung mit jemandem auf, um sie alsbald abzubrechen, und am längsten dauerte noch die mit einem Mädchen von fast gleicher Wesensart. Dies Mädchen war die Tochter eines Gerichtsdieners, empfangen in Prozeßhanselei und Rechtsgezänk und geboren unter einem solch unglücklichen Stern, daß sie ihr ganzes Leben lang nur prozessierte. Sie besaß eine ganz allgemeine Abscheu gegen alles, außer ihrem eigenen Vorteil. Selbst Eitelkeit und Putzsucht, die ihrem Geschlecht von Natur eignen, waren ihr zuwider. Gefräßig zeigte sie sich nur, wenn sie auf Kosten anderer essen konnte, und die Keuschheit, die ihr im höchsten Maß eignete, war Tugend wider Willen, denn sie hatte sich nie mit jemandem im Einvernehmen befunden. Alle ihre Gelüste waren nur auf den Besitz anderer gerichtet; allerdings sehnte sie sich dabei – um ganz ehrlich zu sein, – nur nach dem Gestreite, denn sie hätte weniger Befriedigung empfunden über etwas Geschenktes als etwas, das sie mit Gewalt und mit der Feder fechtend erstritt. Sehnsüchtig schaute sie auf die dicken Prozeßakten, unter denen die Lakaien der Gerichtsräte schwitzten, wenn sie sie zu den Richtertischen trugen, und manches Mal machte sie sich an die bedauernswerten Parteien, die ihnen folgten, heran und fragte sie, ob ihre Streitsachen verkäuflich seien, ganz nach der Art, wie es die Roßtäuscher bei den Pferden machen, die zur Tränke geführt werden.

Dies Mädchen war mager und vertrocknet aus Gram über ihr Schicksal, und der zweite Quell ihres Kummers war das Glück der anderen, weil ihre ganze Freude darin bestand, die Ruhe ihres Nächsten zu stören; und sie empfand weniger Freude über das Gute, das ihr widerfuhr, als über das Böse, das sie anrichtete. Ihre schmächtige und leichte Gestalt verlieh ihr eine große Ausdauer zu Fuß, was sie auch für ihre Besorgungen dringend brauchte, denn sie legte täglich so viele Wege zurück wie ein Leichenbitter. Ihre Geschäftigkeit und ihr Eifer waren bewundernswert: Noch vor Sonnenaufgang war sie auf den Beinen und fürchtete sich so wenig wie ein Werwolf°, nachts unterwegs zu sein. Ihr Geschick, den Schreibern um den Bart zu gehen und um die Advokaten herumzuscharwenzeln, war ebenso bemerkenswert wie ihr Gleichmut, mit dem sie deren Abfuhren und üble Launen ertrug: das alles sind die nötigen Voraussetzungen für jemanden, der das Prozessieren als Beruf ausüben will. Ich kann es mir hier nun nicht versagen, einige Possen aus ihrer Jugend zu erzählen, die damals schon die schönsten Hoffnungen weckten auf das, was seither aus ihr geworden ist:

Ihrer Mutter träumte in der Schwangerschaft, sie käme mit einer Harpyie nieder, und es hatte ganz den Anschein, als ob sie Züge eines solchen Ungeheuers im Gesicht trüge. Als Wickelkind fand sie ihren Spaß daran, anstatt wie andere Kinder zum Zeitvertreib mit einer Klapper zu spielen, sich mit dem Schreibzeug ihres Vaters zu ergötzen und knabberte an einer Ecke des Federkästchens, um die Schmerzen beim Zahnen zu lindern. Ein wenig größer geworden, bastelte sie sich Puppen mit Tüten aus alten Akten, gab den Bindfaden als das Gängelband aus, und der Aufschriftenzettel war für sie das Lätzchen oder die Schürze. Anstatt wie andere Mädchen das Spinnen zu lernen, lernte sie Heftschnüre zu machen, was ja sozusagen das Ausspinnen des Pergaments ist, um Papiere und Zettel darauf aufzufädeln. Ihre ganze unvergleichliche Begabung zur Prozeßhändelei zeigte sich vor allem, als sie in die Schule kam, denn sie hatte nicht sobald ihre sieben Psalmen – wiewohl die in gestochener Schrift geschrieben waren – als die hübsch gekrakelten Vorladungen und Verträge lesen gelernt.

Mit diesen schönen Neigungen, die sie mit zunehmendem Alter zur Geißel ihrer Nachbarn machten, so daß sie so gefürchtet wurde wie der Prokurator des

Grundherren von den Bauern, lasse ich sie jetzt einen Abschnitt ihres Lebens verbringen, ohne der denkwürdigen Rechtshändel Erwägung zu tun, die nichts zu unserem Thema beitragen bis zu dem Tag, an dem sie unseren heroischen Kritikaster kennenlernte. Diese Bekanntschaft machte sie im Palais, wie es ihm ja auch reichlich schwergefallen wäre, sie anderswo kennenzulernen. Es begab sich, als sie in eine Schreibstube trat und um eine Ausfertigung nachsuchte, daß Charroselles auch da war, um einen Prozeß gegen seinen Verleger zu betreiben wegen der Beschlagnahme eines seiner Bücher, dessen Verkauf jemand verhindern wollte, den er darin verspottet hatte. Für Prozeßhansel gibt es nichts Selbstverständlicheres, als sich gegenseitig ihre Streitfälle zu erzählen. Sie schließen schnell Bekanntschaft, und es mangelt ihnen nicht an Gesprächsstoff.

Collantine° – so hieß das händelsüchtige Fräulein – fragte ihn zunächst, auf wen er es abgesehen habe. Charroselles kam ihrem Wunsche nach und ließ sich des langen und breiten über seinen Prozeß aus. Als er zum Ende gekommen war, fragte er, um ihr die gleiche Freundlichkeit zu erweisen, wer ihre Gegenpartei sei. „Meine Gegenpartei!“ rief sie laut aus. „Also wirklich, davon habe ich ein gerüttelt Maß voll.“ „Wie das?“ erkundigte er sich. „Klagen Sie denn gegen eine Innung oder mehrere an ein und derselben Sache beteiligten Parteien?“ „Nicht doch“, gab Collantine zurück, „ich führe alle möglichen Prozesse gegen alle möglichen Leute. Allerdings geht der, dessentwegen ich jetzt hier bin, um eine ganz herrliche Rechtsfrage und verdient es wirklich, vor Gericht gebracht zu werden. Ich habe den Streitfall für nur hundert Taler gekauft und doch schon an die tausend Francs dabei herausgeholt.“

Ihre letzten Worte hörte ein gascognischer Edelmann, der sich auch in der Schreibstube aufhielt. Mit einem gewaltigen Fluch wandte er sich zu ihr um: „Was! Hundert Taler geben Sie für einen Prozeß! Ich habe hier zwei davon, die würde ich Ihnen umsonst geben.“ „Da sage ich nicht nein“, erwiderte das Fräulein. „Und ich verspreche Ihnen, sie weiterzuführen; es müßte schon mit großem Pech zugehen, wenn ich da nicht etwas herausholte.“

Und um ihrem Gerede mehr Gewicht zu geben, wollte sie ihm gleich eine ihrer Glanzleistungen zum besten geben. Und sie fuhr in aller Ausführlichkeit da fort, wo sie vor der Unterbrechung stehen geblieben war in ihrem Bericht. Sie war kaum weitergekommen darin, als der Gerichtsschreiber aus der Kanzlei kam und der Gascogner ihm unvermittelt ohne ein Wort des Abschieds nachstürzte. Sie hätte sich ganz genauso verhalten, wenn sie nicht so mit dem Erzählen beschäftigt gewesen wäre. Daher zieh sie den Gascogner auch nicht der Unhöflichkeit, denn es ist Usus am Palais, oft schon nach den ersten Höflichkeiten wegzulaufen und die Unterhaltungen, in die man aufs tiefste verwickelt ist, aufzugeben. Charroselles hatte dem Schreiber auch nachlaufen wollen, aber Collantine hielt ihn am Mantel zurück, um mit ihrer Prozeßgeschichte fortzufahren, deren Gegenstand zwar ziemlich amüsant, die Länge aber recht ermüdend war. Gehörte ich nun zu den Leuten, die von Romanen leben, daß heißt ihren Lebensunterhalt aus dem Verkauf ihrer Bücher bestreiten, böte sich mir hier eine herrliche Gelegenheit, das Buch anschwellen zu lassen und den Buchhändler, der es nach der Anzahl der Seiten bezahlt, zu übervorteilen. Weil das nicht in meiner Absicht liegt, will ich die Unterhaltung mit Stillschweigen übergehen und Dir nur mitteilen, daß selbst der liebenswürdigste Mann niemals mit größerer Geduld lauschte als Charroselles, der, als er glaubte seine Schuldigkeit getan zu haben, doch sehr erstaunt war, als das Fräulein den Schluß ihrer Prozeßgeschichte zu folgender Überleitung benutzte: „Der da ist aber gar nichts, verglichen mit dem, den ich bei der Edikt-Kammer° anhängig habe, bei dem es um eine sehr hübsche Frage des Gewohnheitsrecht geht und den ich Ihnen darlegen will, um Ihre Meinung dazu zu hören. Ich habe schon drei Rechtsanwälte dazu konsultiert, der eine hat ja gesagt, der andere nein, und der dritte – wir werden sehen! Manchmal war ich mit einer Beratung bei einem Mann von Geist und Urteilsvermögen (für welchen ich Sie halte) besser aufgehoben als bei all diesen Paragraphenreitern mit ihrem Kodex und ihren Indigesten°."

Diese kleine Lobhudelei, die ihm schmeichelte, verpflichtete ihn zu weiterer Aufmerksamkeit. Er trat des öfteren von einem Fuß auf den anderen, er unterbrach sie mehrmals, aber ganz so wie ein Hindernis in der Mitte eines Flusses die Fluten nur teilt, daß sie danach mit umso größerem Ungestüm weiterziehen, geradeso verstärkten seine Unterbrechungen nur noch die Wucht ihres Wortschwalls. Sie kam mit ihrer Angelegenheit und mit der Geduld ihres Zuhörers ans Ende und hörte am Schluß noch nicht einmal den Rat an, um den sie ihn doch gebeten hatte, nur, um mit Hilfe derselben rhetorischen Wendung ohne Unterbrechung zur Erzählung einer dritten Rechtsstreitigkeit überzugehen. Dem kam aber eine höhere Macht zuvor, weil die Nacht einbrach mit tiefer Finsternis, so daß sie zu ihrem großen Bedauern hier abbrechen mußte, mit dem Versprechen jedoch, ihm den Rest beim nächsten Mal, da sie die Ehre hätte, ihn wiederzusehen, zu erzählen. An Gebärde und Blick war deutlich ihr Mißvergnügen abzulesen, sicher sagte sie sich in ihrem Innern mehrmals: „Oh Nacht, eifersüchtige Nacht!“° und verwünschte sie, wie ein Liebender die Morgenröte, die die Geliebte seinem Arm entreißt. Ihr Vergnügen endete also mit dieser zwangsläufigen Trennung. Nichtsdestoweniger tauschten sie einige Artigkeiten aus, trugen sich gegenseitig ihre Dienste und gegenseitigen Empfehlungen für ihren Prozeßreferenten in ihren Angelegenheiten an. Collantine, aufs heftigste entbrannt, fragte als erste Charroselles nach einer Klageabschrift, um sie ihrem Prozeßreferenten zu übergeben, dessen Hochschätzung sie besitze, wie sie sagte. Hocherfreut gab er ihr eine, wobei er ihr einen weiteren Dienst dieser Art anbot, wenn sich die Gelegenheit dazu ergäbe. Sie ergriff diese gleich beim Schopfe, zog aus ihrer Tasche ein Bündel unterschiedlicher Gesuche zusammen mit einer vollständigen Liste aller Parlamentskammern und sagte zu ihm: „Schauen Sie doch nach, ob Sie jemanden von diesen Herren kennen.“ Auf seine Frage, mit welcher Kammer sie zu tun hätte, gab sie ihm zur Antwort: „Das spielt keine Rolle, weil ich Prozesse in allen laufen habe.“

Charroselles nahm die Liste und studierte sie im Schein einer Kerze bei einem Händler der Galerie. Er fand zwei, die er als seine engen Freunde bezeichnete und die vollständig unter seinem Einfluß stünden, und zwei oder drei andere, von denen er behauptete, daß sie auf Leute aus seinem Bekanntenkreis hörten, und er unterließ es nicht, sich der gewöhnlichen Ausdrücke derer zu bedienen, die versprechen, sich in solchen Angelegenheiten zu verwenden: „Ich werde Ihnen den da verschaffen, ich verschaffe Ihnen jenen dort“, und alles mit einer Selbstsicherheit, als hätten sie die Stimmen und die Unterstützung dieser Herren schon in der Tasche. Er nahm also einige der Gesuche, um dafür Sorge zu tragen und sie weiterzuleiten, indessen er weder das eine noch das andere tat, wie ja viele handeln, die sich dazu bereiterklären und damit nur ihr stilles Örtchen ausstatten, was reiner Diebstahl an demjenigen der Gerichtsbeamten ist. Was Charroselles angeht, so war sein Handeln entschuldbar, da er nicht sein Gelübde brechen wollte, niemals jemandem etwas Gutes zu tun.

Collantines war mit diesem höflichen Anerbieten noch nicht zufrieden, da sie ganz im üblichen Stil der Prozessierer vorging, die ja verwandtschaftlichen Beziehungen bei den Richtern in einer langen Generationenfolge und bis ins zehnte Verwandtschaftsglied und der Schwangerschaft nachforschen. Collantine fragte, ob er ihr nicht ein paar Adressen geben könnte, die ihr Zugang zu ein paar anderen Justizräten verschafften. So nahm er also die Liste wieder zur Hand und fand eine ganze Anzahl, womit er sie zufriedenstellen konnte. Unter anderen einen mit seinem Fingernagel markierend, sagte er zu ihr: „Ich kenne den Sekretär des Sekretärs von dem da ziemlich gut. Mit seiner Vermittlung kann ich Ihren Prozeß dem Privatsekretär empfehlen lassen und durch den Privatsekretär dem Herrn Justizrat." „Das ist gar nicht mal eine der schlechtesten Beziehungen, die man dabei haben könnte", meinte sie.

Er markierte ihr noch einen anderen und sagte: „Meine Schwägerin hatte ein Kind des ältesten Sohnes der Amme von diesem hier in Pflege, bei dem sie Köchin ist. Ich kann ihm auf diesem Weg ein Gesuch zustellen lassen." „Das sollte man nicht außer acht lassen", entgegnete Collantine, „geschieht es uns doch häufig, daß wir uns viel stärker von unseren Bediensteten beeinflussen lassen als von Verwandten oder Standespersonen. Da wir aber gerade dabei sind: kennen Sie nicht zufällig irgendeinen Jäger, weil ich gerade mit jemandem zu tun habe, der die Jagd über die Maßen liebt, und zwei Jäger singen ja immer in der selben Tonart: wüßt' ich einen, bäte ich ihn darüber zu reden, wenn sie zusammen auf dem Lande sind." „Einer solchen Empfehlung", meinte Charroselles, der den Schöngeist spielen wollte, „mißtraute ich eher, weil man ihm wohl nur beim Lauf über die Felder davon erzählt." „Das ist einerlei", gab ihm das Zankeisen zur Antwort, „so etwas hinterläßt immer irgendeinen Eindruck." Und mit der gleichen Zudringlichkeit zeigte sie ihm den Namen eines anderen, in dessen Wohlwollen sie sich auch setzen wollte. „Ach, der da", meinte er, „das ist ein großer Frömmler. Wenn Sie jemanden bei den Barfüßer-Karmelitern kennen, ist Ihre Angelegenheit unter Dach und Fach, denn man sagte mir, einer der Klosterväter habe ihn völlig in der Hand; seinen Namen weiß ich nicht, aber diese guten Väter helfen sich ja gern gegenseitig." „Ach, leider kenne ich mich da überhaupt nicht aus", antwortet Collantine mit einem tiefen Seufzer. „Dennoch, warten Sie: ich kenne da einen Franziskanermönch aus der Gegend von Lyon, von dem ich sagen hörte, er habe einen jüngeren Bruder in diesem Kloster; er wird jemanden aus diesem Orden oder einem anderen für mich auftreiben, ganz gleich wen, der sich meiner Angelegenheit annimmt."

Damit wollte sich Charroselles verabschieden, aber sie folgte ihm und blieb an seiner Seite, wobei sie ihm den Namen eines weiteren Richters nannte und ihn von neuem um die Gunst bat, die er ihr zuvor schon erwiesen hatte. „Also der", sagte er, „gilt allerorten als galant; er ist dem weiblichen Geschlecht sehr gewogen, und Sie können einer günstigen Aufnahme versichert sein, wenn Sie ihn mit irgendeinem gutaussehenden Frauenzimmer aufsuchen." „Ah!" erwiderte sie. „Ich weiß auch schon eine junge Dame als Begleitung. Man ließ sie letztens wegen ihrer Schönheit in unserer Gemeinde für die Kollekte sammeln. Sie werde ich um ihre Begleitung bitten, und ich glaube nicht, daß sie's mir abschlägt, denn sie war kürzlich Taufpatin eines Kindes zusammen mit dem Kanzlisten eines Prokurators, der mich in mehreren Instanzen vertritt."

Charroselles verabschiedete sich ein weiteres Mal, aber sie hielt ihn von neuem fest mit den Worten: „Ich möchte Ihnen bloß noch den da zeigen. Sagen Sie mir doch, ob Sie nicht ein paar seiner Freunde kennen." „Da kenne ich eine Menge, die ihm sehr nahestehn", antwortete er. „Ach! Haben Sie doch die Güte: wie heißen sie denn?" fiel sie in großer Erregung ein. „Die heißen allesamt Louisdor", gab er zurück. „Es heißt, wenn eine Gruppe von denen ihn um etwas bitten kommt, erreichen sie leichterhand alles." „Sie sind ein Spötter", versetzte unser Plagegeist. „Ich würde mich nicht zu sehr auf das verlassen, was man da erzählt. Üble Nachreden entbehren so oft jeder Grundlage, und kein Richter kann so gut sein, daß ihn die unterlegene Partei nicht der Bestechung durch Geld oder Freunde beschuldigte, was indessen beinahe nie stimmt."

Diese Spöttelei war Charroselles sehr dienlich, denn anders hätte er sich nie und nimmer den Händen und Fragen dieses Mädchens entwinden können. So schieden sie denn voneinander nicht ohne Beteuerungen, sich wiedersehen zu wollen, und gingen jeder seinen Weg nach Hause, suchend, im Finstern tappend und auf leisen Sohlen, was für Prozeßhanseln ja nichts Ungewöhnliches ist. Charroselles, der ganz ermüdet zu Hause angekommen war, setzte sich zu Tisch mit Schwester und Schwager, einem Arzt°, bei dem er Wohnung genommen hatte, und erzählte ihnen einen Teil der Ereignisse dieses Tages, unter anderem auch die Gespräche, die er mit einem ganz außerordentlichen Mädchen geführt hätte. Gemeinsam wunderten sie sich über das Wesen der Prozessierer und waren sich darin einig, daß man dem Himmel danken könne, wenn einem die beiden Torheiten, die allen aus diesem Metier anhaften, erspart blieben: die Gier nach Bekanntschaften, um den Richtern auf diese Weise Gesuche zukommen zu lassen, und die Zudringlichkeit, allen Leuten, denen man begegnet, seine Angelegenheiten zu erzählen und sie um Rat anzugehen. „Ich für mein Teil", sagte Lambertin, so hieß der Schwager, „wundere mich, mit welchem Eifer da Empfehlungen ausfindig gemacht werden, da sie doch zu so wenig nützen, und es erstaunt mich auch gar nicht, daß so wenig Aufhebens darum gemacht wird, stammen sie doch aus derart weitläufiger Bekanntschaft." „Und dazu übergeben die meisten die Eingaben derart gleichgültig und obenhin", meinte Charroselles, „daß ich der Verteilung von Handzetteln mit Werbung und Adressen der Quacksalber auf dem Pont-Neuf° fast lieber zusähe." „Die Überbringer von Streitschriften entschuldige ich viel eher", meinte Lambertin, „da sie Aufschluß über die Angelegenheiten geben, sind sie ja vielleicht zu irgend etwas nütze, das Unglück aber ist, daß jene Herrschaften sie in solcher Zahl erhalten, daß sie ihr ganzes Leben damit beschäftigt wären, wollten sie sie alle lesen. Das übliche Schicksal dieser Papiere ist dann, daß sie Gesuchen und Eingaben auf dem stillen Örtchen Gesellschaft leisten." „Mitunter ist das ja sogar ihr Glück, denn sollte der Herr Richter von einer gewissen Hartleibigkeit sein, dann kann er sich ja an der Lektüre ergötzen, wenn er bei der Arbeit ist, und ich halte dafür, daß vergleichbar dem Entzücken des Verliebten, der das Schäferstündchen erfährt, der Prozessierer sich glücklich schätzte, die Stunde der Hartleibigkeit zu erfahren." „Man muß aber auch zugeben, daß alle, die Mittel und Wege suchen, ihren Richter über ihren Fall zu unterrichten – wie auch immer sie das anstellen – Nachsicht verdienen, was für die anderen nicht zutrifft, die doch nur eine völlig fremde Person belästigen mit dem langen, ärgerlichen Bericht eines Prozesses, an dem sie nicht den geringsten Anteil haben. So kommt es dann schließlich soweit, daß der Beisitzer nichts mehr davon begreift, nicht nur, weil die Angelegenheit oft zu verworren ist, sondern auch, weil sich der Kläger über zu viele zum Verständnis nötige Umstände ausschweigt. Und weil er in seiner Sache ganz drinsteckt, glaubt er, auch die anderen seien damit so auf dem laufenden wie er selbst. Das Schlimmste aber ist, daß der Rat, den er einholt, ihm zu nichts nützt, denn weil er zu Unkundigen spricht, können sie durchaus keinen stichhaltigen Beschluß fassen, und wenn es sich um Sachkundige handelt, so wollen sie Dokumente und Prozeßakten sehen für ein vollständiges und gründliches Gutachten. Doch nicht nur die Kläger sind von dieser Sucht befallen, sondern alle, die mit ihnen zu tun haben, sind gleichermaßen davon angesteckt und kommen nicht umhin, in dieselben Fehler zu verfallen. Letztens machte ich eine sehr hübsche Erfahrung damit, die ich Ihnen in aller Kürze berichten möchte: Jemand vom Gericht hatte mir zu erkennen gegeben, daß ihm an einer engen Freundschaft mit mir gelegen sei, und hatte mich nachdrücklich zu einem Besuch eingeladen. Meinen ersten Besuch stattete ich ihm an einem Sonntag um zehn Uhr vormittags ab. Sobald er von meiner Ankunft erfahren hatte, ließ er mich bitten, in einem Nebenraum auf ihn zu warten, solange er in einem anderen Zimmer ein Rechtsersuchen eines seiner Freunde von Stande entgegennahm. Nachdem eine ganze Stunde vorbei war, empfing er mich überaus zuvorkommend und besaß gleich die Höflichkeit, mir sein Mißvergnügen darüber zum Ausdruck zu bringen, daß er mich so lange hatte warten lassen müssen. Als Entschuldigung erklärte er mir, er stehe mit einer Standesperson in enger Verbindung, die ihm eine höchst umstrittene Angelegenheit empfohlen habe, in der es aber um die allerhübschesten Rechtsfragen ginge, worauf er mir den Tatbestand darlegte, mit allen Umständen und Streitpunkten, wie er sie gerade von seinem Klienten erfahren hatte. Dieser Bericht dauerte eine weitere Stunde, so daß schließlich das Mittagsgeläut zu hören war, und da er noch nicht die Messe besucht hatte, mußten wir uns ohne jede weitere Unterhaltung trennen. Sie können sich ja vorstellen, welchen Nutzen und wieviel Befriedigung jeder von uns beiden aus diesem Besuch zog. Dabei war es nicht sehr kurzweilig, ihn denselben Fehler begehen zu sehen, den er zu tadeln und mißbilligen beabsichtigte."

In dieser Weise verlief das Gespräch von Lambertin und Charroselles während des Abendessens, und da des Spottens über die Prozeßhansel kein Ende ist, wäre diese Unterhaltung noch wer weiß wohin gelangt, wenn das Gespräch nicht in der größten Hitze von einem Gelärme unterbrochen worden wäre, das von fünf kleinen Kindern herrührte, die am anderen Ende der Tafel – aufgereiht wie die Orgelpfeifen – aus Leibeskräften losschrieen: „Laus Deo, pax vivis!"

und ein Geschnatter veranstalteten wie aufgescheuchte Enten oder Vögel. Die beiden brachen ihr Gespräch ab und falteten die Hände, dann nahm die Mutter das Kleinste auf den Schoß, um es zu herzen. Lambertin ließ den Kopf auf den Sessel sinken und begann zu schnarchen, Charroselles als Mann der Wissenschaft stieg in sein Arbeitszimmer hinauf, wo er sich zuallererst an die Gewissensprüfung aller Geistreicheleien machte, so wie er's gewöhnt war. Will sagen, er stellte schriftlich eine Liste aller hübschen Wendungen und treffenden Bemerkungen auf, die er tagsüber in den Gesellschaften gehört hatte, in denen er sich aufhielt. Danach zog er daraus gehörig Profit, denn er schrieb sie sich selber zu und stellte daraus ganze Werke zusammen. Manchmal streute er sie anderswo als auf seinem eigenen Mist gewachsen ein. Das Erlebnis dieses Tages bedeutete reiche Ernte für ihn, denn wahrscheinlich wird er diese Geschichte im erstbesten Buch aus seiner Feder wiedergeben und gewiß viel ausführlicher, als ich das hier tue. Es liegt dann nur an den Verlegern, wenn Du sie nicht zu Gesicht bekommst.

Gleich in den nächsten Tagen versäumte er nicht, Collantine zu besuchen, so wie er auch alle anderen Frauen und Mädchen der Stadt aufsuchte. Die große Neigung beider, ihrem Nächsten Böses zu tun, jeder auf seine Art, machte, daß sie gegenseitig eine große – erwarte nicht, daß ich sage: Freundschaft und Einvernehmen, sondern eher Gemeinsamkeit, wenn Du so willst – entwickelten.

Bei seinem ersten Besuch wollte Charroselles sie gleich nach den einführenden Grußworten mit seinem schönen Geist entzücken und ihr das Verzeichnis seiner Werke zeigen. Collantine unterbrach ihn aber und zeigt ihm zuvor eine Sammlung aller ihrer

Prozeßtitel. Danach machte er Anstalten, ihr eine Satire auf die Rabulisterei vorzulesen, in der er das Leid der Prozessierer beschrieb, davor aber las sie ihm eine Vorladung vor, die sie aufgebracht hatte gegen einen falschen Adligen, den sie wegen Titelanmaßung° vor den Steuergerichtshof hatte zitieren lassen. Als er einsah, daß er nicht mit einer geduldigen Zuhörerin rechnen konnte, wollte er ihr ein Sonett zeigen, von dem er behauptete, es sei ein Meisterwerk der Dichtung. „Ach, Meisterwerke“, sagte sie, „ich will Ihnen eine Vorladung in einem Erbanspruchsfall vorlesen, die so hübsch abgefaßt ist wie nur irgendeine.“

Er glaubte nun, mehr Glück zu haben mit der Ankündigung kleiner Stanzen, die nach seinen Worten die Liebeserklärung eines Liebhabers an seine Geliebte enthielten. „Was Erklärungen angeht“, unterbrach sie wieder, „da habe ich hier eine auf Gerichtskosten, die so gut formuliert ist, daß von dreihundert Artikeln kein einziger durchgestrichen oder angekreuzt wurde.“ Anstatt sich nun entmutigen zu lassen, bat er sie inständig, ihm bei der Lesung einer Epistel Gehör zu schenken. Sie antwortete darauf sofort, sie verstünde kein Latein, denn für sie waren Episteln nur die, die in der Kirche vor dem Evangelium verlesen wurden. Um sich besser verständlich zu machen, erklärte er ihr, daß es sich um einen Brief handle. „Wenn es um Briefe geht“, antwortete ihm Collantine, „davon habe ich alle möglichen, und ich werde Ihnen einen zeigen in Form einer Restitutionsklage, die durchkam gegen dreizehn Urteile, nachdem beide Parteien gehört worden waren.“

Als er einsah, daß es unmöglich war, sich Gehör zu verschaffen, zog er ein gedrucktes Büchlein mit einer kleinen Erzählung aus der Tasche, das er ihr gab unter der Bedingung, daß sie es noch an diesem Abend lese. Sie wollte nicht undankbar erscheinen und gab ihm gleich eine umfangreiche Streitschrift zu den gleichen Bedingungen. Schließlich und endlich: Ich weiß nicht, war es wiederum die Nacht oder eine andere Unterbrechung, die die beiden trennte, wie dem auch sei, sie gingen – wie ich glaube – sehr zufrieden darüber auseinander, sich gegenseitig fuchsteufelswild gemacht zu haben.

Da Charroselles keiner der schlechten Eigenschaften ermangelte, so besaß er wohl auch einen großen Eigensinn. Er bestand also hartnäckig darauf, Collantine irgendeines seiner Werke hören zu lassen, und da er an diesem Tag nicht vom Geschick begünstigt war, griff er zu einer List. So verfiel er eines Tages darauf, sie unvermutet aufzusuchen, um sie auf einen Spaziergang außerhalb der Stadt einzuladen mit der heimlichen Überlegung, daß sie ihn nicht bei der Lesung eines seiner Stücke unterbrechen könnte, um ihm andere Papiere zu zeigen, denn dort hätte sie sie nicht bei der Hand. Aber ach! Wie schwach und trügerisch sind doch des Menschen Ratschlüsse! Als er sie mitten auf dem Land hatte, in Unkenntnis über seine Absicht und ohne daß sie daran gedacht hätte, sich mit einer Verteidigungswaffe zu versehen, schickte er sich an, ihr eine Episode aus einem bestimmten Roman vorzulesen, der, wie er sagte, eine äußerst ränkevolle Geschichte zum Inhalt habe. „Tatsächlich“, erwiderte Collantine, „dann muß sie es aber schon in höchstem Maße ein, wenn sie noch schlimmer sein soll als ein Prozeß, den ich führe.“ Und mit diesen Worten holte sie unter ihrem Rock die Abschrift eines Protokolls in 55 großen, eng beschriebenen Doppelseiten hervor. „Ich werde es Ihnen vorlesen bevor ich es meinem Prokurator übergebe, der es morgen zustellen muß. Ich habe es mitgenommen in der Absicht, es ihm bei meiner Rückkehr zu übergeben. Ein Schöngeist wie Sie wird daraus wohl seinen Nutzen zu ziehen wissen, denn darin liegt der Stoff für einen ganzen Roman.“

Da es nun einmal ein Naturgesetz ist, daß der Schwächere dem Stärkeren weichen muß, hatte die Romanepisode vor dem Gerichtsprotokoll die Waffen zu strecken, gerade so wie ein Pygmäe vor einem Riesen. Charroselles war also gezwungen, ihr zuzuhören oder vielmehr sie lesen zu lassen, während er folgender Überlegung nachhing: „Bin ich nicht ein Unglücksvogel, nach so vieler Mühe, schöne Literatur zu verfertigen, nicht nur darauf beschränkt zu sein, sie nicht veröffentlichen zu können, da diese verfluchten Verleger sie nicht drucken wollen, sondern noch nicht einmal jemanden zu finden, der so gefällig ist, einer Lesung unter vier Augen zuzuhören. Sollte es mir endlich so ergehen wie den unglücklichen Liebhabern, die ihr Abenteuer den Bäumen und Felsen vortragen oder gar nach dem Beispiel des ehrwürdigen Beda°, der einem Haufen Steine predigte. Wenn ich dazu diese Abweisung nur von den Kritikern erführe, denen nur das nach ihrem Geschmack ist, was sie selbst verfassen, würde ich es mit Langmut hinnehmen. Daß ich es aber dulden muß von einer ganz gewöhnlichen Person, die noch nicht einmal imstande wäre, die Schwächen meines Werkes – einmal angenommen, es hätte welche – zu bemerken, und von der ich nur Beifall zu gewärtigen hätte, das ist etwas, was meine Geduld erschöpft.“

Währenddem las Collantine vor, unterbrach dabei häufig die traurigen Gedanken unseres untröstlichen Autors und meinte, ihn mit dem Ellenbogen in die Seiten stoßend: „Wundert es Sie nicht, daß ich einen Prokurator habe, der so gut Schriftsätze aufsetzt? Sie werden gleich die Äußerungen eines Vermittlers zu hören bekommen, die verglichen damit gar nichts sind."

Dann und wann fragte sie ihn, was er davon hielte, und er, seinem Gelöbnis folgend, nichts zu loben und hinreichend entschuldigt, wenn er bei dieser Gelegenheit zu seinem Wort gestanden hätte, antwortete ihr in der Sprache der Schulfüchse, deren er sich ein wenig befleißigte: „Ich kann daran nichts finden, »nisi verba et voces«°." Und nach einer Erklärung dieser Worte gefragt, sagte er, nichts fände er angemessener getauft als ein Protokoll, denn in der Tat sei hier doch nur Wort an Wort geleimt°.

Collantine hatte bald eine trockene Kehle, was sie aber nicht vom Vorlesen abhielt. Diese Beeinträchtigung sowie die Hitze, die aufgekommen war, nötigten unseren wenig zuvorkommenden Mann, sie zu einer klitzekleinen Erfrischung einzuladen, zu welchem Behufe sie in der »Pissote«° einkehrten. Kaum war aufgedeckt, als Collantine das Brot in der Hand abwiegend gegen den Wirt loskeifte, es habe nicht das gesetzlich vorgeschriebene Gewicht°, und sie würde die Polizei einschalten. Dies Gezänk, dem ihr Begleiter dann noch eine karge Bestellung folgen ließ, da er im übrigen sehr sparsam war, bescherte ihnen ein sehr dürftiges Mahl, das man in des Wortes schmalhansigster Bedeutung einen Imbiß nennen konnte. Am schlimmsten wurde es, als es zum Bezahlen kam. Charroselles stritt mit dem Wirt über jeden einzelnen Posten und machte recht großen Lärm, als Collantine sich dazugesellte, weil sie nach ihren Worten zu diesem Prozeß als Intervenientin Zulassung wünschte. Sie nahm nun ihrerseits die Zahlmarken°, zankte über jeden Punkt und mäkelte auch an denen herum, über die man sich schon geeinigt hatte. Vor allem aber be-

stand sie darauf, daß man das Brot nur im Verhältnis von zehn Sous auf ein Dutzend bezahle, denn zu diesem Preis habe es der Wirt, wie sie versicherte, vom Bäcker erstanden, und es genüge für ihn, wenn er den Dreizehnten als Gewinn einstreiche. Als indessen der Gastwirt auf seinem Preis beharrte, wollte sie nach einem Gerichtsbüttel schicken lassen, um zu seinen Händen den Preis der Zeche verwahrlich niederzulegen, sich der Aushändigung des Geldes mit einer Vorladung zu widersetzen, um den Preis nach Gesetz und Ordnung feststellen zu lassen. Mit lauter Stimme sagte sie, es ginge ihr dabei gar nicht um die Summe, aber diesen Beutelschneidern müsse deutlich gemacht werden, daß sie nicht alles erhielten, was sie verlangten. Was eine ganz übliche Ausrede der Geizkragen ist, die immer beteuern, nicht über die Höhe der Summe zu streiten, die aber nichtsdestoweniger einverstanden wären, wenn gar nicht gezahlt werden müßte. Schließlich befreite sie Charroselles Freigebigkeit wider Willen aus dieser mißlichen Lage, zu Collantines großem Bedauern über diese versäumte Gelegenheit, einen Prozeß anzustrengen. Sie versicherte denn auch mit erhobener Stimme, hätte er mit ihr zu tun gehabt, dann wäre das dem Wirt übel bekommen, und es wäre ihn teuer zu stehen gekommen. Sie tröstete sich indes damit, ihm einen Gerichtskommissär zu schicken und ihn zu einer Geldbuße verurteilen zu lassen. Unser bedauernswerter Autor, der noch nicht einmal ein Lob zu hören bekommen hatte für seine Ausgaben, suchte noch einige Male bei den Besuchen, die er Collantine abstattete, die Gelegenheit zu irgendeinem Vortrag, aber davor war sie immer sehr auf der Hut. Sie besaß gar nicht einmal eine Abneigung gegen seine Werke, aber sie hatte so viele andere Papiere zu lesen, an denen sie Geschmack fand, daß sie Muße nur für diejenigen aufbrachte, die ihrer Leidenschaft entgegenkamen. Eines schönen Tages, als er wieder mehrere vergebliche Versuche unternommen hatte, bekam er einen derartigen Zorn, daß er beinahe so weit war, sie zu fesseln und zu knebeln, um seine Rache auszukosten und ihr in aller Muße zu predigen, als sich unversehens eine neue Gelegenheit für einen Prozeß bot.

Ich weiß nicht, welchen Punkt ihre Unterhaltung erreicht hatte, aber das Fräulein sagte: „Übrigens wollte ich eine Bitte an Sie richten: Tun Sie mir doch den Gefallen, mir etwas zu leihen, das Sie im Arbeitszimmer Ihres verstorbenen Herrn Vaters finden können." „Was ist es denn?" fragte Charroselles. „Brauchen Sie Bücher über die Kriegskunst oder solche über das Rittertum? Ich habe eine Kunst des Festungsbaus von Errart°, Fritat, de Ville und Marolois, ich habe Bücher über die Kriegsmaschinen des Jean-Baptiste Porta und Salomon de Caux, die Bücher von de Pluvinel und de la Colombière." Womit er glauben machen wollte, sein Vater sei ein großer Kriegsmann gewesen. „An dem ist es nicht", sagte sie darauf, „es handelt sich nur um eine Urkunde." „Ah!" entgegnete er. „Davon hatte er seltene und kuriose: Er besaß alle Stücke, die während der Liga° und gegen die Regierung verfertigt worden waren: Die kuriose Ehescheidung, Das fehlbesetzte Bettgäßchen, Die Konfession von Sancy° und viele andere." „Das ist es noch immer nicht", begann Collantine wieder, „ich möchte nämlich gern ein Urteil vorlegen, das in einem ähnlichen Fall ergangen ist. Man hat mir gesagt, daß es dabei einen Beschluß über eine ganz ähnlich gelagerte Frage gegeben hat in einer Instanz, bei der Ihr verstorbener Vater Prokurator war. Man hat ihm vielleicht die Beutel überlassen°, und ich bitte Sie, die

Eingabe an sich zu nehmen und den Beschluß suchen zu lassen oder mir allermindestens das betreffende Datum zu sagen." „Sagen Sie das", antwortete ihr Charroselles, „um mich zu beleidigen? Wissen Sie denn wirklich nicht, daß ich Edelmann bin? Ich besitze ein Vermögen von achtzigtausend Livres, unterhalte eine Karosse, zwei Lakaien und einen Kammerdiener, und nach alledem tun Sie mir den Schimpf an, mich für den Sohn eines Prokurators zu halten?" „Wär es an dem", gab Collantine zurück, „dann geschähe Ihnen kein großes Unrecht, denn ich schätze einen Prokurator genauso, wenn nicht noch mehr als einen Edelmann. Dafür gibt es hunderte von Gründen und besonders einen, der entscheidend ist: Es gibt nämlich keinen Edelmann, wie mächtig auch immer, der den armseligsten Prokurator hätte ruinieren können, und es gibt keinen noch so armseligen Prokurator, der nicht etliche Edelleute ruiniert hätte."

Und ohne ihm Zeit zum Unterbrechen zu geben, nannte sie ihm, da sie sich in ihrem Palais bewundernswert auskannte, zum Beweis, daß sie nicht einfach nur ins Blaue hinein rede, Namen und Anschrift des Amtsnachfolgers seines Vaters, nannte ihm den Namen des Notars, den er beschäftigte zur Zustellung der Urkunden, den Hilfsschreiber, der seine Urteile auf Pergament übertrug, die Schenke, in der er zu Mittag aß, die Schreiber, die er in seiner Kanzlei beschäftigte, kurz und gut so viele Einzelheiten, daß Charroselles, überzeugt von der Richtigkeit und betreten von seinem Vorwurf, seine ganze Rettung nur noch in seiner Frechheit suchte und ihr ins Gesicht hinein behauptete, das alles sei falsch. Collantine folgerte daraus sofort: „Ich habe also gelogen!" und gleichzeitig gab es ein Hin und Her von Ohrfeigen und Faustschlägen. Sie war die erste beim Maulschellieren und beim Schreien: „Hilfe! Mörder! Man schlägt mich tot!" Und obwohl sie weniger Schläge bekommen hatte, schrie sie am lautesten. Was den armen Charroselles angeht, war er nur mit seiner Verteidigung beschäftigt, und obgleich ihn nicht etwa Respekt vor dem anderen Geschlecht zurückhielt (denn das hatte er weder dem anderen Geschlecht noch dem Alter gegenüber), war das Glück dennoch nicht auf seiner Seite, da er nur ans Beißen gewohnt war und nicht ans Ohrfeigen oder Schlagen. Das Possierlichste war aber, daß sich unter den Nachbarn, die zu Hilfe eilten, zufälligerweise Collantines Bruder befand, der das Amt des Stadtpolizisten von seinem Vater geerbt hatte. Obwohl er große Zuneigung für sie hatte, hütete er sich wohlweislich, die Kämpfenden zu trennen, die sich so gar nicht wie Liebesleute umarmten, sondern nahm die Umstehenden zu Zeugen und schrieb in aller Eile ein Klagegesuch, und je länger er die beiden schlagen sah, um so fleißiger füllte er die Seiten.

Schließlich mußte der Unglücksautor Fersengeld geben, weil die ganze zusammengelaufene Nachbarschaft sich auf seine Kleidung stürzte und ihn in eine so erbärmliche Verfassung brachte wie ein gerupftes Gössel. Der Polizist schickte eilends nach Gerichtsbütteln, nach denen seine Schwester laut keifte. Zugleich warf sie ihm vor, er mische sich in ihre Angelegenheiten, sie kenne sich – Gottseidank – im gerichtlichen Procedere hinlänglich aus, um ihre Gegenpartei mit Stumpf und Stiel zugrunde zu richten, kurz, sie wolle ganz allein die Ehre für sich haben, diesen Prozeß einzuleiten und zu seinem Ende zu bringen.

Als der Gerichtsamtmann eingetroffen war, ließ sie im Nu eine umfangreiche Untersuchung ausfertigen, und man verstand nun die Aussage eines trefflichen spanischen Autors, daß nichts in kurzer Zeit so schnell wachse wie ein Verbrechen unter der Feder des Gerichtsschreibers. Sie erwirkte in kurzem einen Verhaftungsbefehl, und da sie keine wirklichen Verletzungen aufwies, rieb sie sich die Arme mit ein wenig Reißblei ein, dann klebte ihr ein Wundarzt einige Pflaster und erstellte ihr ein Gutachten über mehrere Ekchymosen (soll heißen Schrammen). Dieser gewichtige Ausdruck führte zu zwei Urteilen mit Zuerkennung eines Schmerzensgeldes von jeweils 80 Parisischen Livres. Charroselles, der keine anderen Rechtskniffe beherrschte als die, mit deren Hilfe er die anderen Autoren schmähen konnte, geriet dermaßen in Bedrängnis, daß er gezwungen war – wollte er dem Gefängnis entgehen – sich einige Tage im Landhaus eines seiner Freunde zu verbergen. Dort bestand sein einziger Trost darin, seinen Zorn aufs Papier zu werfen und sich der Waffe seiner Kunst zu bedienen. Er machte sich an eine Satire auf Collantine und ergoß seine Galle gleich über ihr ganzes Geschlecht. Er suchte unter seinen abgedroschenen Gemeinplätzen alles heraus, was sich gegen Frauen richtete und vergaß dabei auch nicht die Stelle bei Salomon, wo es heißt, er habe auf tausend Männer einen, auf alle Frauen aber nicht eine einzige gute gefunden. Danach verfertigte er ein Verzeichnis aller bösen Weiber der Antike und verglich sie mit seiner Gegenpartei, auf die er all die Verbrechen jener anderen häufte. Er beschrieb sie hundertmal furchtbarer als Megäre, Alekto oder Tisiphone°. Wie er gerade mit dem Schmähen im schönsten Schwange war, fiel ihm ein, daß alles, was er da schrieb, vergeblich sein könnte, weil die Buchhändler dieses Werk wie so viele andere, die sie ihm abgelehnt hatten, nicht drucken würden. Deshalb beschloß er, um nicht weiterhin umsonst zu arbeiten, ihnen erst auf den Zahn zu fühlen, bevor er ein neues Werk begann. Er wollte es damit halten wie vormals La Serre° und andere Autoren, die als Lohnschreiber der Buchhändler das Korn immer aßen, bevor es gesät war, will sagen, mit ihnen über ein Buch verhandelten, von dem sie erst den Titel geschrieben hatten, sich darauf einen Vorschuß geben ließen und in eine Schenke essen gingen, wo sie es dann mit fliegender Feder verfaßten. Ja, oft kam es sogar soweit, daß die Buchhändler sie in der Kneipe oder dem Wirtshaus auslösen mußten, wo sie eine Zeche gemacht hatten, die weit über die vorgestreckte Summe hinausging. Er schrieb folglich an alle Buchhändler, die er kannte, unterbreitete ihnen sein Vorhaben und schickte ihnen einen Plan oder eine Probe seines Werkes, um zu erfahren ob sie's drucken würden. Da die Buchhändler aber aller seiner Schriften überdrüssig waren wegen des geringen Erfolgs seiner früheren Bücher, ließen sie ihn unverblümt wissen, nichts von ihm drucken zu wollen, er habe sie denn vorher für alle verursachten Verluste entschädigt, was ihn in eine solche Wut versetzte, daß er das Buch, an dem er gerade arbeitete, zerrissen hätte, ohne die väterliche Liebe, die er dafür hegte.

Nichtsdestoweniger ließ er dadurch von seinem Vorhaben ab. Sein Grimm gegen Collantine war indessen noch nicht abgeflaut und so wollte er wenigstens einige kleinere Stücke gegen sie verfassen, um sie dann als Manuskript bei den Leuten, die sie kannten, in Umlauf zu setzten. Da sich Prosa nicht in enge Grenzen zwängen läßt, war er gezwungen, sich an Versen zu versuchen. Nun besaß er aber eine ganz eigenartige Abneigung gegen die Dichtkunst, und was er auch angestellt hatte, in seinem ganzen Leben waren ihm nicht einmal zwei Reime gelungen. Schließlich erreichte seine Erregung einen solchen Grad, daß sie zum Furor poeticus wurden, und gerade wie des Krösus stummer Sohn, der seine Zunge löst bei der großen Anstrengung, seinen Vater vor der drohenden Ermordung zu warnen, genauso verfaßte Charroselles – außer sich vor Zorn über Collantine – trotz seiner Abneigung gegen Verse dieses Epigramm:

Du Wandel-Säule im Gericht
Aufgegebener Prozesse Seele
Wie schade daß, – da Du so drauf erpicht –
Normannenblut° Dir in den Adern fehle.
Eines Tages wirst aus Ränkelust Du kühn
Noch vor Gericht – ich will es hier berufen –
Den Himmel und das Schicksal ziehn,
Die Dich so bettelhaft und häßlich schufen.

Obwohl dieses Epigramm nicht gelungen war, war es doch mindestens annehmbar für einen Mann, der seinen ersten Versuch machte. Er schickte es an all seine Freunde. Zu seinem Glück gelangte es aber nicht zur Kenntnis Collantines, denn sie hätte nicht angestanden, es gerichtlich verfolgen zu lassen und es als Schmähschrift zu bezeichnen. Er hielt sich daher für wohl gerächt (poetisch versteht sich), denn jeder rächt sich auf seine Weise: ein Autor mit seinen Versen, ein Adliger zieht vom Leder, und ein Advokat verursacht Kosten. Einige Zeit später machte Charroselles – durch ich weiß nicht welche glücklichen Umstände – die Bekanntschaft eines Prokurators vom Chatelet, einen Meister seines Fachs, der ein würdiger Gegenpart für Collantine und ihren Bruder, den Büttel, gewesen wäre, hätte er gegen beide zu streiten gehabt. Dieser schickte ihn, um ihm eine Rache nach seiner Art zu bereiten, zu einem Kommissär, der ihn ein Gegengesuch aufstellen und es zurückdatieren ließ auf den Tag, an dem der Streit statthatte, was ganz ohne Bedenken geschah, weil so etwas den königlichen Beamten Mandanten verschafft, dank ihres Präventionsrechts° gegenüber Untergebenen. Als Zeugen ließ er zwei seiner Diener vernehmen, deren Namen und Stand er verschleierte, indem er sie in anderen Kleidern vorführte, ja er erhielt sogar, ich weiß nicht wie, irgendeine Bestätigung von einem Wunderarzt (denn seine Wunden, von denen er eine ganze Anzahl gehabt hatte, waren schon verheilt). Auf diese Weise erwirkte er eine ähnliche Verfügung und zwei Schadensersatzurteile, die zweimal höher lagen als die der unteren Instanz, und zwar aufgrund einer Eifersüchtelei in der Rechtsprechung: dergestalt, daß der Polizeidiener, den das Urteil gerade so wie seine Schwester betraf, gezwungen war, es eine Zeitlang zu machen, wie es bei den guten Leutchen heißt: Joseph ließ seinen Rock im Stich und floh. Das Gegenmittel dafür war, eine Verfügung zu erwirken, die den Parteien den Vollzug des Urteils untersagte und anordnete, anderweitige außergerichtliche Vergleiche in die Wege zu leiten, die Schadensersatzansprüche gegenseitig auszugleichen und den Überhang zu bezahlen, was das übliche Verfahren ist. Und wegen dieses Überhangs wurde der arme Amtsbüttel einige Zeit später, als er sich dessen überhaupt nicht versah, ehrenrührigerweise gefänglich eingezogen durch einen seiner Amtsbrüder, der um eine kleine Summe gern die Vollstreckung dieses Zwangsmittels gegen ihn übernahm. Die Angelegenheit wurde ins Register aufgenommen, und nachdem sie lange Zeit betrieben und vor Gericht füglich verteidigt worden war, wurde das Verfahren ohne irgendeine Entschädigung, Schadensersatz oder Gerichtskosten niedergeschlagen. So verblieben die Schläge bei den Geschlagenen, und alle großen Ausgaben, die die Parteien nach beiden Seiten getätigt hatten, gingen zu ihren eigenen Lasten.

Nun, Leser, muß Du aber wissen, daß es im Buch des Schicksals geschrieben stand oder aber zunächst im eigenwilligen Kopf Collantines, der nicht weniger wechselhaft war, daß sie sich niemals mit jemandem verheiraten würde, der sie nicht im Prozeß besiegt hätte, wie einst Atalante° sich keinem Freier ergeben wollte, der sie nicht im Wettlauf besiegt hatte. So daß dieser glückliche Erfolg Charroselles nützte, anstatt ihm zu schaden, und obgleich er sie in Wirklichkeit nicht völlig geschlagen hatte, brachte er es mindestens zuwege, daß sie ihre Überlegenheit verloren hatte wie in den alten Ritterspielen, die nach gegenseitiger Bekundung von Tapferkeit ohne die vollkommene Niederlage eines Gegners beendet wurden. Daher erlebte man hier nichts von dem, was normalerweise auf einen Prozeß folgt, denn es brachte sie einander nur noch näher und flößte ihnen eine gegenseitige Wertschätzung füreinander ein. Vor allem Collantine, die sich auf diesem Feld für unbesiegbar hielt, bewunderte den Helden, der ihr die Stirn geboten hatte, und begann, ihn ihrer würdig zu finden. Auftritt indessen ein Rivale – oder besser ein anderer Prozeßhansel – der allem in die Quere kam.

Die Beschreibung einer solch außergewöhnlichen Person kann ich nicht unterlassen. Er war ein Mann, der durch die unerforschten Ratschlüsse der Vorsehung, die den Menschen auf immer verborgen sein werden, zu einem gewichtigen Richteramt gekommen war. Und um Dir eine Vorstellung von seiner Befähigung zu geben, wisse, daß er aus dem Périgord stammte: Jüngster Sohn einer Familie von Adel, nach dem, was er erzählte, der aber mit vollem Recht Strohadel hätte heißen können, war er doch unter einem Strohdach zuhause. Auch hatte ihn eher die Armut als die Tapferkeit zum Soldaten in einem Regiment gemacht, und Fortuna hatte ihm soweit fortgeholfen, bis er es zum Kavalleristen gebracht hatte, als sie ihn nach Paris führte.

Die braven Naturforscher hätten das Tier, auf dem er ritt, zwar Pferd genannt, diejenigen aber, die nur nach seinem Wuchs, seiner Haltung und seiner Lebhaftigkeit gingen, nahmen es eher für einen Esel. Der wurde gleich am ersten Markttag für 20 Taler an einen Gärtner verkauft, und das war gut so, weil er sonst schlimmer gehandelt hätte als Saturn, der seine eigenen Kinder verschlang: er hätte sich selbst aufgefressen. Der Lakai, der dem Pferd folgte (ich muß mich dazu durchringen, es so zu nennen), entsprach seinem Herrn in Vorzügen und Gestalt zur Gänze. Er war zwergwüchsig und bärtig, sehr bewandert in der Kunst des Nasenstüberns und sachkundiger Stecher diverser Hinterteile mit Nadeln – mit einem Wort, von hinreichender Bösartigkeit, um Page zu sein, wenn er denn adlig gewesen wäre, gesetzt den Fall, man suchte immer den Adel bei solcher Art Herren. Zu seinen guten Eigenschaften gehörte, daß er die noch übertraf, die bei Wasser und Brot fasteten, denn er hatte gelernt, bei Wasser und Kastanien zu fasten. Was auch wohl vonnöten war, um mit solch einem Herrn zu leben. Denn wäre er nur im geringsten gierig gewesen, hätte er ihm das Fleisch von den Knochen nagen müssen, was im übrigen auch keine nennenswerte Zehrung gewesen wäre, denn der arme Mann und seine Börse waren zwei gar kümmerliche Dinge. Wenn denn das Sprichwort »Wie der Herr, so's Gescherr!« stimmt, dann wirst Du, mein lieber Leser, den ich, wie's scheint, schon lange nicht mehr angesprochen habe, ersehen können, um was für einen Herrn es geht, und wahrscheinlich erwarten, daß ich endlich ein Porträt verfasse. Ich werde wenigstens einen Entwurf liefern. Er war so häßlich, wie man sich's nur wünschen konnte, wenn es denn in Bezug auf Häßlichkeit überhaupt etwas zu wünschen gibt, aber ich bin ja nicht der erste, der so etwas sagt.

Sein Mund war von großzügigster Ausdehnung, damit bezeugend, daß er gerne eingehend mit den Ohren geredet hätte, die – beherzte Zeugen seines Schöngeistes – im übrigen auch ein großes Format hatten. Die Zähne saßen ihm in schöner Abwechslung im Zahnfleisch wie die Zinnen eines Schlosses. Seine Zunge war dick und trocken wie bei einem Ochsen; dazu konnte sie noch durchaus als geräuchert gelten, hielt sie doch jeden Tag im Rauch von sechs Pfeifen Tabak aus. Er besaß kleine und geäderte Augen, die dennoch tiefliegend in großer Zurückgezogenheit lebten. Er hatte eine Sattelnase, eine vorgewölbte Stirn, schwarze fettige Haare und einen roten strohigen Bart. Sein bißchen Hals war kaum der Rede wert. Eine Schulter überragte die andere wie ein Berg den Hügel, und sein Wuchs war so kurz wie sein Verstand. Mit einem Wort: Sein Äußeres besaß alle möglichen schlechten Eigenschaften, außer daß es trog. Man konnte ihn getrost beherzt vom Scheitel bis zur Sohle nennen, denn seine Tapferkeit trug er im Maul und an den Fersen. Allerdings klebte ihm bei der Armee das Pech derartig an den Füßen, daß er nach zwanzig Feldzügen noch nicht so viel erworben hatte, wie sein gesetzliches Erbteil betragen hatte (weniger ist dazu nicht zu sagen), so daß er gezwungen war, sein Auskommen in Paris zu suchen, was sein vorzüglichstes Winterquartier wurde.

Was seinen Geist angeht, so erwies der sich seinem Körper ebenbürtig. Und obwohl der erst richtig zum Vorschein kam, als er auf dem Richterstuhl saß, lieferte er dennoch ein paar Kostproben, die Rückschlüsse darauf zuließen, wes Geistes Kind er war. Als man ihm einmal von der großen Karthause° erzählte, fragte er , ob das die Frau des Karthäusergenerals sei. Andere fragte er auch, woraus das Erzene Pferd° bestünde, und angesichts seiner Einfalt machte man ihm weis, daß die Fischer des Nacht die Haare aus dem Pferdeschwanz zögen, um daraus ihre Angeln zu verfertigen. Eines Tages wettete er, die Samariterin vom Pont-Neuf° sei aus Paris und spottete über einen Bakkalaureus, der ihm anhand der Bibel das Gegenteil beweisen wollte. Als er eines Tages von der Gluckhenne, dem Siebengestirn°, reden hörte, wollte er wissen, wieviel mal pro Jahr sie denn Küken habe. Ein andermal, als ein Dominikaner ihm von der Heiligen Inquisition erzählt hatte, suchte er ihn am nächsten Tag auf, um ihm mitzuteilen, es sei ein arger Mißbrauch, sie heilig zu nennen, denn er habe weder ihren Festtag im Kalender noch ihre Lebensbeschreibung im Florilegium der Heiligenlegenden° gefunden. Wie er sich eines Tages in den Tuilerien° erging und sich jemand über die Herkunft des Namens dieses Gartens verwunderte, da antwortete er, es habe vormals einen König von Frankreich namens Tuile gegeben, und von dem stamme der Name. Das heißt, die Geschichte seines Landes aufs Wunderbarste kennen. Wobei ich gar nicht sagen kann, ob er nicht ebenso recht hatte wie jener Wortforscher, dem es wegen des Namensgleichklangs beikam zu behaupten, der Salat sei von Saladin erfunden worden. Um bei den Fürsten zu bleiben: Wenn er von denen der Venezianer und Perser sprach, sagte er gewöhnlich »der Dohge von Venedig« und »der Saphír von Persien« anstatt »Dosche« und »Sáfi«°. Ein andermal bemerkte er auf dem Weg nach Charenton einen Glokkenturm und wollte wissen, was das sei. Man antwortete ihm, dies sei das Haus der barfüßigen Karmeliter. „Ah, wirklich!" sagte er, völlig im Irrtum darüber, was wir »die von der Religion der Charentoner«° nennen. „Ich hätte nicht gedacht, daß es bei den Hugenotten barfüßige Karmeliter gibt."

Wollte man seine denkwürdigen Sinn- und Kernsprüche alle sammeln, käme man auf eine stattliche Anzahl und könnte das Buch des Herrn Gaulard° noch ergänzen, der ja ähnlichen Geistes war. Dennoch ließ es sich Fortuna trotz so lachhafter körperlicher und geistiger Gaben beifallen, diesen Ausbund von Häßlichkeit auf einer großen Bühne erscheinen zu lassen, wie Gaukler, die zur Belustigung des Publikums dort Affen auftreten lassen.

In einer der angesehensten Gerichtsbarkeiten der Stadt war schon seit langem die Stelle eines Profoß zu besetzen. Zunächst erschienen auch mehrere Personen von Geist und Wissen, um darüber zu verhandeln; es traten dann aber Hindernisse in solcher Zahl auf – und zwar in Gestalt einer endlosen Reihe von Gläubigern –, daß die rechtschaffenen Bewerber schließlich zurückschreckten, weil sie sich außerstande sahen, in die Ränkespiele einzutreten, die unerläßlich waren, um die Wahlstimmen so vieler Leute zu kaufen. Man setzte also einen kommissarischen Verwalter auf die Stelle, dem dann wegen verschiedener Diebereien der Prozeß gemacht wurde. Und der Haß, der sich gegen ihn ansammelte und seine Entlassung unumgänglich gemacht hatte, erleichterte Belastre° (so hieß nämlich unser zukünftiger Richter) den Zugang zu diesem Amt. Derart also gelangte er zu einer Würde, die für jemand anderen eine Ehrenstelle gewesen wäre, für ihn aber eine mit Schimpf und Schande werden sollte.

Einer seiner Brüder hatte in zweiter Ehe die Tochter aus erster Ehe der zweiten Frau des verstorbenen Oberrichters geheiratet, der im Besitz der in Frage stehenden Charge gewesen war. Die Witwe war ein altes, häßliches, schurkisches, boshaftes, zänkisches, ränkevolles, lästerliches, arglistiges, verlogenes, betrügerisches Weib, und alle diese bösen Eigenschaften besaß sie in allerhöchstem Maße. Ihr Mann hatte es nicht bei einer Trennung von Tisch und Bett von dieser Heimsuchung bewenden lassen; er konnte vor ihrer Bosheit nur sicher sein, indem er sie in eines der Verliese der Conciergerie° bringen ließ, wo sie Zeit seines Lebens blieb. Nach seinem Tode setzte sie sich in den Kopf, unter dem Vorwand ihrer Witwenstellung über das Amt zu verfügen, obwohl sie keinerlei Vorteile daraus ziehen konnte, da die Zahl ihrer und ihres Mannes Gläubiger den dreifachen Wert seiner Hinterlassenschaft verschlang. Sie zog aber durch vorgetäuschte Versprechungen eine Bürgerin, deren Schuldansprüche beträchtlich waren, mit in ihr Spiel und gab ihr zu verstehen, daß sie sich beide die Einkünfte aus dem Amt teilen würden, die sie ihr allerdings viel größer hinstellte, als sie in Wirklichkeit waren. Diese Frau tappte auch in die Falle, und wie Äsops Hund, der den Schatten für den Körper nahm, verpflichtete sie sich mit ihr, alle Gläubiger auszuzahlen.

Belastre war nun derjenige, mit dem der Vertrag abgeschlossen wurde. Dadurch erst einmal im Besitz des Titels, stand er vor viel größeren Schwierigkeiten, die

Billigung des hohen Herrn zu erlangen, von dem das Amt abhing. Es traf sich jedoch, daß er bei der Armee einem Herrn von höchstem Rang einen ganz außerordentlichen Dienst erwiesen hatte. Nun gibt es nichts, womit die Großen so verschwenderisch umgehen wie mit Empfehlungen, indem sie mit geringsten Kosten einen echten Dienst, der ihnen erwiesen wurde, allein mit Worten und Artigkeiten entgelten. Der Gerichtsherr konnte also Belastre den Bestallungsbrief nicht ablehnen, nachdem die Bitte dieses hochmögenden Fürsprechers an ihn ergangen war. Aber obgleich er alle seine Beamten eingeweiht hatte, um diesem Gesuch nicht zu schaden, hatte er doch einen dabei vergessen, der seine Meinung über die geringen Geistesgaben und Fähigkeiten des Aspiranten kundtat, wovon im übrigen dessen äußere Erscheinung schon beredtes Zeugnis ablegte. Und jetzt vernimm, wie die Betrügerin dem Abhilfe schaffte: Sie köderte eine Witwe namens de Préhaut durch die Aussicht auf eine Heirat mit Belastre, wenn er erst in Glanz und Ehren eingesetzt sei. Diese Witwe war nämlich so begierig auf einen Ehemann, daß sie ihn sogar in Kanada suchen° gegangen wäre; vertraute jener also und brachte ihre Mutter ins Spiel, die eine Quacksalberin der ganz besonderen Sorte und berühmt-berüchtigt für ihre Ränke und öffentlichen Aushänge war. Ihre Prahlerei eher als ihre Wissenschaft hatte ihr den Ruf eingetragen, sie kenne Heilverfahren für gewisse Erkrankungen des Hodensacks. Sie behandelte oder vielmehr nützte, wie viele andere auch, den Sohn eines Parlamentsrats aus, der sich im Vertrauen auf ihren zweifelhaften Ruf in ihre Hände begeben hatte. Dieser Rat genoß großes Ansehen im Justizpalast und hatte nur die eine Schwäche: zu leicht den Bitten seiner Kinder zu willfahren, in die er ganz vernarrt war.

Die Alte bat also diese Witwe, die Witwe ihre Mutter, die Mutter ihren Patienten, der Kranke seinen Vater, und ganz überraschend unterzeichnete der auf ihre Darstellung hin ein Gutachten zugunsten Belastres, ohne ihn in Augenschein zu nehmen, indem er bestätigte, dieser sei von Adel, guter Lebensführung, untadeligen Sitten, ja es fand sich sogar ein Absatz darin, in dem er seine Befähigung erwähnte. Nachdem sie mit diesem begonnen, ließ sie noch mehrere derartige Gutachten – bis zu fünfundzwanzig – von den Beamten der Obersten Gerichtshöfe unterzeichnen, und alles nur aufgrund einer beliebigen Empfehlung und ohne viel Umstände. Weil die Menschen nun mal beim Sündigen gern ein Vorbild haben, folgen sie wie beim Ball dem, der den Reigen anführt. Wie dem auch sei, nach diesen verbürgten Zeugnissen (die der Gerichtsherr als Bürgschaften für sich behielt) konnte er sich nicht mehr sträuben, einen Mann zuzulassen, der sich durch sein Unwissen einen Bekanntheitsgrad erworben hatte wie andere durch ihr Wissen.

Alsbald verkündete der Neubestallte, seine Ernennung zu diesem Amt sei ein Werk der Vorsehung, und der Beweis dafür, daß sie in dieser Angelegenheit mitgewirkt habe, seien die vielen Empfehlungsschreiben, die er von Leuten erhalten habe, die ihn weder kannten noch jemals gesehen hatten. Selbst der Gemeindepfarrer nannte ihn in seiner Sonntagspredigt »Deodat«°, weil er sich durch die ersten Anzeichen seiner Frömmelei hatte täuschen lassen.

Sobald er sein Amt übernommen hatte, war seine erste Anordnung, daß alle Prokuratoren, Gerichtsschreiber und -diener sowie andere Beamte künftighin alle ihre Akten in einer vereinfachten Kursivschrift abzufassen hätten. Denn da er nach der Art der Adligen schrieb, das heißt mit zwei Fingern in breiter Schrift, konnte er auch nur diese Schriftart lesen. Rabulisterei nannte er alles, was er in enger Kanzleischrift sah, und fügte hinzu, er habe stets sagen hören, die Rabulisterei sei ein übles Ungeziefer, das er deshalb in seiner Gerichtsbarkeit auch nicht dulden wolle. Wenn er den Wunsch hatte, einige Urteilsausfertigungen oder Verfahrensakten zu sehen, sagte er: „Bring mir ein Papier." Mit diesen Gemeinbegriffen bezeichnete er alle in der Justiz anfallenden Akten gerade so wie die guten Leutchen, die überhaupt keine Ahnung von diesen Angelegenheiten haben. Und auch in der Robe bediente er sich zur Verständigung noch militärischer Ausdrücke, und wenn er seine Gebühren oder Gerichtsporteln° verlangte, sagte er: „Zahlen Sie mir meinen Sold!" Vielleicht hatte er gehört, was man sich über einen vom Glück begünstigten Adligen erzählte, der – ohne je im Krieg gewesen zu sein – mit einem Mal Armeegeneral geworden war° und sich sogleich einen Lehrer für Festungsbau suchte, der ihm, wie er sagte, für monatlich vier Pistolen die Kriegskunst beibringen sollte. Der hier suchte einen, der ihm den Beruf des Richters beibringen sollte, mit der Auflage, den Unterricht bei ihm zu Hause abzuhalten. Bildete er sich doch ein, das lasse sich erlernen gerade wie die Fechtkunst und fügte noch hinzu, da er sehr wohl in der Armee gewesen sei, ohne je eine Militärakademie von innen gesehen zu haben, könne er ja wohl geradesogut Richter sein, ohne je auf einem Juristenkolleg gewesen zu sein. Manchmal brüstete er sich mit dem Beispiel eines Fleischers aus Lyon, der das Amt eines Steuerschätzers gekauft hatte. Als sich der Stadtgouverneur wunderte, wie er es denn ausüben wolle, da er doch weder des Lesens noch Schreibens mächtig sei, antwortete der mit dreistem Stolz: „Ah tatsächlich, nun, wenn ich nicht schreiben kann, werde ich eben kerben", womit er sagen wollte, so wie er Kerben auf dem Tisch machte, um sich die Pfunde Fleisch zu merken, die er seinen Kunden lieferte, werde er es auch auf dem Papier machen, anstelle einer Unterschrift. Zugunsten des Fleischers konnte man aber als Entschuldigung eine Ungleichheit vorbringen, die ihn entschuldigte, weil die Steuerbeamten, wie in ihrem Einsetzungsbeschluß niedergelegt, unwissend und ohne Bildung sind, und in diesem einen Punkt wird der Erlaß – Gott sei's gedankt – auch genau eingehalten.

Eine schöne Probe, die er auf seine Fähigkeiten ablegte, bevor er noch Richter wurde, will ich hier nicht übergehen. Er war mit einigen Armeeoffizieren im Palais, und sie kauften im Laden Rocolets° Bücher. Aus Selbstgefälligkeit wollte er auch etwas kaufen und bat den Buchhändler auch wirklich um ein Buch. Rocolet fragte ihn, welches Buch er denn suche und ob er eines in Folio- oder Quartformat wünsche. Belastre, der diese Begriffe nicht kannte, hätte nicht verstanden, wenn man ihm nicht gleichzeitig mit dem Finger den Band gezeigt hätte. So antwortete er, er möchte ein dickes Buch. Rocolet fragte wieder, ob er ein Buch aus der Geschichte, Philosophie oder einer anderen Wissenschaft wünsche. Belastre antwortete, das kümmere ihn nicht, er möchte nur, daß man ihm ein Buch verkaufe. „Nun", beharrte der Händler, „damit ich Ihnen eines geben kann, das Ihnen von Nutzen ist, so sagen Sie mir doch, wozu es Ihnen dienen soll!" Unwirsch antwortete Belastre: „Ich brauche es zum Plätten meiner Kragen°."

Über diese Antwort lachte der Buchhändler und alle die es hörten, zeigte sie doch, wie herrlich dieser Mann sich in den Büchern und ihren Gebräuchen auskannte. So wenig war er in Dingen des Palais bewandert, daß er, selbst als er schon Richter geworden war, noch glaubte, die Untersuchungskammern seien wie die Klassen im Kolleg und daß man von einer zur anderen aufsteige, in dem Maße man fähiger wurde. So daß er sich wunderte, als er einen jungen Mann die Vierte Kammer verlassen sah, und ganz laut sagte: „Das ist aber einmal ein für sein Alter schon weit vorgerückter Rat." Ein andermal zitierte einer, als man bei einem Präsidenten zu Tisch saß, das Zwölftafelgesetz°. „Also wirklich", sagte Belastre, ihn unterbrechend, „diese Römer mußten üppige Tafelfreuden genossen haben."

Ein Mann von Welt, der sich bei der Gesellschaft befand, machte aus dem Stegreif, um dies hübsche Wort nicht verlorengehen zu lassen, diesen Vierzeiler darauf:

Die Gesetze der Zwölf Tafeln dünken einen Toren
Den des Schicksals Macht
In höchstes Richteramt gebracht
Zu Tafelfreuden nur erkoren.

Nach dem Essen war Belastre dem Präsidenten, der einen Plan durchsehen wollte für ein Haus, das er bauen ließ, in sein Studierzimmer gefolgt und nahm den Plan, vorgebend, er kenne sich in diesen Dingen aus, ebenfalls zur Hand.

Als er aber am unteren Blattrand eine mehrfach unterteilte Linie sah mit der Aufschrift »Maßstab von 15 Klaftern«, meinte er: „Also wirklich, um einen so langen Stab herzustellen, braucht man aber lange Stangen." Eines Tages fragte er sogar einen Gerichtsrat, ob der König, wenn er »Gerichtslager«° abhalte, auf der Decke oder zwischen den Laken liege.

Um aber auf seine häuslichen Angelegenheiten zurückzukommen (denn anders könnte man ganze Bücher füllen mit seinen possenhaften Sprüchen), kam ihm die Befürchtung, daß ihn diese Mademoiselle de Préhaut irgendein Papier hatte unterzeichnen lassen (ich sagte schon, daß er so alle Verträge bezeichnete) und ihn mit einem Eheversprechen oder -vertrag überrumpelt hatte. Bevor er ins Amt gekommen war, hatte er ihr die Verbindung versprochen, aber als er dachte, sie nicht mehr nötig zu haben, wies er sie zurück und wollte sein Versprechen nicht mehr einlösen. Da er nicht lesen konnte – zumindest nicht die in Gerichtsverfahren übliche Schrift – unterzeichnete er nur im Vertrauen auf den Einhelfer, den er sich genommen hatte; da der Argwohn aber allen Spitzbuben und Ungebildeten in hohem Maße eigen ist, fürchtete er, von dieser Frau, die als sehr durchtrieben galt, übervorteilt zu werden. Hier sind nun die hübschen Vorsichtsmaßnahmen, die er traf, ohne jemandes Rat eingeholt zu haben: Er befahl einem seiner Gerichtsbüttel, zum Gemeindepfarrer zu gehen und diesem strikt zu untersagen, ihn zu trauen, ohne daß er anwesend sei. Der Büttel hielt ihm vor, er mache sich über ihn lustig, was Belastre aber glauben machte, er sei mit seiner Gegenpartei gleichfalls im Einverständnis, so daß er einem zweiten Büttel dasselbe auftrug, von dem er aber die gleiche Antwort erhielt. Schließlich – voller Ärger, daß man ihm nicht willfahre und mit der Drohung, sie alle ihres Amtes zu entheben – begab er sich selbst zu dem Pfarrer und sagte vor mehreren Zeugen, die er ausdrücklich aufgeboten hatte: „Ich verbiete Ihnen kraft der Gewalt, die mir gegeben ist, mich zu trauen, ohne daß ich persönlich anwesend bin." Und wieder zu Hause sagte er, sich selbst beglückwünschend zu seinen Dienern: „Das ist die Art und Weise, wie kluge Leute ihre Angelegenheit in Ordnung bringen und sich vor Überrumpelung schützen."

Dieser Art war also Aussehen und Genius der Persönlichkeit, die alle, die ihn kannten, über die Maßen erheiterte. Man hatte auch großes Vergnügen an seinem Betragen und Aufzug, die sehr gut zum ganzen Rest paßten. Es war ein rechter Spaß, ihn auf der Straße zu sehen, denn er stolzierte in anmaßender Haltung und mit der Gravität eines gascognischen Präsidenten°. Dazu hatte er sich den größten Lakaien in Paris gesucht, der ihm die Schleppe seiner Robe trug, und zwar in der Weise, daß er sie immer in Höhe von Belastres Kopf halten mußte, weil er sich törichterweise einbildete, wenn man sie sehr hoch trage, sei dies ein Zeichen besonderer Erhabenheit. In diesem Zustand wurden eine schmierige Seidensoutane und grüne Seidenstrümpfe sichtbar, was sehr hübsch anzusehen war. Auf seinem Richterstuhl war es noch schlimmer, denn während der ganzen fünf Jahre seiner Amtszeit hatte er nie gelernt, seinen Richterhut aufzusetzen, und die höchste Spitze, die auf dem Hinterkopf sitzen muß, befand sich immer über der Stirn oder auf der Seite. Er saß da wie eines dieser Götzenbilder, die nie ein Orakel von selbst verkünden. Er hatte einen Advokaten als Einsager bei sich, der zum Richterstuhl hinaufstieg und sich neben ihm hielt, ihm als Berater und Dolmetscher diente und ihm Wort für Wort vorflüsterte, was er zu sagen hatte. Aber dieser Hilfe konnte er sich nur kurze Zeit bedienen, da die Parteien, denen an der Würde des Gerichts lag, zunächst durchsetzten, daß dem Einsager verboten wurde, mit ihm zum Richterstuhl hinaufzusteigen, damit er – war seine Unkenntnis doch schon hinlänglich bekannt – umso leichter abgesetzt werden könnte. Der Einflüsterer war also gezwungen, sich hinter die Schranken des Gerichts zurückzuziehen, von wo aus er ihm verschiedene Zeichen machte, die sie für die gewöhnlichsten Urteile verabredet hatten. Manchmal aber irrte er sich gehörig: Der ausgestreckte Daumen war das verabredete Zeichen für einen gerichtlichen Bescheid. Als eines Tages ein solcher zur Rede stand, zeigte ihm der Dolmetscher den Daumen, aber ein bißchen gebogen. Der Richter glaubte, es müsse etwas am Urteil verändert werden und beschied die Parteien in völliger Verworrenheit. Es war nicht das einzige verworrene Urteil, das er gefällt hatte. Da er keine anderen auswendig wußte als: Nichterschienen, erneute Vorladung, traf es sich, als er es wieder fällte, daß ein Prokurator die Parteien vor Gericht vertrat. Belastre bestand auf seinem Urteilsspruch und entgegnete dem Prokurator, der sich daraufhin beschwerte: „Welche Unbill wird Euch denn zugefügt, wenn auf Nichterschienen erkannt wird und Ihr erneut vorgeladen werdet?“ Als der Prokurator ihm entgegnete, daß diese Wiedervorladung gar keine andere Auswirkung habe, als ihn erneut zum gleichen Erscheinen zu veranlassen, hieß er ihn schweigen und verurteilte ihn zu einer Geldbuße für seinen Mangel an Ehrerbietung. Desgleichen verurteilte er einen Rechtsanwalt zu einer Geldbuße, der vor ihm gegen die Kartäuser plädierte und sie, um als guter Redner zu erscheinen, Ichthyophagen genannt hatte (was nicht anderes heißt, als daß sie nur Fisch essen), und zwar deshalb, sagte dieser gelehrte Beamte, weil er es bei seinem Richterstuhle nicht leiden wolle, daß Advokaten unanständige Schimpfworte für die Gegenpartei gebrauchen und schon gar nicht gegen diese gütigen Gottesmänner. Ein andermal geschah es, daß eine Sache lange und mit Feuereifer plädiert worden war und ihm die Angelegenheit dunkel blieb, wiewohl sie für einen anderen sehr klar gewesen wäre, worauf er sich darauf beschränkte zu verkünden: „In Ansehung, daß uns daraus nichts ersichtlich wird, sprechen wir darüber ein ebensolches Urteil.“ Außerhalb seiner Gerichtsbarkeit nahm er von juristischen Angelegenheiten keine Kenntnis, und wenn irgendein Freund, dem er zu Gefallen sein wollte, ihn um etwas anging, antwortete er nur in den folgenden Begriffen: „Setzen Sie ein Gesuch auf, ich werde es unterschreiben und hinzufügen: Ausführen laut Ersuch.“

Hier befürchte ich nun, daß alles, was ich bisher berichtet habe, vielleicht nur durchgeht als das Märchen vom Schwan oder von meiner Mutter Gans°, weil das alles zu lächerlich oder zu überspannt klingt. Um aber solchen Vermutungen den Boden zu entziehen, will ich gern ein Urteil in seinen eigenen Worten vorlegen, das er fällte und von dem genügend Abschriften im Palais umliefen, als man den Prozeß zu seiner Absetzung betrieb. Belastre verfaßte es ganz allein und aus eigenem Antrieb – sein Vorsager war unglücklicherweise auf dem Land – in einer sehr heiklen Angelegenheit, die eigentlich nur vom Richter Bridoye° oder ihm selbst entschieden werden konnte. Hier ist es im vollen Wortlaut und so wie es dem ganzen Parlament zur Kenntnis gebracht wurde, wo man das Original vorlegte:

Richterspruch, nach dem Los, ergangen am Gericht zu … den 24. September 1644

Zwischen Maitre Jean Prud'homeau einerseits, Kläger auf Rückerstattung einer spanischen Goldpistole Rauhgewicht und drei leichter Stücke° zu dreizehn Sols und sechs Deniers, in eigener Person, und Pierre Brien und Marie Verot, seine Frau; besagte Verot auch in eigener Person. Besagter Kläger hat vorgebracht, er habe die Beklagte vor unseren Richterstuhl laden lassen, um sie verurteilt zu sehen, ihm eine spanische Goldpistole Rauhgewicht und drei Leichtstücke von dreizehn Sols und sechs Deniers zurückzugeben und zu erstatten, die er heutigen Tages in die Hände der besagten Verot gegeben hätte, um dafür das gewechselte Geld zu erhalten und ihr vierzehn Sous Gebühren zu zahlen; darauf prätendierte er und auf Erstattung der Prozeßkosten. Besagte Verot gab zu, eine Pistole in Händen gehabt zu haben, welche der besagte Prud'homeau ihr übergeben, um sie für ihn wiegen zu lassen, daß sie aber, da sie sie ihm zurückgegeben und auf den Tisch gelegt, in Abrede stelle, sie an sich genommen zu haben und mithin zu Unrecht vom Kläger vor Gericht gezogen worden sei; und was die drei Leichtstücke von dreizehn Sols sechs Deniers angeht, gibt sie zu, sie gehabt zu haben, bot an, sie ihm zurückzugeben gegen die vierzehn Sols, die ihnen der besagte Prud'homeau als Gebühr schulde; beantragte zusammen mit der Prozeßkostenerstattung freigesprochen zu werden. Demgegenüber beharrte besagter Prud'homeau auf dem, was er dazu ausgesagt hatte. Er stellte in Abrede, daß besagte Verot ihm die besagte Pistole zurückgegeben. Er habe auch nicht gesehen, wie sie sie auf den Tisch gelegt, noch wisse er, ob sie sie dahin gelegt habe oder nicht. Er habe sie seither nicht gesehen, weshalb er auf die Rückerstattung derselben und auf die Erstattung der Prozeßkosten prätendiere.

Worüber wir, nachdem die Parteien jeweils mehrere

und unterschiedliche Eide abgelegt haben, jede zu ihrem Antrag; und in der Erkenntnis, daß der Nachweis der oben dargelegten Fakten unmöglich ist, anordneten, daß über die Angelegenheit augenblicklich das Los gezogen werde und behufs dessen wir von Amts wegen zwei kurze Strohhalme oder Hölzchen in unsere Hand nahmen und die Parteien anwiesen, jede eines derselben zu ziehen, und zu wissen, wer mit dem Ziehen beginne, wir ein Geldstück in die Luft warfen und für den Kläger eine der Seiten besagter Münze durch den Gerichtsdiener auswählen ließen, welcher die Wahl des Kopfes besagter Münze traf, dagegen fiel die Zahl nach oben, so wir der Beklagten eines der Hölzchen zu ziehen gaben, die wir zwischen Daumen und Zeigefinger festhielten, dergestalt, daß nur die beiden Enden oben herausschauten, mit der Erklärung, daß die Partei, die das längere Hölzchen zöge, in ihrer Sache obsiege. Da es nun geschah, daß die Beklagte das größere zog, fügten wir uns in der Beurteilung der Sache der Göttlichen Vorsehung und sprachen dieselbe Beklagte von der Klage des Klägers im Hinblick auf die Pistole ohne Erstattung der Prozeßkosten frei und haben verfügt, daß die drei Stück von dreizehn Sols sechs Deniers zurückgegeben werden, wobei vom Kläger vierzehn Sols als sein Anteil zu zahlen sind. Wogegen der besagte Prud'homeau erklärte, Berufung einlegen zu wollen und in der Tat auch Berufung eingelegt hat und aktenmäßige Beglaubigung von mir, dem unterzeichneten Schreiber, verlangt, die ihm bewilligt wurde.

Gegeben zu … am 24. September 1644.

Dies Dokument, das hier in den eigentümlichen Begriffen und in der Rabulistensprache wiedergegeben ist, damit es authentischer ist, untermauert hinreichend die Glaubhaftigkeit, die einige Mißgünstige dieser Geschichte absprechen wollten: wonach es wohl nichts gibt, das den Dünkel und den Charakter Belastres besser zeigen könnte. Dieses Urteil war Gegenstand für Satiren und öffentlichen wie privaten Spotts wert, aber nicht darin lag sein größtes Mißgeschick: wohl hätte er sich schützen können vor den Schriften und Spitzzüngigkeiten der Schriftsteller, nicht aber vor den Schriftsätzen und Prozeßhändeln Collantines. Zu seinem Verdruß hatte sie in seinem Gerichtsbezirk einen Prozeß anhängen gegen einen Kleiderfärber, in dem es um nicht mehr als dreißig Sous ging. Sie erhielt darin keine Genugtuung, was sie derart erboste, daß sie ihm mitten in der Sitzung drohte, er werde das noch zu bereuen haben; und da sie nur Händel und Prozesse suchte, ging sie ihre Papiere durchzublättern, worin sie auch entdeckte, daß einst ihren Eltern etwas von dem Amt Belastres zustand, die Rechtsverfolgung dieser Schuld aber aufgegeben worden war, weil eine so große Zahl von Gläubigern schon aus den Einkünften abgefunden werden wollten, daß sie davon alle Mittel aufgezehrt hätten, selbst wenn diese zehnmal umfangreicher gewesen wären.

Obwohl sie dabei also keinerlei wirkliche Belange zu vertreten hatte, setzte sie sich an die Spitze aller Gegenparteien Belastres, die schon im Begriff waren, ihn anzugreifen, wenn auch mit aller Vorsicht aus Angst vor seinem Richterstand. Und sie veranstaltete solchen Lärm und brachte soviel Verfahren gegen ihn auf den Weg, daß der arme Mann das Knäuel nie entwirren konnte und zweimal erleben mußte, wie eine schmähliche Suspension gegen ihn ausgesprochen wurde. Obendrein besaß sie das Geschick bestimmter Heerführer, ihren Truppen, wenn sie den Krieg ins Land des Feindes tragen, dort auch den Unterhalt zu verschaffen. Sie erhob nämlich bei allen Feinden und Gläubigern Belastres Kontributionen und insonderheit bei denen, die auf Titel oder Kommission seines

Amtes prätendierten. Sie wechselte aber auch die Partei so oft wie einst die Landsknechte°, und ihre Treue wich so schnell, wie ihr Geld ausblieb. Indessen hatten fünf Jahre Prozessieren den Ignoranten Belastre so abgebrüht, daß auch er ein großer Prozeßhansel wurde wie nur einer in Frankreich, er konnte auch gar nicht umhin, seinen Beruf angemessen zu erlernen, ging er doch bei Collantine in die Schule. Im Zusammentreffen mit ihren Prokuratoren und Advokaten lernte er einige Begriffe aus der Welt des Rechtsgezänks, und sobald er ein Dutzend davon kannte, glaubte er sich schon im Besitz aller Geheimnisse und Durchtriebenheiten. Dabei ging es ihm nach meinen Feststellungen wie so vielen anderen, denn sobald ein Adliger oder ein Bauer sich erst einmal ans Prozessieren gemacht hat, gewinnt er einen derartigen Geschmack daran, daß er sein ganzes Leben damit zubringt und dabei Hab und Gut vergeudet, so daß es keine Prozeßparteien gibt, die starrköpfiger und gefährlicher wären, wohingegen die im Gewerbe Erfahrenen so spät wie möglich klagen und sich so früh wie möglich vergleichen. Manchmal gelang es ihm sogar, die Oberhand über Collantine zu gewinnen, denn er schlug Rückzuggefechte nach Art der Parther, wie man sich gewöhnlich verhält, wenn man Beklagter ist und im Besitz der Streitsache. Sie mußte alle Kosten im voraus begleichen, was ihr aber ohne Sicherheit zu stellen nicht möglich war. Was hingegen ihre Ausdauer betraf, so besaß sie davon mehr als genug und wäre niemals müde geworden. Wie dem auch sei, man kann sagen, solange sich der Krieg zwischen den beiden hinzog, wechselte das Waffenglück beständig.

Gleich dem Vorbild großer Feldherren, die es trotz der Feindseligkeiten der gegnerischen Lager untereinander nie an Zuvorkommenheit fehlen lassen, unterließ Belastre es nicht, Collantine bisweilen seinen Besuch abzustatten. Manche vermuteten dahinter die Absicht, Mittel und Wege zu finden, sich mit ihr zu vergleichen, die sie aber kannten, wußten sehr wohl, welch eingefleischte Gegnerin von Übereinkünften sie war und daß es geradezu bedeutete den Streit anzuheizen, wenn man ihr etwas von Eintracht erzählte. Er seinerseits gab vor, einer christlichen Tugend zu folgen, die ihm gebiete, seine Feinde zu lieben. Wenngleich ihm sein Gewissen vorwarf, unrechtmäßig im Besitz fremden Gutes zu sein, spielte er nichtsdestotrotz den Frömmler, was zwei Dinge sind, die ja heutzutage viele Leute miteinander in Einklang bringen. Hätte Collantine hingegen Besuch nur von Freunden gewünscht, so wäre ihr wohl immerwährende Einsamkeit beschieden gewesen. Also war sie genötigt, die wenig bezaubernden Besuche dieses Gegners zu empfangen, und Fortuna, der jedes Mittel recht war, ihn der Lächerlichkeit preiszugeben, brachte ihn soweit, daß er sich ganz ernsthaft in diese Person verliebte, und er hätte ihr auch ganz ohne Nebenbuhler den Hof machen können, wäre da nicht die Halsstarrigkeit Charoselles gewesen, der jetzt noch stärkere Zuneigung zu Collantine entwickelte, nicht so sehr aus Liebe zu ihr als vielmehr, um dem neuen Mitbewerber Verdruß zu bereiten.

Wenn ich nun Belastres Liebeserklärung an Collantine hier wiedergebe, werde ich nicht gegen die Regel verstoßen, die ich mir selbst auferlegt habe, weder auszuschlachten noch zu wiederholen, was sich tausendfach in anderen Romanen findet, aber sie war doch recht außergewöhnlich. Ich weiß nicht, beim wievielten Besuch er ihr aus Schmeichelei wiederholte, was er schon mehrfach gesagt hatte: „Mademoiselle, wenn ich hierherkomme im Bemühen, Ihre Zuneigung zu erringen, so heißt das nicht, daß ich um Frieden bitte oder um Waffenruhe nachsuche." „Dazu wären Sie auch überhaupt nicht befugt, Herr Richter", unterbrach ihn Collantine ungehalten. „Um mich Ihnen aber zu erklären", fuhr Belastre fort, „da ich durch das Evangelium verpflichtet bin, meine Feinde zu lieben und keinen schlimmeren gefunden habe als Sie, bin ich infolgedessen gehalten, Sie noch mehr zu lieben." „Also wirklich, Herr Richter", antwortete Collantine, „Sie sollen mich nicht Ihre Feindin nennen, sondern nur Ihre Gegenpartei, und vorausgesetzt, Sie haben nichts dagegen, daß wir weiterhin prozessieren, können wir ansonsten Freunde sein, solange es Ihnen gefällt. Ich gebe zu, daß mich ein kleines Rachegefühl zu diesem Prozeß veranlaßt hat, aber ich verfolge ihn nur aus meinem natürlichen Hang zum Prozessieren heraus. Ja, gewissermaßen bin ich Ihnen sogar verpflichtet für die Gelegenheit, die ich da erhielt, wieder in alten Papieren zu blättern, die ich ganz außer acht gelassen hatte, und wobei ich einen solch hübschen Prozeßanlaß fand, der dann ja in meinen Händen auch so schöne Früchte trug." „Ich meinerseits", nahm Belastre seinen Faden wieder auf, „muß gestehen, daß dieser Prozeß für mich zunächst Quelle großer Kränkung gewesen ist. Jetzt aber, da ich – Gott sei's gedankt und Ihnen auch – die Prozessiererei erlernt habe, finde ich daran einen ganz sonderlichen Geschmack und merke wohl, daß wir einige Übereinstimmung miteinander hegen, sind unsere Neigungen doch die gleichen. Zu meinem größten Bedauern habe ich nicht gegen jemand anderen zu prozessieren, wo ich doch in so hohem Maße geneigt bin, allem nachzukommen, was Sie wünschen, und liebend gern Ihr Recht eingestünde." „Oho! Da nehmen Sie sich aber sehr in acht", gab Collantine schroff zurück, „denn das einzige Mittel, mir zu gefallen, besteht darin, sich gegen mich bis zum Äußersten zu verteidigen. Ich will prozessiert haben vom Amtsgericht bis zur Restitutionsklage und zur Nichtigkeitsbeschwerde beim Geheimen Königlichen Rat°. Schließlich halte ich nach dem Vorbild der Ritterspiele den für genauso feige, der den gerichtlichen Vergleich sucht, wie den, der gleich, wenn Blut fließt, um sein Leben bettelt. Ich gebe zu, dies Verhalten mag neu und befremdlich sein. Die sich darüber wundern, mögen den Grund dafür im Himmel suchen, der mich mit solch außerordentlicher Natur begabte." „Gut dann!" sagte darauf Belastre. „Da nun einmal, ohne daß es Ihr Mißfallen erregt, prozessiert werden muß, will ich einen Strafprozeß gegen Ihre Augen einleiten, die mich ums Leben brachten und die eine grausame Entführung meines Herzens begangen haben. Ich gedenke, Sie verurteilen zu lassen zu Körperhaft und meinem ganz persönlichen Schadensersatz." „Oho! Jetzt wird ja geradesogut von Liebe gesprochen", gab Collantine zurück, „diese Sprache gefällt mir viel besser als die eines gewissen Autors, der mich oft belästigen kommt und mit mir redet wie ein Märchenbuch. Aber sagen Sie doch, Herr Richter, wo haben Sie diese Schmeicheleien denn aufgegabelt? Wer hat Ihnen davon denn soviel beigebracht? Es wird überall erzählt, Sie kennten noch nicht ein einziges Wort Ihres Fachs." „Da weiß ich noch ganz andere", gab Belastre zurück. „Robe und Richtermütze geben mir so viele schöne Gedanken ein, daß mein Schwager schon sagte, er erkenne mich kaum wieder, und ich besitze die Genialität zum Richteramt. Nun weiß ich zwar nicht genau, was dieser Ausdruck heißt, aber ich bin sicher, daß ich recht oft auf gut Glück besser richte, als ich gedacht hätte. Beweis ist ein Urteil, das man mich durch eine Täuschung unterzeichnen ließ und das genau das Gegenteil von dem enthielt, was ich verkündet hatte, was aber durch ein Revisionsurteil bekräftigt wurde. Bitte, so ist der Himmel mit den Seinen. Glauben Sie also nicht den Verleumdern, die sagen, ich sei ungebildet. Es stimmt zwar, daß ich nicht auf dem Kolleg war, aber ich besitze Lizenzen wie der allerfeinste Advokat; ich legte sie meinem Referenten vor. Das einzige, was ich daran zu beanstanden habe, ist, daß sie in einer Teufelsklaue geschrieben sind, die ich nie vor ihm lesen konnte." „Wirklich, Herr Richter" sagte Collantine darauf, „Sie sind nicht der einzige, der Lizenzen besitzt ohne Kenntnis von Latein und den Gesetzen, und würde man allen Beamten, die im Vertrauen auf solche Briefe und einer Prüfung aufgrund eines abgekarteten Spiels eingestellt wurden, ihr Amt nehmen, dann gäbe es unter den nichterblichen Ämtern wohl einige offene Stellen. Fassen Sie Mut! Sie werden unter meiner Anleitung mehr vom Prozessieren lernen, als wenn Sie zehn Jahre in den Kanzeleien zugebracht hätten."

Bei diesen Worten trat der Kanzlist eines Prokurators ein. Der Rang dieses Menschen war für sie so bedeutend, daß sie seinetwegen die Unterhaltung mit einem König abgebrochen hätte; sie war genötigt, Belastre stehenzulassen und diesem kleinen Tintenfuchser hundert Schmeicheleien zu sagen und zu fragen, ob er jene Vorladung veranlaßt und sich dieses Zwischenurteil habe aushändigen lassen, ob er eine bestimmte Vorlage eingehändigt habe und ganz allgemein, wie der Stand ihrer Angelegenheiten sei. Was alles aber so lange währte, daß sich Belastre, der im übrigen ausgesprochen geduldig war, langweilte, so daß er schließlich gezwungenermaßen schied, ohne selbst eine gebührliche Verabschiedung zu erhalten.

Sobald er zu Hause war, machte er sich daran, eingedenk des glücklichen Erfolges zweier oder dreier Begriffe aus der Gerichtspraxis, die Collantine gefallen hatten, ein galantes Briefchen im selben Stil zu schreiben, und er war des Glaubens, es gäbe keinen gewählteren und reizenderen, denn ganz frisch erworbene Kenntnisse sind zumeist die, welche wir am höchsten schätzen. So hätte man denn schwerlich einen modischeren Praktikus finden können. Bei diesem Vorhaben nahm er sich zum Gegenstand, daß Collantine ihn kürzlich für eine Geldstrafe ins Gefängnis gebracht hatte, aus dem er nur mit Hilfe einer Aufhebungsverfügung entkommen war. Aus einem französischen Handbuch der Gerichtspraxis, das immer auf seinem Tisch lag, suchte er die gröbsten und ungeschlachtesten Worte heraus, die er finden konnte, nach derselben Methode wie Schüler die »Epitheta« Textors° und die „Poetischen Wendungen" für ihre Verse benutzen. Nachdem er ein Briefchen gebastelt hatte, das nichts taugte und noch weniger verständlich war, griff er auf seinen häuslichen Einhelfer zurück, der es schließlich nach völliger Neufassung in folgende Worte brachte:

Brief Belastres an Collantine

Mademoiselle, wenn ich Klage erhebe gegen Ihre Grausamkeit, dann nicht etwa, weil Sie mich mit Haut und Haar in der Conciergerie einkerkerten, sondern weil – allen Verfügungen zum Trotz, die mich auf freien Fuß setzten – Ihre Reize allein Verfügungen gegen mein Herz dekretierten, welches, davon Kenntnis nehmend, sich freiwillig ergab und sich gefänglich einziehen ließ in den Kerker Ihrer Verdienste. Es will nun keinesfalls Rekurs ergreifen gegen besagtes Dekret, noch Aufhebungsverfügungen erwirken. Dergestalt, daß es im Gegenteil sich zum Verhör erbietet und willens ist, sich jedem Urteil zu unterwerfen, das Ihnen gefällt. Wenn Sie es nicht vorziehen, mir unter Stattgebung meiner Rechtfertigungsgründe Gnadenerlasse und Begnadigungsbriefe für meine Verwegenheit auszustellen, in Erwägung, daß der Fall doch sehr verzeihlich ist, und, wofern ich Sie kränkte, es gegen mein widerstrebendes Herz geschah, mit allen diesbezüglich nötigen Beteuerungen und vornehmlich derjenigen, mein ganzes Leben Ihr sehr ergebener und beharrlicher Diener sein zu wollen

Belastre

Als der Brief fertiggestellt war, fand Belastre den Stil ganz wunderbar und herrlich, und als hätte er ihn selbst verfertigt, lobte er sich über die Maßen, hatte er darin doch zwei oder drei Begriffe aus dem Rechtsalltag wiederentdeckt, die er selbst beigesteuert hatte, und die seinem Einhelfer für die Endfassung dienten. Er ließ gar nicht mehr ab, seinen Doktor liebevoll zu umarmen als Dank für seine Korrektur, und kaum war der Brief ins reine geschrieben, als er ihn auch schon an Collantine abschickte. Es ist mir nun nicht recht möglich, Dir mitzuteilen, welchen Eindruck er bei ihr hervorgerufen hat, da es weder einen Spion noch Vertrauten gab, der darüber treulich hätte rapportieren können, was allerdings ein großes Unglück und sehr ungewöhnlich ist: denn üblicherweise ist beim Empfang solcher Briefe immer irgendeiner dabei, auf das Mienenspiel, diesen verläßlichen Zeugen der Herzensregungen der Dame, aufzupassen und es alsbald auszuplaudern. Es ereignete sich noch ein bemerkenswertes Mißgeschick: die Antwort nämlich, die sie darauf ausfertigte (denn seither behauptete sie, darauf geantwortet zu haben), ging verloren, zumal sie keinen Lakaien besaß und sich deshalb damit begnügt hatte, ihren Brief in einen dieser gewissen Kästen° zu stecken, die damals ganz neu an allen Straßenecken angebracht waren für die Zustellung der Briefe in Paris, über denen der Himmel ein solch unglückliches Geschick walten ließ, daß nie irgendein Brief seine Anschrift erreichte und man beim Öffnen der Kästen vor allem Mäuse darin fand, die von boshafter Hand dahineingesetzt worden waren. Auf Grund von Vermutungen ist aber doch der Erfolg dieses Briefes zu vermelden und daß der Stil Collantine sehr gefiel, war er doch so ganz Geist von ihrem Geiste, und aufs Neue empfand sie Hochachtung für Belastre und hielt ihn von da an für wert, noch heftiger gerichtlich belangt zu werden, was sie dann auch wirklich ausführte. Sie hatte nämlich das geläufige Sprichwort: »Wer liebt, züchtigt« auf ihre Art abgewandelt in: »Wer liebt, verklagt«.

Belastre verfolgte seinerseits voller Eifer seinen Plan und ließ, unbeschadet seiner Rechte und Handlungen, will sagen seiner Prozesse, die unterdes ihren Fortgang nahmen, nicht davon ab, mit aller Aufmerksamkeit Collantine den Hof zu machen mit blumigen Komplimenten, so zart wie Disteln. Er schickte ihr sogar die Meisterstücke der Jung-Konditoren, Grillköche und ähnliche kleine Präsente, die er in Ausübung seines Amtes erhielt. Er überbrachte ihr die Blumengebinde, die ihm entboten wurden von den Blumenverkäuferinnen unter den Schöffinnen, oder die er von den Zunftmeistern erhielt. Er verschaffte ihr bequeme Plätze auf den öffentlichen Plätzen, damit sie die Gehenkten und Geräderten sehen konnte°, die er hinrichten ließ. Und schließlich, wie ein Affe der anderen Galane, die des Glaubens waren – ob Dichter oder nicht – ihren Geliebten nicht den Hof machen zu können, ohne Verse zu schicken, wollte er auch durchaus nicht auf diese Förmlichkeit des Hofmachens verzichten. Da ihn aber seine Verwegenheit zunächst nicht so weit führte, es mit seinem eigenen Kopf bewerkstelligen zu wollen (wußte er doch gar nicht, wie er sich dabei anstellen sollte) und er niemanden hatte, dem er hätte anordnen können, eigens welche anzufertigen, oder vielmehr, da er kein Geld besaß, sie zu bezahlen, was ja das Wichtigste dabei ist und nur den Großen Herren zukommt, so schlug er den bequemen Mittelweg ein, aus irgendeinem Buch Verse zu ziehen, die seinem Vorhaben am ehesten entsprachen, und sie unkenntlich zu machen durch irgendwelche Veränderungen, damit sie als seine eigenen durchgingen. Überdies galt seine Hauptsorge, weil man ja seine Dieberei bei einem der neuen Autoren, die heutigentags in jedermanns Hand sind, leicht entdeckt hätte, die ältesten Dichter zu suchen, die er auftreiben konnte. Nun, woran glaubst Du, erkannte er, ob ein Dichter alt oder modern war (er kannte doch weder ihr Jahrhundert noch ihren Namen oder Stil)? Er begab sich zum Pont-Neuf, um dort die zerfleddertsten Bücher zu suchen, deren Einband am stärksten eingerissen war, die am meisten Eselsohren hatten – solche Bücher hielt er für die altertümlichsten.

Eines schönen Tages fand er hier einen »Théophile«°, der schon alle Alterserscheinungen aufwies und den er für das Doppelte seines Wertes erstand, wobei er allerdings festen Glaubens war, dabei ein Geschäft gemacht und den Händler übertölpelt zu haben. Nach gründlichem Durchblättern machte er einige Auszüge, und sofern die Verse um Liebe gingen, genügte es, daß er sie gut fand. Er schickte Collantine ein paar davon, nachdem er sie verändert und nach seiner Art zugerichtet, das heißt sie verdorben und verwüstet hatte. Der Bote, der sie überbrachte, hatte Order, auszurichten, er habe selbst gesehen, wie sie in aller Eile verfertigt wurden, und daß Belastre nicht mehr die Muße gehabt habe, sie auszufeilen.

Obgleich sich Collantine überhaupt nicht mit Versen auskannte, unterließ sie es doch nicht, diejenigen, die man ihr gesandt hatte, hochzuhalten, nicht weil sie gut oder schlecht waren, sondern einfach nur, weil man die Verse für sie gemacht hatte. Es gibt ja keine Bürgersfrau, so töricht und einfältig sie sein mag, die daraus keine Eitelkeit zöge, und zwar mehr als die Personen von Stand, die solches gewöhnt sind. So zeigte sie sie jedem, der sie besuchte – von ihrem Prokurator bis zur Wäscherin – wie eine große Seltenheit. Zu denen aber, die sie am meisten bewundern würden, rechnete sie Charroselles. Gleich beim ersten Mal, als sie ihn sah, lief sie auf ihn zu mit Papieren in der Hand, was ihn erbleichen ließ, denn er glaubte, es ginge wieder um irgendwelche Prozeßakten. Sie sagte ganz unvermittelt zu ihm: „Hier, sehen Sie! Hätten Sie jemals geglaubt, daß man mir zu Ehren Gedichte macht? Und dennoch, hier bitte, tatsächlich! Und Sie, wo Sie Bücher schreiben, Ihnen ist nie in den Sinn gekommen, welche für mich zu machen!"

Charroselles zerbiß ein Kompliment zwischen den Zähnen, was schwerlich hätte entziffert werden können, und nahm die Papiere zitternd in Empfang, da er fürchtete, bei der Lektüre dieser Verse noch mehr leiden zu müssen als beim Lesen der Prozeßhändel: er rechnete sich nämlich schon aus, daß ihn dies irgendein Lob kosten würde, was gemeinhin ja alle erwarten, deren Verse man lesen soll, was für ihn aber eine unerträgliche Pflicht bedeutete. Er kam indes billiger davon, denn kaum hatte er ein Auge darauf geworfen, als er die Dieberei erkannte. Er sagte also zu Collantine, sie seien von Théophile, und es käme einer Verhöhnung gleich zu behaupten, man habe die Verse eigens für sie gemacht. Er schaffte sogar, um sie vollends zu überzeugen, das Buch herbei, welches Collantine hocherfreut entgegennahm. So ersparte sie dem armen Belastre gleich beim ersten Besuch, den er ihr abstattete, auch nicht eine Beschimpfung; als ersten Willkommensgruß eröffnete sie ihm, ein entscheidendes Schriftstück wiedergefunden zu haben, das sie gegen ihn vorlegen wolle. Belastre, der seine Diebereien für so verborgen hielt, als hätte er sie bei den Antipoden begangen, war alsdann der Meinung, sie wolle von ihren Prozessen sprechen, und antwortete lediglich, er würde durch seinen Rechtsanwalt Einspruch dagegen erheben lassen. Collantine aber nahm ihm seinen Irrtum und sprach von den Versen, die er ihr übersandt hatte. Sie sagte zu ihm: „Wahrhaftig, Monsieur, wie recht Sie hatten, als Sie sagten, es koste Sie kaum etwas, Verse zu machen, wo Sie sie doch schon fix und fertig vorfinden."

Belastre, auf große Dankesworte gefaßt, wurde völlig überrascht von diesem Hohn und versicherte ihr nichtsdestoweniger mit dem Selbstbewußtsein des falschen Zeugen und einem großen Schwur, die Verse ganz allein für sie angefertigt zu haben. „Aber was wollen Sie dagegen wetten, daß ich sie Ihnen hier in diesem Buch zeige", und dabei zeigte sie ihm den »Théophile«. „Alles, was immer Sie wünschen!" meinte Belastre, der ein neugebundenes Buch in ihren Händen sah und überhaupt nicht auf den Gedanken kam, es könnte das gleiche wie sein eigenes sein, das er für sehr alt hielt. Als Wetteinsatz wurde ein Imbiß bestimmt, das Buch geöffnet an der Stelle, wo die Dieberei durch ein großes Eselsohr vorgemerkt war, was Belastre noch viel mehr überraschte als die Aufdeckung seines Geheimnisses. Sogleich erkundigte er sich nach dem Namen desjenigen, der ein so großes Geheimnis hatte herausfinden können, und als er erfuhr, daß es sein Nebenbuhler war, beschuldigte er ihn umstandslos der Schwarzkunst. Er glaubte, man müsse Hellseher sein oder den Teufel beschwören, um so etwas Verborgenes zu entdecken. „Denn“, so meinte er, „entweder hat dieser Mensch alle Bücher gelesen, die es auf der Welt gibt, und kennt sie auswendig, oder er hat das meinige nicht gesehen, welches das älteste ist, das mir je vor Augen gekommen ist.“

Einige Zeit nach dieser lächerlichen Schlußfolgerung, und als er seine verlorene Wette bezahlt hatte, dachte er auf seinen Abgang, und kaum draußen, fragte er, um sich an seinem Nebenbuhler zu rächen, was er anstellen müsse, um einem Hexer den Prozeß zu machen. Zuvörderst, sagte man ihm, bedürfe er eines Denunzianten. „Wohlan denn!“ meinte er sogleich. „Wo wohnen denn diese Leute? Laßt mir so einen von meinen Bütteln holen!“ Eine derartige Unwissenheit löste bei allen Anwesenden gleich großes Gelächter aus, worauf er wütend hinzufügte: „Was denn! Sind diese Leute denn nicht von Amts wegen bestellt? Ich will, daß sie ihrer Amtspflicht nachkommen, oder ich enthebe sie auf der Stelle ihres Postens.“ Als das Gelächter noch lauter wurde, sagte Belastre unbeirrt: „Ihr haltet mich wohl für so unwissend zu glauben, daß in Frankreich, wo das Ordnungswesen so streng ist und es so wenig an Beamten mangelt, nicht die nötigen Leute zu finden seien, um einem Hexer den Prozeß zu machen?“ Aber er mochte noch so sehr in Wut geraten, seinen

Plan konnte er nicht ausführen und mußte mit seiner Rache auf eine andere Gelegenheit warten.

Um künftighin eine ähnliche Schmach zu vermeiden und die erlittene wiedergutzumachen, entschloß er sich, um welchen Preis auch immer, seine eigenen Verse zu machen. Sobald er es erst einmal versucht hatte, konnte er sich gar nicht mehr vorstellen, wie man darauf verzichten konnte, und man kann ja auch sagen, daß es dabei ist wie mit dem Harngrieß und dem Zipperlein: sobald man einmal Anzeichen davon verspürt, spürt man es für den Rest seines Lebens. Er hatte große Mühe herauszufinden, womit man sie herstellte, und nachdem er einige Bücher durchgeblättert hatte, stieß er zufällig auf eine Stelle, wo ein Dichter sich wunderte, daß ihm die Verse so trefflich gelängen, wo er doch gar nicht vom Hippokrene getrunken habe. Er glaubte nun aufgrund der Namensähnlichkeit, dies sei eine Art Hippokras° und bat einen Schöffen, der Apotheker war und in dieser Zeit in seiner Umgebung zu tun hatte, ihm einige Flaschen Hippokras zum Versemachen zu liefern. Er erhielt zwar nur ein Hohngelächter zur Antwort, setzte aber noch hinzu: „Scheuen Sie nicht die Mühe einer Eilzustellung, ich zahle gut, und sollte die Pinte auch einen Taler kosten." Ein andermal, als er gelesen hatte, man müsse sich, um gute Verse zu machen, in Raserei versetzen, die Haare ausreißen und die Fingernägel abbeißen, führte er das vorschriftsmäßig aus. Er biß sich die Nägel ab, bis sie bluteten, rupfte sich fast eine Glatze und versetzte sich in schweren Zorn (das war die einzige ihm bekannte Form von Raserei), worunter sein Schreiber und die Lakaien zu leiden hatten, die noch lange die Male seines dichterischen Feuereifers auf ihrem Rücken trugen. Schließlich kam er auf seinen Einsager zurück, der sich damit abgab,

Verse zu machen (Schmähverse, versteht sich) und erst kurz zuvor in seinem Zimmer eine Pastorale nach seiner Art hatte spielen lassen, auf einer Bühne aus drei Brettern und zwei Fässern mit seinen Bettvorhängen und zwei schlechten Bergamasker Wandbehängen. Dieser Mann also unterrichtete ihn in der Verslehre, die er selber nicht kannte. Er brachte ihm bei, die Silben an den Fingern abzuzählen, was er vorher mit dem Zirkel ausgemessen hatte, weil er sich keine andere Art, Verse zu machen, vorstellen konnte, als die Wörter Spalier bilden zu lassen, wie er vormals die Soldaten sich in Schlachtordnung hatte aufstellen sehen.

Dieser wackere Lehrmeister brachte ihm auch bei, daß es männliche und weibliche Reime gebe, wozu Belastre voller Bewunderung bemerkte: „Dann pflanzen die Verse sich fort wie Tiere, wenn man ein Männchen und Weibchen zusammengibt?" Schließlich, nach drei Monaten Noviziat und nachdem er soviel Papier versudelt hatte wie ein gewissenhafter Anagrammatiker, fabrizierte er die drei erbärmlichen Strophen, die hier gleich zu lesen sind, nicht aber ohne soviel Schweiß darüber vergossen zu haben wie einer, der vier Partien von sechs Spielen im Ballhaus gespielt hat. Vorher muß ich aber noch eine ganz außerordentliche Einfältigkeit von ihm berichten:

Er hatte sagen hören, die Musen seien Gottheiten, die man sich gewogen machen müsse, um gute Verse zu schreiben, und alle großen Dichter hätten sie angerufen, bevor sie ans Werk gingen. In dem Vergil, der seinem Einsager gehörte, hatte er sich sogar vier Verse angestrichen, von denen man ihm gesagt hatte, das sei die Anrufung der Äneis. Diese vier Verse hatte er auswendig gelernt und sprach sie jedes Mal, wenn er sich an die Arbeit setzte, voller Frömmigkeit, wie ein Gebet, so wie man einer Schwangeren zur Entbindung das Leben der Heiligen Margarethe vorliest. Als Belastre nun – seines Erachtens – solchen Erfolg in seiner Unternehmung hatte und sich hundertmal beifällig selbst gelobt (denn die Ignoranten sind mit ihren Werken am ehesten zufrieden), ging er mit seinen Meisterschöpfungen in der Tasche Collantine besuchen. Er hatte einen unvergleichlich stolzen Gesichtsausdruck und war festen Glaubens, die zuvor erlittene Schmach völlig wettmachen zu können. Er begann mit folgender Herausforderung: „Versuchen Sie", sagte er und zeigte ihr ein Papier, das er in der Hand hielt, „herauszufinden, ob diese Verse, die ich Ihnen hier bringe, gestohlen sind, denn in allen Büchern auf dieser Welt werden Sie keine derartigen finden. Nicht, daß ich mich der Verfasserschaft rühmen noch den Schöngeist spielen will, aber Sie werden feststellen, wenn ich mir damit Mühe gebe, bin ich in der Lage, Verse nach Rittersart zu machen."

Zu seinem Unglück war Charroselles, der kurz zuvor gekommen war, mit von der Partie, der laut aufschrie, als er hörte, um welche Art von Versen es sich handelte, die doch so vielen Personen von Welt lästig werden, und ohne daran zu denken, ob er seine Worte an einen verständigen Gegner richtete, sagte er grob zu ihm: „Was verstehen Sie denn unter »Versen nach Rittersart«? Sie reden doch nicht von diesen jämmerlichen Verslein, deren alle Welt so überdrüssig ist?" Belastre traute sich zu antworten, es seien Verse von Edelleuten, die die Regeln nicht kennten, die sie aus reiner Galanterie verfertigten, ohne Bücher gelesen zu haben und ohne daß dies ihr Beruf sei. „Ach! Potztausend Tod und Teufel", begann Charroselles wieder hitzig, „warum zum Teufel verfallen sie denn darauf, wenn es nicht ihr Beruf ist? Wäre es denn für einen Maurer eine Entschuldigung, wenn er einen erbärmlichen Topf hergestellt hätte, oder ein Schmied einen jämmerlichen Pantoffel zuwege brächte, zu sagen, es sei nicht ihr Beruf, solches zu tun? Würde man sich nicht über einen biederen Bürger lustig machen, der kein Gewerbe von Rang ausübt, unversehens nun den Galanten spielt, zum Sturmangriff übergeht und dabei seine ganze Tölpelhaftigkeit offenbart? Wenn ich nur diese »Ritter« sehe, die sich bei den Damen in Ansehen setzen wollen und dabei Waffengänge, Tjoste und Turniere vernachlässigen, nur um die Schöngeister und Verseschmiede zu spielen! Ebensogern sähe ich die »Ritter vom Heuhafen« Kavaliere spielen mit ihrem Lanzenstechen und ihren Turnieren mit Gänse- und Aalschlagen°. Indessen ergießen sich hunderttausende von erbärmlichen Versen unter diesem täuschenden Titel der »Verse nach Ritterart« unter die Leute, die alle die guten verdrängen und deren Platz einnehmen. Wie viele schöne Frauen erlebt man heute, wie sie zarte und vorzüglich gebaute Verse geringschätzen, die doch ein Mann von Welt mit aller erdenklichen Sorgfalt für sie gefertigt hat, nur um zwei jämmerliche Vierzeiler zu bewundern, die ihnen ein Großmaul mit Federbusch auf dem Kopf gibt und die so geschliffen sind wie die Verse des Nostradamus°. Ach, ihr Musen! Wenn die Verliebten euren Beistand je nötig haben, warum duldet ihr dann, daß eure Besudler und Verunstalter durch eure Fürsprache begünstigt werden und eure liebsten Zöglinge meistenteils solch eine üble Aufnahme finden?"

Die Erregung begann Charroselles mit sich fortzureißen, weil er in seinem Geschimpfe sehr langatmig geworden war (obwohl er doch gar keinen besonderen Anlaß dazu besaß, machte er selbst doch so wenig

Verse), als Collantine ihm ungeduldig ins Wort fiel und mit erhobener Stimme sagte: „Nun aber munter, ohne große Vorreden! Schauen wir uns doch die in Rede stehenden Verse an, seien sie nun gut oder schlecht: es reicht, daß sie zu meinem Lob und Wohlgefallen verfaßt wurden.“ Belastre ließ sich nicht zweimal bitten aus Angst, den Beifall, den er dafür gewärtigte, hinauszuzögern; also las er die folgenden Verse mit der gleichen Gemessenheit, die er beim Verkünden seiner Urteile an den Tag legte.

Du schöner Mund, Du zierlich Nas', Du helles Augenlicht,
Seitdem ihr mit mir streitet vor Gericht,
Mein Herz mir leidet an Migräne.
So haltet ein mit eurer Härte!
Ach, wollt ihr denn mit eurer Kälte
Noch gleichen ganz der Samaritaine.

Das Herz durchbohrt mir gnadenlos,
So daß ich, wär's mir von Gefühlen bloß,
Wie bei dem Pferd aus Erz,
Doch weichen müßte euren Schlägen,
Und würde sie zurück erst geben,
Bekäm ein Dutzend ich voller Schmerz.

„Also wirklich“, sagte Charroselles, „ich weiß nicht, ob diese Verse nicht mehr nach Advokat als nach Rittersmann riechen, aber mindestens wird man Ihnen nicht vorwerfen nach Arzt zu riechen, gibt es doch keinen, der sagen würde, daß die Migräne, die eine Erkrankung des Kopfes ist, im Herzen liegt. Es mag nichtsdestoweniger zugunsten dieses Vergleichs durchgehen, der all die Kälte besitzt, die Sie ihm zuschreiben. Und dann haben wir da auch einen Knüttel- oder Hinkereim, und Sie können ihn auf zwei Arten angenehmer machen, indem Sie die Aussprache ein bißchen verändern, weil Sie sagen können *Schleegen* und auch *geben* oder *Schlägen* wie *gäben*, zum Ausgleich dafür ist aber der Reim *Schmerz* sehr gut gelungen. Den 6. Vers hätten Sie bei genauer Messung eine Silbe zu lang gefunden." „Ach das", antwortete Belastre, „dem ist leicht abzuhelfen, ich muß ihn nur enger schreiben, und er ist nicht mehr länger als die anderen." „Auf diese Lösung wäre ich nicht gekommen", sagte Charroselles, „ich hätte eher *Samritaine* statt *Samaritaine* gesagt, wie die Alten, die die Synkope verwandten." „Was bedeutet das, »Synkope«?" fragte Belastre. „Ist das nicht eine schwere Krankheit? Hat das was mit Versen zu tun?" Darauf las er weiter:

Und schlimmer noch: da euer Attentat
Gerichtet ist auf einen Magistrat.
Die schuld ist, die ihn tötet, zweifach.
Wenn widerstanden werden soll
Den Schlägen, die ihr mir versetzt wie toll,
Kraft, Mut und Stärke nichts vermach.

Charroselles, voller Erstaunen über das Wort, bat ihn um das Papier, um zu sehen, wie er es geschrieben hatte, war aber überrascht, als er sah, daß der Autor, dessen Stärke eher im Reim als im Sinn lag, lieber einen Solözismus als einen falschen Reim in Kauf genommen hatte. Er bewunderte seine Treuherzigkeit und fragte, ob er noch andere dieser Art gemacht habe. Belastre gab zur Antwort, daß er noch viele davon hätte, nur habe er noch nicht die Muße gefunden, sie schriftlich niederzulegen. Charroselles entgegnete: „Dann ist dies hier nur ein Fragment?" Worauf Belastre versetzte: „Ich weiß nicht, aber ich bitte Sie, mir zu sagen, wieviele Verse nötig sind für ein Fragment?"

Diese neuerliche Treuherzigkeit löste großes Gelächter aus, und es hatte sich noch nicht gelegt, als Belastre, der die Früchte seiner Mühen ernten wollte, fragte, was man von seinen Versen hielte, das heißt, er verlangte nach Zustimmung, als Charroselles zu ihm sagte: „Also wirklich Monsieur, Ihr macht Verse nach Art der Griechen, die sich große licentia poetica° erlaubten." „Warum nicht?" meinte Belastre. „Habe ich denn nicht meine Lizenzen und haben sie nicht eine ganze Menge Geld gekostet? Es mag ja sein, daß ich nicht weiß, von welcher Universität sie stammen, aber Mademoiselle hat sie gesehen, denn ich hatte sie vorgelegt, als man mich beschuldigte, kein Latein zu können. Ich habe, so wie ich vor Ihnen stehe, alle Klassen absolviert; es stimmt allerdings, daß ich lange im Krieg war und alles vergessen habe." „Dann allerdings", erwiderte Charroselles, „sind Sie noch mehr als ein Doktor, denn ich habe bisweilen sagen hören, daß ein Bakkalaureus jemand sei, der lernt, und ein Doktor jemand, der vergißt. Sie, der Sie alles vergessen haben, stellen etwas dar, das darüber noch hinausgeht. Um aber auf Ihre Verse zurückzukommen: Es hat etwas ganz Außerordentliches mit ihnen auf sich, ich habe noch nichts Derartiges gesehen und zweifle nicht daran, daß Sie geradezu Meisterwerke verfertigen, wenn derartige Grillen Sie oft überkommen." „Ah, ich würde gern die Regeln für eine Grille kennen; habe ich möglicherweise aus Zufall eine verfertigt?" „Ihr Herren Feinschmecker seid ja nur sehr schwer zufriedenzustellen." bemerkte Collantine. „Was mich angeht, so liebe ich ganz allgemein alle dichterischen Verse und vor allem die Vierzeiler mit sechs Versen, so wie die, die für mich sind."

Charroselles lächelte über diese hübsche Anmerkung und nahm unvermerkt die Gelegenheit wahr, beim Gespräch über Verse heftig gegen alle Autoren, die er kannte, vom Leder zu ziehen, und es gab keinen, mochte er gut oder schlecht sein, der seiner Kritik entkam, wobei er gar keine Acht darauf hatte, ob er zu Leuten sprach, die diesem Gespräch gewachsen waren. Mit Vorbedacht werde ich aber all das übergehen, denn man würde mir üble Nachrede vorhalten, wenn ich das von einem anderen Behauptete wiedergäbe. Es kam zum Schluß, als Collantine, die lange geschwiegen hatte, während er von diesen Schriftstellern sprach, von denen sie nicht einen kannte, um jeden Preis von Versen sprechen wollte und schließlich sagte: „Also für mich gibt es keine schöneren Verse als die im »Elend des Kanzleidieners«°. Die Einfälle darin sind witzig und der Gegenstand überaus lustig. Ich las sie kürzlich auf dem Schreibtisch des Kanzleivorstehers meines Prokurators, während er mir ein Gesuch aufsetzte." „Wenn die Kanzleidiener", entgegnete Charroselles, „genauso elend leben wie diese Verse, dann will ich wohl ihr Unglück beklagen. Aber bitte, es sind nicht nur die Bürodiener zu beklagen, das gilt gleicherweise auch für die Prokuratoren und noch mehr für die Mandanten, mit einem Wort für alle, die in dieses verfluchte Prozessiergewerbe verwickelt sind." „Warum sagen Sie so etwas?" gab Collantine zurück. „Ich halte dafür, daß es keinen besseren Berufsstand gibt als den des prozeßführenden Prokurators. Kein einziger Sohn eines Bauern oder Sudelkochs, der ein solches Amt übernommen hat und nicht nach Ablauf von sieben Jahren ein Haus mit Toreinfahrt° erworben hätte, das er sich durch eine Verfügung zuschlagen läßt, so billig er immer möchte, und unterdessen für eine zahlreiche Familie aufkommt. Wenn er nicht großzügig tafelt und keine großen Ausgaben tätigt, so geschieht das eher aus Geiz als aus Mangel." „Ich zweifle nicht daran", entgegnete Charroselles, „daß der Gewinn eines solchen Amtes ziemlich groß ist, und ich bekümmere mich auch nicht darum, ob er rechtmäßig ist, aber man muß doch zugeben, daß es eine trübsinnige Beschäftigung ist, immer mit der Nase in Papieren zu stecken, deren Stil so abscheulich ist, und sein Hab und Gut nur aus Blut und Untergang der Armen und Elenden zu erwerben." „Das ist deren eigener Schaden!" unterbrach ihn Collantine. „Warum prozessieren sie denn auch, diese Elenden, ohne fundierte Rechtslage!" „Fundiert oder nicht", entgegnete Charroselles, „richten sie doch die einen wie die anderen zugrunde. Beweis ist ein Sinnbild, das ich einmal sah, wo der unterlegene Kläger ganz nackt war. Der obsiegende besaß zwar ein Gewand, aber so durchlöchert und zerrissen, daß man hätte glauben können, er habe ein Netz an: die Richter und die Prokuratoren aber trugen drei und vier Gewänder übereinander." „Sie sind sehr unverfroren", sagte Belastre zornig zu ihm, „unser Gewerbe derart zu verschreien! Hätte ich meine Büttel hier, würde ich Sie genau dahin bringen, kraft einer saftigen Buße, die Sie ohne Verzug zu bezahlen hätten." „Ich bringe es weniger in Verruf als das die Advokaten tun", antwortete Charroselles, „die man nie Prozesse in eigener Sache führen sieht, genauso wie die Ärzte, die nie ihre eigene Medizin einnehmen. Ich habe noch heute morgen einen meiner Freunde sagen hören, daß es überhaupt je nur einen Prozeß gegeben habe, den er mit Gerichtskosten und Bußgeld gewann, daß sich dabei aber am Ende herausgestellt habe, daß er viel mehr gewonnen hätte, wenn er gleich zu Anfang auf die Schuld verzichtet hätte, auf die er plädierte." „Wie ist denn so etwas möglich?" fragte Collantine. „Nun, er hat es mir folgendermaßen erklärt", sagte Charroselles, „ein säumiger Zahler, Besitzer eines Hauses im Wert von ungefähr viertausend Francs, schuldete ihm hundert Pistolen. Er übergab seinen Schuldbrief einem Prokurator, der sich einem ebenso begierigen Widersacher gegenübersah und so erfolgreich über die Schuldscheine und das über das Haus ergangene Beschlußverfahren stritt, daß er bis zu sieben Verfügungen gegen die Gegenseite erwirkte, und all das zusammen mit Bußgeld und Gerichtskosten. Nun waren die Gerichtskosten angelegentlich auf zweitausendfünfhundert Livres festgesetzt und das Haus für nur zweitausend Livres dem Schwiegersohn seines Prokurators gerichtlich zuerkannt worden°, so kostete es ihn also fünfhundert Livres seines eigenen Geldes zuzüglich zum Verlust seiner Schuldansprüche. Er hat mir aber versichert, am meisten hätte ihn das Geld gereut, das er aufbringen mußte, um alle Geldstrafen zu bezahlen, zu denen seine Gegenpartei verurteilt worden war, andernfalls man ihm die Verfügungen nicht ausgehändigt hätte." „Das geschah mit vollem Recht", begann Collantine wieder, „ist es denn nicht allgemein bekannt, daß der Gewinner des Rechtsstreites vorher zwölf Livres hinterlegen° muß? Aber wenn er will, erstattet man ihm die Summe sofort auf Kosten seiner Gegenpartei." „Und was nützt die Erstattung", ergänzte Charroselles, „wenn der Schuldner zahlungsunfähig ist, wie das für alle Prozessierer der Fall ist? Wäre es nicht besser, wenn der Herr Steuereinnehmer der Summe verlustig ginge, die für ihn ein Reingewinn ist, anstatt sie angelegentlich dem aufzuladen, der in gutem Recht ist und für anderer Leute Fehler bestraft wird? Derselbe hat mir gegenüber auch Klage geführt über die Feststellung der Gerichtskosten, was ihm sehr am Herzen lag und was er sehr unterhaltsam ins Lächerliche zog. Er zeigte mir, daß es für ein und dieselbe Urkunde fünf oder sechs getrennte Posten gab; zum Beispiel für die Rechtsberatung, für das Gesuch, für die Vorladung, für die Abschrift, für die Vorlage bei Gericht, für das Tagegeld, für das Pariser Livre, das Ausgleichviertel° und so weiter. Er erzählte mir dann, er sei sich vorgekommen wie in der italienischen Komödie, wo Skaramuz° als Gastwirt seinem Gast die Rechnung aufmacht für den Kapaunen, den der ihn spickte, für das Brennholz, das Feuer, den Bratenspieß und so fort." „Wahrhaftig", sagte da Collantine, „genau so gehört es sich, weil es ein alter Brauch ist. Ich gebe wohl zu, daß die Herren Prokuratoren hierbei am ehesten auf ihre Rechnung kommen, denn um diese Gebühren festzulegen, zählt man die einzelnen Paragraphen zusammen, und derjenige, der nur über zehn Deniers lautet, kostet manchmal acht Sous sowie an Extrakosten für die gerichtliche Bekanntmachung, die Aussageverzeichnisse nicht gerechnet, die sich durch diese Hilfsmittel ganz wunderbar vermehren. Sie selbst sagen auch, dies sei der einträglichste Teil ihres Gewerbes. Aber ich gebe zu, daß es dabei etwas gibt, das meinen Anstoß erregt: daß dabei nämlich hohe Gebühren für die Prokuratoren angesetzt werden für Dinge, die sie überhaupt nicht bearbeiten, wie Rechtsberatung und die Durchsicht von Schriftsätzen. Die Gebühren für Dinge, die sie tatsächlich bearbeiten, liegen sehr niedrig, wie z. B. für ihr Erscheinen bei den Gerichtsverhandlungen, um die Verfügungen in Empfang zu nehmen. Das wäre ein wichtiger Punkt, der geändert werden müßte bei einer Reform der Mißstände im Justizwesen." „Würden Sie", fuhr Charroselles wieder fort, der auch sein Lehrgeld hatte bezahlen müssen bei dem Prozeß, den er gegen Collantine geführt hatte, „nach alldem denn nicht zustimmen, daß das ein erbärmliches Gewerbe ist, immer zu prozessieren, da man doch diesen überhöhten Gebührenforderungen ausgesetzt ist?" „Nun muß man aber doch einen Unterschied machen", antwortete das Fräulein, „denn es gibt allen Grund, die Kläger zu bedauern, die in einer Notsituation gezwungen sind, sich zu verteidigen, ohne in der Regel über die nötigen Mittel zu verfügen, wenn sie von einflußreichen Personen gerichtlich belangt werden und aus ihren Provinzen angelockt werden vermöge eines »Committimus«°. Das gilt aber nicht für Kläger aus freien Stücken, die andere leichterhand vor Gericht ziehen, weil sie eine Plage sind für alle ihre Mitmenschen und den Vorzug haben, eine Reihe von Leuten in Wut zu bringen. Sie haben mir selbst zugegeben, daß das Klagen das größte Vergnügen der Welt ist und man mit einem juristischen Schriftstück ebensoviel Schaden anrichten kann wie mit einer Satire. Außer daß die Mandanten stets gezwungen sind, den Advokaten Geld zu geben, um die Scherereien loszuwerden oder ihnen einen Teil des Streitwerts abzutreten, so daß ihre Prozesse, so unangenehm sie auch sein mögen, ihnen immer mehr Gewinn als Verlust einbringen, vorausgesetzt sie verstehen es, sie in die Länge zu ziehen." „Tatsächlich", unterbrach Charroselles, „da wir von den Leuten reden, die zum Vergnügen prozessieren, erinnere ich mich einer Begegnung, die ich kürzlich im Palais hatte: Ich stand in der Nähe eines Mannes aus Le Mans, der seinen Nachbarn, einen Notar, geohrfeigt hatte (wie ich danach erfuhr) und genötigt war, einen großen Kriminalprozeß auszutragen, der durch Berufung an den Gerichtshof übergegangen und für welchen Streitfall er zu hoher Wiedergutmachung und Schadensersatzleistung verurteilt worden war. Ich hörte, wie einer seiner Landsleute sich über ihn lustig machte: »Na, Baptist, wie steht's?« das mußte der Name des Ohrfeigenausteilers sein. »Du Glückspilz, hast Deinen Prozeß verloren.« – Der aus Le Mans antwortete lediglich: »So seh' ich's auch, aber schließlich, was soll's! Sollte ich nicht einen ganz ähnlichen haben können, wenn mir danach ist?« Das Gelächter der Umstehenden machte mich neugierig, den Grund des Prozesses zu erfahren, und ich mußte mir eingestehen, daß nichts leichter ist, als Prozesse dieser Art zu führen, daß das aber jedenfalls kein Mittel ist, um reich zu werden." „Ich kann von solchen Prozessen nicht berichten", sagte da Collantine, „Gott bewahre! Nichts ist so gefährlich, wie Beklagter in einem Kriminalprozeß zu sein; aber ich rede von diesen strittigen Rechtsansprüchen, die man billig schwachen und verfahrensunkundigen Leuten abkauft und von denen die verwickeltesten die allerbesten sind. Man muß nämlich nur für seine Zulassung als vermittelnde Partei in einem Prozeß sorgen, und vorausgesetzt, man versteht sich auf Inzidentklagen und Verfahrensfragen, pflichtet man bald der einen Seite, bald der anderen bei, und die anderen Parteien müssen den Frieden, um welchen Preis auch immer, erkaufen. So sieht das Gewerbe aus, in dem ich schon seit langem mein Auskommen finde und in dem ich mich sehr wohl fühle. Ich habe schon sieben Großbauern und vier Bürgerfamilien ruiniert, und drei Edelleute habe ich in der Zwickmühle. Wenn der Herrgott es mich erleben läßt, dann will ich sie noch ins Armenhaus bringen."

Collantine wollte schon anheben, ihnen ihre Schachzüge im großen wie im kleinen auseinanderzusetzen, und sie hätte eine geraume Zeit damit zugebracht, als sie sich von Belastre unterbrochen sah, der zu ihr sagte: „Ohne weiter darauf eingehen zu wollen, verschaffen Sie mir doch einen schönen Eindruck davon, was Sie alles vermögen. Seit geraumer Zeit schon prozessieren Sie gegen mich unter dem Vorwand einer alten Nachforschung nach Ansprüchen, von denen Ihnen kein Karolus° gebührte." „Was", entgegnete Collantine hitzig, „Sie schulden mir gar nichts? Sie sind kühn genug, das zu behaupten? Ich will Ihnen gleich das Gegenteil beweisen. Ich verlasse mich auf Monsieur", und wies auf Charroselles, „er wird selbst darüber befinden."

Alsdann schickten sich beide an, alle Prozesse und Meinungsverschiedenheiten darzulegen, die sie zusammen hatten, in Gegenwart von Charroselles, als wäre er ihr von der Natur gesetzter Richter. Beide ergriffen zugleich das Wort, Streitreden wechselten ab mit Anspruch und diese mit Anfechtungen, ohne daß einer seinem Gegenüber hätte zuhören wollen. Es ist dies der übliche Brauch bei den Klägern, den erstbesten zum Schiedsrichter zu machen und auf der Stelle vor ihm über ihren Fall zu streiten, in der Absicht, sich auf das zu berufen, was er dazu sagt, ohne daß dies jedoch zu einem Urteil oder Vergleich führte. Hätte ich nun des langen und breiten über dies Ereignis deduziert, so wäre das keineswegs ein Verstoß gegen die Forderung nach Wahrscheinlichkeit gewesen. Nur recht vergnüglich, sich das anzuhören, darüber zu berichten gäbe es dagegen wenig. Sie hatten sich gerade darüber geeinigt, wer zuerst reden sollte (denn der Streit über diesen Punkt zog sich hin), als man an die Tür klopfen hörte. Es war der Gerichtsschreiber Belastres, der ihn bei Collantine suchte, wußte er doch, daß er ihn hier fände, um ihn die Abschrift eines Verzeichnisses, das er gerade fertiggestellt hatte, unterschreiben zu lassen. Außer der Niederschrift mit dem Amtssiegel, die er in der Hand trug, hatte er unter dem Arm noch einen recht großen Sack mit all den inventarisierten Papieren, die in der Kanzlei hinterlegt werden mußten als Sicherheit für die Gebühren der Beamten. Seine Ankunft stiftete den Waffenstillstand zwischen den streitenden Parteien, und nachdem Belastre ihm eine kleine Anhörung unter vier Augen gewährt hatte, gab dieser Schreiber (den man Stehlewelt nannte, weil er alles, was es auf Erden gab, stahl) Belastre seine Niederschrift, um sie von dem ehrwürdigen Herrn Richter unterzeichnen zu lassen. Charroselles, der seine Nase überall hineinsteckte, war neugierig zu erfahren, worum es ging, bückte sich, vorgeblich um seinen Handschuh aufzuheben, und las auf dem Rücken des Dossiers die Aufschrift: VERZEICHNIS DES MYTHOPHILACTUS°.

„Was?" rief er sofort. „Der arme Mythophilactus ist also tot! Wie? Dieser Mann, der in Paris so bekannt war, sowohl für seine Lebensweise wie seine Werke. Ich bin sicher, man hat schöne Raritäten bei ihm gefunden." „Wenn Sie sehen möchten", sagte der Schreiber recht höflich, ganz gegen das übliche Verhalten dieser Herrschaften, die nicht gerade für ihre Zuvorkommenheit bekannt sind, „Sie dürfen wohl keine genauere Zusammenfassung finden als das Verzeichnis, das ich angefertigt habe." „Sie können mir keinen größeren Gefallen tun", sagte Charroselles. „Und mir auch", meinte Collantine, die entzückt war von jeder Art Akten und Urkunden.

Belastre, dem es auch gefiel, ein Schriftstück verlesen zu hören, das seinen Namen als Aufschrift trug – dachte er doch, dadurch bei Collantine im Ansehen zu steigen – billigte diese Neugierde nicht nur, sondern trug dem Schreiber auch auf, kraft der Amtsgewalt, die er über ihn hatte, ihr zu willfahren. Der Schreiber gehorchte, setzte sich bei ihnen nieder, und als sie ihre Plätze eingenommen hatten und Ruhe eingekehrt war, begann er so zu lesen:

Verzeichnis des Mythophilactus

„Im Jahr eintausendsechshundert..." „Ich bitte Sie", unterbrach Charroselles, „überspringen Sie die Betitelung, die doch nur unnütze Titulationen enthält." „Unnütz!" fuhr Collantine mit einem Aufschrei dazwischen, „da befinden Sie sich aber in einem großen Irrtum: Es gibt nichts Wesentlicheres bei einer Streitsache als eine genaue Feststellung der Standesbezeichnungen." „Das wäre schon richtig", gab Charroselles zurück, „wenn wir einen Prozeß führten oder ein Urteil finden müßten. Da wir hier aber nur neugierig sind auf den Nachlaß des Mythophilactus, wären das nur verlorene Zeit und überflüssige Worte."

Diese Begründung setzte sich zum großen Bedauern Belastres durch, der ein großes Vergnügen darin fand, seine Titel verlesen zu hören. Stehlewelt übersprang also mehrere Seiten Titel, Beifügungen und Endsiegelungen und fuhr fort zu lesen:

ERSTENS, ein Bett, auf dem der Verstorbene gelegen war, bestehend aus drei Holzbrettern auf zwei Böcken, einem Strohsack mit einem alten Koffer, der als Nackenrolle diente und einer Decke aus einem Stück Rouenser Wandbehang, alles zusammen im Schätzwert von fünfundzwanzig Sous macht: 25 Sous
ITEM, zwei Stühle mit Strohsitz und ein Sessel mit Mokade bezogen im Schätzwert von zehn Sous macht: 10 Sous

ITEM, eine Kiste aus weißem Holz, auf der wir unser Siegel vollständig und unversehrt vorfanden und in welcher sich nur die nachstehend aufgeführten Papiere fanden, besagte Kiste im Schätzwert von zwölf Sous macht : 12 Sous

„Mit Verlaub", sagte Charroselles, „kommen wir doch rasch zu diesen Papieren, nichts anderes wünsche ich zu sehen. Ich stelle mir nämlich vor, es sind sehr gute darunter, denn den Rest der Möbel kann man leicht nach der Kostprobe beurteilen, die wir gehört haben. Und ich vermute wohl, daß der arme Mythophilactus in bitterster Armut gestorben ist. Es wundert mich auch gar nicht mehr, daß er sich so vor Besuchen fürchtete und solche Sorge trug, das Haus, in dem er wohnte, auch vor seinen engsten Freunden geheimzuhalten, denen es auch so unbekannt war wie die Quellen des Nils. Da ich aber damit rechne, in dem ganzen Verzeichnis auf eine ähnliche Bettelarmut zu stoßen, bitte ich Sie, Herr Schreiber, abzukürzen und das Kapitel mit den Papieren vorzulesen, denn nur darauf bezieht sich die Neugierde der Gesellschaft." Gesagt, getan: nachdem Stehlewelt mehrere Seiten überblättert hatte, fuhr er also fort:

ERSTENS, das Testament oder die Verfügung letzter Hand des besagten Verstorbenen mit dem Datum des 21. April ...

„Oh bitte, wenn Sie die Güte haben wollen, noch ein weiteres Mal!" sagte Charroselles. „Wir benötigen nur die Daten; ich bitte Sie, gehen wir nur die Verfügungen des Testaments durch, und vor allem überspringen Sie die Vorrede und diesen Kanzleistil, der nur unnötig Pergament kostet." Der Schreiber griff also nach dem Testament, und nachdem er zwei oder drei Rollen voll mit diesen Leerformeln murmelnd überflogen hatte, begann er mit deutlicher Stimme die folgenden Klauseln zu verlesen:

ERSTENS, hinsichtlich meines Leichenbegängnisses und meiner Bestattung überlasse ich die Besorgung dem Hauswirt der Örtlichkeit, an der ich sterben werde, und vertraue mich im übrigen seiner Menschlichkeit an, der von sich aus dafür Sorge tragen wird, selbst wenn ich nicht darum bitte. Ich erwarte auch, daß er es ohne Pomp erledigen wird, ohne Behänge und Leuchter in allerchristlichster Demut und meiner Stellung und meinem Besitz entsprechend.
ITEM, jedem der armen Autoren, die sich zu meiner Beerdigung einfinden werden, vermache ich ein Exemplar eines von mir verfaßten Buches mit dem Titel: »Das tägliche Exercitium des Dichters«, das ihnen ausgeliefert werden wird, sobald das besagte Buch fertig gedruckt ist und in dem sie ein gutes Beispiel finden für die Ausdauer, Hunger und Armut zu ertragen, mitsamt einer flammenden Rede, die ich zu ihren Gunsten verfaßt habe, damit die Reichen mit ihnen mehr Mitgefühl haben, als sie für mich erübrigten.
ITEM, vermache ich Claude Catharinet, meinem besten Freund und Zweiten Ich, mein großes Notizbuch oder Mittagstisch-Almanach, der die Namen und Adressen aller meiner Bekannten enthält, mit den Beobachtungen, die ich anstellte, um die schwachen Seiten der großen Herren zu entdecken und ihnen zur Erlangung ihrer Gunst daselbst zu schmeicheln, wie auch denen ihrer Schweizer und Küchenaufseher, in der Hoffnung, daß er sich mit Hilfe dieses Werkes am Leben zu erhalten vermag, wie ich es bis heute vermochte.
ITEM, vermache ich allen meinen angeblichen Mäzenen den Nachlaß dessen, was sie mir schulden, für die Kosten des Weihrauchs, den ich zu ihrer Verfügung hielt

und ihnen lieferte, sei es durch Widmungen, Lobreden, Hochzeitsgedichte, Sonetten und Schund, in welcher Form auch immer, und ich wünsche ihnen nicht, daß ihre Seele im Jenseits gemartert werde, was ihnen widerfahren könnte dafür, daß sie mir den Lohn für meine großen Werke vorenthielten. Gleiches gilt im Hinblick auf die böswilligen Verleger, die von den Früchten meiner durchwachten Nächte zehrten und mich so viel leiden ließen, seit ich in ihre Abhängigkeit geraten war. Und obwohl sie es sich so oft angelegen sein ließen, ein Verdammungsurteil über mich zu fällen, bitte ich Gott, daß er ihnen das Böse, das sie mir zugefügt, nicht anrechne, sondern daß er ihnen gegenüber in vollem Umfang sein Erbarmen walten lasse, dessen sie sehr bedürfen.
ITEM, vermache ich Georges Soulas, vormals mein Diener und Schreiber und jetzt durch Besorgung meiner Werke mein Kollege und Mitbruder in Apoll, ebensosehr als Lohnzahlung, die ich ihm wohl schulde, als aus reiner Freigiebigkeit – Schenkung wegen Todesfall – und in der allereinträglichsten Form den ganzen Rest meiner Werke und Papiere, das schon Gedruckte wie das noch zu Druckende, und vermache ihm allen Gewinn, den er dafür bei Schauspielern, Buchhändlern und Personen, denen er sie zueignen mag, erzielen kann, mit der Auflage und keinesfalls anders, daß er die besagten Manuskripte unter meinem Namen und nicht unter seinem drucken läßt und mich nicht des Ruhmes beraubt, der mir daraus erwachsen kann, wie ich das von einigen gaunerhaften Autoren vormals zu erleiden hatte. Und als Vollstrecker des vorliegenden Testaments bestimme ich Charles de Sercy, den Zunftmeister der Buchhändler des Palais und Zunftgeschworenen, weil ich mir von seiner Gesittung verspreche – eifert er doch dem Vorbild Courbés° nach, der ja nicht verschmähte, Generalvertreter für die Autoren der Oberschicht zu spielen und jetzt selbst an der Schwelle seines Eintritts in die feine Welt steht –, daß er dem Gedächtnis seines ergebenen Dieners und Kunden diesen Dienst nicht verweigern wird. Zu diesem Behufe soll Ge-

orges Soulas, Universalerbe meiner Werke, wenn er davon welche zum Druck bringt, ihm den Vorzug geben vor allen anderen, als Entschädigung für die durch Anthologien und unnütze Rhapsodien erlittenen Verluste, die er druckte, weswegen ihm der baldige und wohlverdiente Bankrott bevorsteht: denn so war alles durch den besagten Erblasser diktiert, beziffert, gelesen, wiedergelesen usf.

„Ich besaß wirklich eine große Wertschätzung für den armen Mythophilactus, aber keineswegs weiß ich ihm Dank dafür, daß er die kleinen Buchhändler davon abbringt, für die Herausgabe von Sammelwerken Sorge zu tragen. Jeder weiß doch, wie spröde die besseren Buchhändler tun, wenn man ihnen Abschriften zum Druck anbietet. Sie wollen nur solche mit dem bestimmten Intrigenspiel annehmen, das ihnen so gefällt, und obendrein zahlen sie noch ganz und gar nach ihrer Weise, und die anderen Stücke muß man ihnen an den Kopf werfen, und selbst dann wollen sie sie noch nicht drucken." „Hundertmal haben Sie mir nun schon dieselbe Klage über Ihre Buchhändler vorgetragen", sagte Collantine. „Warum wollen Sie sie denn nötigen, Ihre Bücher zu drucken, wenn sie keinen Absatz finden? Was lassen Sie sie denn nicht auf eigene Kosten drucken nach dem Vorbild eines Autors, über den ich im Palais reden hörte und der jetzt fünfzigtausend Francs Schulden auf dem Hals hat. An Ihrer Stelle würde ich eher meine Pferde und meine Karosse verkaufen und mir dafür den Ruhm kaufen, der mir zukäme, da Sie nun einmal so begierig danach sind. Oder warum lassen Sie nicht lieber diesen ganzen Plunder philosophischer, historischer und literarischer Ausarbeitungen fahren und tragen Verfügungen, Plädoyers und Rechtsmaximen zusammen?

Potztausend! Das sind doch die Bücher, die gekauft werden, mögen sie aussehen wie sie wollen, und es gibt ja wohl keinen Buchhändler, der darauf nicht so begierig wäre wie auf das »Stundenbuch der Frau Kanzler«°. Aber ich bitte Sie, brechen wir hier ab, denn ich sehe schon, Sie würden als Entgegnung eine lange Klagerede halten. Da die Versammlung neugierig ist auf diese Papiere, kommen wir doch zu den Titeln und Verträgen über den Erwerb von Häusern und Verfügungen von Renten, denn das sind doch die Hauptartikel eines Verzeichnisses." „Oh, was das angeht", sagte Belastre, „so haben wir davon nichts gefunden, sondern nur eine Schuldpfändung, derart, daß der ganze Rest des Verzeichnisses nur die Auflistung einer Anzahl von Büchern und Manuskripten enthält, die uns einer der Legatare zu inventarisieren und sie ihm danach auszuhändigen ersuchte, weil – wie er behauptete – der Verstorbene ihm davon etwas vermacht habe." „Nur das beschäftigte uns", warf Charroselles ein, „und es geht dabei ganz sicher um die Hinterlassenschaft für Georges Soulas, wovon Sie gerade reden hörten. Lassen Sie uns, ich bitte Sie, schnell dieses Verzeichnis nachlesen." „Ich spreche mich dagegen aus", sagte Collantine, „und möchte zuvor einen Artikel dieses Testaments erklärt bekommen, der den großen Kalender und diesen Mittagstisch-Almanach betrifft, den er Catharinet hinterläßt und als ausreichend für seinen Lebensunterhalt bezeichnet." „Dem will ich gern nachkommen", antwortete Belastre. „Ich lasse ihn auf der Stelle von meinem Schreiber suchen, denn ich erinnere mich, daß ich ihn habe inventarisieren lassen." „Ich hätte große Mühe, es Ihnen jetzt herauszusuchen", mischte sich Stehlewelt ein, „denn es ist nur ein kleines Heft von fünf oder sechs Blättern, das unter einem Haufen Schriftstücke und Papierkram liegt, aber ich will Ihnen genau sagen, was es im wesentlichen enthält, denn ich habe es recht aufmerksam durchgesehen, als ich seine Beschreibung vornahm. Dieser Mittagstisch-Almanach besteht aus einer Tabelle, die in Spalten unterteilt ist und eine Liste aller Personen in Paris enthält, die Tischgäste empfangen, oder andere Bekanntschaften des Verstorbenen, die er darum bat, zu Tisch kommen zu dürfen. Das alles ist aufgeteilt nach Monaten, Wochen und Tagen, genau wie ein Kalender. In der Art, wie die armen Priester ihre Messe zu lesen begehren°: samstags in Notre-Dame, montags in Saint-Esprit und freitags in Sainte-Geneviève, geradeso legte er seine Mahlzeiten für bestimmte Tage bei bestimmten großen Herren fest: montags bei dem einen Intendanten, dienstags bei dem anderen Prälaten, mittwochs bei jenem Präsidenten, und so fand er das ganze Jahr über sein Auskommen. Das ging so weit, daß er ersatzweise und für den Bedarfsfall als Notbehelf die deutschen und französischen Schenken vermerkt hatte." „Das genügt soweit", sagte Charroselles, „um uns ein Verständnis für das ganze Werk zu geben, zu dem ich, ohne es gesehen zu haben, wohl Erläuterung und Kommentare liefern könnte. Ich kann mir nämlich gut denken, daß bis zur Verfertigung eines vollkommenen Almanach reichlich Fast- und Schmalhanstage zu vermerken waren und vielleicht mehr, als man davon in der Kirche einhält. Ich glaube auch, daß man, wie in das Horoskop, das gewöhnlich für jeden Mondumlauf angefertigt wird, oft hatte hineinschreiben können: Zunahme an Hunger, Durststrecke an Freunden, Trennung vom Mittagstisch und so fort, eine klarere und gewissere Voraussage als die von Jean Petit und Mathurin Questier°. Ich stelle mir wirklich vor, daß er einen Gedenkkalender verfertigen konnte mit den Hochzeiten und großen Feiern, denen er beigewohnt hatte, und daß er diese Tage gesondert vermerkt hatte in seinem Kalender, wie die dem guten Joseph geoffenbarten fetten und mageren Jahre." „Dieser Mann", unterbrach Collantine, „muß sehr elend gewesen sein, weil er doch nicht überleben konnte ohne zu schmarotzen, was meiner Ansicht nach das niederste Gewerbe ist und unwürdig eines Mannes, der noch Wasser und Brot besitzt." „Dies wäre bei allem aber eine schlechte Schlußfolgerung", meinte Charroselles, „denn es gibt wohl Marquis und wohlhabende Leute, die keinerlei Skrupel haben, an bestimmten reichen Tafeln die gewohnheitsmäßigen Schmarotzer zu spielen, und ich habe unseren armen Mythophilactus oft über diese verkehrte Welt klagen hören. Denn unter dem Vorwand (wie er sagte) einer Kennerschaft von Soßen, und weil sie vorgeblich eine feine Zunge besäßen, glaubten diese Leute das Recht zu haben, die besten Tafeln der Stadt zu begutachten, die ohne ihre Approbation nicht den Ruf hatten, erlesen und fein zu sein. Er ging so weit, diese Leute als Gauner und Frevler zu bezeichnen, die stählen und kämen, das Brot der Armen zu essen. Ihn aber, der sich nicht zur Schlemmerei, sondern aus Bedürftigkeit dorthin begab, kann ich nicht anders als entschuldigen: denn wie könnte sonst ein Autor ohne väterliches Erbteil anders überleben? Er kann, solange er will, Tag und Nacht arbeiten, sobald er vom Wohlwollen der Verleger und Buchhändler abhängt, kann er bei ihnen nicht einmal das Wasser zum Trinken verdienen. Ich erinnere mich, ihn einmal in großer Bedrängnis erlebt zu haben. Ich traf ihn auf dem Platz der Sorbonne im Streit mit einem anderen Autor, der ihm unter anderen Schmähungen mit lauter Stimme vorwarf, er sei ein Ruhmesbettelant, und er würde allenthalben und nach allen Richtungen darum betteln. Die letzten Worte hörten ein paar Justizhäscher, die alle Bettler aufsammeln und ins Hôpital Général° bringen. Sie ergriffen ihn im Nu beim Kragen (noch dazu war er im übrigen ziemlich abgerissen), und ich hatte meine liebe Mühe, ihn freizubekommen. Es gelang mir indessen, als ich ihnen darlegte, daß das Gewerbe des Dichters, das er ausübte, ihn auf dem allernatürlichsten Weg ins Hospiz bringe und daß es gar keiner anderen Häscher bedürfe als der seines unglückseligen Schicksals, um ungesäumt dahinzugelangen. Ich könnte noch andere unterhaltsame Einzelteile berichten, aber meine Neugierde auf dieses Buchverzeichnis duldet keinen weiteren Aufschub."

So geschah es, daß Stehlewelt, der einem Kopfnikken Belastres entnahm, daß ihm willfahren werden solle, anhob weiterzulesen:

Bücherverzeichnis des Mythophilactus

DIE AMADISIADE oder die Galliade, komisches Heldengedicht, enthaltend die Worte, Handlungen und Heldentaten des Amadis von Gallien und anderer adliger Ritter; unterteilt in vierundzwanzig Bände, jeder Band in vierundzwanzig Gesänge, jeder Gesang in vierundzwanzig Kapitel und jedes Kapitel in vierundzwanzig Zehnzeiler, ein Werk von 1724800 Reimen, ohne die Inhaltsübersichten.

DIE APOLOGIE des Salluste du Bartas° und anderer alter Dichter, die versucht hatten, zusammengesetzte Wort in Mode zu bringen; worin gezeigt wird, daß die Franzosen dabei Feiglinge waren im Vergleich zu den Griechen und Römern, beispielsweise Aristophanes, Plautus und anderen Autoren.

DIE SCHNITZELCHEN vom Parnaß, oder Sammlungen mehrerer alter Verse, verbessert und in den Stil der Zeit gebracht.
DIE ENDLOS-SCHRAUBE oder Entwurf und Plan zu einem Universalroman, aufgeteilt in so viele Kapitel, wie der Verleger geneigt ist zu bezahlen.
DIE MAUSEFALLE der Neider oder Widerlegung der Buchkritiker und Zensoren; ein Werk, verfaßt zum Trost für entthronte Dichterfürsten, worin gezeigt wird, daß diejenigen von Gott verflucht wurden, die die Schandtaten ihrer Altvorderen und Brüder aufdeckten.
DIE SPICKNADEL der Höflinge oder Satire auf mehrere Lächerlinge von Hofe, die darin aufs wunderbarste gepiekt werden, so daß jeder sein Fett abbekommt.
DER SCHLÜSSEL zu den Wissenschaften oder das »Kreuz unseres Herrn«° für den Prinzen, das heißt das Erlernen der Kunst des Lesens und Schreibens, zugeeignet dem Thronfolger mit dem Hauptschlüssel zur Frömmigkeit oder Handbuch des Gebets, dem Christen zur täglichen Übung.
DIE NACHBILDUNG der Klagen des Jeremias oder Dichterklage des Autors über den beim Umzug erlittenen Verlust von vierzehntausend Sonetten, nicht gerechnet Stanzen, Epigramme und andere Stücke.

„Tatsächlich“, sagte Charroselles, „war ich bei der Entstehung dieses Werkes anwesend; und noch nie erlebte ich einen Autor in größerer Trostlosigkeit als diesen beim Erhalt der Nachricht über den Unfall. Ich ließ es mir angelegen sein, ihn nach Kräften zu trösten, im Bewußtsein der geringen Gabe, die der Herrgott mir dazu verliehen hat; und wie ich von dem mit dem Transport dieser Papiere beauftragten Lastenträger erfuhr, daß sie in der Gegend des Neumarktes° verlorengegangen sein mußten, versicherte ich dem Mythophilactus, daß gewiß irgendeine Butterverkäuferin sie aufgesammelt habe, wie das so ihre Gewohnheit ist, und er nur soviel Pfund Butter zu kaufen hätte, wie er könnte, bis zum letzten Gedicht, das ihm verlorengegangen sei." „Das ist aber wirklich einmal ein boshafter Trost", antwortete Belastre, „der aber ganz Ihrer Veranlagung entspricht, wie Ihr schon saggtet. Aber lassen Sie doch meinen Schreiber weiter keine Zeit verlieren, habe ich ihm doch aufgetragen fortzufahren."

Stehlewelt fuhr da fort, wo er stehengeblieben war und las im gleichen Tonfall, mit dem er schon begonnen hatte:

ABHANDLUNG über die Grundsätze der Dichtung oder Einführung in die Freigeisterei.

BITTSCHRIFT in Reimen, um vom König das Privileg zu erlangen, Ballettverse, neue Weisen, Liedchen für den Hof und »Pont-Neuf«-Lieder zu verfertigen mit dem Verbot für jedermann, an ähnlichen Gegenständen zu arbeiten, zur Empfehlung des Herrn von B..., großen Privilegiographen von Frankreich. *Forfantiados liber quatuor, de vita et rebus gestis Fatharelli.*

DAS GROSSE SCHIMPF- UND SCHERZBUCH von Frankreich oder Aufzeichnung aller Schimpfreden in diesem weiten Königreich nach alphabetischer Reihenfolge.

„Dieser Plan ist aber auch wirklich zu hübsch", unterbrach Charroselles wieder, „ich hätte Lust gehabt, es vor ihm auszuführen und hätte es auch getan, wenn ich bei den Verlegern nicht in Ungnade gefallen wäre, denn dieses Thema entspricht genau meiner Neigung. Ich habe mehrmals mit dem armen Verstorbenen darüber beraten, und er sagte mir, er habe vor, daraus dreißig Bände zu machen, deren jeder einzelne umfangreicher werde als das Theater des Lykosthenes oder die Prophezeiungen von Magdeburg°. Ich hatte ihm indessen immer prophezeit, selbst wenn er allen Fleiß daran setzte und sein Leben lang nichts anderes mehr unternähme, er dieses Werk immer noch unvollständig zurückließe. Aber Monsieur", sagte er, zum Schreiber gewandt, „ich bitte um Entschuldigung für die Unterbrechung, bitte fahren Sie doch fort." Stehlewelt las infolgedessen weiter:

DICHTWÖRTERBUCH oder kurzgefaßte Sammlung von Wörtern und Sätzen zum Verfertigen von Versen, wie *Reiz, Zauber, Liebespfeile, Flammen, Schönheit ohnegleichen, Wunder sondergleichen* und so fort. Mitsamt einem Vorwort, in welchem dargelegt wird, daß der dichterische Sauerteig aus nur dreißig Worten besteht, um damit Gedichte und Romane ins Unendliche quellen zu lassen.
ILLUSTRATIONEN und Erläuterungen zum Buch über Ogier, den Dänen°, worin durch Auslegungen nach dem moralischen, allegorischen, anagogischen, mythologischen und enigmatischen Sinn gezeigt wird, daß darin alles enthalten ist, was war, ist und sein wird; daß selbst die Geheimnisse des Steins der Weisen darin klarer zutage liegen als in der Argenis, der Hypnerotomachia Poliphili, dem Kosmopolitus° und anderen, zugeeignet dem Verwalter der Narrenhäuser.
ABHANDLUNG über die Chiromantie für Affenhände, ein bisher weder dagewesenes noch von jemandem ausgedachtes Werk.
VERWÜNSCHUNG Thersanders, der den Autor das Versemachen lehrte, oder Paraphrase auf den Text: *Hinc mihi prima mali labes*°.
RUBRIKOLOGIE oder über die Erfindung von Titeln und Aufschriften, worin gezeigt wird, daß ein historischer Titel der wahre Kuppler des Buches ist und etwas, das ihm den schnellsten Absatz verschafft. Dazu wird ein Beispiel der Preziösen angeführt.
VERTEIDIGUNGEN und Lobreden, gehalten vor der

Vollversammlung der Verleger bei der Beratung über die Drucklegung mehrerer Bücher, die man ihnen vorgelegt hatte. Mit dem ins Mittel tretenden Urteil dieselben betreffend, unter dem Vorsitz von Midas, der den Koch, den Bäcker und den Gärtner François hörte, mehrere gute traditionelle und moderne Autoren aber abwies.

WUNDERSAME BESCHREIBUNG eines großen Herren, dessen Ankunft David verkündet hatte, der Augen hatte und nichts sah, Ohren und nicht hörte, Hände und nichts griff, der dafür aber Leute besaß, die für ihn sahen, hörten und griffen.

ÜBER DEN GEBRAUCH des Thelescopophore oder über eine bestimmte Brille, deren sich die Hohen Herren bedienen und die für die Augen der anderen passen, die von der Last, sie zu tragen, zwar befreit, aber allen Widrigkeiten unterworfen sind, die sich aufgeführt finden in der Abhandlung: *De fallaciis visus*°.

DENKSCHRIFT und Eingabe an den königlichen Prokurator, eine Zunft der Dichter und Autoren einzurichten und sie den anderen Künsten und Gewerben der Stadt einzugliedern; worin gehandelt wird von den sonderbaren Mißbräuchen, die sich in diesem Berufsstand breitgemacht haben, und daß die Polizei verlangt, ihm Innungsmeister und Geschworene beizugeben, wie es sie in allen weniger bedeutenden Körperschaften auch gibt.

SUMMA der Widmungen oder allgemeine Untersuchung aller Fragen, die sich erheben können bezüglich der Zueignung von Büchern, in vier Bänden.

„Ah, ich bitte sehr", unterbrach Charroselles, „lassen Sie uns doch absehen vom Rest der Lektüre, so unterhaltsam sie auch sein mag, und halten wir uns doch heute damit auf, dies Buch im einzelnen zu betrachten, denn ich habe schon viel davon reden hören; und im übrigen ist es ein neues Thema und von großer Notwendigkeit für alle Autoren." „Ich würde Ihre Neugierde gern befriedigen", sagte der Schreiber,

„aber wie soll das gehen, Ihnen diese vier Bände vorzulesen, die wir Mühe hatten, in zwölf Sitzungen durchzusehen?" „Lassen Sie uns nur irgendetwas davon durchgehen", beharrte Charroselles starrköpfig, „wir ziehen daraus schon irgendeinen Vorteil." „Ich sehe einen Weg", meinte der Schreiber, der das Buch unterdes durchblätterte, „Sie bis zu einem gewissen Punkt zufriedenzustellen, denn hier sehe ich ein Verzeichnis der Kapitel, das ich Ihnen vorlesen könnte, wenn Sie wollen." Die Gesellschaft bat ihn darum, und er fuhr fort zu lesen:

Summa aller Widmungen

Erstes Buch

1. Kapitel

Von der Widmung im allgemeinen und ihren guten und schlechten Eigenschaften.

2. Kapitel

Ob die Widmung unbedingt nötig ist für ein Buch. Eine abschlägig beschiedene Frage, gegen die Meinungen zahlreicher traditioneller und moderner Autoren.

3. Kapitel

Wer der erste Erfinder der Widmung gewesen ist. Versammelt einige historische Mutmaßungen, die beweisen, daß die Widmungen von einem Bettler erfunden wurden.

4. Kapitel

Welche die älteste Widmung ist, die der Streitschriften oder jene der gebundenen Bücher, und von der Schändung, die sie erfahren durch Balthasar Moncornet°, der sie unter gewöhnliche Bilder setzte.

5. Kapitel

Der Pedant Hortensius°, bitterlich getadelt für seine lächerliche Meinung, da er ein Buch ohne Widmung *Liberakèphalos* nannte.

6. Kapitel

Urteil über satirische und Spott-Widmungen°, wie jene an einen kleinen Hund, eine Äffin, an Niemand und ähnliche, und von der Unbill, die sie allen Saffianlederhändlern zufügen.

7. Kapitel

WIDERLEGUNG des im Volke verbreiteten Irrtums, der einige glauben machte, daß ein illustrer Fürstenname oder der eines hohen Herrn am Beginn eines Buches dazu dienen könnte, es gegen Lästersucht und Neid zu verteidigen. Mehrere Beweise, die das Gegenteil belegen.

8. Kapitel

Bürgerliche Widmungen an Freunde gerichtet, die nicht zu verwerfen sind und verglichen werden mit der Weißen Salbe°, die weder schadet noch hilft.

9. Kapitel

Anzeige und Klage gegen Rangouze° wegen der Verfertigung eines Buches, in dem die Zahl der Briefe gleich der der Widmungen ist, wobei der Autor dafürhält, daß ihm der Prozeß gemacht werden müsse wie den Taschenspielern, die mit flinken Goldstückchen arbeiten.

10. Kapitel

Bei welcher Sternenkonstellation Lobreden gesät und gepflanzt werden sollen, um die Früchte in der Erntezeit zu pflücken. Mit dem Horoskop für ein erfolgloses Buch, das nicht einmal mit einem Dankeschön bezahlt wurde.

11. Kapitel

Bestimmungen und Verzeichnis der Glücks-und Unglückstage zur Widmung von Büchern; worin entdeckt wird die Bedeutung des arkadischen Stündleins zur Überreichung eines Buches, soll heißen: wenn der Mäzen vom Spieltisch kommt und mächtig Geld gewonnen hat.

Zweites Buch

1. Kapitel

Vom Wesen und der Beschaffenheit der Mäzene im allgemeinen.

2. Kapitel

Über verschiedene Landstriche, in denen echte Mäzene geboren werden, und daß die besten sich in Flandern und in Deutschland finden so wie die größten Melonen in der Touraine und die kräftigsten Esel im Mirebalais. Zu diesem Behuf wird La Serre zitiert.

3. Kapitel

Echte und falsche Mäzene und von den Schwierigkeiten, sie zu erkennen. Ob ein sicherer Prüfstein ist, die Freigiebigkeit auszuforschen und zu ergründen, mit der sie den zukünftigen Zueigner bedenken.

4. Kapitel

Über die Knappheit an Mäzenen, die in mehreren Jahrhunderten herrschte, insbesonderheit von der wundersamen Dürre im jetzigen.

5. Kapitel

Angelegentlicher Beweis aus der Vorzeit der Dichtung, daß die älteste aller Klagen diejenige der Dichter über das

Unglück ihrer Zeit und den Undank ihres Jahrhunderts ist.

6. Kapitel

Fortsetzung des gleichen Themas, mitsamt einer Liste von Literaten, die aus Hunger oder im Hospital gestorben sind, erläutert an Beispielen aus dem Homer und Torquato Tasso.

7. Kapitel

Untersuchung eines Vergleichs, den einige unternommen hatten, zwischen einem echten Mäzen und einem Phönix, worin gezeigt wird, daß er stimmen mag hinsichtlich seines seltenen Vorkommens, aber doch darin hinkt, daß dieses nicht fünfhundert Jahre andauert und daß kein neuer aus seiner Asche wiederaufersteht.

8. Kapitel

Von der klugen Wahl, die man unter den Mäzenen treffen muß, und daß die ungebildetsten die besten sind, verifiziert an Gründen und Schlußfolgerungen.

9. Kapitel

Unterschiede zwischen den Mäzenen von Hofe und den Mäzenen in Amt und Würden; mit der Beobachtung, daß diese sehr gefährlich sind, weil sie sich üblicherweise mit dem Versprechen begnügen, euch einen Prozeß gewinnen zu lassen oder euch irgendwann und irgendwo zu Diensten zu sein.

10. Kapitel

Lobrede auf Herrn von Montauron°, bürgerlichen Mäzen, ersten diesen Namens, der Widmungsepisteln von den besten Geistern dieser Zeit erhielt. Mit dichterischen Klagen über ihren Niedergang.

11. Kapitel

Wahrhaftes Paradox, daß die reichsten Adligen nicht die besten Mäzene sind. Worin gehandelt wird über die plötzliche Lähmung, von der die Großen betroffen sind und die ihre Hand befällt, wenn es ans Geben geht.

12. Kapitel

Fünfzig Listen und Ausflüchte falscher Mäzene, um sich vor den Hinterhalten eines zueignenden und bettelnden Autors zu schützen.

13. Kapitel

Bericht über einen Unfall, der einem sehr mittelmäßigen Autor zustieß, dem sich der Kopf verwirrte, als er im Buche eines berühmten Gelehrten der Ehre einer Widmung teilhaftig wurde.

14. Kapitel

Entrüstung eines Autors über die Widmung für unwürdige Mäzene. Wie er, um sich zu rächen, eine Widmung vorbereitete an den Henker, für das erste Buch, das er schriebe.

Drittes Buch

1. Kapitel

Über die Honorierung im allgemeinen, die zu leisten ist für die Widmungen, und ob ihr Naturrecht, Völkerrecht oder Zivilrecht zugrunde liegen.

2. Kapitel

Ob man bei solcher Gelegenheit auf den Stand des Widmenden Rücksicht nehmen muß, ob man zum Beispiel einem reichen Autor ein viel hübscheres Präsent machen soll als einem armen. Mit mehreren von der einen wie der anderen Seite angeführten Gründen.

3. Kapitel

Ob man die Ausgaben für die Bindung, Zeichnungen, Stiche, Vignetten, Initiallettern und andere Aufwendungen, die Porträts, Monogramme und Wappen des beweihräucherten Adligen enthalten, in Erwägung ziehen soll. Mit einer denkwürdigen Feststellung, daß alle diese Prahlereien vermuten lassen, daß der Wert des Buchs an sich nicht allzu groß ist.

4. Kapitel

Gleichermaßen, ob die Reisekosten eines Autors°, um seinen Mäzen in einem weit entfernten Landstrich aufzusuchen und ihm das Buch zu überreichen, gesondert und als Dreingabe erstattet werden sollen.

5. Kapitel

Die rechte Waage der Bücher und ob man sie in Anschlag bringen soll nach dem Gewicht oder dem Verdienst, nach der Größe des Bandes oder der Trefflichkeit des Stoffes. Eine Frage, die behandelt wird in Form einer dramatischen Allegorie und der Einführung der handelnden Personen: der fleißige Esel und der schlaue Fuchs.

6. Kapitel

Eingeschobene Frage, ob, caeteris paribus°, die Widmung von Büchern *in-folio* höher bezahlt werden sollen als die *in-quarto* und die *in-octavo* oder *in-duodecimo*. Mitsamt einem denkwürdigen Kampf zwischen Calepino gegen *Velleius Paterculus*°.

7. Kapitel

Andere Frage: ob das nämliche Buch, gedruckt in-duodecimo, in kleinen Lettern ebenso gut bezahlt werden soll, als wenn es in großen Lettern und großformatig gedruckt wäre. Mitsamt einer Betrachtung über die natürlichen und geistigen Kinder: denn die ersten sind klein bei ihrer Geburt und wachsen mit der Zeit, die anderen werden ganz im Gegenteil zunächst in Großlettern gedruckt und mit der Zeit in kleinen.

8. Kapitel

Die Widmung von Neudrucken und Zweitauflagen; welche Gebühr man ihnen schuldet. Unterhaltsame Szene mit einem Mäzen, der einem Autor, welcher ihm ein solches Geschenk machte, als Lohn ein altes und gewendetes Gewand gibt.

9. Kapitel

Von solchen, die die alten Autoren zum Druck bringen und ihnen Widmungen voranstellen, unter dem Vorwand, sie korrigiert, illustriert, annotiert, kommentiert, apostilliert oder rhapsodiert zu haben. Beispiele einer Widmung dieser Art, die bezahlt wurde mit anderer Leute Geld von einem Finanzpächter, der am folgenden Tag Bankrott machte.

10. Kapitel

Von solchen, die bisher ungedruckte, alte Manuskripte zutage fördern; worin gezeigt wird, daß man ihnen mindestens den gleichen Lohn schuldet wie einer Hebamme, die Kindern hilft, das Licht der Welt zu erblicken.

11. Kapitel

Ob man einen Verleger in Betracht ziehen sollte, der anderer Leute Werk zueignet oder ein Buch, das er ohne Hinweis an den Leser vorgefunden hat. Unmittelbarer Vergleich mit denen, die sich, um bessere Almosen zu erbetteln, Kinder ausleihen oder dazu Findelkinder nehmen.

12. Kapitel

Über die Ährenleser des Parnaß oder solche, die Textsammlungen von Vers oder Prosa zusammenstellen und sie zueignen wie Bücher aus ihrer eigenen Feder. Solche Art zu handeln wird verurteilt als Erpressung und ungerechte Aushebung des Dichtervolkes. Mitsamt der Denkschrift eines Verfassers von Vorreden zur Einrichtung des Amtes eines Werkschützen nach dem Muster des Waldschützen und Feldschützen, um diese unliebsamen Begleiterscheinungen zu unterbinden.

13. Kapitel

Ob Grund und Anlaß gegeben sind, gerichtlichen Rekurs auf Bezahlung einer Widmung gegen einen Mäzen zu ergreifen und ob sie nach dem Urteil der Fachleute bezahlt werden muß. Eine Frage, die entschieden wurde gemäß einem gewohnheitsrechtlichen Grundsatz im Kapitel *Gesuch auf Abweisung des Klägers* und nach dem Rechtssatz *De his quae sine causa*°.

14. Kapitel

Ob im Gegensatz dazu ein Mäzen, der ein Buch bezahlt hat, ohne es zu sehen, wegen laesio enormis° in den vorigen Stand gesetzt werden kann, wenn das Buch nichts taugt oder er nicht hinreichend gepriesen wird, und ob es die Klagemöglichkeit gibt, die man in der Jurisprudenz nennt *condictio in debiti*°.

15. Kapitel

Ob die Erben oder Gläubiger eines verstorbenen Autors seine Rechtsnachfolger in Titel und Handlungen sind und ob sie vor Gericht dieselben durch die Widmung seines Buches geleisteten Dienste einklagen können, wenn sie es veröffentlichen. Abhandlung über den Rechtstitel: *De actionibus quae ad haeredes transeunt*°.

16. Kapitel

Denkwürdiger Erlaß zugunsten eines Autors, der eine Widmung unter dem Namens des Verlegers für dreißig Sous verfaßt hatte, welch selbiger dazu angehalten wurde, die Summe von einhundertfünfzig Livres zu teilen, die ein Deutscher dem Verleger für die Widmung bezahlt hatte; mitsamt der Verteidigungsrede des Advokaten, in denen sich schöne Beschreibungen finden vom großen Elend einiger Autoren und der befremdlichen Schurkerei der Verleger.

17. Kapitel

Darstellung eines Prozesses, der anhängig ist zwischen einem Verleger und einem Autor, welcher in seinem Sold steht und im Tageslohn arbeitete, über die Frage, wem die Widmung des Buches zustehe, was in ihrem Abkommen nicht festgelegt worden war.

18. Kapitel

Ob es ein dichterisches Stellionat° ist (das heißt, mehrmals dieselbe Sache zu verkaufen), ein Theaterstück zunächst den Schauspielern zu verkaufen, dann dem Verleger und schließlich einem Mäzen. Zugunsten des Autors entschiedene Frage, gegründet auf dem Gewohnheitsrecht.

19. Kapitel

Ob ein Domestike oder Hausangehöriger eines Mäzens verpflichtet ist, ihm vorzugsweise und unter Ausschluß aller anderen seine Werke zuzueignen und ob der Mäzen ihm dafür besonderen Lohn schuldet oder ob Kost und Logis dafür stehen. Darin wird das Recht der Sklaven behandelt, das festlegt, sie können nichts erwerben, außer für ihren Herrn. Worin gezeigt wird, daß die Sklaven des Reichtums noch weniger begünstigt sind als die Kriegssklaven.

20. Kapitel

Von einem einfachen Allheilmittel, das die Mäzene erfunden haben, um alle obengenannten Schwierigkeiten zu vermeiden, indem sie gar nichts geben. Diesbezügliche Beschreibung der Habgier und ihrer Ortsveränderungen in unseren Tagen, worin gezeigt wird, daß sie in den Stadthäusern und Palais wohnt, wohingegen sie davor in den Kollegien und Sudelküchen beheimatet war.

Viertes Buch

1. Kapitel
Lobreden im allgemeinen, mit ihrer Bestimmung, Art und Qualität.

2. Kapitel
Daß unmäßige Lobrede das Wesen der Widmung ausmacht. Mit dem experimentellen Beweis, daß der Weihrauch, der den Kopf am meisten benebelt, für den besten gehalten wird, gegen alle Ansichten von Apothekern und Spezereihändlern.

3. Kapitel
Ob der Mäzen die Widmung eines Buches bezahlen soll nach Maßgabe des Weihrauchs, den man ihm in der Vorrede verabreicht. Mitsamt der Erfindung einer Feinwaage, um ihn zu wiegen.

4. Kapitel
Ob der Weihrauch, den man dem Mäzen im Rest des Buches verabreicht, wo man bei geeigneter oder ungeeigneter Gelegenheit von ihm spricht, nicht die Dosis des Entgelts, das er für die Widmung allein aussetzt, verdoppeln oder verdreifachen muß.

5. Kapitel
Ob die Personen, denen man im Buch angelegentlich ehrenhafte Erwähnung tut, dem Autor nicht ein besonderes Präsent schulden, jeder für seinen Teil und Umfang an Lobreden, die man ihm verabreicht.

6. Kapitel
Vom Titel und Karat der Lobhudelei. Worin gezeigt wird, daß sie um von hohem Gehalt zu sein und gut verkäuflich, 24 Karat haben muß, das heißt, sie muß bis zum Äußersten getrieben werden.

7. Kapitel

Ob ein Autor, der seinem Mäzen die Göttergleichheit oder Unsterblichkeit zugeschrieben hat, doppelt so hoch bezahlt werden soll wie derjenige, der ihn nur Halbgott, Engel oder Held nannte. Beispiel mehrerer Apotheosen, die sich sehr viel günstiger für das Agens als den Patienten auswirkten.

8. Kapitel

Sehr treffliches Paradox, daß die allermittelmäßigste Lobhudelei die beste ist. Entgegen der Meinung des Jahrhunderts und der großen Herren. Mit einer Tafel der Verwandschaftsgrade von Schmeichelei und Fopperei, worin gezeigt wird, daß sie Kinder von Geschwisterkindern sind.

9. Kapitel

Von der offenkundig falschen Lobhudelei, mit dem Beweis, daß sie zweifach belohnt und bezahlt werden muß aus zwei Gründen: Erstens, weil der Autor für den Nachteil, den er sich selbst zufügt, da er mit solcher Schamlosigkeit lügt, entschädigt werden muß, weil zweitens der Mäzen der erste wäre, der die Unrichtigkeit bestätigte, wenn er ihr nicht durch eine großzügige Bezahlung Billigkeit verliehe.

10. Kapitel

Ob die Frauen, denen oft für umsonst geschmeichelt wird und die glauben, daß alle Lobpreisungen ihnen von Rechts wegen zustehen, ebensoviel zahlen sollen wie die Männer für Lobreden, die ihnen die Autoren in ihren Büchern oder Widmungen halten.

11. Kapitel

Ob man ein größeres Entgelt schuldet für Lobreden in Geschichtsschreibungen als in Dichtungen und Romanen.

12. Kapitel

Vielfältige Vorteile, die Geschichtsschreiber vor den Dichtern und Romanschreibern genießen, und über die schönen Gelegenheiten, die sich ihnen bieten, sich mehrere Personen von Rang zu verpflichten. Bleibt noch in Erfahrung zu bringen, ob ihre Freiheit zu lügen und zu übertreiben sie den anderen gleichstellt.

13. Kapitel

Ob die Geschichtsschreiber sich mit den Pensionen, die ihnen Könige und Minister aussetzen, zufriedengeben sollen, oder ob sie ehrbarerweise ihre Bücher anderen widmen können und dafür, daß sie lobend von ihnen reden, Geschenke empfangen.

14. Kapitel

Welchen Lohn oder welche Pension schuldet man einem Autor, der die Geschichte oder das Stammregister einer Familie geschrieben hat. Von der gewaltigen Personenzahl, die derartige Schreiber in den Adelsstand erhoben, und daß man diesen im wahrsten Sinne des Wortes (Brief)-Papieradel nennen kann.

15. Kapitel

Ob es einem Autor erlaubt ist, der nichts für eine Widmung erhalten hat, sie zu ändern und dasselbe Buch einem andern zuzueignen. Worin die Frage zuschlägig beschieden wird, nach der gesetzlichen Regelung, die die Widerrufung einer Schenkung wegen Undankbarkeit ermöglicht.

16. Kapitel

Denkwürdige Frage: angenommen ein Mäzen wird seiner Würde entkleidet, gehenkt oder hingerichtet für irgendein Verbrechen; ob es nötig wird, die Widmung zu unterdrücken, zu ändern oder den Verkauf des Buches immer weiter zu betreiben.

17. Kapitel

Bei einer zweiten Auflage desselben Buches: quid juris°?

18. Kapitel

Apologie, durch die jene nicht vom Verbrechen freigesprochen werden, die Personen prellen, welche sich für ihr Vergnügen geopfert haben. Worin gezeigt wird, durch Gleichheit des Grundes, daß Mäzene, die die armen Autoren prellen, welche ihren Namen und ihre Feder prostituiert haben für ihr Ansehen, ein Verbrechen begehen, das zum Himmel schreit und dem gleichkommt, den Dienern und armen Söldnern ihren Lohn vorzuenthalten.

19. Kapitel

Auszug aus einem Prozeß um Gerichtszuständigkeiten, angestrengt von einem Autor gegen einen Mäzen um die Bezahlung einer Lobrede, die jener ihm verkaufte, mit der darauf ergangenen Verfügung des Rates, die die Parteien an die Handelsrichter verwies in der Annahme, es handle sich um eine Handelsware.

20. Kapitel

Ob der Buchbinder, der das Saffianleder lieferte zum Einschlagen des gewidmeten Buches, oder der Kaufmann, der das Seidenpapier verkaufte, auf dem die Streitschrift gedruckt ist, eine Realklage oder eine Personalklage anzustrengen haben, und ob es genügt, daß der Autor das zukünftige Geschenk des Mäzens abtritt und überträgt in der Höhe der Schulden. Gegensätzliche Entscheidungen über diesen Gegenstand am Gerichtshof des Parnaß und dem Gerichtsstand des Chatelet.

21. Kapitel

Verschmitzte Sparsamkeit eines Autors, der seinem Mäzen ein Buch überreichte, das nur in blaues Papier eingeschlagen war, mit der Begründung, so seien auch die armen Waisen und Hospizkinder gekleidet, davon zeugten jene von Saint-Esprit und von der Trinité°.

22. Kapitel

Über das Wiedervergeltungsrecht und ob es von den Autoren anerkannt ist. Ob so zum Beispiel die Lobreden, die ein Autor in seine Widmung gesetzt hat, mit Höflichkeiten abgegolten werden können.

23. Kapitel

Erörterung des Beispiels Augusti, der zu diesem Thema angeführt wird, weil er einem Dichter für seine Verse wiederum Verse schenkte. Ein Beweis, der nicht zur Nachahmung veranlassen soll.

24. Kapitel

Ob der Mäzen, der dem Stück des Autors Ansehen verschafft oder sein Buch durch Empfehlungen oder öffentliches Lob aufwertet, sich dadurch der Verpflichtung einer Entlohnung, die er zahlen müßte, entledigt. Zweifels- und Entscheidungsgründe.

25. Kapitel

Nützliche Ratschläge für einen Autor, seiner Widmung zum Erfolg zu verhelfen. Von der Notwendigkeit, die Mäzene zu belästigen, um ihnen die Belohnungen zu entreißen.

26. Kapitel

Anderer sehr wichtiger Rat, allen Dienern dieses Mäzens große Höflichkeiten zu erweisen und ihnen seine Bücher zum Geschenk zu machen, damit sie in der Abwesenheit des Autors seiner Erwähnung tun und das Buch vor ihrem Herrn loben.

28. Kapitel

Durch Erfahrung und Schlußfolgerung erwiesener Grundsatz, daß alle Autoren, die bei großen Herren ihr Glück machen, dies nicht aufgrund ihres Verdienstes erlangen, sondern weil sie ihnen in anderen Geschäften von Nutzen waren oder durch Ränke oder Empfehlungen von anderer Seite.

29. Kapitel

Schlußfolgerung des ganzen Diskurses, dem eine Tabelle beigefügt ist, verfertigt nach Art der Zinstilgung, die die genaue Veranschlagung und Schätzung der verschiedenen Lobreden enthält. Mitsamt dem Preis für die Plätze von Berühmtheiten und Halb-Berühmtheiten, die in allen Reim- oder Prosawerken zum Verkauf stehen gemäß der Gebühren, die im folgenden dafür angegeben sind.

„Fürwahr", sagte Charroselles, „in der Erwartung, das ganze Werk zu Gesicht zu bekommen, auf das ich sehr neugierig bin, lassen Sie uns doch wenigstens dieses letzte Kapitel durchgehen oder vielmehr die Tabelle, die doch für alle Autoren von solcher Bedeutung ist." „Das will ich gerne tun", sagte Stehlewelt, „aber ich werde Ihre Neugierde nicht vollständig befriedigen können. Da sie auf der letzten Seite des Buches steht, haben Fäulnis oder Ratten den ganzen Randteil zerfressen, auf dem die Summen in einer Reihe standen." „Nun, wohlan! Wir werden uns damit begnügen, nur die einzelnen Posten durchzugehen", sagte Charroselles. Der Schreiber war's zufrieden und las folgendes vor:

Verzeichnis und Register der Summen

in welchen vom Dichterrat maßvoll veranschlagt wurden die Ränge von Berühmtheiten und Halb-Berühmtheiten, deren Verkauf angeordnet wurde, um einen Fundus zu bilden zur Unterstützung armer Autoren.

Für den Hauptthelden eines zehnbändigen Romans 000 paris. Livres.
Für eine Heldin und Geliebte des Helden 00.1 par.
Für den Rang seines ersten Knappen oder Vertrauten 0 sis.
Für den Rang einer Dienerin und Vertrauten 3 par.
Bei 5-bändigen und darunter wird anteilig veranschlagt.
Für einen unglücklichen Nebenbuhler, der Fürst oder Held ist.
Für den Helden einer Episode oder Nebenhandlung.
Für die Erwähnung einer anderen Person, die nach Gelegenheit eingeführt wird.
Für ein Portrait oder eine Charakterisierung einer eingeführten Person 20 tourische L.
Notabene, daß je nach Schönheit, Stand und Geist, die ihnen zugeschrieben werden, die Gebühr erhöht werden muß.
Für die Beschreibung eines Landhauses, das in einen Märchenpalast verwandelt wird, soll als Macherlohn angesetzt werden.
Für die Lobhudelei, die man angelegentlich mit Gedichten und Werken anderer treibt, *nichts.* Und ist hier nur angeführt als Erinnerung in Anbetracht der Gegenseitigkeit, mit welcher sie betrieben werden.
Für das Anagramm des Namens der geschilderten Person 40 Sous.
Für die Schminke, mit deren Hilfe man sie verschönt hat, nach Belieben.
Für die Überlegenheit, die einem Verliebten über seinen

Nebenbuhler verschafft wird, und daß er Ränke und Kämpfe glücklich übersteht, *idem.*

Der angemessene Preis für alle Arten von Versen

Für ein episches Gedicht in Alexandrinern 2000 L.
Notabene, was sich als jährliche Pension versteht, solange die Arbeit daran dauert, vorausgesetzt, es ist keine Täuschung im Spiel.
Für die Personen, die in diesem Gedicht vorkommen, erhöht sich die Gebühr auf das Doppelte dessen, was für ähnliche Rollen in Prosa bezahlt wird.
Für die Heldenlieder mit 10 oder 12-zeiligen Strophen 100 s.
Für die anderen Sechs- oder Vierzeiler
Für ein einfaches Sonett 3 L.
Für ein Sonett mit vorgegebenen Endreimen 2 Sous 6 Deniers.
Für ein Namen-Sonett 24 p. S.
Für ein zärtliches und gut gebautes Madrigal 30 S.
Für eine Elegie
Für ein Lied
Für ein Rondeau
Für ein Triolett

„Es hat den Anschein, als gab es noch andere davon, aber davon war nicht nur die Zahl zerfressen, sondern auch der Text des Paragraphen, von dem nur eine recht lange Liste von »Für ...« übrig ist, wie Sie sehen können.“ „Ach, das ist wirklich jammerschade“, sagte Charroselles, „ich wünsche mir fast, ich hätte teures Geld dafür zahlen müssen und besäße dafür das Original ganz und gar unversehrt: ich gäbe es Cramoisy°, dem Drucker des Königs, für die Münze, der sich freuen würde, es zu drucken. Um Sie aber nicht weiter zu belästigen, Herr Schreiber, bitte ich Sie und Sie, Herr Profoß (den ich hätte an erster Stelle nennen sollen), mir die Manuskripte auszuleihen, um sie im einzelnen zu lesen. Ich stelle Ihnen eine Quittung darüber aus und werde Sie Ihnen in zwei Mal vierundzwanzig Stunden wieder zurückgeben." „Davor werde ich mich sehr hüten, da ich nicht für meine Mühwaltung bezahlt worden bin", antwortete Belastre auf grobe Art. „Und ich nicht für meine Ausfertigung", setzte Stehlewelt hinzu. Und beide meinten gleichzeitig, wenn er das Protokoll ausfertigen lassen wolle und die Amtsgebühren bezahle, gäben sie ihm alles, was er wünschte. „Sie müssen sogar Mademoiselle hier danken", sagte Belastre und wies auf Collantine, „daß ich Sie soviel davon sehen ließ. Das ist eine Pflichtverletzung im Amt, die sich Richter meiner Art kaum zuschulden kommen lassen." Charroselles sagte darauf, eine so leichte Neugierde nicht so schwer bezahlen zu wollen, und er wolle sich gedulden, bis das Buch gedruckt sei. „Wenn es an dem ist", meinte Collantine zu Belastre, „da Sie schon so weit gegangen sind, müssen Sie mir noch ein Stück zeigen, von dem im letzten Buch die Rede war, das Sie vorlasen, an einer bestimmten Stelle, wo ich große Lust hatte, Sie zu unterbrechen. Da, wo vom Henker die Rede ist. Denn da er ein Justizbeamter ist und ich diese alle hochhalte, würde ich mich sehr freuen zu erfahren, was über ihn gesagt wird." „Sehr gern", gab Belastre zurück, „meine Neugier war genauso groß, und gleich nach meiner Rückkehr nach Hause hätte ich sie sicher befriedigt, aber wie die Dinge liegen, werden wir jetzt alles durchgehen."

Sogleich trug er dem Schreiber auf, im Buch die

Stelle herauszusuchen, deren Überschrift er im Inhaltsverzeichnis gesehen hatte. Der Schreiber gehorchte, fand sie auch und las folgendermaßen vor:

Widmung des ersten Buches, das ich schreiben werde.

An den hohen und allseits gefürchteten Herrn Jean Guillaume, genannt Saint-Aubin°, Meister der Halsgerichtsbarkeit der Stadt, des Gerichtsbezirks und der Vizegrafschaft von Paris.

Guillaume,
Dies ist ganz sicher das erste Mal, daß man Euch Bücher zueignet; und ein Geschenk dieser Art ist für Euch etwas so Seltenes, daß seine Neuartigkeit Euch wohl überraschen wird. Ihr glaubt vielleicht, ich buhle um Eure Gunst, wie es alle Autoren gewöhnlich tun bei Widmungen. Es ist indes nicht an dem; ich habe Euch gegenüber keine Verpflichtung und möchte auch hinfort nicht gerade eine haben. Somit wäre dies die erste Widmung ohne eine weitere Absicht und besonders hoch zu schätzen, weil ich darin weder Verstellung noch Bestechung Raum gebe. Seit langem schon bin ich es leid zu sehen, wie Autoren Personen beweihräuchern, die es vielleicht nicht so sehr verdienen wie Ihr. Sie werden verlockt durch die Aussicht auf Pensionen und Belohnungen, die sie jedoch fast nie erhalten. Sie kommen noch nicht einmal in den Genuß der Gunstbeweise, die man ihnen doch von Rechts wegen nicht abschlagen kann, und noch vor kurzem sah ich einen Mann von Verdienst, der einem falschen Mäzen für teures Geld einen Platz kaufte°, um ihm zu Diensten zu sein und dann selbst davon ausgeschlossen wurde, durch das Gebuhle eines Fressers und Prahlers, der dessen Diener für sich gewonnen hatte. Seitdem ich gehört habe, wievielen Schurken mit Equipagen wie große Herren und wievielen großen Herren mit Schur-

kenseelen lobgehudelt wird, habe ich Lust bekommen, Euch auch zu lobpreisen, und ganz gewiß geschieht das nicht weniger grundlos als bei all diesen Schmeichlern. Wieviele dieser Leute, die so hoch gepriesen werden, müßte man nicht in Eure Hände geben, um sie das Leben zu lehren? Sie verstehn sich nicht so gut auf ihre Arbeit wie Ihr auf die Eure: Denn niemand führt so gewissenhaft wie Ihr die Anordnungen der Justiz aus, deren wichtigster Stützpfeiler Ihr ja auch seid. Ich will indessen kein Paradoxon aufstellen, noch handeln wie Isokrates und die anderen Redner, die Busiris, Helena und das Viertagefieber° priesen. Ich finde, man kann Euch schon dann guten Gewissens preisen, wenn es dafür auch keinen anderen Grund gäbe, als daß Ihr vielen den Weg des Heils zeigt und die Pforten des Himmels öffnet nach dem Sprichwort: Der Galgen ist der Diebe Kanzel. Und was den Adel Eurer Tätigkeit anbelangt: Gibt es nicht irgendwo in Asien oder Afrika einen König, der Wert legt auf den Ruhm, seine Untertanen höchstselbst zu hängen, und so überzeugt davon ist, daß dies eine der schönsten Apanagen seiner Krone ist, daß er den als Attentäter bestrafte, der ihn dieser Ehre berauben wollte? Als die Kirchenväter Attila, Saladin und so viele andere Könige »Schlächter der göttlichen Gerechtigkeit« nannten, stellten sie Euch da nicht illustre Confratres zur Seite? Selbst Eure Equipage läßt Eure Würde spüren, und wenn Ihr in Ausübung Eures Amtes seid, bewegt Ihr Euch nie ohne Garde und zahlreiches Gefolge. Es gibt eine Unzahl von Beamten, die nur für Euch arbeiten und nur darauf aus sind, Euch zu beschäftigen. Wenn es Gott doch gefiele, daß sie Euch treu wären! Ihr wärt zu reich, fingt Ihr in Eurem Netz alle, die zu Eurem Wildbret gehören. Mögen sie Euch indessen noch so sehr Eure Abgaben hinterziehen, Eure Reichtümer sind immer noch beträchtlich. Es gibt keine Einkünfte, die gesicherter wären als Eure, da Ihr Bestand abgesichert ist durch die Bosheit der Menschen, die von Tag zu Tag anwächst und sich ins Unermeßliche steigert. Ihr solltet Euch indessen einiger Mäßigung befleißigen, da Ihr doch über Mittel verfügt, Euern Wohlstand in dem Maße zu mehren, wie es Euch gefällt: Heißt es nicht, wenn jemand in seinen Geschäften Erfolg hat, er trage ein Stück vom Strick eines Gehängten bei sich? Und es gibt ganz sicher niemanden, der davon mehr besäße als Ihr. Auch hat Euer Verdienst so viel Anerkennung gefunden, daß man sich seit kurzem der Bedenken begeben hat, mit Euch Umgang zu pflegen. Anstatt Euch zu fliehen wie einen Aussätzigen, sah man viele Leute von Geburt ohne Bedenken mit Euch zechen, weil Ihr gute Weine hattet. Daher braucht man nicht erstaunt zu sein, Euch unvermutet unter Helden und Mäzenen wiederzufinden. In Anbetracht so weit getriebener Übersteigerungen und Schmeicheleien, und da so viele Diebe und Spitzbuben in den Rang von Halbgöttern erhoben wurden, habe ich mich oft gewundert, daß Ihr nicht zu Ihnen zähltet, weiß ich doch, daß Ihr große Kumpane seid, und sah Euch doch viele Male sie um den Hals nehmen. Es stimmt ja, daß Ihr ihnen gleich darauf eine Kostprobe Eurer Kunst verabreichtet, aber wieviele Höflinge tun es Euch nicht nach, die einen Mann, während sie ihn umarmen und küssen, verraten und stürzen? Wenn man Euch vorwirft, Ihr plündertet die Leute aus, so wartet Ihr doch wenigstens, bis sie tot sind; aber wieviele Richter, Prozeßhansel und Steuereintreiber saugen ihnen sogar noch das Mark aus den Knochen und ziehen ihnen lebendigen Leibes das Fell über die Ohren? Schließlich, alles in allem finde ich, Ihr verdient genauso gut wie viele andere eine Widmung. Ich befürchte indessen, man könnte glauben, es sei gar keine, wenn ich mir nicht etwas von Euch erbäte. Ich bitte Euch also, zahlreichen armen Autoren, die Eures barmherzigen Beistandes bedürfen, Eure Freundschaft nicht zu versagen: denn die Ungerechtigkeit des Jahrhunderts ist so groß, daß viele illustre Autoren, im Stich gelassen von ihren Mäzenen, Hunger leiden, und da sie ihre Mißachtung und Armut nicht ertragen können, der Verzweiflung anheim gegeben sind. Und da ihnen nun einmal, um sich selbst aufzuknüpfen, der Mut eines

Ischariot abgeht, so wollt ihnen doch diese Mühe abnehmen, Ihr würdet sie von viel Kummer und Elend erlösen. Hier nun würde ich schließen, hätte ich mich nicht darauf besonnen, daß eine Sache noch angefügt werden muß, die gewöhnlich von den Verfassern von Widmungen in aller Hast ihren Lobreden beigegeben wird: nämlich das Versprechen, ausführlich das Leben und die Geschichte ihres Helden zu beschreiben. Ich hoffe, mich eines Tages dieser Pflicht durch den Plan, den ich gefaßt habe, entledigen zu können, Erläuterungen zur »Geschichte der Gauner«° zu verfassen, denn dies ist der richtige Ort, Eurer ausführlich zu gedenken und Eure Heldentaten und höchst denkwürdigen Handlungen zu feiern. Indessen verbleibe ich, Guillaume, insoweit Euer Verdienst und Stand mir dies gestatten

Euer, usw.

Stehlewelt hatte nicht sobald die Lesung beendet, als er in der Furcht, man bitte ihn um noch weitere, unvermittelt aufstand, hastig seine Papiere in seinen Tragesack stopfte und mit den Worten: „Wahrlich, hier verdiene ich mir nicht meinen Lebensunterhalt", wegging, ohne irgendeine Höflichkeit zum Abschied zu sagen. Die Eile aber, mit der er seine Papiere zusammengeklaubt hatte, bewirkte, daß zwei davon außen am Sack heruntterglitten, ohne daß er etwas davon bemerkte und Charroselles das eine, Collantine das andere aufhoben. Sie öffnete schnell das ihre und fand ein großflächiges Plakat mit großen Buchstaben, so wie man sie bei Saint-Innocents° kauft als Anzeigentafeln für Mietshäuser, auf dem stand:

Hier drinnen wird

zu einem gerechten Preis

Ruhm verkauft

und wird mithin

in die Stadt gebracht

Die Neuartigkeit dieses Plakates überraschte alle, weil man solche Anzeigen in Paris noch nicht gesehen hatte, als Belastre das Wort ergriff und ihnen eröffnete: „Ich war als erster darüber erstaunt, als ich ein ziemlich großes Bündel davon beim Erstellen des Verzeichnisses fand. Ich befragte Georges Soulas darüber, um zu erfahren, was der Verstorbene damit im Sinn hatte. Er antwortete mir, daß der arme Mann vorhatte, aus Not und weil seine Waren keinen so guten Absatz mehr fanden, dieses Plakat an seine Tür zu heften, und daß er keinen Zweifel daran hatte, daß es viele Autoren gebe, die nach seinem Vorbild Ruhmes-Läden eröffnen würden." „Ich glaube", sagte Collantine, „daß sie genauso in Mode kämen wie die der Limonadenhändler°, die heute derart im Schwange sind und deren Gewerbe vor kurzem doch noch vollkommen unbekannt war." „Wahrlich, Herr Profoß", sagte Charroselles darauf, „Sie müßten alles Interesse daran haben, daß sich dieses neue Gewerbe in Ihrer Gerichtsbarkeit niederläßt, allerdings wird man es auch zusammenfassen und der Tabakhändlerzunft beigeben müssen, weil sie alle beide den Verkauf von Rauchwolken gemeinsam haben." „Ja, in der Tat", sagte Belastre, „das könnte ich wohl tun, aber ich gebe Ihnen mein Wort, daß ich dort oft nach dem Rechten sehen würde, denn es heißt, das seien verfälschte Waren."

Collantine ergriff nun das Wort und fragte Charroselles: „Sie zeigen mir ja gar nicht das Papier, das Sie aufgehoben haben; Sie betrachten es schon eine ganze Zeit. Ist das ein Wechselbrief oder eine Verbindlichkeit?" „Ich glaube", sagte Charroselles, nachdem er es noch eine ganze Zeit lang studiert hatte, „Sie haben ins Schwarze getroffen. Es handelt sich in der Tat um einen »Reputations«-Wechsel, von Mythophilactus gezogen auf ein Akademiemitglied der Humoristen von Florenz°, dem er ein Werk eines seiner Freunde schickt und ihn bittet, ihm »auf Vorlage« zwölf Verse der Anerkennung zu schicken für „Wert erhalten", und gibt ihm das Versprechen, ihn dafür zu entschädigen und ihm in gleicher Münze zu zahlen." „Diese Münze", meinte Collantine, „findet sich in keinem Erlaß oder Tarif, der jemals öffentlich bekanntgemacht wurde, so daß einer, ginge er damit auf den Markt, dabei verhungern könnte." „Es stimmt", gab Charroselles zurück, „daß sie bis heute sehr verschrieen ist mit all den leichten Stücken, die auf Anordnung zum Einschmelzen gebracht werden, weil es doch nichts Leichteres gibt als Rauchwolken." Darüber wollte er seinem Witz die Zügel schießen lassen und eine Menge boshafter Spitzigkeiten vorbringen, war er doch ein Erzfeind aller Lobhudler, wurde allerdings von Belastre daran gehindert, der von seinem Schreiber unterrichtet worden war, daß einige Befragungen von großer Dringlichkeit in seiner Gerichtsbarkeit auf ihn warteten, weswegen er die Gesellschaft verlassen und sich wegbegeben mußte, nicht ohne großes Bedauern darüber zu äußern, von Stehlewelt beim Verteidigen seines Prozesses vor Charroselles unterbrochen worden zu sein.

Er tröste sich damit, daß er dazu ein andermal Gelegenheit finden werde, was ihm auch gar nicht schwerfiel, denn da er seine Besuche fortsetzte, traf er mehrmals auch auf Charroselles, der an diesem Tag auch nicht länger verweilte. Es wäre aber sehr langweilig, wenn ich die Abenteuer dieser Liebschaften (so nenne ich sie wider Willen, mag jeder sie bezeichnen, wie er will) in allen Einzelheiten beschreiben wollte, denn sie dauerten ziemlich lange und gingen immer gleich kräftig weiter. Es gab Streitereien, Meinungsverschiedenheiten, Dispute ohne Unterlaß anstelle von Schmeicheleien und Artigkeiten, die in ähnlichen Unterhaltungen an den Mann gebracht werden. Die einzige Liebenswürdigkeit, die Charroselles für Collantine übrig hatte, war, sie in allen Einzelheiten alle Prozesse darlegen zu lassen, die sie wollte, unter der Bedingung, daß sie danach zuhörte, wenn er in gleichem Umfang seine Werke vorlas. Und das war gewiß: Er gab ihr in gleicher Münze heraus und war ihr seinerseits nicht weniger lästig. Ich werde mich enthalten, die einen wie die anderen wiederzugeben, und glaube – Gott verzeihe mir –, daß ich eher dabei gelitten hätte, diese Prozesse in aller Länge wiederzugeben, als die verfluchten Werke zu Gehör zu bringen, die zu ewigem Kerker verdammt sind.

Urteile also selbst über den Schluß der Geschichte dieser drei Personen anhand der Kostproben, die ich Dir davon gab, und um Dich nicht weiter im Ungewissen zu lassen, ist hier das Ende der Geschichte: Was Belastre betraf, so rieb ihn sein Prozeß mit der Zeit derartig auf – hatte er es doch mit einer Gegenpartei zu tun, die ihr Geschäft besser verstand als er –, daß er sich nicht nur völlig ruiniert sah (was nichts Besonderes gewesen wäre, weil er das schon vor seiner Ankunft in Paris gewesen war), sondern sogar seines Amtes enthoben und beraubt, das doch die einzige Quelle seines Unterhalts war. Seine Freunde, die diesen Sturz wohl voraussahen, wollten noch, bevor er eintrat, einen Weg für einen Vergleich mit Collantine suchen, die ihn am meisten bedrängte. Sie wiesen ihm so schlüssig nach, daß er nur über dieses eine Mittel verfügte, sich zu erhalten, daß sie ihn zu dem Entschluß brachten, ihr einen Heiratsantrag zu machen, trotz des geringen Hab und Guts, über das sie verfügte. Aber Collantine war dergestalt veranlagt, daß die Hoffnung auf eine Beilegung, die sie geneigter für die Heirat hätte machen sollen, genau der Hinderungsgrund dafür war. Denn als sie zu der Einsicht gelangte, daß sie die Ansprüche, die sie gegen ihn geltend gemacht hatte, wäre sie erst mit Belastre verheiratet, würde fallenlassen müssen, konnte sie sich unter keinen Umständen dazu entschließen, feige diesen Prozeß aufzugeben, der – weil der größte – auch ihr Lieblingsprozeß war.

Dieser einzige Friedensgedanke, den Belastre geäußert hatte, war Ursache, daß er gänzlich seinen Abschied enthielt, und seitdem ließ sie nicht mehr von der Beute ab; sie verfolgte ihn bis zu seiner vollständigen Niederlage.

Was Charroselles anging, so lagen die Dinge anders. Sie hatten keinen Prozeß mehr miteinander zu führen, der bei Gericht anhängig gewesen wäre und durch eine Heirat zum Erliegen hätte gebracht werden können, so daß sich keine derartige Exklusion ergab. Denn alle Meinungsverschiedenheiten, die sie miteinander hatten, waren Dispute, die sich alle Tage durch ihre Starrköpfigkeit und ihren Mißmut ergaben, und weit davon entfernt, daß die Heirat sie hätte beschwichtigen können, vermehrte sie sie im Gegenteil aufs wunderbarste. Ich weiß nicht, was ihn dazu bringen konnte, an die Ehe zu denken, er, der so häufig gegen dieses Sakrament gestänkert hatte, genauso wie gegen alle anderen schönen Dinge, und vor allem eine Ehe mit jemandem ohne Geld, Geist und irgendeine gesellige Eigenschaft. Er mußte es aus Bosheit getan haben und aus Selbsthaß, um zu zeigen, daß er alles im Gegensatz zu den anderen Menschen tue, oder es geschah vielmehr aufgrund eines Beschlusses der Vorsehung, die so wenig umgängliche Personen zusammenbringen wollte, damit sie sich gegenseitig als Strafe dienen.

Wie auch immer, die Ehe ward angetragen und beschlossen. Aber ach und wehe! Welche Dispute gab es zuvor! Nie waren die Bedingungen eines Friedensvertrages zwischen feindlichen Fürsten umstrittener, nie wurde eine Vereinigung zweier Königshäuser sorgfältiger geprüft. Collantine wollte ausdrücklich die Gütergemeinschaft ausnehmen, die gewöhnlich in solchen Kontrakten vereinbart wird, und daß sie ihre Prozesse für sich selbst weiterverfolge, daß ihr zu diesem Behufe ihr Gatte eine bedingungslose Erlaubnis erteile, daß sie sich alle Zwangsmittel für liquidierte und noch zu liquidierende Gerichtskosten und Schadensersatzforderungen sowie andere Prozeßvergütungen vorbehalte, daß sie es als eigenes Guthaben geltend machen könnte. Es wurde auch vereinbart, daß sie die Trennung und das getrennte Ehebett verlangen könne, wann immer sie es wünsche, und die Klausel ging so weit, daß ohne die ausdrückliche Anerkennung dieser Bedingung die Ehe weder geschlossen noch vollzogen würde. Dabei war sehr lustig, daß doch alle Leute beim Abschluß solcher Verträge versuchen, klare und verständliche Begriffe hineinzubringen und alle Klauseln, die ihnen vorstellbar sind, um Prozesse zu vermeiden. Collantine dagegen versuchte ganz im Gegenteil, den ihren in unverständlichen und zweideutigen Begriffen abzufassen, um die Gelegenheit und das Vergnügen zu haben, nach Herzenslust prozessieren zu können.

Obgleich sie den Vertrag unterzeichnet hatten, waren sie aber deswegen noch nicht einig. Ihre Unstimmigkeit trat noch in der Kirche vor dem Pfarrer zutage, denn sie waren so daran gewöhnt, sich gegenseitig zu widersprechen, daß der eine Ja sagte, wenn der andere Nein sagte, was so lange hin und her ging, bis man soweit war, sie nach Hause zu schicken, als sie beide wie Mora-Spieler°, die auch nur durch Zufall übereinkommen, gleichzeitig Ja sagten, jeder in der Erwartung, daß sein Partner das Gegenteil sagen würde. Diesen günstigen Augenblick nützte der Pfarrer aus und gab sie auf der Stelle zusammen, und das ist beinahe das einzige Mal gewesen, wo sie einig waren.

Nach dieser Zeremonie richtete man die Hochzeit aus, bei der sich einige Zwischenfälle ereigneten, die an die Feier der Kentauren und Lapithen° heranreichten, und die schlechten Vorzeichen gingen so weit, daß sogar die Geiger dabei nie ihre Instrumente in die gleiche Stimmung brachten. Die Hochzeitsfeier war kaum vorbei, als Collantine und Charroselles einen Prozeß gegeneinander zu führen begannen, den man buchstäblich auf eine Nadelspitze gegründet bezeichnen kann. Denn am nächsten Morgen hatte sie beim Ankleiden eine Anstecknadel auf ihren Schminktisch gelegt, die aus Gold war mit einem kleinen Rubin als Kopf und derer sie sich bediente, um ihr Haar zu stecken. Charroselles wollte im Scherz damit in einem löcherigen Zahn stochern, aber da er einen Giftzahn hatte, brach die Nadel sofort ab, als sie ihn berührte. Sofort stieß Collantine einen Schwall von Beschimpfungen und Vorwürfen gegen ihn aus, wobei sie nicht vergaß, ihm den Fehler vorzuwerfen, für den sein Zahn die Ursache war. Charroselles, der seine Umgänglichkeit mindestens vierundzwanzig Stunden aufrechterhalten wollte (was für ihn eine große Anstrengung darstellte), bot an, ihr eine andere, schönere zu besorgen und sagte sogar, er ließe ihr eine von einem Verleger als Geschenk machen, dem er sogar eines seiner Bücher ohne Honorar zum Druck überließe. „Also, das ist ja – “, sagte Collantine, „da verweist Ihr mich ja an schöne Leute. Nie habt Ihr verstanden, Ihnen etwas aus der Tasche zu ziehen. Und im übrigen, selbst wenn Ihr mir hundert solcher Nadeln schenktet, wäre ich nicht zufrieden: ich will diese eine und keine andere, ich führe das an, weil sie mir von meiner Großmutter kommt, die sie mir gab mit dem Auftrag, sie aus Liebe zu ihr zu bewahren. Diese Nadel ist mir so lieb, daß ich einen Schaden erlitte, dessen Entschädigung gar nicht veranschlagt werden kann.“

Und gleich begann sie wieder damit, er sei ein schlechter Haushalter, er wolle sie nur ruinieren, er habe sie des wertvollsten Geschmeides beraubt, das sie besaß, und all diese Vorwürfe blieben nicht ohne Gegenrede und erneute Rede, der Streit erhitzte sich so stark, bis zu dem Punkt, an dem sie verkündete, sie wolle sich trennen. Und sogleich übergab sie ihm einen Schriftsatz zur Trennung von Tisch und Bett, von dem einige andere behaupteten, sie hätte ihn schon fix und fertig ausarbeiten lassen, seit dem Tag ihrer Verlobung.

Wollte ich jetzt – selbst der Reihe nach – alle Prozesse und Streitereien erzählen, die von da an zwischen ihnen stattfanden, wäre ich genötigt, mehr als zehn Bände vollzuschreiben und würde damit die Grenze überschreiten, die unsere modernen Schriftsteller den alleraufgeblähtesten Romanen zugestanden haben. Dennoch, Leser, bevor ich zum Ende komme, würde ich Dich gerne raten lassen, was der Erfolg all dieser Streithändel war und wer den dicksten Kopf hatte, Collantine oder Charroselles. Indessen will ich Dich lieber dieser Mühe entheben, denn ich sehe schon, Du kämst damit nie zu einem Ende, aber zuvor muß ich Dir ein kleines Märchen erzählen:

Im Reich der Feen gab es zwei ganz außergewöhnliche Tiere. Das eine war ein Zauberhund°, der die Gabe besaß, alle Tiere zu fangen, auf die man ihn losließ, und das andere war ein Zauberhase, der wiederum die Gabe besaß, nie von einem Hund gefangen werden zu können, der ihn jagte. Der Zufall wollte es, daß eines Tages der Zauberhund auf den Zauberhasen gehetzt wurde. Man fragte sich dabei, welche Gabe stärker als die andere wäre: ob der Hund den Hasen faßte oder der Hase dem Hund entwischte, wie es in beider Schicksalsbuch verzeichnet war. Die Lösung für diese Schwierigkeit ist, daß sie noch heute rennen. Genauso war es mit den Prozessen von Collantine und Charroselles: Sie haben immer prozessiert und prozessieren noch heute und werden prozessieren, solange es dem Herrgott gefällt, sie am Leben zu lassen.

ENDE DES ZWEITEN BUCHES

Porträt des Autors, Abt von Chalivoy, 66 Jahre

Anmerkungen

Als wichtigste Quelle für den Anmerkungsteil sind die Arbeiten folgender Kommentatoren des »Roman Bourgeois« zu nennen:
Edouard Fournier 1864; Pierre Jannet 1868; Emile Colombey 1880; Charles Simond 1880; François Tulou 1883; Georges Mongrédien 1955; Antoine Adam 1958; Jacques Prévot 1981

Anmerkungen zum Ersten Buch:

S. 11 *seine vordergründige Absicht ist die Belehrung:* der Roman als Gattung ist im Gegensatz zu Epos, Tragödie und Komödie nicht durch die antike Tradition legitimiert. Ihm liegt kein Regelkanon in Form einer Poetik zugrunde, und im Gegensatz zur Geschichtsschreibung bietet er keine lehrhafte Fiktionalität, sondern erfreut sich vor allem in seiner »niederen« Form als »Histoire comique« großer Beliebtheit beim Publikum, weil er in erster Linie »divertissement« (Unterhaltung) bietet, sich also nicht auf die Grundsätze von »vraisemblance« (Wahrscheinlichkeit) und »utilité« (Nützlichkeit) verpflichtete, und wurde daher von der Kritik im 17. Jahrhundert verachtet und von den Jansenisten wegen seiner Fiktionalität, die gleichgesetzt wurde mit Lüge, als unmoralisch bekämpft. Die Romanautoren versuchten neben einer Historisierung und Moralisierung sowie durch den stereotypen Vorredenhinweis auf den vorgeblich sittlich-moralischen Nutzen, diese Stigmatisierung zu überwinden. Verbunden damit ist der direkte oder indirekte Verweis auf antike Größen wie Aristoteles und z. B. Horaz, deren Gewicht die Gattung »ehrlicher« machen sollte.

S. 11 *Purgativ in einer wohlschmeckenden Arznei:* das Bild geht zurück auf Horaz: »… ut pueris olim dant crustula blandi doctores, elementa velint ut discere prima« (… so wie milde Pädagogen die kleinen Zöglinge durch Honigplätzchen zum ABC verführen), Sat. I, 1, 24-26; sowie: »omne tulit punctum, qui miscuit utile dulci«. (Der hat den größten Erfolg, der gefällig und nützlich zugleich schreibt), ars poetica, V. 343. Es war im 17. Jahrhundert zum Allgemeinplatz geworden, so beispielsweise auch bei Grimmelshausen und Christian Weise. Möglicherweise nimmt Furetière hier die Formulierung Sorels auf. In der Vorrede zum selben Thema heißt es in der »Histoire comique de Francion« (1623): »Il faut que j'imite les Apotiquaires qui sucrent par le dessus les breuvages amers afin de les faire mieux avaller« (Der Satirenschreiber müsse verfahren wie die Apotheker, die einen Gesundheitstrunk überzuckern, damit er leichter zu schlucken ist).

S. 13 *denn das Schloß ist verdreht:* hier umreißt Furetière in einigen Punkten seinen realistischen Erzählerstandpunkt. Das Beharren auf der Fiktion und der Hinweis auf die der Einbildungskraft zu verdankenden Porträts wird aufgewogen durch den Hinweis auf den »synthetischen Realismus«, d. h. die aus verschiedenen Wahrheitselementen zusammengesetzten Bilder (verdrehtes Schloß) und die Verwahrung gegen das Entschlüsseln.

S. 14 *die Beschäftigungen des Verfassers sind ernsthafterer Natur:* abgesehen von der Vorsichtsmaßnahme des fingierten Herausgebers, was seit Cervantes »Don Quichotte« ein Topos vorsichtiger Romanautoren geworden war, (gefundenes oder von einem Unbekannten erhaltenes Manuskript/alte Chronik) verbirgt sich dahinter möglicherweise ein Hinweis auf Furetières Arbeit an seinem berühmten »Dictionnaire Universel«, der aus seiner anfänglichen Mitarbeit am »Dictionaire« der Académie Française entstanden ist. Furetière war 1662 Académie-Mitglied geworden und gehörte der sogenannten »Grammatiker-Fraktion« an.

S. 15 *singen will ich:* eine Parodie auf den Beginn von Vergils »Äneis« : »Arma virumque cano, Troiae qui primus ... venit« (Waffentat künde ich und den Mann, der als erster von Troja ... kam). Übers. von Johannes Götte. Französisch: »Je chante les armes et le héros...«

S. 15 *Dichtung in Prosa:* seit dem Erscheinen der »Discorsi dell'arte poetica« (1587-94) des Torquato Tasso galt es in der Literaturdiskussion als ausgemacht, daß der Roman ein Epos in Prosa und somit den gleichen Regeln unterworfen sei. Der »heroische« Roman mit seinen Haupt- und Staatsaktionen, der seit den vierziger Jahren des Jahrhunderts die Nachfolge des Abenteuerromans angetreten hat, stellte sich selbst in die

Nachfolge des Heldengedichts und definierte sich mit all seinen Prinzessinnen und Eroberern, seinen Haupt- und Staatsaktionen als eine adlige Gattung. Die daraus resultierenden Kompositionsklischees, die Erhabenheit der Schauplätze und Personen bilden die Zielscheibe der Satire Furetières.

S. 15 *seit Tasso ... sein Werk:* gemeint ist Tassos Hauptwerk »La Gierusalemme liberata overo il Goffredo«, 1580 (Das befreite Jerusalem oder Gottfried). Epische Dichtung in zwanzig Gesängen.

S. 15 *Schildknappe oder eine barmherzige Magd:* diese Kritik der »in medias res«-Technik zielt auf die heroischen Romane Gombervilles, La Calprenèdes und der beiden Scudéry. Da die Technik nicht nur für den Beginn des Romans Anwendung fand, sondern auch für die laufenden Episodenhandlungen, wurden umfangreiche und ermüdende »Nachhol«-Erzählungen nötig, die immer geleistet wurden von dem Knappen/Diener oder der Vertrauten/Amme/Dienerin/Magd.

S. 16 *Platz Maubert:* der Platz stammt aus dem Jahre 1202, und seit der Regierungszeit Franz I. wurde dort der größte Markt in Paris abgehalten. Auf seiner Südseite befand sich die Karmeliterkirche, die Mitte des 17. Jahrhunderts zu den besuchtesten Kirchen der Stadt gehörte. Hier befand sich auch die Hinrichtungsstätte der Inquisition mit dem Galgen, dem Rad und dem Scheiterhaufen. 1546 wurde der Humanist und Buchhändler Etienne Dolet wegen des Drucks sogenannter häretischer Schriften auf dem Maubert Platz öffentlich verbrannt. M. Piganiol beschreibt die Grenzen des Maubert-Viertels: im Osten die Vorstädte und die Quais de la Tournelle und Saint-Bernard, im Westen die Rue du Pavé de la Place Maubert, den Markt der Place Maubert, die Montagne de Sainte Geneviève, die Rue Bordet, Mouffetart und die Rue de Lourcine, im Süden die Ausläufer des Faubourg Saint Marcel. Am westlichen Rand des Platzes das Karmeliterkloster und um den Platz herum acht geistliche Kollegien. »Description de Paris, de Versailles, de Marly, de Meudon, Et de toutes les autres belles

Maisons et Chateaux de Environs de Paris«. Par M. Piganiol de la Force, Paris 1742, Bd. 4, Kap. 15, S.: Le Quartier de la Place Maubert.

S. 16 *Albertus Magnus:* der Platz verdankt seinen Namen Jean Aubert, dem Abbé von Sainte-Geneviève. In der Zeit vor Errichtung der Kollegien war es üblich, daß die Vorlesungen unter freiem Himmel auf dem Platz stattfanden. Der Dominikaner Albertus Magnus hatte besonders großen Zulauf für seine Vorlesungen über die aristotelische Physik und Philosophie.

S. 18 *Platz Royale:* heute Place des Vosges. 1605 ließ Heinrich VI. auf dem Gelände des Pferdemarktes einen Festplatz anlegen, der ein Beispiel für die neue Architektur der Zeit wurde. Heinrich VI. erlebte selbst nicht mehr die Fertigstellung, er wurde am 14. Mai 1610 bei einem Attentat getötet. Die Einweihung des Platzes fand statt am 6. und 7. April 1612 aus Anlaß der Vermählung von Ludwig XIII. mit Anna von Österreich. Seither war der Platz Treffpunkt der eleganten Welt der Hauptstadt, ganz im Gegensatz zum kleinbürgerlichen Charakter des Place Maubert mit seiner eher an das Mittelalter gemahnenden architektonischen Anlage.

S. 18 *Granada:* Anspielung auf die »Histoire des guerres civiles de Grenade« von Perez de Hita. Nach der seit 1608 vorliegenden französischen Übersetzung wurde Granada Schauplatz einer großen Zahl heroischer Romane.

S. 18 *Tempel der Diana von Ephesus:* aus dem 6. Jhdt. v.u.Z. galt als eines der Weltwunder der Antike. Er wurde 356 v.u.Z. von Herostratos in Brand gesetzt.

S. 18 *Phidias:* geb. 500 v.u.Z. und *Praxiteles:* 392 v.u.Z., gelten als die größten Bildhauer der griechischen Antike.

S. 18 *Vitruv:* Vitruvius Pollio, römischer Architekt aus dem ersten vorchristlichen Jahrhundert. Sein Buch »De architectura« ist das einzige Werk dieser Art, das aus der Antike erhalten ist.

Vignola: Giacomo Barozzi, 1507-1573, nach seinem Geburtsort Vignola bei Modena genannt. 1550 päpstlicher Architekt und 1564 Michelangelos Nachfolger beim Bau der Peterskirche. Berühmt durch sein Werk »Regole delle cinque ordini d'architettura«, 1563 (Regeln über die fünf Säulenordnungen). Furetières Spott ist wieder an die Adresse der Scudéry gerichtet.

S. 19 *Dank meiner offenherzigen Unbefangenheit:* das franz. Original hat hier naiveté. Die »naiveté« ist ein zentraler Begriff für die Poetik des 17. Jahrhunderts und insbesondere, was den komisch-satirischen Roman angeht für Charles Sorel. Der »Dictionnaire de l'Académie«, 1648, definiert: »Natürliche Einfachheit (simplicité naturelle), durch die eine Sache gemäß der Wahrheit und Wahrscheinlichkeit (verité et vraisemblance) ausgedrückt und dargestellt wird.« Furetière definiert, 1690: »Eine Wahrheit, die schlicht ohne Kunstfertigkeit gesagt wird.« Die Berufung Furetières ist hier wieder im Zusammenhang mit den Legitimierungsversuchen für die Gattung des im 17. Jahrhundert umstrittenen »niederen Romans« zu sehen.

S. 19 *Lustspiele bei den Stadtbürgern:* diese Bemerkung ist ein kulturhistorisch seltener Beleg für Theaterpraxis im bürgerlich-kleinbürgerlichen Milieu.

S. 19 *Flügelhaube:* demnach muß bis gegen 1656 die Flügelhaube die standesübliche Kopfbedeckung der Kleinbürgerinnen gewesen sein. Vgl. A. Adam, »Histoire de la Littérature française au 17e siècle«.

S. 20 *Modeprediger:* Furetière teilt mit Boileau seine Abneigung gegen diese Modeprediger. Einige Kommentatoren wollten hinter dem im Bürger-Roman dargestellten jungen Modegeistlichen den Abbé Cotin oder den Abbé Cassaigne sehen, beide Mitglieder der Académie Française und beide anscheinend herzlich schlechte Prediger.

S. 20 *ein hübsches Mädchen sollte … für die Kollekte sammeln:* diese Sammlung in den Kirchen an Feiertagen in vollem Putz und

Schmuck war eine bürgerliche Mode der Zeit, und Furetière war nicht der einzige, der sie satirisch aufs Korn nahm. Sie war noch bis weit ins folgende Jahrhundert Zielscheibe des Spotts und der Kritik, so z.B. in der Satire »L'indécence des Questeuses« von Desnoyers, Paris 1710

S. 22 *als den Kaufpreis der Bücher zu erhöhen:* nicht nur die Moderomane der Zeit erschienen illustriert, sondern auch Reisebücher, Lyrikbände usw. Für den »Grand Cyrus« und die »Clélie« z. B. hatte François Chaveau jeweils dreißig Stiche verfertigt. Die Bemerkung richtet sich wohl gegen *Jean Puget de la Serre,* 1600-1663, einen Vielschreiber von mittelmäßiger Begabung, dessen Name verewigt wurde durch Boileaus Satire »Chapelain décoiffé«. La Serres Maxime war, wie Tallémant des Réaux in den »Historiettes« berichtet, für ein gutes Buch genüge ein hübscher Titel und ein gefälliges Format. Daher auch sein Spottname »le tailleur des muses« (der Musenschneider), weil er sie so hübsch anzuziehen verstünde. La Serre ist der Verfasser von über hundert Büchern moralischer, historischer, literarischer, philosophischer und dramatischer Thematik.

S. 22 *Diamanten zusammengeborgt hatte:* es war in allen Kreisen üblich, daß Frauen sich gegenseitig mit Schmuck aushalfen. Vor großen Hoffesten gab die Fürstin ihren Hofdamen von ihrem Schmuck ab.

S. 22 *der Kavalier, der sie geleitete:* für das Selbstverständnis der Zeit war ein Geleitmann für eine Bürgerin geradezu lächerlich. Dies war adligen Frauen vorbehalten, wenn sie zu Fuß gingen.

S. 23 *daß er sie fast nie zu berühren wagte:* nach A. Adam ist dies die Beschreibung des Elégant auf der Promenade: den Hut unterm Arm und den Kamm in der Hand.

S. 25 *Goldpistole:* Goldmünze, die Furetière in seinem »Dictionnaire« mit dem Geldwert von elf Livres angibt. Siehe Anm. zu S. 41.

S. 25 *Prokurator* (procureur) *und Rechtsanwalt* (avocat): stellen zwei historische Formen des Rechtsanwaltsstandes dar. Während der Prokurator Prozeßbevollmächtigter vor Gericht und Angehöriger des juristischen Corps war, nahm der Advocat die Funktion des Rechtsanwaltes bzw. Rechtsbeistandes wahr. Der Prokurator bereitet den Prozeß vor, hört die Partei, verhandelt mit den Zeugen, beschafft die Beweisstücke und steht während des Plädoyers hinter dem Rechtsanwalt, der allein das Recht zur öffentlichen Verteidigung besitzt, im übrigen aber außergerichtlich beratend tätig ist. Daher unterhält auch nur der Prokurator eine Kanzlei und Schreibstube.

S. 26 *Vierzigstundengebet:* vierzigstündiges Gebet, wurde zum ersten Mal 1534 in Mailand abgehalten zu Ehren der vierzigstündigen Grabesruhe Jesu. Seit Papst Klemens VIII. konnte mit der Teilnahme an diesem Gebet der Generalablaß erworben werden. Seit 1600 wurde mit dem Gebet die Aussetzung des Allerheiligsten (Monstranz mit Hostie) verbunden.

S. 26 *Paradies:* Furetière beschreibt ihn im »Dictionnaire« als einen besonders aufwendig geschmückten Altar innerhalb der Kirche bei den Vierzigstundengebeten oder auf der Straße, an dem während der Fronleichnamsprozession oder der Prozession am Gründonnerstag Station gemacht und die Monstranz mit der Hostie aufgestellt wurde.

S. 26 *Denier:* kleine Kupfermünze, die den Bruchteil des Werts eines Sol/Sou besaß. Siehe Anm. zu S. 41.

S. 28 *um zu Freundschaft und Liebe aufzusteigen:* E. Fournier sieht darin eine Anspielung auf die »Carte de Tendre« im heroisch-galanten Roman »Clélie, histoire romaine«, 1654-1660 von Madeleine de Scudéry. Die »Carte de Tendre« ist eine Landkarte des »Royaume de Tendre« und beschreibt allegorisch die Stationen der höfisch-galanten Liebe mit den drei Städten: »Tendre-sur-Estime«, »Tendre-sur-Reconnaissance« und »Tendre-sur-Amitié«. Aus dem Zusammenhang im Bürger-Roman erhellt die satirische Kritik die Empfindelei der Salonpreziösen, die in der formalen Nachäffung durch die Bürger lächerlich wird.

S. 29 *Cyrus und Clélie:* »Artamène ou le Gran Cyrus«, 1649-1653 und »Clélie, histoire romaine«, heroisch-galante Romane von Madeleine de Scudéry in jeweils 10 Bänden. Ihre berühmtesten Romane. Sie waren gleichzeitig Schlüsselromane der Pariser Gesellschaft der Zeit und eine Art Handbuch des galanten Benehmens. Sie stellen die wichtigsten Zeugnisse dar für die Romane der »Préciosité«.

S. 29 *Paume:* ein bis zur Revolution in Frankreich sehr verbreitetes Ballspiel, bei dem um hohe Summen gespielt wurde. Jede größere Stadt besaß einen Paume-Platz oder eine Halle. In Paris war es das berühmte Jeu-de-Paume in den Tuilerien, der nachmalige Versammlungsort des Dritten Standes und Schauplatz des sogenannten »Ballhausschwurs« im Jahre 1789.

S. 29 *Vollichon:* ist der »ami Drolichon«, von dem der Bürger Chicanneau in »Les Plaideurs« von Racine spricht. Die Anspielung bezieht sich auf den im Justizpalast berühmt-berüchtigten Prokurator Rolet, der sein Amt zu allen möglichen Betrügereien und Gaunereien mißbrauchte. Rolet trug den Beinamen »die verdammte Seele des Palais«. Der Gerichtspräsident Lamoignon bezeichnete einen notorischen Spitzbuben stets als »einen Rolet«. 1681 wurde Rolet endlich eines Unterschleifs von 500 Livres überführt und zu 4000 Francs und neun Jahren Verbannung verurteilt. Da zur Entstehungszeit des »Roman Bourgeois« noch kein Prozeß gegen den einflußreichen Rolet entschieden war, blieb Boileau der einzige, der es wagte, die Dinge beim Namen zu nennen: »Je ne puis rien nommer, si ce n'est par son nom / J'appelle un chat un chat, et Rolet un fripon.« Satire I, Vers 51, 52 (Ich kann nichts bezeichnen außer bei seinem Namen / Eine Katze heiße ich eine Katze, und Rolet einen Gauner.) Furetière bewies mit seiner Anspielung wohl schon sehr viel Mut, und weiter als er konnte man wohl nicht gehen, ohne den ganzen Einfluß dieses Prokurators zu spüren zu bekommen.

S. 29 *Châtelet:* gemeint ist das Châtelet, das unter Ludwig VI. im Jahre 1130 erbaut wurde. Unter Philipe-Auguste wurde es Gerichtssitz des Profoß von Paris. Seither war es Sitz des Präsidial- und Zivilgerichts und diente als Gefängnis. Das Große Châtelet lag auf der Nordseite des Pont-au-Change. In einem Flügel war auch die Morgue (Leichenschauhaus) untergebracht. Das Große Châtelet war das düsterste Gebäude in ganz Paris. Seit seinem Abriß 1802-1810 erinnert nur noch der Brunnen und der gleichnamige Platz daran.

S. 30 *Vallée de misère:* Markt, der auf dem Quai de la Féraille oder de la Mégisserie zwischen dem Pont Neuf und dem Pont-au-Change auf dem nördlichen Seineufer abgehalten wurde. 1679 wurde der Markt an den Quai des Grands-Augustins verlegt.

S. 30 *und ging mit ihm Boule spielen:* Boule, das entfernt mit dem Kegeln verwandt ist, war zur Zeit Furetières unter den Bürgern im Schwange. Besonders die Prokuratoren und Justizbeamten waren Anhänger dieses Spiels. Furetière hat über ein Boulespiel der Schwarzröcke aus dem Justizpalast am Quai Saint-Bernard eine Satire verfaßt, »Jeu de boule des procureurs«.

S. 31 *Civilité puérile:* »Civilité puérile et honnète«, 1560 von Mathurin Cordier, galt noch in der Zeit Furetières als ein Handbuch der Erziehung.

S. 31 *Kalotte:* Scheitelkappe. Sie war im 15. und 16. Jahrhundert eine übliche Kopfbedeckung und blieb Teil der Berufskleidung der Geistlichen.

S. 32 *verdammte Seele:* siehe Anm. zu S. 29.

S. 33 *mehrere Parteien ... gleichzeitig zu vertreten:* ein übler Mißbrauch des Amtes, was auch zur Zeit Furetières so empfunden wurde. Möglich war dieser Betrug durch den besonderen Status des Prokurators als bevollmächtigter aber nicht plädierender Prozeßverteter.

S. 34 *zehn Sous die Rolle:* ein Blatt oder zwei Manuskriptseiten

S. 35 *Mann zwischen Sack und Strick:* Homme de sac et corde, meint in der Grundbedeutung ein zwielichtiges Subjekt, dem entweder das Ertränken – in einem zugebundenen Sack – oder der Galgen droht (Galgenvogel). Im 17. Jahrhundert wurde daraus eine scherzhafte Anspielung auf den Juristenstand, da Rechtsanwälte und Produkatoren in Säcken, die am Gürtel befestigt waren, Schriftrollen und Prozeßunterlagen mit sich führten. Im »Dictionnaire« findet sich die Erläuterung »homme de sac et de corde: les hommes de la loi du Palais de Justice«.

S. 38 *Ixion:* Gestalt der griechischen Mythologie. Der Sterbliche Ixion war zum Tischgenossen der Götter erhoben worden und benutzte diese Auszeichnung zu dem Versuch, Hera, die Gattin des Zeus, zu verführen. Er wurde getäuscht und umarmte an Heras statt die Wolke Nephele, der Zeus die äußere Gestalt Heras verliehen hatte. Als er aber mit seinem angeblichen Erfolg prahlte, wurde er zur Strafe auf ein feuriges Rad geflochten, das mit ihm für alle Zeiten durch die Lüfte wirbelt.

S. 39 *römische Lukrezia:* Gattin des L. Tarquinus Collatinus, Herrscher von Collatia. Sie wird von Sextus Tarquinus, dem Sohn des letzten Tarquiner-Königs, mißbraucht. Nachdem sie ihren aus dem Krieg zurückgekehrten Gatten zur Rache verpflichtet hatte, erdolchte sie sich. Siehe auch Livius, »ab urbe condita«, 1. Buch, 60,2

S. 40 *Tricktrack:* oder Puff. Würfelbrettspiel, an dem zwei Personen beteiligt sind. Es wird auf dem sogenannten Tricktrackbrett mit 15 weißen und schwarzen Steinen gespielt.

S. 40 *Offizium:* kirchliches Gericht, das mit Eheversprechen, Eheschließungen sowie Eheauflösungen befaßt war.

S. 41 *Tarif oder Bewertung:* der Tabelle folgend, die W. Leiner für das Münzverhältnis aufgestellt hat, lassen sich folgende Annäherungswerte angeben:

Louisdor (Gold) = 10-12 Livres
Pistole (Gold) = 11 Livres und einige Sous oder 10 tourische Livres
Taler / Ecu (Silber) = 3-6 Livres
Livre = 25 parisische Sous oder 20 tourische Sous
Sous / Sol (Kupfer) = 12. bis 60. Teil eines Livre
tourischer Sous = 12 Deniers
parisischer Sous = 15 Deniers
Liard (Kupfer) = 3 Deniers
Denier (Kupfer) = 84. Teil eines Livre
Obole = ½ Denier
Pite = ½ Obole

S. 44 *einen Mann von Geburt und Stand zu finden:* Anspielung auf die Skandalheiraten zwischen verarmten Aristokraten und Töchtern von Spekulanten, die zur Zeit Furetières für Aufregung in der Guten Gesellschaft sorgten. Boileau nimmt in seiner V. Satire, die dem Marquis de Dangeau gewidmet ist, darauf Bezug. Ein Adliger verkauft den alten Namen seiner Familie, um dem finanziellen Ruin zu entgehen:

Alors le noble altier, pressé de l'indigence,
Humblement du faquin rechercha l'alliance;
Avec lui trafiquant contrat vendit tous ses aieux;
Et, corrigeant ainsi la fortune ennemie,
Rétablit son honneur à force d'infamie.

V. Satire, Vers 117-122

S. 46 *auf »Vorbehalt« spielten:* Furetière gibt im »Dictionnaire« die Erklärung, daß es bei dieser Spielregel dem Verlierer vorbehalten bleibt, was er bezahlen möchte. Dies bot die Möglichkeit, auf eine unauffällige Art galante Geschenke zu machen. A. Adam bemerkt, daß Furetière hier die vulgäre Geschäftemacherei der Bürger karikieren möchte, die das galante Spiel zu handfestem Vorteil ausnützen.

S. 51 *gleich dem Pfau:* der Pfau, Sinnbild der Eitelkeit und Hoffart, hat sprichwörtlich häßliche Füße. Daher: Il est comme le paon qui crie en voyant ses pieds. (Er ist wie der Pfau, der beim Anblick seiner Füße schreit). Pfaw, schaw dein füss. (Seb. Franck von Wörd).

S. 51 *Arbeitsvermittlung:* 1630 hatte der Arzt und Journalist Théophrast Renaudot, 1580 – 1653, in der Rue de la Calandre, die parallel zum heutigen Quai du Marché auf den Justizpalast zulief (sie mußte der Hausmannschen Stadterneuerung weichen. Heute liegt hier die Polizeipräfektur), das erste Adressenbüro von Paris eingerichtet. Man konnte dort gegen eine Gebühr den Wohnsitz aller nur einigermaßen bekannten Bewohner von Paris erfragen. Zu dem Adressenbüro kam bald eine Arbeitsvermittlung für Hausgesinde. Im Büro fanden regelmäßig Vorträge und Debatten über tagespolitische Ereignisse statt. 1631 gründete Renaudot dann die »Gazette de France« und wurde später Leiter des »Mercure de France«.

S. 52 *Johannispuder:* der Mann von Welt trug eine gepuderte Perücke und benutzte Puder als Schminkgrundierung. Als Redensart bedeutet es: Das ist nichts weiter Verwunderliches, Besonderes, Aufsehen Erregendes.

S. 52 *Rue aux Fers:* im alten Hallenviertel. Nördliche Parallelstraße zur Rue de la Ferronnerie, die von der Rue Saint Denis nach Westen abging. Fer bedeutet hier soviel wie Hufeisen. Der eigentliche Name der Straße war Rue du Feurre, wegen des Strohs, Heus und Hafers, die hier gehandelt wurden. *Rue de la Friperie:* im alten Viertel, das südlich der Hallen anschloß, zwischen der Rue Saint-Honoré, Rue Lescot und der Rue des Innocents gelegen. Es gab sie schon im 13. Jahrhundert. Seit dieser Zeit war sie die Verkaufsstraße der Kleidertrödler.

S. 52 *von Schmutz übersät:* die verdreckten Straßen von Paris waren sprichwörtlich. Ob in »La Ville de Paris en vers burlesques«, 1652 von Berthaud, der Satire »Les Embarras de Paris«, Satire VI, 1665 von Boileau, »Le tracas de Paris«, 1666 von François Colletet oder »La Chronique scandaleuse ou Paris ridicule«, 1668 von Claude La Petit, immer spielt der Straßendreck eine die Komik der Situation verursachende Rolle. Auch in den Berichten der Gesandten am französischen Hof ist bis ins nächste Jahrhundert hinein immer wieder die Klage vom abscheulichen Dreck und dem menschenunwürdigen Gestank der Straßen von Paris zu lesen, so z. B. die Klagen des russischen Botschafters. Noch im »Tableau de Paris«, 1781-1788, ist L.-S. Mercier der Zustand und Dreck der Straßen von Paris so manches Kapitel wert.

S. 53 *tragbare Kästen:* seit etwa 1617 gab es in Paris einfache Sessel, Tragstühle genannt, mit zwei Tragebalken an jeder Seite, die von P. Le Petit mit königlichem Privileg der Öffentlichkeit als Fortbewegungsmittel zur Verfügung gestellt wurden. Während der Regierungszeit Ludwigs XIII. sah der Marquis Montbrun de Souscarrière auf einer Englandreise in London die ersten geschlossenen Kästen mit einer Tür zur Frontseite. Nach seiner Rückkehr erwarb er das königliche Privileg zum Einsatz dieser Tragstühle / Sänften als städtische Verkehrsmittel. Tallemant des Réaux berichtet, daß sie in Paris sehr schnell beliebt wurden und den Namen »Souscarrières« erhielten. Jede der Sänften trug gut lesbar eine Registriernummer auf der Rückseite. Sie sind die direkten Vorläufer der Droschken und Taxen.

S. 54 *wohin er sich beim kleinsten Geräusch eines nahenden Pferdes oder einer Karosse ... flüchtete:* Mitte des 17. Jahrhunderts waren Pferde und Maulesel größtenteils die einzigen Fortbewegungsmittel in Paris. Die Frauen saßen hinter den Männern auf, Maultiere trugen oft zwei Reiter, und die Dame von Rang war auf ihrem Pferd unterwegs. An vielen Haustoren gab es »Pas-de-la-Mule« genannte Steine, die den Damen beim Aufsitzen eine Hilfe waren. Während es 1594 zur Regierungszeit Karls IX. erst acht Kutschen in Paris gab, die stets vollbepackt mit Fahrgästen unterwegs waren – bei der Ermordung Heinrichs IV. waren noch sieben andere Personen in seiner Kutsche –, beschränkte das Parlament die Zahl der Kutschen schon 1614 auf eine pro Haushalt, weil sie als Gefahr für den Fußgängerverkehr galten. Vier Jahrhunderte lang, bis zur Regierungszeit

Ludwigs XIII., besaßen die engen und schmutzigen Straßen von Paris weder Bürgersteige noch Ecksteine. In der Mitte der Straße floß ein Abwasserrinnsal, zu dem hin beide Straßenhälften abfielen. Einem Fußgänger blieb also nur übrig, in den nächstgelegenen Hausflur oder in einen Laden zu flüchten, wollte er nicht mit Dreck bespritzt, verletzt oder sogar getötet werden.

S. 54 *außerhalb seines Viertels:* die sechste Satire Boileaus »Les embarras de Paris« handelt ausführlich von den Schwierigkeiten, in Paris unterwegs zu sein und seine Wohnung unbewacht zu lassen.

S. 55 *die Leiter der Straßenmeisterei:* ein Edikt vom Mai 1599 richtete das Amt des Straßenmeisters ein (l'office de grand voyer). Im Dezember 1607 wurden auf Veranlassung des Duc de Sully die Rechte und Pflichten der Straßenmeisterei weiter festgelegt und im einzelnen bestimmt. 1693 wurden dann vier Ämter der Generalkommissare der Straßenmeisterei geschaffen (les offices de commissaires généraux à la voirie), und zwar für die Viertel Saint-Honoré, Saint-Antoine, Saint-Victor und Saint-Germain. Diese Beamten hatten unter anderem die Aufgabe, die Anordnungen der Straßenmeisterei durchzusetzen, die Baufälligkeit von Häusern festzustellen und wöchentlich dem königlichen Prokurator beim Finanzministerium einen Bericht über die verhängten Bußgelder zu geben.

S. 55 *Alkovenversammlungen:* die Empfänge bei den Salons der Preziösen liefen stets nach einem bestimmten Protokoll ab: Das Empfangszimmer hieß in koketter Untertreibung »Réduit« (Kämmerlein). Dort stand in einem Alkoven auf einer Estrade das Bett, in dem die Dame des Hauses in eigens dafür zusammengestellter Toilette die Besucher empfing. Zwischen Bett und Wand war die »Ruelle« (Gäßchen), der Platz für die Ehrengäste oder intimeren Freunde. Vor der Erhöhung mit dem Bett befand sich eine Balustrade. Auf der Alkovenseite dieser Schranke nahmen die bei Hofe eingeführten Damen auf Sesseln Platz. Die übrigen Besucher mußten sich auf der anderen

Seite der Balustrade mit einfachen Stühlen zufriedengeben. Herren, die keinen Platz mehr fanden, saßen auf ihren untergelegten Mänteln auf dem Boden. Für diskretes Licht sorgten große Fenstervorhänge. Henri Sauval, »Histoire et recherches des antiquités de la ville de Paris«, Paris 1724.

S. 57 *Akademieplätze:* gemeint ist die 1634 von Richelieu gegründete Académie Française. Sie hatte vierzig Mitglieder. Mit dieser Gründung verfolgte Richelieu die politische Absicht, den Einfluß und das kulturelle Ansehen der literarischen Zirkel und Bewegungen der sich entwickelnden absoluten Monarchie dienstbar zu machen. Gleichzeitig besaß die Regierung einen Überblick über die literarische Produktion der gewichtigsten Dichter und Schriftsteller. Da die Mitgliedschaft mit einer staatlichen Pension verbunden war, die allzuoft die einzige regelmäßige und verläßliche Einnahmequelle der Literaturschaffenden der Zeit darstellte, konnte jegliche Kritik über diese Geldzuwendungen beliebig gesteuert werden. Jean Chapelain, 1595-1674, war im Auftrag Richelieus Präsident der AF und besaß aufgrund seines Vorschlagsrechts einen großen Einfluß in der Literaturszene. Das Gerangel um die Plätze war mit einer Vielzahl von zum Teil grotesken Intrigen und Wichtigtuereien verbunden, die schon früh Stoff für Satiren und Komödien lieferten, u.a.: »Chapelain décoiffé«, 1665 von Boileau; »La comédie des Académistes«, 1650 von Saint-Evremond et d'Etelan; »Les Académiciens«, etwa 1638 von Saint-Evremond und »Roole des présentations faites aux grands jours de l'Académie françoise sur la réformation de nostre langue«, 1650 Charles Sorel zugeschrieben.

S. 60 *Halbtrauer:* ist die aufgelockerte Form der strengen Trauer. Ihre Farbe ist Grau. Im »Dictionnaire« steht dazu: (die Halbtrauer) mit Serge und Krepp und blauen und weißen mit schwarz vermischten Bändern.

S. 62 *wie ich von einer Frau Präsidentin habe erzählen hören:* damit ist die Frau des Gerichtspräsidenten Tambonneau gemeint, die eine stadtbekannte Kokotte und notorische Kleidernärrin war.

Bei Tallémant, der ihr ausführlich Raum widmet, findet sich diese Anekdote ausführlicher und im gesellschaftlichen Kontext. Tallemant des Réaux, »Historiettes«, Bd.II, S.702.

S. 62 *Herzog von Candale:* der Modedandy des 17. Jahrhunderts. Das Urteil Bussy-Rabutins, »Histoires amoureuses de Gaule«, lautet bündig: Sehr hübsch und sehr dumm. Candale starb dreißigjährig im Jahre 1658.

S. 63 *als Spießer oder Provinzler zu erscheinen:* die hier thematisierte Verachtung des Stadtbürgers über den Provinzler als Kulturgefälle zwischen Stadt und Land ist das Ergebnis der festen Installation des Hofes in Paris und des maßgebenden Einflusses der sprachlichen Wendungen, Redeweisen und des Wortschatzes, die bei Hofe herrschten.

S. 63 *Herausgeber einer Modezeitschrift:* die erste Modezeitschrift erschien in winziger Auflage und in Versen 1609 in Rouen unter dem Titel »Gazette«. Um die Mitte des 18. Jahrhunderts fand das im Bürger-Roman besprochene Projekt seine Verwirklichung in London mit dem »Ladies Journal«. Die Passage bei Furetière ist eine fast wörtliche Wiedergabe einer Stelle aus Brantômes »Dames galantes«, 1665 posthum.

S. 66 *gleich den Kleiderpuppen:* aus dem sogenannten Samstagskreis im Salon der Mlle. de Scudéry gingen die »zwei Pandoren« hervor, zwei Kleiderpuppen, die nach den Modevorstellungen der Preziösen gekleidet als Modelle dienten und bald auch von Paris aus in die Provinz verschickt wurden. Erfinderinnen waren – nach Somaize – die Schwestern Bocquet. »La Gazette de Tendre nous apprend encore que Mlles Bocquet avaient un talent particulier pour habiller les masques: aussi contribuoient-elles largement aux costumes des deux Pandores...«. Später wurden die kleine Pandora (in kleiner Toilette) und die große Pandora (in großer Toilette) auch ins Ausland verschickt und halfen so mit, den Grundstein für das französische Monopol in Modefragen zu legen. Antoine Baudeau de

Somaize, »Le Dictionnaire des Précieuses«, 1660, Clef hist. et anecdot, S. 163.

S. 67 *denn die Pferdehändler sind in diesem Viertel sehr zahlreich:* von 1633 bis 1687 lag der Pferdemarkt von Paris im Bereich der heutigen Rue Louis-le-Grand im 2. Arrondissment, zwischen der Rue Danielle Casanova und der Rue du 4. Septembre. Die Pferdehändler ritten die Tiere, um sie über eine der Cité-Inseln zum Markt auf dem nördlichen Ufer zu bringen, zwangsläufig durch das Maubert-Viertel. Erst ab 1687 wurde der Markt in das Gebiet des heutigen Boulevard Saint-Marcel verlegt, wo er bis 1857 verblieb.

S. 69 *Wort für Wort alle Unterhaltungen zu wiederholen:* der ganze Absatz ist wieder ein satirischer Seitenblick auf das Personal und die Erzähltechnik der heroisch-galanten Romane. Furetières Konzept von »Wahrscheinlichkeit« steht dem völlig entgegen.

S. 69 *Amadìs de Gaula:* der Prototyp des Ritterromans in Spanien in 13 Bänden erlebte mehrere Übersetzungen und Bearbeitungen in Frankreich und wurde in ganz Europa gelesen. *Astrée:* »Les douze livres d'Astrée, o par plusieurs histoires et sous personnes de bergers et d'autres sont déduits les divers effets de l'honneste amitié« (Die zwölf Bücher der Astrea, darin anhand von mehreren Geschichten und am Beispiel von Schäfern und anderen die verschiedenen Wirkungen ehrsamer Freundschaft dargelegt werden). Der Roman erschien in der Zeit von 1607 bis 1627 und hatte einen überwältigenden Erfolg und Einfluß auf das gesellschaftliche und literarische Leben. Er wurde geradezu zum Handbuch der Galanterie und feinen Sitten. Der Verfasser ist Honoré d'Urfé, 1567-1627.

S. 71 *Saint-Cloud, Meudon und Vaugirard:* Vaugirard war im 17. Jahrhundert ein teils geistliches, teils weltliches herrschaftliches Gut im Südwesten von Paris. Das Dorf gleichen Namens war wegen seines idyllischen Aussehens, seiner hübschen Lage, der Windmühlen und Gasthäuser ein beliebtes Ausflugsziel. Saint-Cloud, heute ein Vorort von Paris im Westen jenseits des Bois de Boulogne, war im 17. Jahrhundert eine Domäne des Erzbischofs von Paris und wurde 1658 von Mazarin für Philippe von Orléans den Bruder des Königs erworben. Auch in Saint-Cloud gab es Gasthäuser – Cabarets genannt –, die Ziel von Ausflügen der Pariser Stadtbürger waren. In Saint-Cloud lag das berühmte »Cabaret« von Mme du Ryer oder Durier, einer ehemaligen Mätresse des Herzogs von Meilleraye. Meudon, eine Stadt südwestlich von Paris, war sehr lange Zeit Sitz der Herzöge von Lothringen, die ein im Renaissancestil erbautes Schloß hinterließen. 1654 ging die Domäne Meudon in die Hände des Marquis de Sablé, des Obersten Finanzbeamten, über, der der Stadt große Summen zur Verfügung stellte und zu ihrem schnellen Anwachsen beitrug.

S. 71 *die Ehre geht nach Versailles:* das damit verbundene Wortspiel ist nicht mehr ganz klar. Es ist wohl in Verbindung mit der Bedeutung des Verbs *verser* oder *renverser* zu sehen (tomber à la renverse = auf den Rücken fallen) und bedeutet, die (weibliche) Ehre verlieren.

S. 73 *Safran:* Bestandteil der Schminke und gleichzeitig die Farbe der unglücklichen Liebe

S. 74 *junge Erbsen:* sie galten vor allem außerhalb der Jahreszeit als ausschweifender Luxus. Bonnefonds, Kammerherr Ludwig XIV. erwähnt sie in seinem »Jardinier François«, 1651, als »pois de Hollande«. Sie waren um 1600 vom französischen Botschafter in den Niederlanden in Frankreich eingeführt und schnell zu einem gesuchten Luxus bei Hofe geworden. Ein Zeitgenosse schreibt 1695, daß für etwa 150 Gramm 50 écus gezahlt würden. Mme de Maintenon berichtet in einem Brief vom 10. Mai 1669, daß man bei Hofe von früh bis spät Früherbsen nasche, selbst auf die Gefahr übler Magenverstimmungen hin.

S. 75 *Redeblumen:* »Les Marguerites françaises ou Trésor des fleurs du bien dire«, 1602 von François Desrues. Eine Sammlung galanter und zierlicher Redensarten, die zusammengestellt sind aus Zitaten der großen Schriftsteller.

S. 76 *portugiesische Apfelsine:* sowohl Frucht als auch Baum erfreuten sich in besseren Kreisen höchster Wertschätzung. Henry IV. hatte sich im Tuileriengarten eine Orangerie bauen lassen, die bis zu Le Notres Umbau für Ludwig XIV. erhalten blieb. Ludwig ließ im Schloßgarten von Versailles mehrere Orangenbäume pflanzen. Seinen Gärtnern war es gelungen, sie ganzjährig am Blühen zu halten. Die Portugalorange war im 17. Jahrhundert so geschätzt, daß sie als königliches Präsent galt. In den Memoiren der Duchesse de Montpensier wird sie als Geschenk des Königs an seine Kinder erwähnt. Vom Hofe drang dann diese Mode schnell in die besseren bürgerlichen Kreise ein.

S. 78 *das Aufgebot sei schon in Saint-Nicolas und Saint-Severin, den beiden Gemeinden der Brautleute, bestellt:* zwei Gemeindekirchen im Maubert-Viertel. Saint-Nicols-du-Chardonnet, gelegen zwischen der Rue Saint-Victor, Rue des Bernardins und dem Viertel Saint-Germain. Saint-Severin, im heute gleichnamigen Viertel, stammt aus dem Jahre 1230 und liegt zwischen der Rue du Petit-Pont, der Rue Saint-Severin und der Rue de la Parcheminerie. Da die Trennung von Kirche und Staat erst 1789 stattfand, war um die Mitte des 17. Jahrhunderts die kirchliche Trauung die einzige und rechtsgültige Zeremonie.

S. 81 *Jahrmarkt von Saint-Germain:* stammt aus dem Jahre 1482 und wurde von der Abtei Saint-Germain-des-Près auf ihrem Gebiet eingerichtet. Ursprünglich dauerte der Markt vom 3. Februar bis zum Passionstag. Im 17. Jahrhundert galt der Jahrmarkt von Saint-Germain als der bunteste und kurzweiligste. Heute ist von diesem Platz nur noch der kleine Markt von Saint-Germain übriggeblieben, der südlich der Kirche und Abtei von Saint-Germain liegt, zwischen der Rue Mabillon (vormals Rue de la Foire) im Osten, der Rue Clement im Norden, der Rue de Seine im Westen und der Rue Lobineau im Süden.

S. 85 *Liebhaber der elftausend Jungfrauen:* diese Redensart bedeutet: er ist in jedes Mädchen verliebt, das ihm über den Weg läuft. Die Redensart bezieht sich auf die Legende von der Hl. Ursula, einer Königstochter von den britischen Inseln, die mit elftausend Jungfrauen nach Rom pilgerte, um einen Aufschub für ihre Heirat mit einem heidnischen Fürsten zu gewinnen. Auf der Rückreise fand sie mit ihren Jungfrauen vor Köln den Tod.

S. 94 *die königlichen Ordonnanzen:* jeder neu bestallte Advokat wurde bei seiner Einführung öffentlich auf die königlichen Erlasse vereidigt, die kraft königlichen Willens Gesetzeskraft hatten.

S. 94 *an seiner Säule:* die ehemaligen Rechtsanwälte trafen sich bei einer der Säulen des Justizpalastes zu gegenseitigen Konsultationen und zum Klatsch.

S. 94 *Nachrichtenbüro:* siehe Anm. zu S. 51 (*Arbeitsvermittlung*)

S. 94 *auf den Pont-Neuf zu den Quacksalbern und dem Wunderheiler Orvietan:* der Pont-Neuf, begonnen 1578 unter Henri III. und vollendet im Dezember 1605 unter Henri IV., war die modernste Seine-Brücke ohne Brückenhäuser, mit hohen Bürgersteigen zum Schutz der Fußgänger vor Reitpferden und Kutschen. Fliegende Händler, Budenkrämer, Gaukler, Taschendiebe, Volkssänger, Puppenspieler, Dirnen, Zahnbrecher, Quacksalber und Scharlatane jeder Spielart waren hier tagaus tagein tätig. Die politischen Spottverse und Liedchen, die hier oft zum ersten Mal vorgetragen wurden, nannte man bald die »Pont-Neufs«. Wegen seiner Lage war der Pont-Neuf nicht nur der verkehrsreichste Seine-Übergang in Paris, sondern auch eine beliebte Promenade und ein stadtbekannter Treffpunkt. *Wunderheiler Orvietan:* gemeint ist Christoph Contugi aus Orvieto, der einen opiumhaltigen Theriak vertrieb. Er starb 1681 als königlicher Arzt.

S. 95 *seit den Tagen der Liga:* die katholische Liga war der Zusammenschluß des konservativen katholischen Lagers unter dem Herzog Heinrich von Guise, gegen die Politik der Zugeständnisse des Königs Henri III. an die Hugenotten nach dem Friedensschluß von Beaulieu 1576, der den fünften Hugenottenkrieg beendete. Die Liga hatte politisch als Sammlungsbewegung der »Spanischen Partei« die Absetzung von Henri III. zugunsten Henri de Guise und seinem Haus zum Ziel, militärisch die Bekämpfung der Hugenotten und ideologisch die Verteidigung der Interessen der katholischen Kirche gegen den Kalvinismus. Nach der Konversion Henri IV. zum Katholizismus, 1593, und seinem Vertragsschluß mit Mayenne, dem Führer der Liga, verlor sie an Bedeutung.

S. 98 *ein Mann von Welt, der sich zufällig bei der Gruppe befand:* in den »Historiettes« von Tallemant des Réaux findet sich diese Anekdote wortgleich. Der Spötter ist dort Furetière selbst.

S. 99 *Steuer für die Wohlhabenden ... sechs Monate im Tempel zu verbergen:* diese in ihrer Höhe nicht festgelegte Steuer für die Reichen in Paris diente – wie Tallement des Réaux berichtet – Richelieu als politisches Zwangsmittel gegen politisch ihm unliebsame Personen. *Tempel:* Ehemaliges Kloster des Templerordens aus dem 13. Jahrhundert. Ab 1140 hatten die Templer einen großen Teil des Gebiets des heutigen Marais erworben. Nach der Urbarmachung des Sumpfgeländes legten sie sich hier 1240 ein großes umfriedetes Gebiet mit einem Kloster an, das sie ab 1291 zu einer Art Festung ausbauten mit einer Wehrmauer von acht Metern Höhe und Wehrtürmen. Da der Orden sehr erfolgreiche Finanzgeschäfte betrieb – er gründete die erste internationale Bank in Frankreich – wuchs sein politischer Einfluß unaufhörlich. Der Tempel war von der Steuer ausgenommen, und auf seinem weitläufigen Gelände galt das uneingeschränkte Asylrecht. 1667, ein Jahr nach Erscheinen des Bürger-Romans, ließ der Grand Prieur Jacques de Souvré die alte Mauer schleifen und auf dem Gelände Häuser errichten. Das Gelände des Tempels wurde im 17. Jahrhundert schließlich von 4000 Menschen bewohnt. Die Grenzen des Tempel bildeten die heutigen Straßen: Rue du Temple, Rue de Bretagne, Rue de Picardie und im Norden die Cité dupetit-thouars. Das Kloster und der Palast des Prieur wurden in der Revolution zerstört und von der Hausmannschen Stadterneuerung endgültig beseitigt. Nur der Name des 3. Pariser Arrondissements erinnert noch an diesen ehemaligen Staat im Staate.

S. 101 *schweigst Du still ... :* im kanonischen Recht findet sich im 6. Buch der Dekretalen der Grundsatz Bonifaz VIII.: Qui tacet, consentire videtur. Bei Corneille heißt es in der Pulchérie (V, 4, 157): Qui se tait, obéit.

S. 103 *weil die Straße da sauberer ist:* siehe Anm. zu S. 52: Philippe II. Auguste, 1165-1223, sorgte für die Pflasterung der Hauptverkehrsachsen von Paris: Saint-Jacques, Saint-Martin, Saint-Honoré und Saint-Antoine. Die übrigen Straßen befanden sich alle in dem oben beschriebenen Zustand. Die ersten Bürgersteige gab es in Paris erst 1805, und um diese Zeit verschwand auch die Gosse in der Straßenmitte.

S. 104 *der gerade frisch aus der Pikardie gekommen ...war:* die Pikarden verdingten sich durch die Jahrhunderte als Söldner in aller Herren Heerscharen und galten als grobe, ungehobelte, bäurische, nicht besonders kluge Rauhbeine.

S. 109 *Hochgeschorene:* eingebildet sein, hoch hinaus wollen. Zunächst auf die Geistlichen gemünzt wegen ihrer Tonsur. Vgl. L. Röhrich, »Lexikon der sprichwörtlichen Redensarten«.

S. 109 *geweihtes Kirchenbrot:* es war üblich, daß die Familien einer Gemeinde reihum sehr fein gebackenes Brot als freiwillige Spende an die Kirche ablieferten, das beim Abendmahl mit verwendet wurde. Bei diesem Anlaß buk man dann für Freunde und Angehörige mit und übersandte es ihnen als Zeichen der Wertschätzung.

S. 110 *ein Privatmann namens Cinna:* »Cinna ou la Clémence d'Auguste« (Cinna oder die Großmut des Augustus), 1640, Tragödie von Pierre Corneille.

S. 110 *Cid:* »Le Cid«, 1636-1637, Tragikomödie von Pierre Corneille.

S. 111 *die Garküchen in unserem Viertel:* im französischen Text: la Ville. Paris wurde Anfang des 17. Jahrhunderts noch in drei »Städte« unterteilt: La Cité, l'Université und la Ville, die alle ganz verschiedene soziale Bereiche darstellten und große Unterschiede im äußeren Charakter, den Sitten und Alltagsgewohnheiten, den Privilegien und ihrer Geschichte aufwiesen. Nicodème meint hier mit »Ville« den Teil von Paris, in dem die Bürger wohnten.

S. 114 *das Linnen der Penelope:* Penelope hatte sich von den Freiern, die sie während der Abwesenheit des Odysseus belagerten, ausbedungen, ihre Entscheidung erst zu treffen, wenn sie das Totenhemd ihres Schwiegervaters fertiggewebt hatte. Insgeheim trennte sie nachts das auf, was sie tagsüber gewebt hatte.

S. 114 *zum Rügegericht hinken:* seit der Karolingerzeit regional bis ins 19. Jahrhundert in Deutschland bestehendes Gericht für Eheverfehlungen. *hinken:* ehemaliger Absatz des 170 StGB »matrimonium claudicans« (hinkende Ehe): Die Ehe »hinkt« dann, wenn einer der Partner Grund hat, sich über mangelnde Erfüllung der ehelichen Pflichten zu beklagen.

S. 115 *Holzvorrat ..., der nicht aus dem städtischen Holzlager stammt:* kalauernde Anspielung auf das Holz, aus dem die Hörner für den Ehemann gemacht werden.

S. 115 *im tropologischen Sinne:* Vertauschung des Begriffs mit einem Bild (trope).

S. 118 *Salons der schönen Welt:* gemeint sind die Preziösenzirkel, »Académis bourgeoises« genannt (Somaize gibt in seinem

»Dictionnaire« ein Verzeichnis), die sich nach dem Vorbild des berühmten Samstagkreises im Salon der Mlle. de Scudéry, Rue de Beauce im Marais, überall in den bürgerlichen Kreisen bildeten.

S. 118 *Angélique:* entweder eine Anspielung auf Madeleine de Scudéry, die den »Cyrus« und die »Clélie« unter dem Namen ihres Bruders Georges veröffentlicht hatte und nach seinem Tode anonym weiterschrieb, oder Furetière spielt auf die berühmte Preziöse Angélique Petit an, der ein »Amour echappé« (Der entflohene Amor) zugeschrieben wird, der große Ähnlichkeit mit Furetières »Amour esgaré« (Der verirrte Amor) hat.

S. 120 *Charroselles:* Anagramm von Charles Sorel, 1609/11-1674, königlicher Historiograph und berühmter Verfasser der »Histoire comique de Francion«, 1623, dem ersten großen satirischrealistischen Roman des 17. Jahrhunderts. Aus unbekannter Ursache war Furetière sein erbitterter Feind geworden und verewigte ihn in der hämischen Karikatur Charroselles.

S. 125 *und ihr ganzer guter Ruf ...stürzte in sich zusammen:* Anspielung auf Jean Chapelain, 1595-1674, den Präsidenten der Académie française, der nach langjähriger Arbeit ein mit Spannung erwartetes Epos über Jeanne d'Arc, »La Pucelle ou la France délivrée«, 1656, (Die Jungfrau oder das befreite Frankreich) veröffentlichte, das wegen seiner Steifheit und Langeweile alle Hoffnungen enttäuschte und ihm reichen Spott eintrug.

S. 126 *Lambert, Le Camus, Boisset:* alle drei Modemusiker und -komponisten der Zeit. Sie waren alle Musiker der »Chambre du Roi«.

S. 127 *Katzensilber:* alte Gemäldekonservierungsmethode mit Muskovit (Phengit), einer Glimmerart aus der Familie der Silikate. Im 17. Jahrhundert schnitt man das Muskovit in hauchdünne Scheiben, die durchsichtig und sehr elastisch waren und zur Beschichtung von Miniaturen benutzt wurden.

S. 127 *Drogettrock:* halbwollenes Steifleinen, ein billiger und gewöhnlicher Stoff.

S. 127 *erntete er nur Spott und Gelächter:* einige Kommentatoren wollen darin eine Anspielung auf die Herzogin von Longueville und ihren Schützling, den Dichter Isaac de Benserade, 1613-1691, sehen, einem Gesellschaftsdichter von großer Popularität. Er war bekannt für seine Hofballette.

S. 127 *Ruelles, Réduits:* siehe Anm. zu S. 55.

S. 128 *Maibild:* bis ins 18. Jahrhundert hinein stiftete die Pariser Goldschmiedezunft der Hl. Jungfrau ein Votivbild, das für die Dauer des Festtages am 1. Mai am Portal der Kathedrale von Notre-Dame aufgehängt wurde.

S. 128 *Dichterling vom Hofe des letzten Königs:* Anspielung auf François Le Métel Boisrobert, Hofseelsorger und mittelmäßiger Dichter, der aber großen Einfluß bei Richelieu hatte. Er trug zur Gründung der Académie française bei und war eines ihrer ersten Mitglieder. Seinen Einfluß benutzte er dazu, Freunden und Bewunderern einen Platz in der Académie zu verschaffen, was diesen den kollektiven Spottnamen der »Kinder vom Erbarmen Boisroberts« (les enfants de la pitié de B.) eintrug. Er selbst gab sich den selbstgefälligen Beinamen eines »Fürsprechers der bekümmerten Musen«.

S. 129 *die trotz alledem meine Bücher nicht drucken wollen:* Sorels Adelsprätention war bekannt (Molière spielt im »Bourgeois gentilhomme« darauf an). Er nannte sich gern Sieur de Souvigny oder de l'Isle. Die Herkunft seines vorgeblichen Adelstitels konnte nie geklärt werden. In der Zeit, als er in den Kreisen der Preziösen verkehrte, hatte er sich nach Aussagen seiner Freunde (z. B. Gui Patin) eine Kutsche mit Pferden gehalten, was natürlich weit über seine materiellen Verhältnisse hinausging. Siehe Anm. zu S. 120.

S. 129 *die hübschen Stücke verhelfen den schlechten zur Geltung:* im Vorwort zu seinen »Poésies diverses« hatte Furetière schon 1655 diese Entwicklung beklagt. Es sei unglücklicherweise Mode geworden, Sammlungen der schönsten Gedichte herauszugeben, unter die man dann mehrere sehr schlechte mische. Er selbst ist auch dieser Sorte »Herausgeber« zum Opfer gefallen. Da es weder ein Urheberrecht noch Anspruch auf Tantiemen gab, hatte der Autor keine Einspruchsmöglichkeit gegen diese Verfahren.

S. 130 *unter dem Titel einer Sammlung von Werken verschiedener Autoren:* 1644 veröffentlichte Sorel ein »Recueil des pièces les plus agréeables de ce temps«. 1658-1663 gibt er es von neuem in fünf Bänden heraus, wobei der erste Band ausschließlich Stücke von ihm selbst enthält.

S. 132 *Sonette, Rondeaus, Portraits, Rätsel und Metamorphosen:* A. Adam beschreibt diese Modewellen. Das Rondeau ist von Vincent Voiture, 1597-1648, am Hofe populär gemacht worden, 1638 folgten die Rätselgedichte, eingeführt vom Abbé Cotin, 1640 fand man Geschmack an den Metamorphosen. Die Endreimgedichte waren sehr beliebt in den Jahren 1647-1653 und 1667.

S. 133 *der Tod eines Schoßhündchen oder Papageis:* es geht um den Papagei von Mme. du Plessis-Bellière, einer Favoritin des Generalintendanten der Finanzen Foucquet. Außer daß der Papageientod in der »Gazette rimée« vom November 1653 Erwähnung findet, hat auch Foucquet selbst ein Sonett auf dieses Ereignis verfaßt, und sein ganzer Kreis von Lobdichtern und Günstlingen tat ihm nach. Nicolas Foucquet, 1615-1680, war als oberster Finanz- und Steuerverwalter einer der mächtigsten Politiker seiner Zeit. Er benutzte seine Stellung dazu, sich ein riesiges Vermögen zu verschaffen, und unterhielt sogar eine Privatarmee. Gleichzeitig aber förderte er die Künste und die Künstler. Zu seinen Freunden gehörten La Fontaine, Molière, Mme de Sevigné, Mlle de Scudéry u.a.

S. 135 *das Sonett ...das Meisterwerk der Dichtung und die edelste der Dichtungsarten:* Paraphrasierung eines der berühmtesten Verse der »Art poétique« von Boileau: »Un sonnet sans défauts vaut seul un long poème«. Die Tatsache, daß Furetière diesen Vers der »Art poétique« schon vor 1666 (Erscheinungsjahr des Bürger-Romans) kannte, läßt die berechtigte Vermutung zu, daß er mit u.a. Racine zum innersten Freundeskreis Boileaus gehörte. Die »Art poétique« erschien 1674 im Druck, und die ältesten Zeugnisse über Boileaus Arbeit an diesem Werk datiert A. Adam für das Jahr 1669. Ab dieser Zeit hat Boileau erst seinen Freunden aus dem Werk vorgelesen. Furetière mag diese Verse früher, zum ersten Mal bei Olivier Patru, 1604-1681, gehört haben.

S. 136 *die Verwandlung der Augen ....:* »Les Métamorphoses des yeux de Philis en astres«, 1638-1639 von Germain Habert, Abbé de Cérisy, umfaßt 700 Verse. Dieses Werk, das ganz dem preziösen Geschmack der Epoche entsprach, hatte von seinem Erscheinen an einen solchen Erfolg, daß es noch im Jahre 1689 in lateinische Verse übertragen wurde (Oculi Phylidis in astra). Die Zeitgenossen sahen im Werk Haberts die Meisterschöpfung der (damaligen) modernen Poesie und erhoben es auf die gleiche Stufe wie die antiken Dichtungen. Am Beispiel der »Métamorphoses...« behauptete schon 1667 Le Laboureur die Gleichwertigkeit der Dichtung der »Modernes« mit jener der »Anciens«.

S. 136 *ein Sonett, sind das denn nicht auch Verse?:* Anspielung auf eine Anekdote, die sich bei Tallemant des Réaux in den »Historiettes« findet. Das Hôtel de Ramboillet war der berühmteste Treffpunkt der galanten Welt der Epoche. Die Marquise de Rambouillet, Cathérine de Vivonne, 1588-1655, gilt als die »Erfinderin« der Preziösenbewegung und hat entscheidenden Anteil an der Ausbildung des »honnête homme«-Ideals. Ebenfalls unbestritten ist ihr Anteil an der Entstehung der klassischen Literatur. In diesem im Hôtel de Rambouillet versammelten Kreis sagte Madame de Grimault, sie habe gerade die hübscheste Stanze der Welt gehört – von 60 Versen. Stanze (oder in

Frankreich Huitain), französische Sonderform der Stanze: zwei Quartette, acht Zeilen. Sie diente vom 16. bis zum 18. Jhdt. vor allem als Epigrammform.

S. 136 *Täubchen:* im französischen Text »poulet« (Hühnchen). Die Liebesbriefe und -gedichte, die zwischen den Preziösen hin- und hergingen, waren an den Ecken des gefalteten Papiers als Verschluß umgeknickt, was entfernt zwei Hühnerflügeln glich.

S. 139 *Histörchen vom verirrten Amor:* »Schlüsselerzählungen« dieser Art waren in der Romanliteratur des Jahrhunderts üblich. In der »Clélie« der Scudéry z.B. wird die Romanhandlung häufig unterbrochen durch eine solche Geschichte, die eine der Figuren erzählt oder vorliest. Neben diesem Spiel mit dem Modegeschmack der Zeit konnte Furetière gleichzeitig darin die bürgerlich-preziöse Welt, die auch in ihrer Überhöhung ins Frivole mit Liebesabenteuern und Galanterien von den gleichen ungeschickten und bürgerlich-lächerlichen Figuren bevölkert bleibt, parodieren. Sie dient ihm dazu noch als Kaleidoskop aktueller Anspielungen dieser Zeit, das seines allgemeinen Bekanntheitsgrades wegen mit dem mythologischen Genus kokettiert.

S. 139 *Adonis:* Sohn der Myrrha mit ihrem Vater. Sie wurde zur Strafe für den Inzest in einen Myrthenbaum verwandelt, aus dem dann Adonis herausfiel, als ein Eber den Baum spaltete. Später war er der Geliebte der Venus und wurde von einem Eber des eifersüchtigen Mars getötet. Aus seinem Blut ließ Venus das Adonisröschen wachsen.

S. 139 *Thetis:* Meeresgöttin, eine der Nereiden und Mutter des Achilles. Im französischen Text legt der Titel der Thetis »la reine maritime« = la reine-mère (Königinmutter) eine Anspielung nahe auf Anne d'Autriche, die Mutter Ludwigs XIV. Während der Unmündigkeit des nachmaligen Ludwig XIV. war sie Regentin von Frankreich.

S. 140 *Nereiden:* Meeresnymphen, die fünfzig Töchter des Nereus und der Doris.

S. 140 *Muschelintendant Neptuns:* Nicolas Foucquet, der Günstling Mazarins, der während der Regentschaft und bis zu seinem Sturz unter Ludwig XIV. Finanzsuperintendent war. In seinen Liebesaffären spielte Geld immer eine große Rolle. So hatte er eine Affäre mit Mlle de Menneville (die Nereide im Text), einer für ihre Schönheit berühmten Hofdame der Königinmutter. Mlle de Menneville zeigte sich erst nach einem Geldgeschenk von 150000 Livres gewogen. 1654 hatte sich der Comte de Brion, François-Christophe de Levis-Ventadour, Duc de Damville, ein ehemaliger Kapuziner (der eifersüchtige Triton), in sie verliebt. Er war zu dieser Zeit 50 Jahre alt. Wie Mlle de Montpensier erzählt, versprach er Mlle de Menneville immer wieder die Ehe, ließ den Versprechungen aber nie Taten folgen. Dafür aber umgab er sie mit Spionen, die sie auf Schritt und Tritt überwachten. Er sorgte auch dafür, daß die Königinmutter von dem »Fehltritt« der Hofdame mit Foucquet erfuhr. Der personelle und zeitliche Bezug ist um so pikanter, als Foucquet 1666 zu zwei Jahren Gefängnis verurteilt wurde. Vgl. Tallemant des Reaux, »Historiettes«, Bd. I, sowie: Louis Henry de Loménie, Comte de Brienne, »Mémoires«, Bd. II.

S. 142 *Triton:* Seedämon mit einem oder zwei Fischleibern, Sohn des Poseidon. Er benutzt die Spiralmuschel als Trompete, um bei Sturm das Meer zu glätten (daher Wächteramt).

S. 142 *Charybdis:* mythisches Ungeheuer. Sie treibt zusammen mit Skylla am Ende der Straße von Messina ihr Unwesen. Sie ist eine Tochter des Neptun und der Gäa (Erde) und hat die Gestalt eines riesigen Doppeldrachens. Dreimal täglich saugt sie das Meerwasser ein und speit es dreimal wieder aus. Dadurch erzeugt sie einen riesigen Strudel.

S. 142 *Skylla:* Meerungeheuer, lagert der Charybdis gegenüber in einer Felsenhöhle. Sie hat sechs Köpfe mit einer dreifachen Reihe Zähne in jedem Maul und zwölf Füße. Rund um ihren

Leib hat sie eine Reihe von Hundeköpfen, die unablässig schnappen und bellen. Von den vorbeifahrenden Schiffen beißt Skylla die Besatzungen herunter.

S. 143 *Kybele:* oder Rhea, bei Herodot die Personifizierung der Erde. Kybele ist auch die Mutter der Götter. In ikonographischer Darstellung sitzt sie auf einem Löwenthron mit einer steinernen Stadtmauer als Krone.

S. 145 *Landore:* ganz zweifellos ein Anagramm des Namens einer bekannten Persönlichkeit. Weder bei Somaize im »Dictionnaire des précieuses« noch bei irgendeinem der Kommentatoren findet sich aber ein weiterführender Hinweis auf ihre Identität.

S. 148 *Polymathie:* bedeutet in seiner griechischen Form »die große Kenntnis besitzt« (polys/máthesis) und bezieht sich sicher auf Madeleine de Scudéry, deren Aussehen in umgekehrtem Verhältnis zu ihrer großen Klugheit gestanden haben soll. Mme Anne Bigot Cornuel, eine berühmte Preziöse aus dem Umkreis der Scudéry, hat sie beschrieben: ... mit dunkler und rauher Haut, dunklen Augen, dunklen Fingernägeln und aus allen Poren Tinte schwitzend. Siehe auch bei Tallement des Réaux, »Scudéry et sa soeur«.

S. 150 *ich bin kein Recke – Kriegerin Kassandra:* die beiden ersten Verse des vierten Sonetts der »Amours« I, 1552, von Pierre de Ronsard (Je ne suis point, ma guerrière Cassandre, / Ny Myrmidon, ny Dolope souldart...) Kassandra ist Cassandre Salviati, die Bedienerin in einer Taverne gewesen sein soll. Ronsards Neigung für Mädchen und Frauen der untersten Schichten war schon zu seinen Lebzeiten Gegenstand der Gespräche. *Myrmidone:* Myrmidonen: Volksstamm in Thessalien, Vorfahren des Achill. Vgl. Homer, »Ilias«; Ovid, »Metamorphosen«. *Doloper:* griechischer Stamm am Pindosgebirge.

S. 150 *Penthesilea:* Amazonenkönigin, die vor Troja im Kampf mit Achill getötet wird. *Thalestris:* Name der Mondgöttin.

S. 150 *Faubourg Saint-Marceau:* oder Saint-Marcel. Eines der ältesten Stadtviertel von Paris, in dem die untersten Schichten der Bevölkerung lebten. Die Grenze des Faubourg Saint-Marcel und gleichzeitig die Stadtgrenze bildete die Linie der heutigen Straßen: Rue du Champ de l'Alouette, Rue Croulebarbe und ein Teil des Boulevard de Marcel.

S. 151 *eine wundervolle Symmetrie:* der Anbeter ist der Advokat und Autor Paul Pellisson, 1624-1693, von dem eine »Histoire de l'Académie française« 1653 stammt und der unter dem Preziösennamen Acante mit Sappho (Mlle de Scudéry) eine innige platonische Verbindung pflegte, die Anlaß für Spott und Satire war, da er von ebensowenig anziehendem Äußeren war wie die Scudéry. Furetière spielt hier auf die satirischen Verse von François Payot de Lingière, 1628-1704, einem Freund Boileaus an: La figure de Pellison/ Est une figure effroyable./ Toutefois, quoyque ce garcon/ Ait un visage espouvantable,/ Il a pour Sappho des appas./ Mais je ne m'en estonne pas/ On ayme toujours son semblable.

S. 153 *bei diesem Wettstreit um Ansehen und Ruf:* Anspielung auf den sogenannten »Tag der Madrigale« am 20. Dezember 1653, die sich bei A. Adam, a.a.O., Bd. 2, findet. An diesem Tag schickten sich Acante, Sappho und die Freunde des Samstagskreises Stegreifverse zu, die Boten reihum tragen mußten. Die Freunde sorgten dann auch dafür, daß diese Verse in der »Chronique du samedi« dokumentiert wurden.

S. 154 *ein Gericht aus jungen Erbsen:* siehe Anm. zu S. 74. Diese Sucht nach Früherbsen hat Eingang in die Literatur gefunden. Noch 1696 klagt Mme de Maintenon über diesen rasenden Luxus. Zu einem Festessen, das ein Verehrer seiner Angebeteten gab, waren Früherbsen als unerhörte Delikatesse unerläßlich.

S. 155 *Archelaide:* bei G. Mongrédien findet sich die Annahme, es handle sich dabei um Madeleine de Souvré, Marquise de Sablé, die selbst eine gebildete Dame von Welt war, zum Kreis des Hôtel de Rambouillet gehörte und in ihrem Salon La Rochefoucauld und Mme de La Fayette empfing. 1655 zieht sie sich nach Port-Royal zurück.

S. 157 *Psyche ...daß sie ihn mit dem Lampenöl verbrannte:* Erzählung in den »Metamorphosen« des Apuleius. Psyche, die Geliebte Amors, darf ihren göttlichen Gatten nicht sehen. Angestiftet von ihren neidischen Schwestern, nimmt sie eine Lampe mit zu Bett, die sie, als Amor eingeschlafen ist, entzündet. Ein Tropfen des heißen Lampenöls weckt den Gott, und er verläßt sie.

S. 161 *Sympathie-Pulver:* der Scherz geht auf ein Medikament zurück, das Kenelm Digby 1658 in einem Traktat vorstellt: »Discours touchant de la guerison des playes, par la Poudre de sympathie«. Es bestand aus einer Mischung aus Eisensulfat und Gummiarabikum und wurde zur Blutstillung und Wundenheilung benutzt. Furetière sagt dazu in seinem »Dictionnaire«: La poudre de sympathie qu'on fait avec du vitriol seché au soleil, est une pure charlatanerie, quoy que dise le Chevalier Digby dans le Traitté qu'il en a fait. (Artikel Sympathie).

S. 163 *Fagotin:* war der Affe des Gauklers Pierre Datelin, genannt Brioché. Er unterhielt auf dem Pont-Neuf ein Marionettentheater. Fagotin war wegen seiner Geschicklichkeit in ganz Paris bekannt und fand sogar Eingang in die Literatur. La Fontaine erwähnt ihn in einer seiner Fabeln, und Molière zitiert ihn im 2. Akt, 4. Szene des Tartuffe (Dorine: Là dans le carneval, vous pouvez espérer/ Le bal et la grand-bande, à savoir deux musettes,/ Et parfois Fagotin et les marionettes,/ Si pourtant votre époux...). Das Ende des Affen durch die Hand Cyranos de Bergerac wird in einer Posse aus dem Jahr 1655 dargestellt: »Combat de Cirano de Bergerac contre le singe de Brioché, au bout du Pont-Neuf«. Fagotin, der immer in eine Phantasielivree gekleidet war, schnitt dem rauflustigen Degenhelden eine Grimasse, worauf ihn dieser, da er ihn für einen übermütigen Pagen hielt, mit einem Schwerthieb tötete.

S. 164 *Celadon, Hylas oder Sylvandre:* drei Typen des Verliebten in der »Astrée«: der Treue, der Flatterhafte und der Metaphysische.

S. 165 *Keine Kreuzer, keine Weiber:* parodiert das Sprichwort: Keine Kreuzer, keine Schweizer! (point d'argent, point de Suisses), das entstanden ist, als die Söldnergarde der Schweizer, eine Elitetruppe, François I während der Belagerung Mailands umgehend den Dienst aufkündigte, als sie ihr Geld nicht erhielt.

S. 166 *Amerika:* nach damaliger Überzeugung wurde die Syphilis von den spanischen Kolonisatoren der Neuen Welt oder »Westindiens« nach Europa eingeschleppt.

S. 166 *Schweden:* »nach Schweden/Bayern gehen«, gehörte zu der großen Zahl von Umschreibungen für eine Heilkur gegen die Syphilis. Siehe z. B.: »Histoire comique de Francion«, 1623, von Charles Sorel: Aller en Bavière.

S. 166 *Moschuskügelchen:* Moschusgeruch wurde im 17. Jahrhundert als sehr angenehm empfunden, also aß man sogar Pastillen mit Moschus, um solcherart einen angenehmen Atem zu bekommen.

S. 167 *Merkur:* Mercurius communis oder M. vivus war bei den Alchimisten die Bezeichnung für Quecksilber. Im 17. Jahrhundert glaubte man, die Syphilis durch Verabreichung von Quecksilberchlorid heilen zu können. Die Methode galt als äußerst unangenehm und schmerzhaft.

S. 176 *Alexis' Abenteuer:* im zweiten Teil der »Astrée« hat sich der durch eine Intrige vom Hofe der geliebten Astrée verbannte Céladon zum Druiden Adamas geflüchtet. Adamas bedient sich einer List, um Céladon die Rückkehr zu ermöglichen: Er verkleidet ihn als seine aus einem Kloster im Land der Carnuten heimgekehrte Tochter Alexis'. Zwischen Astrée und dem vermeintlichen jungen Mädchen entwickelt sich eine innige Freundschaft.

S. 183 *Saint-Lazare oder Saint-Martin:* das Klostergebäude der 1624 von Vincent de Paul gegründeten Kongregation der Lazariten lag im 17. Jahrhundert außerhalb des Stadtgebiets. Seine südliche Grenze bildete die Rue de Paradis, die östliche die Rue du Faubourg Saint-Denis. Heute erinnert noch der Name des Hôpital Saint-Lazare und die Passage Ferme-Saint Lazare an das Kloster. Die Klosteranlage Saint-Martin-des-Champs befand sich eine Parallelstraße weiter in der Rue Saint-Martin auf dem Gelände des heutigen Conservatoire des Arts et Métiers zwischen Rue Réaumur im Süden und Rue du Vertbois im Norden. Beide Klöster stellten eine Art geschlossener Erziehungsanstalten dar, in die auf königliche Anordnung und Antrag von Familien auf die schiefe Bahn geratene Jugendliche eingesperrt wurden.

S. 183 *Civilité puérile:* siehe Anm. zu S. 31.

S. 185 *Si tu vis nubere, nube pari:* Willst du heiraten, so heirate deinesgleichen.

S. 186 *Monsieur de la Serre:* siehe Anm. zu S. 22.

Anmerkungen zum Zweiten Buch:

S. 207 *Gewissensbisse wegen seiner Jugendsünden:* Charles Sorel ist der Verfasser des 1623 erschienen komisch-satirischen Romans »Histoire comique de Francion«, der zusammen mit Scarrons »Roman comique« 1651 und dem »Roman bourgeois« Furetières zu den drei großen Werken der realistischen Literatur im 17. Jahrhundert gehört und ein großer Erfolg war. Sorel hat sich nicht zuletzt wegen zu befürchtender kirchlicher und politischer Schwierigkeiten nie offiziell zu seinem »Francion« bekannt. Die drei zu seinen Lebzeiten erschienenen Ausgaben, 1623 und 1626, waren anonym oder trugen den Namen eines fiktiven Verfassers, 1633.

S. 207 *sein Vater, der als Prokurator starb:* obwohl bürgerlichen Standes, hatte Sorel – wie alle anderen Mitglieder seiner Familie – immer deren adlige Herkunft behauptet (siehe Anm. zu S. 120). Die Familie leitete ihre Herkunft von einem obskuren schottischen Adelsgeschlecht ab. So nannte sich Sorel gern Sieur de l'Isle oder de Souvigny. Diese Schwäche Sorels machte ihn in Literatenkreisen zur Zielscheibe von Spott und Satire. Dafür ist nicht nur der Bürger-Roman Beleg, auch Molière soll seinen Spott in der »Ecole des femmes« 1662 auf Sorel gemünzt haben: Chrysalde: Quel abus de quitter le vrai nom de ses pères / Pour en vouloir prendre un bâti sur des chimères / .../ Je sais un paysan qu'on appelait Gros-Pierre / Qui n'ayant pour tout bien qu'un seul quartier de terre, / Y fit tout à l'entour faire un fossé bourbeux, / De monsieur de l'Isle en prit le nom pompeux. – 1. Akt, 2. Szene, 175-181.

S. 207 *Ebenen von Aubervilliers:* nordöstlicher Vorort von Paris.

S. 208 *Euer Eminenz:* abgeleitet vom Lateinischen eminens = hervorragend, hervorstehend, ausgezeichnet.

S. 210 *den Puits-Certain zugrunde zu richten:* eigentlich Place de Puits-Certain, im sogenannten Quartier Latin. Er lag im 17. Jahrhundert an der Stelle, wo die Rue Saint-Jean-de-Beauvais heute in den Impasse Chartière übergeht. Den Namen hat der Platz vom Curé Robert Certain, der hier 1556 einen Brunnen graben ließ (puits = Brunnen). Neben dem Justizpalast war dies der den Buchhändlern durch eine Verordnung von 1620 zugewiesene Platz.

S. 211 *fürchtete sich so wenig wie ein Werwolf:* es ist vielleicht der Erwähnung wert, daß Paris bis 1667 nachts stockfinster war. Die Nachtwache sammelte jede Nacht bis zu 15 ermordete Menschen ein, die in der Dunkelheit ums Leben gebracht wurden. Für die ganz allnächtlichen Delikte wie Raubüberfälle und Diebstähle gibt es keine Zahlen. Erst 1662 hatte der Abbé Caraffe Laternenträger aufstellen lassen, die – mit Wachsfackeln oder Öllaternen versehen – späten Heimkehrern gegen ein Entgelt bis vor die Haustür leuchteten. Die königlichen Verordnungen, wonach in ein Fenster eines jeden Hauses eine Kerze zu stellen sei, waren ohne Wirkungen geblieben. Erst 1667 bringt man Laternen mit Kerzen an den Fenstern an, und um 1700 werden sie an den Fassaden der Häuser aufgehängt.

S. 213 *Collantine:* da der Bürger-Roman aus dem Freundeskreis Molière, Racine, Boileau hervorgegangen ist, wird allgemein angenommen, daß Racine für seine Comtesse de Pimbêche in den »Plaideurs« und Furetière für Collantine die Figur der berühmt-berüchtigten Prozessiererin Comtesse de Cressé zum Vorbild diente.

S. 215 *bei der Edikt-Kammer:* die »Chambres de l'édit«, ein Gerichtshof, wurden als Auswirkung des Edikts von Nantes in jedem der französischen Parlamente (= Oberster Gerichtshof in den Provinzen und in Paris) eingerichtet. Sie waren paritätisch mit Katholiken und Protestanten besetzt und behandelten die Rechtsfragen der Protestanten/Hugenotten/Reformierten. Schon 1670 löste Ludwig XIV. die Edikt-Kammern wieder auf.

S. 215 *Indigesten:* hämisches Wortspiel, das auf die Halbbildung Collantines zielt. indigeste = schwer verdaulich, wirr, konfus. Die Digesten oder Pandekten sind Teil des Corpus juris civilis, 533 n. u. Z., des oströmischen Kaisers Flavius Justinianus und bilden zusammen mit den anderen Teilen der Gesetzessammlung die Grundlage des Römischen Rechts.

S. 216 *Oh Nacht, eifersüchtige Nacht:* berühmtes Chanson des Dichters Philippe Desportes, 1546-1606, Hofdichter von Henri III.: O nuict, jalouse Nuict, contre moy conjurée, / Qui renflamma le ciel de nouvelle clarté, / T'ay-je donc aujourd'hui tant de fois desirée, / Pour estre si contraire â ma félicité? In »Oeuvres«, 1611.

S. 220 *mit Schwester und Schwager, einem Arzt:* Charles Sorel lebte in der Tat bei Schwester und Schwager namens Parmentier, Advokat am Parlament und Vertreter des Procureur Général, in der Rue Saint-Germain-l'Auxerrois Nr. 16, bei der Kirche gleichen Namens, im Viertel östlich des Louvre. »(Sorel) n'est point marié et demeure avec une sienne soeur, femme de M. Parmentier, avocat général ...« Gui Patin, »Lettres«, 1683.

S. 220 *Verteilung von Handzetteln ... auf dem Pont-Neuf:* diese Werbeaktionen waren immer mit großem Spektakel und Scherzen verbunden, wobei mancher der Texte nach Berichten von Zeitgenossen von ingeniöser parodistischer Kraft gewesen sein soll.

S. 224 *Titelanmaßung:* ein Delikt, das mit schwerer Strafe belegt wurde. La Fontaine mußte 1662 wegen eines solchen Falles zweitausend Francs Buße zahlen.

S. 226 *nach dem Beispiel des ehrwürdigen Beda:* nach der Legende wurde der englische Mönch und Theologe Beda, 675-735, als er alt und erblindet war, von einem Klosterbruder, der ihm einen Streich spielen wollte, vor einen Haufen Steine geführt und glauben gemacht, er stünde vor einer Menge Gläubiger, die in ehrfürchtigem Schweigen seiner Worte harren. Als der Alte eine lange Predigt beendet hatte, antworteten die Steine: »Amen, ehrwürdiger Beda.«

S. 227 *nisi verba et voces:* außer Sprüchen und Formeln.

S. 227 *Protokoll ... nur Wort an Wort geleimt:* die Bezeichnung existiert seit dem 16. Jahrhundert. Das mittellateinische Wort protocollum geht auf das Griechische protos (= der Erste) und kólla (= der Leim) zurück. Ursprünglich war das Protokoll ein den amtlichen Papyrusrollen »vorgeleimtes« Blatt und enthielt chronologische Angaben über das Entstehen und den Verfasser des Dokuments, dann wurde daraus ein Titelblatt für Notariats- oder Gerichtsurkunden.

S. 227 *Pissote:* Taverne bei Vincennes

S. 227 *das gesetzlich vorgeschriebene Gewicht:* das Gewicht des Brotes war durch eine Ordonnanz festgelegt.

S. 227 *Zahlmarken:* im frz. Text »Jettons«, die vormals wie heute Spielmarken zum Errechnen oder Festhalten bestimmter Summen im Alltagsleben als Rechenhilfe benutzt wurden. Jetton: Petite piece ronde faite en guise de monnoye, dont on se sert pour calculer plusieurs sommes, ou pour marquer son jeu, ou autres choses ... Furetière, »Dictionnaire Universel«.

S. 230 *Ich habe eine Kunst des Festungsbaus von Errart ...:* Jean Erard/Errart, »La Fortification réduicte en art et démonstrée par J. Errard de Bar-le-Duc«, 1594; Adam Fritat/Fritach, »L'Architecture militaire ou la fortification nouvelle«, 1636; Antoine de Ville, »Les fortifications« 1628; Samuel Marolois, »Artis muniendi sive fortificationum, pars prima et secunda«, 1633; Jean-Baptiste Porta, »Pneumaticorum libri tres«, 1601, und »De munitione libri tres«, 1608; Salomon de Caus/Caux, »La Raison des forces mouvantes«, 1624; Antoine de Pluvinel, »Le Manège royal, oú l'on peut remarquer le défaut et la perfection du cavalier en tous les exercises de cet art, fait et pratiqué en l'instruc-

tion du roi«, 1615; Vulson de la Colombière, »La Science héroique et le Vrai Théâtre d'honneur et de chevalerie«, 1648.
A. Adam, a.a.O., weist darauf hin, daß dies ein Querschnitt durch die Bibliothek eines Aristokraten wäre, der sich mit Kriegskunst, Reitkunst, Heraldik beschäftigt und an den Wissenschaften interessiert ist.

S. 230 *Liga:* siehe Anm. zu S. 95.

S. 230 *Die kuriose Ehescheidung:* »Le Divorce satirique«, »La Ruelle mal assortie ou entretiens amoureux d'une dame éloquente avec un cavalier gascon plus beau de corps que d'esprit et qui a autant d'ignorance comme elle a de savoir« und »La Confession de Sancy«. »Die kuriose Ehescheidung« entstand um 1608 und war eine scharfe Satire gegen Marguerite de Valois (La reine Margot), die geschiedene erste Frau Henri IV. Sie lief in handschriftlichen Kopien in hugenottischen Kreisen um und wurde erstmals 1662 in den Niederlanden im Anhang an die Tagebücher Henri IV. gedruckt. *Das fehlbesetzte Bettgäßchen:* eine Satire gegen Marguerite von Valois, war schon in der 1. Hälfte des 17. Jahrhunderts äußerst selten geworden. Sie fand sich aber noch in der Bibliothek von Sorels Vater. Charles Sorel gab sie 1644 neu heraus in seinem »Nouveau Recueil des pièces le plus agréables de ce temps«. Das ist nur ein erneuter Beweis dafür, in welchem Umfang Furetières Satire auf den realen Gegebenheiten und Fakten beruht. *Die Konfession von Sancy:* eine Prosasatire über die Konversion Henri IV., stammt aus der Feder von Agrippa d'Aubigné, einem treuen hugenottischen Parteigänger Henri IV.

S. 230 *man hat ihm vielleicht die Beutel überlassen:* siehe Anm. zu S. 35.

S. 233 *Megäre, Alekto oder Tisiphone:* die drei Furien, weibliche Rachegeister.

S. 234 *La Serre:* siehe Anm. zu S. 22.

S. 235 *Normannenblut:* Normannenblut in den Adern haben war eine sprichwörtliche Redensart zur Bezeichnung eines Menschen, der sich nicht an Abmachungen hält. In der Normandie war es üblich, daß eine vertragliche Abmachung erst nach 24 Stunden in Kraft trat. Während dieser Zeit konnte jede Partei von der Vereinbarung zurücktreten. Normannisch antworten = weder ja noch nein sagen. Furetière, »Dictionnaire«.

S. 236 *Präventionsrecht:* im katholischen Kirchenrecht Privileg des Papstes, Pfründe und Benefizien über den Kopf des Besitzers einer Kollatur hinweg zu vergeben. Dies Recht des »Zuvorkommens« besaßen auch die königlichen Richter in Frankreich.

S. 237 *Atalante:* Atalante war der Jagd und den männlichen Tätigkeiten ergeben, dabei Jungfrau aus innerer Überzeugung. Sie wollte nur einen Mann heiraten, der sie im Wettlauf besiegen könne. Sie wurde von Hippomenes besiegt, der während des Wettlaufs drei goldene Äpfel, die ihm Aphrodite gegeben hatte, fallenließ und – da Atalante sich bei jedem Apfel bückte – den Wettlauf gewann.

S. 240 *große Karthause:* Stammkloster des Karthäuserordens in der Nähe von Grenoble. Das Pariser Karthäuserkloster mit seinem ausgedehnten Klostergelände war 1257 von Ludwig dem Heiligen gegründet worden. Das Gelände schloß östlich an den Jardin de Luxembourg an, mit seiner nördlichen Grenze von der Nordspitze der heutigen Ecole Nationale des Mines zur Kreuzung Rue de Fleurus/Rue Duguay-Trouin und südöstlich bis zur Kreuzung Rue Henri Barbusse/Boulevard Port-Royal. 1790 wurden die Klosteranlagen abgerissen und 1798 die eine Hälfte des Geländes mit dem Jardin de Luxembourg verbunden, während die andere Hälfte zur städtischen Bebauung benutzt wurde.

S. 240 *das Erzene Pferd:* das Erzene Pferd war ursprünglich ein Geschenk Cosimos II., Großherzog der Toskana, an Maria von Medici, die Frau Henri IV. 1614 erhielt es seinen Platz auf dem

Marmorsockel auf dem Pont-Neuf. 1635 ließ Ludwig XIII. die Statue seines Vaters auf das Pferd setzen.

S. 240 *die Samariterin vom Pont-Neuf:* 1606 wurde auf dem zweiten Bogen des Pont-Neuf ein kleines Pumpenhaus mit der ersten hydraulischen Wasserpumpe in Paris errichtet. Der dazugehörende Brunnen trug ein Bronzerelief mit der biblischen Szene der Samariterin, die am Brunnen Jakobs den Worten Jesu lauscht (Joh.4). Über dem Brunnen befand sich eine Uhr mit einem Glockenspiel. Von dem Relief erhielt der Brunnen den Namen »La Samaritaine«. Der Brunnen wurde 1813 abgerissen.

S. 240 *Gluckhenne ... Siebengestirn:* Siebengestirn (Pléiaden): Sternengruppe im Sternbild des Stiers. Eine Gruppe von Sternen, die sich im Kreis um einen größeren scharen wie Küken um die Henne.

S. 240 *Florilegium der Heiligenlegenden:* gemeint ist »La Fleur de la Vie des Saints« des P. Ribadeneira, 1641.

S. 240 *die Tuilerien:* das Palais des Tuileries lag an der heutigen Avenue du Général Lemonnier und bildete mit dem am Quai des Tuileries gelegenen Flügel, durch den es mit dem alten Louvre verbunden war, einen rechten Winkel. Der Name des Schlosses rührt von den Ziegeleien (tuile = Ziegel) her, die seit dem 8. Jahrhundert hier gearbeitet hatten. Katharina von Medici ließ 1564 von Philibert Delorme den Bau des Schlosses in Angriff nehmen. Das Palais des Tuileries brannte 1871 während der Pariser Kommune ab.

S. 241 *Sáfi:* auf die Herrschaft der letzten Mogulsultane, 1393-1505, folgte bis 1722 eine persische Dynastie der Sáfi, die Gründer des neuen persischen Reiches. Zu Furetières Zeit war also der Familienname zum Titel des Herrschers geworden.

S. 241 *die von der Religion des Charentoner:* die Protestanten von Paris besaßen in Charenton, einem südöstlichen Vorort, die einzige Kirche für ihren Gottesdienst. Die Besucher der Gottesdienste nannte man »die von der Religion der Charentoner« (ceux de la Religion de Charentonniers). Was Belastre sah, war das Kloster der barfüßigen Karmeliter in Charenton.

S. 241 *das Buch des Herrn Gaulard:* die Sinn- und Kernsprüche des Herrn Gaulard (Les Apophtegmes du sieur Gaulard), in »Les Contes facétieux du sieur Gaulard, Gentilhomme de la Franche-Comté bourguinotte«, 1594. Eine Sammlung von Scherzsprüchen und lustigen Begebenheiten.

S. 242 *Belastre:* Beau/Bel, Astre = Stern, Gestirn. Vgl. den Namen von Furetières Widersacher während seiner Juristenzeit in Saint-Germain: Beausoleil.

S. 242 *Conciergerie:* die Conciergerie diente zur Zeit Furetières als Gefängnis für die vom obersten Gerichtshof in Paris, dem Parlament, Verurteilten. Ihre »Berühmtheit« als Gefängnis erlangte die Conciergerie aber erst unter der Revolution, wo sie als »Vorhalle der Guillotine« bezeichnet wurde. Danton, Hébert, Chaumette, Robbespierre und Marie-Antoinette verbrachten hier ihre letzten Stunden.

S. 243 *einen Ehemann ... in Kanada suchen:* 1608 war die Kolonie Kanada zum Vizekönigreich ernannt worden, und 1633 setzte Colbert eine königliche Regierung des »Conseil souverain« ein, damit wurde Kanada wie eine Provinz des Mutterlandes verwaltet. Durch einen Erlaß Colberts vom 18.April 1633 wurden jedes Jahr Frauen und Mädchen, viele von ihnen unfreiwillig, nach Kanada zu den Garnisonen verschifft. Insassinnen von Heilanstalten, Gefängnissen und aufgegriffene Prostituierte stellten das Hauptkontingent. Jeder Soldat, der sich nicht 15 Tage nach Ankunft eines Schiffs verheiratet hatte, wurde streng bestraft. Die zeitgenössische Literatur hat das Thema häufig behandelt, so u.a. Loret »La Muze historique« 1652 und Bussy-Rabutin »Amours des Dames illustres de notre siècle« 1681.

S. 244 *Deodat:* von Gott geschenkt.

S. 245 *Gerichtsporteln:* (= épices) von lat. sportula = Körbchen, kleine Geschenke. Im 13. und 14. Jahrhundert übergab der Kläger nach gewonnenem Prozeß dem Gerichtsreferenten Marmelade und Konfekt, die »épices« genannt wurden. Der Name ging dann über auf die Geldsummen, später Honorare, die die streitenden Parteien den Richtern zu zahlen hatten. Sie wurden erst unter der Revolution abgeschafft.

S. 245 *Adliger ... der ... Armeegeneral geworden war:* bezieht sich wohl auf Albert de Luynes, Connetable de France, 1578-1621, den Günstling Ludwigs XIII., der gesagt haben soll, wenn er aus dem Krieg mit den Hugenotten zurückkehre, werde er gleich die »militärische Kriegskunst« erlernen. Berichtet bei Tallemant des Réaux »Historiettes«: Le Connestable de Luynes, M. et Mme. de Chevreuse.

S. 246 *Laden Rocolets:* einer der bedeutendsten Buchhändler/Verleger/Drucker der 1. Hälfte des 17. Jahrhunderts. 1618 erhielt er seine Berufslizenz, wurde 1635 zum Drucker des Königs ernannt. Furetière muß ihn noch gekannt haben, denn Rocolet starb 1666. 1626 hatte er die Werke Bacons herausgegeben. Er stand im übrigen im Ruf, der bedeutendste Buchhändler für Bücher über das Militär gewesen zu sein.

S. 246 *zum Plätten meiner Kragen:* wieder eine Anekdote, die Molière von Furetière übernommen haben könnte. In den »Femmes savantes« (1. Auff. 1672) sagt der »bon bourgeois« Chrysale zu seiner Frau Philaminte: Vos livres éternels ne me contentent pas, / Et hors un gros Plutarche à mettre mes rabats, / Vous devriez brûler tout ce meuble inutile. (2. Akt, 7. Szene)

S. 247 *Zwölftafelgesetz:* duodecim tabularum, decemviri legibus scribundis, 451 v. u. Z.: das erste umfassende Werk der römischen Gesetzgebung, das zustande kam auf Druck der Plebejer, um dem von den Patriziern und Priestern willkürlich gehandhabten Gewohnheitsrecht ein Ende zu machen. Das Zwölftafelgesetz stellte die erste Kodifizierung des Gewohnheitsrechts dar.

S. 247 *Gerichtslager:* »lit du justice«, war ursprünglich der erhöhte Sitz, auf dem der König, umgeben von Baronen und Pairs, Gericht zu halten pflegte. Später bedeutete das Gerichtslager eine Parlamentssitzung, bei der der König anläßlich besonders wichtiger Staatsangelegenheiten persönlich anwesend war. Zusehends wurde unter dem zentralistischen Absolutismus aus dem Gerichtslager ein autoritäres Mittel des Königs, um auf diesen Sitzungen dem Parlament (oberster Gerichtshof) das Einregistrieren von Edikten zu befehlen, die dadurch Gesetzeskraft erlangten. Der Kanzler befahl in solchem Fall nach der Verlesung im Namen des Königs das »enregistrement«. 1663 hielt Ludwig XIV ein Gerichtslager ab in Reitstiefeln, die Reitpeitsche in der Hand.

S. 249 *Gravität eines gascognischen Präsidenten:* Gascogne, im Südwesten Frankreichs am Fuß der Pyrenäen. Im 16. und 17. Jahrhundert war Gascogner gleichbedeutend mit Schreihals, Aufschneider und Haudegen. Das Französische kennt mehrere Redensarten mit und über Gascogner.

S. 251 *Märchen vom Schwan oder von meiner Mutter Gans:* A. Adam weist darauf hin, daß es sich nicht um die Märchensammlung Perraults »Les contes de Ma Mère l'Oye« handeln kann, die erst 1697 erschien. Der hier zitierte Titel legt nahe, daß es schon vor Perrault vielleicht mündlich überlieferte Sammlungen unter diesem Titel gegeben hat. Die »Gans« ist ein Hinweis auf die germanische Königin Bertha mit dem Gänsefuß (La reine Pédauque à Toulouse, Rabelais, »Gargantua et Pantagruel« IV, 41).

S. 251 *Richter Bridoye:* die Figur des Richters Bridoye hat eine lange satirische Überlieferung. Im »Pantagruel« von Rabelais (III, Kap. 39-41) taucht ein Richter Bridoye auf, der seine Prozesse nach den Würfeln entscheidet. (Comment Pantagruel assiste au jugement du juge Bridoye, lequel sententioit les procès au sort des dez). Unter den ersten »Contes et Nouvelles« (II, 10) von La Fontaine, 1664, ist die Geschichte vom Richter von Mesle, der seine Urteile nach dem gezogenen Los fällte. A.

Adam weist auf die Jugendfreundschaft von Furetière und La Fontaine hin, aus deren gemeinsamem Geschichten- und Erzählfundus die Geschichte von dem Richter aus Mello bei Chantilly stammen kann. In Beaumarchais »La Folle Journée ou le mariage de Figaro«, 1784, taucht dann wieder ein Richter Brid'oison auf, der mit seinen literarischen Vorläufern zumindest die völlige Inkompetenz gemein hat.

S. 252 *Rauhgewicht ... leichte Stücke:* erst in der französischen Revolution wurde auf der Grundlage des metrischen Systems und mit dem Versuch der Einführung von Papiergeld das werteinheitliche »Währungsgeld« geschaffen. In der Zeit davor war Geld immer nur ausschließlich gleich dem Metallgewicht und Metallwert und gab mit einer bestimmten Prägung nur seinen Tauschwert gegen andere uneinheitlich bewertete Münzen und Metallsorten an.

S. 255 *Landsknechte:* im französischen Text »Lansquenets«. Deutsche Söldner, die in Frankreich jedem dienten, der sie bezahlte, und die beliebig die Fronten wechselten. Sie ließen sich im Krieg gegen das Deutsche Reich von Frankreich sogar gegen ihre eigenen Landsleute einsetzen. Unter Henri IV, bis 1610, bediente man sich zum letzten Mal dieser Söldner.

S. 258 *Geheimer Königlicher Rat:* Institution des Königlichen Staatsrates, der über abgewiesene Berufungen in letzter Instanz zu entscheiden hatte.

S. 260 *die »Epitheta« Textors:* Ravisius Textor (Jean Tixier de Ravisi), Rektor der Universität von Paris 1480-1524. »Epitheta studiosis poetica artis maxime utilia« 1524 und »Elegantes variorum Virgilio, Ovidio« von Raphaele Sadalero, 1617 (nach G. Mongrédien).

S. 262 *einer dieser gewissen Kästen:* Post-Briefkästen, die sogenannte »Petite Poste«, waren bereits 1653 eingerichtet worden, allerdings mit geringem Erfolg, weil sich in den Kästen nur Abfall sammelte. Die Pariser konnten der Idee wohl noch nichts

abgewinnen. Jean Loret, am 13. August 1653 im 4. Buch seiner »Muze historique«: »On va bientôt mettre en publique,/ pour la commodité publique,/ Un certain etablissement/ (Mais c'est pour Paris seulement)/ De boîtes nombreuses et drues/ Aux petites et grandes rues,/ Ou par soi-même ou son laquais/ On pourra porter des paquets./ Et dedans, à toute heure, mettre/ Avis, billet, missive ou lettre/ Que des gens commis pour cela/ Iront chercher et prendre là,/ Pour d'une diligence habile,/ Les porter par toute la ville./ Et si l'on veut savoir combien/ coûtera le port d'une lettre,/ (Chose qu'il ne faut pas obmettre)/ Afin que nul n'y soit trompé/ Ce ne sera qu'un sou tapé.«
Nach einer Pause von 107 Jahren war bei erneuten Versuchen im Jahre 1760 die »Petite Poste« schon so in Vergessenheit geraten, daß der Neu-Initiator M. de Chamousset wie ihr Erfinder gefeiert wurde. Name und Einrichtung gehen aber noch viel weiter zurück, nämlich auf Louis XI, der 1464 eine Botenanstalt für die Verbindung zwischen den Krongütern eingerichtet hatte. Die Kurierritte hießen »les Postes«, welcher Begriff sich in späterer Zeit allgemein einbürgerte. Henri III. hatte 1576 eine Einrichtung geschaffen, die am ehesten unserem modernen Verständnis von Post nahekommt. Ein Erlaß schrieb feste Sätze für die Beförderung von Briefen und anderen Sendungen vor und setzte Abgangs- und Ankunftszeiten fest.

S. 262 *damit sie die Gehenkten und Geräderten sehen konnte:* eine in der Zeit anscheinend geläufige Form der Zerstreuung, die als literarisches Motiv im Freundeskreis Molières, Racines und Furetières mehrfach Verwendung gefunden hat, so in Racines »Plaideurs« 1668 (3.Akt, 4.Szene), wo Dandin Isabelle zu einer öffentlichen Folter einlädt, oder in Molières »Malade imaginaire« 1673 (2.Akt, 5.Szene), wo Thomas Diaforus Angélique als Zerstreuung zur Dissektion in der Anatomie einlädt.

S. 263 *Théophile:* Théophile de Viau, 1590-1626, als angebliches Haupt eines Kreises von Libertinern und damit sowohl den zentralisierenden Bestrebungen der Partei der absoluten Monarchie als auch wegen Freidenkertums und moralischer Bedenkenlosigkeit den restaurativen Bemühungen der Inquisitionspartei nach den Religionskriegen aufs äußerste obsolet, wurde 1623 in einem Inquisitionsprozeß wegen Gotteslästerung und Obszönität zum Scheiterhaufen verurteilt. Da er entkommen konnte, wurde die Strafe auf dem Grève-Platz in effigie vollzogen. Trotz des Schutzes hochmögender Gönner wurde er inhaftiert und starb 1626 kurz nach seiner Entlassung. Seine »Oeuvres«, 1621-1623, eine Sammlung von zwei Theaterstücken, Satiren, Sonetten, Elegien und Epigrammen, teilweise äußerst gewagt in Ton und Inhalt, sind gegen die klassische Regelhaftigkeit Malherbes und seiner Schule geschrieben. Die Erwähnung im Bürger-Roman ist ein Beleg für die erstaunliche Beliebtheit Théophiles noch um die Jahrhundertmitte.

S. 267 *Hippokrene:* (Roßquell), dem Apoll und den Musen heilige Quelle am Nordhang des Helikon. Pegasus soll, als Bellerophon ihn ritt, mit einem Hufschlag den Quell freigelegt haben. Hippokrene galt als Quelle der dichterischen Begeisterung und Inspiration. *Hippokras:* war ein vor allem im Mittelalter sehr beliebter Gewürzwein. Dabei werden Apfelscheiben mit honiggesüßtem Weißwein übergossen und dem Ganzen Zimt, Muskatblüte, Gewürznelken oder Zitronenschale und gestoßene süße Mandeln beigegeben.

S. 270 *Ritter vom Heuhafen:* der Heuhafen = port au foin war ebenso wie port de la Greve, port au plastre, port de l'escole u.a. Anlegestelle und Stapelplatz am Flußufer für die Seine-Flußschiffahrt. Holz und Heu wurden in der Gegend des Quai Saint-Bernard/Quai d'Austerlitz, also im Maubert-Viertel, angelandet. Ritter vom Heuhafen wurden auch die »Ritter vom kleinen Schwert« genannt, was ein Beiname für Straßenräuber, Beutelschneider und Diebe war. *Lanzenstechen:* Turniere der Flußschiffer, die sich gegenseitig mit langen Stangen von den Booten stoßen mußten. *Gänse- und Aalschlagen:* dabei wurde so lange auf eine angebundene Gans mit Steinen geworfen, bis sie tot war.

S. 270 *Verse des Nostradamus:* Michel de Nostredame, 1503-1566, französischer Arzt und Astrologe, der seine Prophezeiungen in rohen und holprigen Vierzeilern verfaßte. »Les Prophéties de Nostradamus«, 1555.

S. 273 *licentia poetica:* dichterische Freiheit.

S. 274 *Elend des Kanzleidieners:* »Misère des clercs des procureurs« ist nur erhalten in der Sammlung »Les Misères de ce monde ou complaintes facétieuses sur les apprentissages des différents arts et metiers de la ville de Paris«, herausgegeben von dem Buchhändler Cailleau,. 1783.

S. 274 *Haus mit Toreinfahrt:* im 17. Jahrhundert bezeichnete ein Haus mit Toreinfahrt die Zugehörigkeit des Besitzers zu einer wohlhabenden Klasse von Stadtbürgern. Man unterschied das »Maison à porte cochère« genau von dem »Maison à petite porte«, weil die Bürger danach verschieden besteuert wurden. Während der Fronde, berichtet E. Fournier, mußten die Besitzer der Häuser mit Toreinfahrt der Bürgermiliz für die Verteidigung der Stadt einen Reiter stellen, während die Häuser mit kleiner Tür nur einen Soldaten zu Fuß aufzustellen hatten.

S. 276 *das Haus ... gerichtlich zuerkannt worden:* um die Gerichtskosten zu bezahlen, wurden Sachwerte oder Immobilien der unterlegenen Partei zu einem vom Gericht festgesetzten Preis verkauft, wobei sich naturgemäß das Justizpersonal bereicherte.

S. 276 *zwölf Livres hinterlegen:* für jede Berufung mußte die Summe von zwölf Livres bei der Gerichtskasse hinterlegt werden. Blieb die Berufung erfolglos, wurde die Summe einbehalten, andernfalls wurde sie auf Kosten des Unterlegenen zurückgezahlt. (Ordonnanz von 1667).

S. 277 *Pariser Livre, Ausgleichviertel:* das Pariser Livre besaß einen um ¼ höheren Wert als die weiter verbreitete Währungs(gewicht)einheit tourisches Livre (= die Stadt Tours). Da die Gebühren und allgemeinen Steuern in tourischem Livre festgesetzt waren bzw. erhoben wurden, mußte eine neue

Gebühr/Zusatzsteuer (= Ausgleichsviertel) für die Anpassung an den Wert des parisischen Livre sorgen.

S. 277 *Skaramuz:* oder Scaramuccia ist eine der ältesten Figuren des italienischen Theaters und einer der stehenden Charaktere der Commedia dell'arte. Ein Aufschneider in schwarzer spanischer Hoftracht, der am Ende meist von Arlecchino verprügelt wird. Scaramouche war der Künstlername des neapolitanischen Schauspielers und Theaterbesitzers Tiberio Fiurelli, 1608-1694, der sich ab 1644 in Frankreich niederließ.

S. 278 *Committimus:* Sinn etwa: Wir betrauen damit einen Richter. Ein aus dem Jahre 1365 stammendes Privileg, sich nur vor den hohen Gerichten verantworten zu müssen. Es wurde vom König erteilt. Die »Lettre de Committimus« war der Freibrief, der dieses Recht direkt beim Restitutionsgericht, der Cour de requêtes des Justizpalastes, beim Parlament oder jedem anderen Sondergericht unter Umgehung aller anderen Instanzen sucht. In den Genuß dieses Privilegs kamen vor allem königliche Beamte.

S. 280 *Karolus:* Geldstück im Wert von 10 Deniers. Der Karolus wurde unter Charles VIII., 1470-1498, in Umlauf gebracht.

S. 281 *Mythophilactus:* die Kommentatoren der jüngsten Zeit, A. Adam und J. Prévot, gehen von der Annahme aus, daß sich hinter Mythophilactus der in völliger Armut 1655 verstorbene Dichter Tristan l'Hermite verbirgt. Für Adam wird diese These dadurch gestützt, daß Boileau in seiner »Ersten Satire« den armen Damon nach dem Bilde Tristans gestaltet habe. (Damon, ce grand auteur, dont la muse fertile/ Amusa si longtemps et la cour et la ville,/ Mais qui, n'étant vêtu que de simple bureau,/ Passe l'été sans linge et l'hiver sans manteau:/ Et qui le corps sec et mine affamée/ N'en sont pas mieux refaits pour tant de renommée;/ pass., 1.Satire, Vers 1-6, veröff. 1666). Im übrigen hat auch Scarron den Diener Tristans, Philippe Quinault, selbst namhafter Dichter, verklagt, weil er unter seinem eigenen Namen ein Stück veröffentlicht hatte, das zum übergroßen

Teil aus der Feder Tristans stammte. Vgl. A. Adam, a. a. O., Bd. II.

S. 285 *Charles de Sercy:* Sercy war seit 1649 Buchhändler und Drucker. Er besorgte die Ausgabe der Werke Cyrano de Bergeracs. Da Sercy erst 1670 Mitglied der Buchhändlergilde wurde und vorher noch keinen Namen besaß, konnte Furetière in diesem Ton von ihm sprechen. *Courbé:* Augutin Courbé verdiente große Summen mit Komplimentierbüchern und Romanen. Er war um 1660 der Buchhändler der schönen Welt.

S. 287 *Stundenbuch der Frau Kanzler:* »Exercice spirituel contenant la manière d'employer toutes les heures du jour au service de Dieu, par V. C. P., dedié à Mme. la Chancelière«. Die Gilde der Buchbinder hatte dieses Stundenbuch, das bis in die zweite Hälfte des 18. Jahrhunderts Neuauflagen erlebte, Marie-Magdelaine Fabry, der Frau des Kanzlers Pierre Seguier gewidmet, um dadurch die Gunst des Kanzlers zu erlangen, von dem alle Drucker-Zünfte abhängig waren.

S. 288 *in der Art, wie die armen Priester ihre Messe zu lesen begehren:* für jede gelesene Messe erhielten die Priester – je nach dem Reichtum der Gemeinde – eine kleine Geldsumme.

S. 288 *Jean Petit:* Astrologe und Verfasser von Werken wie »Les prédicitons perpétuelles« und »L'Almanach pour l'an de grâce 1631«. *Mathurin Questier:* Drucker aus dem Lager der Fronde. Er gab von 1644 bis 1680 einen Jahresalmanach heraus.

S. 290 *Hôpital Général:* heute Hospice de la Salpêtrière, das größte Krankenhaus von Paris. Als die Herstellung von Pulver in der Innenstadt im Großen Arsenal (Boulevard Henri IV/Rue de Sully/Rue de l'Arsenal/Rue de la Cerisaie) zu gefährlich geworden war, verlagerte man die Pulverherstellung 1634 in die Ödgebiete auf der anderen Seineseite und baute dort das Kleine Arsenal oder die Salpêtrière. 1656 ließ auf diesem Gelände Ludwig XIV. das »Hôpital général pour le renfermement des pauvres« errichten. Die damit verbundene Absicht war, sich der 50000 Bettler zu erwehren, die sich in der Stadt aufhielten. Sie wurden dann freiwillig oder unfreiwillig dort hingebracht und mußten – vorausgesetzt, sie waren körperlich dazu in der Lage – Zwangsarbeit verrichten.

S. 290 *Apologie des Salluste du Bartas:* Guillaume de Salluste, Seigneur du Bartas, 1544-1590, Hugenotte und strenger Moralist, der meist religiöse Dichtungen verfaßte. Sein größter Erfolg waren Gedichte in 7 Gesängen nach dem Alten Testament, »La Sepmaine ou la Création du Monde«, 1578-1584. Er war Diplomat im Dienste Henri IV. in England und Dänemark.

S. 291 *Kreuz unseres Herrn:* Kinderfibel zum Lesenlernen.

S. 291 *Neumarkt:* Marché Neuf, im 17. Jahrhundert ein großer Marktplatz auf der Ile de Cité zwischen dem Pont Saint-Michel und dem Petit-Pont gelegen.

S. 293 *Theater des Lykosthenes oder die Prophezeiungen von Magdeburg:* Lykosthenes = Konrad Wolffhart, deutscher Philologe, dessen Schwiegersohn und Schüler der Verfasser des »Theatrum vitae humanae«, 1586, ist. *Prophezeiungen von Magdeburg:* »Ecclesiastica historia«, Basel 1559-1574, eine protestantische Kirchengeschichte in 12 Bänden.

S. 293 *Ogier, der Däne:* eine Sagengestalt des Mittelalters, einer der Paladine Karls des Großen.

S. 293 *Argenis:* lateinischer Versroman, 1621, von John Barclay. *Hypnerotomachia Poliphili:* frz. »Le Songe de Polyphile«, 1546, die französische Übersetzung des alchimistisch-allegorischen Romans »Hypnerotomachia Polifili« von Francesco Colonna 1499. *Kosmopolitus:* »Le cosmopolite ou nouvelle Lumière de la physique naturelle«, Übersetzung eines lateinischen Werkes von Michael Sendivogius.

S. 293 *hinc mihi prima mali labes:* sinngemäß: Von hier aus nahm mein Unheil seinen Lauf.

S. 294 *de fallaciis visus:* über trügerische Erscheinungen.

S. 296 *Balthasar Moncornet:* Kupferstecher aus Rouen.

S. 296 *Pedant Hortensius:* satirische Figur aus Charles Sorels »Histoire comique de Francion«. aképhalos = ohne Kopf.

S. 296 *Spott-Widmungen:* Scarron hat seine »Oeuvres Burlesques« seiner Hündin gewidmet, Furetière selbst seine »Voyage de Mercure« Niemand.

S. 296 *Weiße Salbe:* bestehend aus Bleiweiß und Tierfett, war sie vom 16.-18. Jahrhundert die gebräuchlichste »Heil«-salbe (L. Röhrich).

S. 296 *Rangouze:* Pierre de Rangouze, »Lettres héroiques aux Grands de l'Estes imprimées aux despens de l'autheur« 1644; »Lettres missives, curieuses intéressantes« 1654, »Lettres panégyriques au Roy, aux Princes du sang, autres Princes, Ducs, Pairs, Officiers de la couronne«; »Lettres panégyrique aux plus grandes Reynes du monde, aux princesses du sang de France, autres Princesses et illustres Dames de la Cour, par le sieur de Rangouze«; »Lettres panégyriques aux princes et prélats de l'Eglise«; »Lettres panégyriques aux Chevaliers des Ordres, Ambassadeurs et autres Seigneures du royaume« alles 1650, passim. Rangouze verfaßte, als er Sekretär des Marschalls von Thémines war, fiktive Huldigungsbriefe des Königs an die Königin, der Königin an die Prinzen und umgekehrt. Diese Briefe gab er gedruckt heraus, aber ohne Seitenzahl, so daß er dem jeweiligen Mäzen immer ein – nur für diesen Zweck gedrucktes Buch – vorlegen konnte, das mit einem Brief seines Namens begann. Er soll nach Angaben von Zeitgenossen auf diese Weise pro Brief 10 Goldpistolen erhalten haben. Die Tatsache, daß auch Tallemant des Réaux Rangouze in seinen »Historiettes« mehrfach erwähnt, zeigt, daß diese Art der Kriecherei von den Zeitgenossen schon allenthalben abgelehnt oder verspottet wurde.

S. 298 *Herr von Montauron:* Financier und Mäzen Corneilles, der ihm seinen »Cinna« zueignete.

S. 300 *Reisekosten eines Autors:* Jean Magnon, 1620-1662, war 1660 von Paris nach Turin gereist, um »Ihren Königlichen Hoheiten von Savoyen« seine Tragödie »Zénobie, reine de Palmyre«, 1659, und seine Tragikkomödie »Titus«, 1660, zuzueignen. In der Vorrede an den Leser weist er auf seine Reise hin.

S. 300 *caeteris paribus:* unter im übrigen gleichen Umständen.

S. 300 *Calepino gegen Velleius Paterculus:* der italienische Augustinermönch Calepino, 1435-1511, ist Verfasser des berühmten lateinisch-italienischen Wörterbuchs/Lexikons, 1502, das eine große Zahl von Auflagen erlebte. Daher die französische Redewendung: consulter son calepin (= im Wörterbuch nachschlagen). *Velleius Paterculus:* römischer Historiker, 19 v. u. Z. – 31 n. u. Z., dessen Werke gewöhnlich im Kleinformat erschienen (in-12), während der »Calepin« im Folio-Format gedruckt wurde.

S. 302 *de his quae sine causa:* = conditio sine causa: bezeichnet eine Frage, die nach dem Gewohnheitsrecht entschieden werden muß, zielt auf eine Bereicherung, welche der Beklagte aus dem Vermögen des Klägers erhalten hat und ohne rechtfertigenden Grund behält.

S. 302 *laesio enormis:* schwerwiegende Beeinträchtigung eines Rechts.

S. 302 *condictio indebiti:* Rückforderung dessen, was in der irrtümlichen Annahme, der Geber schulde, gegeben wurde.

S. 302 *De actionibus quae ad haeredes transeunt:* klagbare Befugnisse, die auf die Erben des Klägers übergehen.

S. 303 *dichterisches Stellionat:* crimen stellionatus: im römischen Recht der Begriff für den strafrechtlich relevanten Betrug.

S. 307 *quid juris:* was ist der Rechtsstandpunkt

S. 307 *Saint-Esprit und ... Trinité:* Waisenhäuser, deren Insassen blaue Kittel trugen. Das Hospiz de la Trinité lag im Hallenviertel zwischen der Rue Greneta und der Passage de la Trinité und nahm Jungen der Armen unter sieben Jahren auf. Das Hospiz Saint-Esprit nahm die ehelichen Kinder und Waisen der Armen vor allem aus den Vorstädten auf.

S. 311 *Cramoisy:* Sébastian Cramoisy, 1585-1669, berühmter Buchdrucker, seit 1640 Drucker der königlichen Buchdruckerei des Louvre. Er wohnte im Louvre und zählte zu den »commensaux du roi«, den Hofbeamten, die an der königlichen Tafel speisen durften. Cramoisy druckte nicht nur alle politischen, offiziellen Schriften, sondern auch die Veröffentlichungen der Akademie der Wissenschaften.

S. 313 *Jean Guillaume, genannt Saint-Aubin:* das Henkeramt in Paris war käuflich und wurde lange Zeit in der Familie vom Vater auf den Sohn weitergegeben. Jehan Guillaume hatte nach seinem Tod 1620 seinen Sohn Jehan Guillaume II. zum Nachfolger. 1688 ging das Amt dann in die Hände der Familie Sanson über, die es bis 1847 innehatte.

S. 313 *für teures Geld einen Platz kaufte:* über die Hinrichtungen als Volksbelustigung im 17. Jahrhundert siehe Anm. zu S. 16.

S. 314 *Isokratres*: einer der zehn attischen Rhetoren. *Busiris:* mythischer ägyptischer König, der seinen Göttern Fremde auf dem Altar opferte. *Viertagefieber:* febris quartana, eine Art Nervenfieber, die fieberfreie Zeit zwischen den Anfällen beträgt 4 Tage. Gemeint ist C. J. Menapius und sein Werk »Encomium febris quartanae« 1542.

S. 316 *Geschichte der Gauner:* »L'Histoire générale des larrons«, 1623 von François de Calvi.

S. 316 *die Saint-Innocents:* rund um den Friedhof im Hallenviertel saßen die öffentlichen Schreiber, die Plakate und Tafeln verkauften, mit denen man Mieter für Wohnungen oder Häuser suchte.

S. 317 *Limonadenhändler:* ab 1630 begannen Unternehmer mit königlichem Patent, Liköre zu verkaufen. 1634 schon gab es aufgrund des regen Zuspruchs eine Gilde der Destillateure, die man »limonadiers« nannte. Das erste Café in Frankreich wurde 1654 in Marseille eingerichtet. 1676 gab es das erste Café in Paris auf der Messe von Saint-Germain. Der Betreiber verlegte das Café in der Folge an den Quai de l'Ecole (heute: Place de l'Ecole) am Nordufer der Seine in Höhe des Pont-Neuf.

S. 318 *Akademie ... der Humoristen von Florenz:* Academia degli Umoristi. Eine unter der großen Zahl gelehrter und poetischer, sprach- wie naturwissenschaftlicher Akademien in Italien.

S. 322 *Mora-Spieler:* Mora/Mourre, ein schon im Altertum bekanntes Spiel, bei dem beide Spieler die geschlossene Faust bis zur Gesichtshöhe emporheben, zu gleicher Zeit eine bestimmte Anzahl Finger ausstrecken und jeder eine Zahl nennt, die der angenommenen Summe aller ausgestreckten Finger entsprechen soll. Wer die Zahl richtig erraten hat, gewinnt, während das Spiel ungültig ist, wenn beide richtig raten oder keiner die richtige Zahl getroffen hat.

S. 322 *Kentauren und Lapithen:* gemeint ist die Hochzeit des Lapithenkönigs Peirithoos mit Hippodameia, auf der es zu einem Gemetzel zwischen Kentauren und Lapithen kam.

S. 324 *Zauberhund ... Zauberhase:* klassische Sage von Lailaps und dem teumessischen Fuchs, Teil der Sage von Kephalos und Prokris. Rabelais führt im Prolog zum Vierten Buch die Sage im Gespräch zwischen Priap und Zeus an. Sie gehen beide auf Ovid zurück, der die Sage in den Metamorphosen ausführlich behandelt. Bei Ovid endet die Sage mit der Versteinerung des Fuchses und des Hundes, weil anders der Konflikt sogar von den Göttern nicht zu lösen war. (... kehr ich von jenen den Blick. Als ich wieder dorthin ihn gerichtet,/ sah ich – o Wunder! mitten im Feld zwei Bilder aus Marmor./ Eines von ihnen schien zu fliehen, zu verfolgen das andre./ Wohl hat ein Gott es gewollt, daß beide unüberwunden/ blieben im Laufe, wenn irgendein Gott ihnen Beistand gewesen. »Metamorphosen« Buch VII, 789-793; Übers. von Erich Rösch).

Nachwort

Zu früh – Zu spät

Paris 1666. An der Schnittstelle der beiden Jahrhunderthälften erscheint in Paris der »Roman Bourgeois«. Der Autor, seit vier Jahren Mitglied der jungen Académie Française, einer der vierzig »Unsterblichen«, hat den Parisern den ersten Roman über ihre Stadt geschrieben. Niemand nimmt besondere Notiz von der literarischen Meisterleistung des 47jährigen, der Gegenstand entspricht nicht mehr dem Zeitgeschmack, während die unerhörte formale Kühnheit erst von den Nachgeborenen dreihundert Jahre später gewürdigt werden wird.

Der Autor hat noch 22 Lebensjahre bitteren Kampfes mit der Académie Française vor sich und wird neunzehn Jahre später als erstes Mitglied der hommes de lettre aus der Akademie ausgeschlossen werden. Die neidischen Académiciens verzeihen ihm nicht seinen genialen »Dictionnaire Universel«, über den es zum sogenannten »Krieg der Wörterbücher« gekommen ist. Furetière stirbt krank, verbittert, einsam und hat sich doch mit dem Gegenstand des Streites, über dem er starb, einen fortlebenden Namen in der Gelehrtenrepublik geschaffen.

Antoine Furetière wird am 28. Dezember 1619 in der Rue Ste. Geneviève, im Herzen des Quartier Latin, geboren. Zur Place Maubert mußte der junge Antoine nur die kurze Rue de la Montagne Ste. Geneviève hinuntergehen. Die Familie ist nach bürgerlichen Maßstäben wohlhabend. Der Vater, ein königlicher Kammersekretär, kauft die Charge eines »Mantelträgers des Königs«. Ein Onkel ist Prokurator am Obersten Gerichtshof, dem Parlament von Paris; ein anderer Verwandter Notar am Chatelet, dem höchsten regionalen Gerichtshof. Einer der Brüder wird Mitglied des Oratorianerordens, ein anderer Advokat beim Parlament von Paris. Im familiären Hintergrund klingt also schon die Melodie an, deren Weise dann im »Roman Bourgeois« an der Place Maubert gesungen werden wird. Nach fünfjährigem Jurastudium erwirbt er den Advokatentitel, ist 1652 Advokat am Parlament und 1655 Finanzprokurator der zu dieser Zeit noch von Paris unabhängigen, reichen Ballei Saint-Germain-des-Près. 1662 tauscht er, ohne je die Weihen empfangen zu haben, seine beiden inzwischen gekauften einträglichen Priorwürden gegen den Titel eines Abbé von Chalivoy ein. Durch die Einkünfte aus dieser geistlichen Pfründe ist er bis an sein Lebensende finanziell unabhängig. Der Wechsel ins geistliche Amt ist nötig geworden, nachdem er, der Bestechlichkeit in seinem Prokuratorenamt bezichtigt, zum Rücktritt gezwungen war. In der Belastre-Episode im »Roman Bourgeois« beschreibt er die Ereignisse in Saint-Germain, in die er selbst verwickelt war.

Seit 1646 ist er der Pariser Öffentlichkeit als Verfasser scharfzüngiger Satiren bekannt. Er besucht eifrig die literarischen Zirkel und Salons von Paris, frequentiert den Salon der Madeleine de Scudéry, schließt sich aber bald mit seinem Jugendfreund La Fontaine dem Kreis um den alten Mainard, den Schüler des Sprachreformers Malherbe, an. 1643 erscheint seine Äneis-Travestie (L'Enéide travestie), seine erste Auseinandersetzung mit der herrschenden Poetik, die diesem hochgeschätzten Epos allein im ersten Drittel des Jahrhunderts zu 12 Übersetzungen verholfen hat. 1652 gehört er zu einem Freundeskreis mit Gilles und Nicolas Boileau, d'Aubignac, Racine, Molière. Hier herrscht libertiner Geist, man denkt cartenianisch. 1653 erscheint seine Satire »Die Reise Merkurs« (Le voyage de Mercure), in der er vom Schäferroman über die Financiers, die Schulmeister, Advokaten, Ärzte, Offiziere, Hofpoeten und Alchimisten das ganze Kaleidoskop der bürgerlichen Welt seiner Zeit zur Zielscheibe seines Spotts macht. Über die Absetzung Foucquets entzweit er sich mit La Fontaine und schlägt sich auf die Seite der Anhänger Colberts. Durch seine Satiren und die Aufsehen erregende »Allegorische Novelle«, seine Ekloge auf die Mitglieder der Académie und gleichzeitig eine elegante Abrechnung mit der Preziösenbewegung, die großen Anklang beim Lesepublikum fand, hat er mittlerweile einen festen Platz in der literarischen Szene der Hauptstadt.

1662 wird er in die Académie gewählt und verschafft sich ein Privileg zur Veröffentlichung eines Wörterbuchs der Technik. Die Académiciens, deren eigene kollektive Arbeit am »Großen Wörterbuch der Académie« wegen ihrer unerhörten Faulheit und Disziplinlosigkeit nicht vorankommt und ständig zu versanden droht, pochen auf ihr exklusives Publikationsprivileg für einen Dictionnaire, klagen Furetière des Plagiats an und versuchen mit allen Mitteln, die Veröffentlichung seines Wörterbuchs zu hintertreiben. Der »Krieg der Wörterbücher« beginnt. Er dauert von 1684 bis zu Furetières Tod 1688 und wird von beiden Seiten mit allen erlaubten und unerlaubten Mitteln der Satire, Schmähschrift, Intrige sowie der Inanspruchnahme von Gönnern bei Hofe geführt. Am 22. Januar 1685 geschieht das Unerhörte: Furetière wird aus dem Kreis der »Unsterblichen« ausgeschlossen, und er verliert sein Privileg zur Veröffentlichung des Wörterbuchs. Bei der Nachricht, die sein Lebenswerk vernichtet, erleidet er einen Schlaganfall. Pierre Bayle in seinem holländischen Exil übernimmt es aber, das Wörterbuch zu veröffentlichen. 1690 erscheint der »Dictionnaire Universel«, eines der ersten einsprachigen gesellschafts- und kulturkritischen Wörterbücher Europas mit einem Vorwort von Bayle in Den Haag und Rotterdam. Furetière war schon am 14. März 1688 in der Rue de Grenelle in Paris gestorben.

Die Mitte des Jahrhunderts war eine Zeit großer Umbrüche und politischer, sozialer wie kultureller Verwerfungen, die seit dem Ende des vorangegangenen Jahrhunderts ihrem krisenhaften Höhepunkt zugetrieben waren. 1661: Mit dem Tode Kardinal Mazarins und der Verhaftung des Oberintendanten der Finanzen, Foucquet, dessen Nachfolger Colbert als Controlleur Générale wird, übernimmt Ludwig XIV. persönlich die Regierungsgeschäfte. Der Kampf um die zentralistische, absolute Monarchie in Frankreich ist endgültig zugunsten des Königtums entschieden. Wegbereiter für diesen Sieg war Richelieu, der von 1624 bis 1642 unerbittlich und unermüdlich daran gearbeitet hatte, den Einfluß des mächtigen Hochadels in den Provinzen zugunsten der Zentralgewalt abzubauen. Dies gelang ihm mit der Unterstützung der reichen Finanz- und einflußreichen Verwaltungsbourgeoisie, der er den Aufstieg in den erblichen Adel ermöglichte. 1663-64 reformierte Colbert, ein aus der Kleinbourgeoisie aufgestiegener Verwaltungsfachmann, das Finanz- und Wirtschaftssystem. Die Ostindienkompanie wird gegründet, und Frankreich setzt sich in den Besitz der Kolonien Cayenne, Martinique, Guadeloupe, Santa Lucia und Kanada. Ludwig XIV., dem die Ereignisse der Adelsrevolten der Fronde (1648-53) noch in sehr unguter Erinnerung sind (in einem Versuch, die anti-absolutistischen Kräfte zu sammeln, hatte sich eine Koalition von Hocharistokratie und Angehörigen des Parlaments gegen Mazarin erhoben), verläßt 1666 Paris für immer, um sich in Versailles niederzulassen. 1680 wird Paris dann offiziell zugunsten von Versailles aufgegeben.

Richelieu sparte in seiner Strategie für den absolutistischen, von der Person des Königs her organisierten Staat den gesamten kulturellen Bereich nicht aus. Nachdem die Vertreter der Hocharistokratie in der Provinz ab 1630 ihre hohen Staatsfunktionen verlieren, fallen sie auch als Mäzene aus. Die neue Schicht der Finanz- und Beamtenaristokratie rückt nach. Die Domestizierungspläne Richelieus beginnen ihre Wirkung zu zeigen, und mit dem sozialen Gewicht verlagert sich auch das kulturelle zusehends von den Provinzen in die Hauptstadt. Als Richelieu aus einem lockeren Kreis befreundeter Literaten 1634 offiziell die Académie Française macht, ist die Hinwendung der Literaten zum Königshaus und der Hauptstadt vollzogen. Nach dem Sturz Foucquets, dem Prototypen des bürgerlichen Großmäzens, gibt es jetzt nur noch einen Mäzen, der Pensionen verteilt und dafür den Dienst der Dichter für Königreich und Krone erwartet: Ludwig XIV. Hinfort sind Geschmack, Denken und Verhalten der rigorosen Disziplin am Hofe des jungen Königs unterworfen. Das neue Gesellschaftsideal ist der »honnête homme«. Hinter den Begriffen der »honnêteté, bien séance, politesse, civilité, bon sens« wirkt eine Bildungsnorm, die unaufhaltsam die Unterschiede zwischen dem Hochadel und dem bürgerlichen Beamtenadel aufheben wird. Reiche Bürgertöchter heiraten in die Aristokratie ein, die Standesgrenzen lockern sich soweit, daß das Bürgertum das neue Bildungsideal aufnehmen kann, und mit gestiegener Bedeutung des Hofes, mit Adligen, die sich in den Salons mit Bürgern treffen, ist ein neues Kulturpublikum da: »La cour et la ville«. Nach der politischen Entmachtung hat der Absolutismus sein zweites Ziel erreicht. Die gesellschaftlichen Bestrebungen des verhoften Adels und der Finanz- und Beamtenkreise sind eingeschränkt auf kulturelle Bereiche. Die für den Absolutismus gefährlichen Klassen sind entmachtet, Frankreichs Oberschichten entpolitisiert. Hinfort entwickelt sich das politische, soziale und kulturelle Leben des Königreichs im Spannungsfeld zwischen dem Hof in Versailles und der Hauptstadt.

Wie sieht Paris, der Schauplatz des »Roman Bourgeois«, um die Mitte des 17. Jahrhunderts aus? Nach den Steuerverzeichnissen ergibt sich eine Einwohnerzahl von 500000, damit war Paris vor London (1664: 350 – 400000) die größte Stadt Europas. Die etwa 500 Hektar große Stadtfläche ist noch von der Stadtmauer aus dem 14. Jahrhundert eingeschlossen. Inmitten von Hügeln voller Windmühlen und weiten Ebenen mit Getreidefeldern liegt zusammengeballt, eng die Stadt. Stadt: das ist ein gedrängtes Gewimmel von engen Straßen, Gassen und Häusern, die auf beiden Seiten die Flußufer säumen. Überragt wird das Bild von einigen Kirchtürmen: der Temple, die Abtei Saint-Martin, die Kirche Saint-Gervais, Notre-Dame und der Louvre. Diese Metropole Europas mißt von der Porte Saint-Denis im Norden bis zur Rue des Fossés-Saint-Jacques auf dem linken Seine-Ufer 2600 Meter. Von der Porte Saint-Antoine im Osten bis zu den Tuilerien im Westen etwa 2500 Meter. Paris, das sind drei Bereiche: die Cité, die »Stadt« und die Universität. Die Cité, das sind die dichtbesiedelten Seine-Inseln mit dem Justizpalast und Notre-Dame. Die Universität, das ist die Stadt auf dem linken Seine-Ufer: die

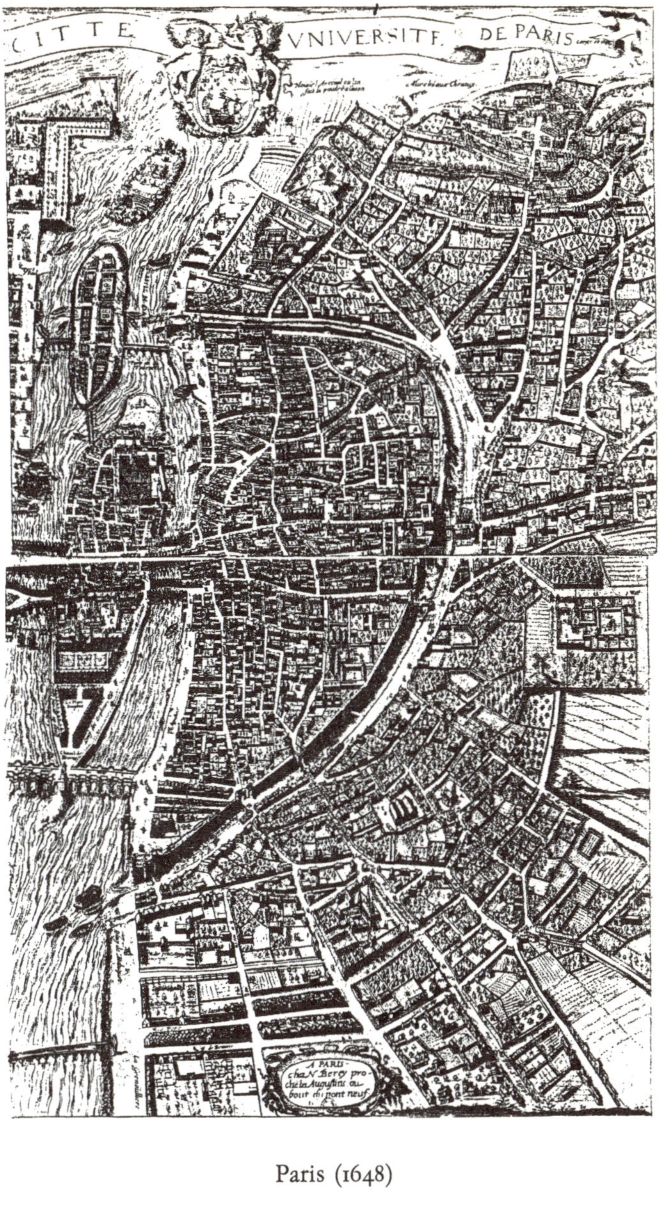
CITTE
VNIVERSITE
DE PARIS
A PARIS chez N. Berey proche les Augustins au bout du pont neuf

Paris (1648)

Sorbonne mit ihrer Kirche und einem Gewimmel von Kirchen, Klöstern und Kollegien, dem Quartier Latin mit den Buchhändlern und im Osten die engen Kleinbürgerviertel, von denen eines das Maubert Viertel ist. Auf dem rechten Seine-Ufer die »Stadt«. Hier stehen alle königlichen Bauten: der Louvre, die Bastille, das Arsenal mit seiner Kanonengießerei, dann der Tempel, das weitflächige ummauerte exterritoriale Gebiet des Templerordens mit seinem mächtigen viertürmigen Burgfried und die großen Abteien wie Saint-Martin. Und mittendrin das Gewimmel der kleinen Gassen hinter dem Châtelet, um den Markt der Innocents, der später die Hallen heißen wird: der Bauch von Paris. Die Straßen sind so schmal, daß Kutschen ständig für Verstopfung des ganzen Verkehrs sorgen. Und sie sind so unbeschreiblich dreckig, daß ihr Gestank jahrhundertelang Gegenstand von Satire und Protest ist. Der einzige Schutz der Fußgänger vor Unfällen sind die Grenzsteine, da Bürgersteige erst im 19. Jahrhundert angelegt werden. In der Mitte der Straßen verläuft eine breite Rinne, in der alle Abwässer und Abfälle der Stadt langsam zur Seine laufen. In den Berichten der Stadtreinigungsbeamten ist nachzulesen, daß die Straßen ständig von Holz- und Eisenhändlern versperrt sind (z. B. am Quai de la Megisserie). Wagner lagern vor ihren Häusern Räder und Karrenholz. In der Rue Saint Maur arbeiten die Abdecker auf der Straße und lassen alle Innereien und Knochen dort liegen. Ein Edikt untersagte offensichtlich ohne großen Erfolg allen Färbern und Kleiderhändlern, ihre Stoffahnen und Laken an Holzstangen über der Straße zu trocknen. Die Haustüren öffnen sich auf die Straße, und die Kellereingänge stehen gähnend offen. Bei Regen stürzen die Wassermassen – ohne durch Regenrinnen abgeleitet zu werden – direkt auf die Fußgänger. In der Rue Saint Honoré muß einem Einwohner verboten werden, auf dem Dach seines Hauses einen Garten anzulegen. Wegen vieler schwerer Unfälle werden immer wieder Bretter mit Blumentöpfen vor den Fenstern verboten. Und über all dem liegt das ohrenbetäubende Gebrüll aller Arten von Ausrufern, fliegenden Händlern und Dienstleuten.

Diese Welt der Bürger, Kleinbürger, Händler, Dienstboten, Gerichtsdiener, Marktfrauen und Bürgermädchen bildet die Kulisse des »Roman Bourgeois«. Welche Kühnheit es bedeutet, einen Roman in diesen Teilen der Stadt unter solchen, literarisch gesehen, »Unpersonen« spielen zu lassen, mag man vielleicht ermessen, wenn ein Romantheoretiker noch 1734 schreibt, daß alle bisherigen Romane Fürsten, Prinzen und Könige darstellten. Held eines Romans könne daher ein Bürger von Paris oder der Provinz gar nicht sein, denn das hieße den Roman zu prostituieren (N. A. Lenglet du Fresnoy, Amsterdam 1734 »De l'usage des roman...«). Schon die Kombination von »bürgerlich« und »Roman« muß schockierend gewirkt haben.

Die gewichtigeren Gründe für den Mißerfolg des »Roman Bourgeois« sind jedoch darin zu sehen, daß er 1666 zu spät und gleichzeitig zu früh erscheint. Die durchlässig gewordenen sozialen Schranken bewirken, daß auch die mittleren Bürgerschichten dem neuen Bildungsideal des honnête homme, dem neuen Leitbild der absolutistischen Hofkultur um Ludwig XIV., nachstreben. Gegenüber dem zum Höfling gewordenen Adligen hat der Bürger seine soziale Identität im Denken und Verhalten noch nicht gefunden, man bereitet sich für den sozialen Aufstieg erst vor, investiert seine Mittel in Chargen und Ämter, versucht sich mit Hilfe seiner Töchter und deren unsinnig hoher Mitgift in adeligen Kreisen zu etablieren. Da erinnert der »Roman Bourgeois« die Vertreter der ganzen Klasse mit peinlichem Spott an ihre Herkunft, ihre Moral, ihr Denken. In diesem instabilen, hermaphroditischen Zustand der Bürger und der allgemeinen sozialen Umschichtung zu Beginn der Regierungszeit des jungen Königs wird die Kritik Furetières abgewehrt oder geht ins Leere. Altes muß durch Neues ersetzt und nicht zerstört werden. Ein schwieriges Unternehmen: Man weiß zwar schon, was man nicht will, aber noch nicht so recht, was man will. Und der Tanz im Kreis beginnt, wie schon ein zeitgenössischer Rezensent erkennt: Die karikaturhafte Übersteigerung der Satire bedeute einen Verlust an Glaubwürdigkeit, da sich kein Leser mehr angesprochen fühlt. Ohne den Effekt der Lächerlichkeit, die gerade die Karikatur provoziert, besteht aber kein Interesse an derart niederen sozialen Gegenständen (Berger). Obsolet wird der komisch-satirische Roman als Gattung auch durch den seit 1640 beschleunigten Niedergang des heroisch-galanten Fortsetzungsromans in zahllosen Bänden, gegen den Autoren wie Furetière polemisieren, den sie wegen seiner märchenhaften Übertreibungen und künstlichen Emotionalität parodieren, auf den sich der von Sorel geschaffene Typ des Anti-Romans bezieht. So ist Furetières »Roman Bourgeois« der letzte große Vertreter des Dreiergestirns der Großen mit Sorels »Histoire comique de Francion« (1623) und Scarrons »Roman comique« (1651).

Im 17. Jahrhundert erlebte der »Roman Bourgeois« keine Neuauflage mehr. Erst 1704/05 führte erneut erwachtes Leserinteresse zu fünf weiteren Auflagen. Die Kritik beschäftigte sich nur sehr oberflächlich mit seinen didaktischen Absichten und wandte sich ab. In der zweiten Hälfte des 19. Jahrhunderts erlebte der Roman erneut mehrere Auflagen. Die fest am Regelwerk der klassischen Poetik und deren Autoren Corneille, Racine und Molière orientierte Kritik verhielt sich immer noch sehr ablehnend: fehlende Einheit des Aufbaus, kein Zusammenhang und keine Kontinuität in der Erzählung. Erst nach dem Zweiten Weltkrieg zog seine Darstellung bürgerlichen Lebens das Interesse auf sich, wurden seine formalen Neuheiten, seine »Regellosigkeit« gewürdigt.

Eine Prädominanz des Erzählers, die an Thomas Mann erinnert; die Montagetechnik, der man bei Döblins »Alexanderplatz« begegnet; die Aufforderung an den Leser, den Roman nach eigenem Gutdünken weiter- oder zuende zu schreiben. Furetière wollte ihm dazu sogar eine Leerseite im Buch überlassen; der Verzicht auf ein Ende oder eine Erklärung für das Verschwinden einer Person aus dem Geschehen; das »zufällige« Zusammentreffen zweier Personen aus verschiedenen Geschichten ein klassisches Binde- und Treibmittel des heroisch-galanten Romans der Zeit, und nichts geschieht: es ist wirklich »zufällig«; die Ablehnung eines Protagonisten/Helden, der aristotelischen Einheit, einer zusammenhängenden Erzählung. Der Zusammenhang liege, wie Furetière im Vorwort an den Leser sagt, in den Händen des Buchbinders, darum kümmere er sich nicht. Das Infragestellen der Gattung: wenn den Leser in seinen Erwartungen irgend etwas störe, dann solle er das »Ding« eben anders als Roman nennen, das habe dann seine Ordnung. Und über den ganzen Roman verteilt die Erzählhaltung der Verneinung: Ich sage, daß ich nicht sagen werde, was ich jetzt sage. Ich teile Dir, Leser, jetzt mit, daß ich die Geschichte, die eigentlich soundso weitergeht, hier aber nicht weitererzähle, du kannst Dir ja vorstellen, daß sie sooderso weiterginge; hier werde ich jetzt nicht die Kirche beschreiben, die sehr prächtig usw. aussieht, Du kannst – wenn es Dich interessiert – ja hingehen und sie Dir anschauen. Und die Person A werde ich Dir hier nicht beschreiben, denn was hülfe es Dir zum Verständnis, wenn ich Dir sagte, wie ihr Teint hell ist, ihre Augen hübsch sind. Der Versuch, sich zu einer radikalen Erzählhaltung der »Wahrscheinlichkeit« zu verpflichten: Was er dabei empfand, kann ich Dir leider nicht mitteilen, denn ich war nicht dabei, um seinen Puls zu fühlen. Was sie beide miteinander besprachen, weiß ich leider nicht, da es im geheimen stattfand usw. Das sind erzählerische Mittel, die noch sehr lange nicht ins Bewußtsein der Schriftsteller eingehen oder zu ihrem üblichen Werkzeug gehören werden. Man hat oft gesagt, Furetière wolle mit Absicht nur das beschreiben, was die übliche Romanliteratur nicht wiedergibt; oder anders gesehen: er schreibe gleichzeitig drei Bücher. Hinter der Version A bricht an den Stellen, an denen sich der Erzähler an den Leser wendet, oder in der er die Erzählung abrupt abbricht, ein anderer Roman hervor, auf den er sich immer verneinend bezieht: Der Roman, den er aber nicht schreiben will, sähe folgendermaßen aus, seine Hauptpersonen würden hier folgendermaßen handeln, und am Schluß des Romans, den er nicht schreiben will, würde folgerichtig dies Ereignis X stehen. Der Erzähler selbst ist Romanfigur, er spielt ja mit, mischt sich ein, macht dem Leser Vorschläge, diskutiert mit ihm, verändert den Ablauf eines Geschehens, bricht ab und schließt den Roman willkürlich, balanciert ein vielschichtiges Gemenge von durcheinanderfließenden Ebenen, springt immer wieder aus der erzählten

Zeit und versucht, den Leser stets in die Erzählerdistanz zurückzureißen. Er zwingt ihn, sich klarzuwerden, daß er hier nur ein Stück Literatur vor sich hat. Und Leser und Erzähler amalgamieren aus Version A und B einen Text C.

Die Versammlung der Personen des »Roman Bourgeois« bildet einen ziemlich vollständigen Querschnitt durch das Milieu des Maubertplatzes und des Justizpalastes. Und berücksichtigt man noch die geschilderten Ereignisse, dann scheint zunächst alles auf einen üblichen Gesellschaftsroman hinauszulaufen. Und plötzlich schnellt die Kritik nach allen Seiten über alle Begrenzungen, die das Thema zu setzen scheint: diskriminierende Erziehung der Mädchen (Javotte), bornierte Beschränktheit, unerträglicher Geschmack und unsägliche Umgangsformen der älteren Generation und der konservativen Bürger (die beiden Vollichon, Bedout), Lächerlichkeit der den Adel nachahmenden Aufsteiger (Nicodème) und das zentrale gesellschaftskritische Problem: Liebe und Geld, die den Bürgern immer wieder durcheinandergeraten und sich gegenseitig bedingen (Lucrèce und der Marquis, Lucrèce und Bedout, Tarifliste zur Ehestiftung). Lucrèce, die ihre Mitgift als Handelsposten behandelt und nur ein Ziel im Auge hat: Marquise zu werden. Bedout, der eine Frau als Besitz ansieht, der nicht auf Schönheit, sondern nur auf Sparsamkeit hält: sie alle sind groteske Beispiele bürgerlicher Engstirnigkeit.

Was im Ersten Buch im Histörchen vom verirrten Amor noch eine auf die bürgerliche Ebene heruntergeholte Parodie eines galanten Einschubs in der Literatur der Zeit ist (Amor/Liebe, der im Dienste seiner Herrinnen die soziale Leiter heruntersteigend immer mehr den Geldwert der Liebe im bürgerlichen Milieu erfährt [Reichel]), wird im zweiten Teil des Romans eine groteske Parodie eines Liebespaars, das häßlich, zänkisch, tückisch, keifend, schlagend immer auf seinen materiellen Vorteil aus ist und ein mit Höllenfarben gemaltes Abbild bürgerlicher Liebe und Ehe, zerfressen von Geiz und Habgier.

Der Standpunkt des Erzählers – und darüber verständigt er sich stillschweigend mit dem Leser – ist der des honnête homme, des Ideals der Eleganz, des Geschmacks, der Gemessenheit, Höflichkeit, der sprachlichen Gewandtheit, Großzügigkeit, des Taktes. Dieses neue Ideal ist am Hofe zu Hause und eignet vielen Aristokraten aufgrund ihrer Übung und ihres Umgangs, dennoch wird es als erworben gesehen. Furetières Kritik richtet sich genauso gnadenlos gegen Adlige, die ihrer Bestimmung nicht entsprechen, wenn sie keine intellektuelle Anstrengung unternehmen (Summa aller Widmungen), wie er die tölpelhafte Lächerlichkeit und Grobheit der Kleinbürger mit hämischem Spott überschüttet. So wird sowohl die Über- als auch die Unterschätzung der Wohlanständigkeit in dem langen Modegespräch kritisiert. So ist Nicodème lächerlich, der glaubt, durch äußere Nachahmung das Wesen des honnêteté mitzubesitzen. Sie ist aber auch nicht nutzlos oder überflüssig, wie die geizigen Magistrate oder zerlumpten Gelehrten und Schulmeister glauben. Der Marquis, der verschmutzt im Salon von Lucrèce sitzt, kann diesen desaströsen Nachteil als honnête homme durch seine Gewandtheit und gesellschaftliche Geschliffenheit ausgleichen und Lucrèce gewinnen. Nicodème dagegen, der als Stutzer herausgeputzt bei der Familie Vollichon auftaucht, zerschlägt durch seine Ungelenkheit die gesamte Wohnungseinrichtung. Während der Marquis sich gewandt konversierend über den Spott der Freundinnen Lucrèce' hinwegsetzen kann, besteht das Gespräch zwischen Nicodème und Javotte aus einer fortgesetzten Reihe von Quidproquos: Er imitiert die metaphorische Sprache der Galanterie, sie übersetzt umstandslos jede Aussage in ihre Tagesrealität.

In einer dem heutigen Leser nicht leicht verständlichen Kritik aus der Romanperspektive des »Roman Bourgeois« kommt es dann zur völligen Ablehnung der bürgerlichen Intimsphäre bei dem Essen im Hause des Vollichon. Der Autor kritisiert sogar, daß die Ausweitung der bürgerlichen Norm, die Art des Umgangs mit den Kindern, als Unsitte auch auf nichtbürgerliche Kreise übergreife. Diese Szene ist in ihrer kritischen Darstellung so zentral, daß sie in der Erstausgabe sogar als Frontispiz des Buches erschien.

Auch Mythophilacte gehört zum Figureninventar des Romans, an dem der Typ des »schmutzigen Poeten« vorgeführt wird, der seine Kunst zu Markte trägt. Gleichzeitig übt Furetière damit harsche Kritik an der gesellschaftlichen Situation des Autors seiner Zeit, der nach dem Wegfall der privaten Mäzene hart um seinen Unterhalt kämpfen muß. Furetière steht mit seiner Kritik im 17. Jahrhundert nicht allein, aber sein Angriff ist der schonungsloseste und realistischste. Die Perspektive der Kritik des Erzählers bedeutet aber auch hier wieder, daß das dem honnête-homme widersprechende Spezialistentum, dem auch z. B. Bedout – eingeschlossen in seinem Studierzimmer – frönt, was ihn zu einer lächerlichen Figur werden läßt, im Falle des Mythophilacte die Fallhöhe zwischen dem gesellschaftlichen Ideal und der bei aller prinzipiellen Zustimmung des Autors lächerlichen bürgerlichen Verhaltensweise in der Realität bestimmt.

Die vorliegende Ausgabe ist die erste vollständige Übersetzung ins Deutsche. Ihr liegt die von Antoine Adam 1958 nach der Erstausgabe besorgte Fassung zugrunde.

AUSWAHLBIBLIOGRAPHIE

Zeitgenössische französische Ausgaben des Romans

Le Roman bourgeois, suivi de *Satires* et de la *Nouvelle Allegorique*. Texte etabli, présenté et annoté par Georges Mongrédien. Paris 1955

dto. in: *Romanciers du XVIIe siècle*. Textes présentés et annotés par Antoine Adam. (éd. Pléiade) Paris 1958

dto. Edition présentée, établie et annotée par Jacques Prévot. Paris 1981

Sekundärliteratur

deutschsprachige:

Berger, G.: Der komisch-satirische Roman und seine Leser. Poetik, Funktion und Rezeption einer niederen Gattung im Frankreich des 17. Jhdt. Heidelberg 1984

Goebel, G.: Zur Erzähltechnik in den „Histoires comiques" des 17. Jhdt. (Sorel-Furetière). Diss. Berlin 1965

Leiner, W.: Der Widmungsbrief in der französischen Literatur (1580-1750). Heidelberg 1965

Leuschner, K.: Antoine Furetière und sein Streit mit der französischen Akademie. Berlin 1915

Reichel, E.: Gesellschaft und Geschichte im „Roman bourgeois“ von Antoine Furetière. Diss. Kiel 1965

französischsprachige:

Adam, A.: Histoire de la littérature française du XVIIe siècle. Paris 1948-56

Gégou, F.: Antoine Furetière, abbé de Chalivoy ou la chute d'un immortel. Paris 1962

Mongrédien, G.: La vie de société aux XVIIe et XVIIIe siècles. Paris 1950

Nicolet, M.: La condition de l'homme de lettres au XVIIe siècle à travers l'oeuvre de deux contemporains: Ch. Sorel et A. Furetière. In: Revue d'histoire littéraire de la France, 63/1963

Reynier, G.: Le roman réaliste au XVIIe siècle. Paris 1914

Serroy, J.: Roman et réalité, les histoires comiques au XVIIe siècle. Paris 1981

Wey, F.: Antoine Furetière, sa vie, ses oeuvres, ses démélés avec l'Académie française. In: Revue contemporaine, Paris 1852